律令国家と古代の社会

律令国家と古代の社会

吉田　孝著

岩　波　書　店

目　次

目　　次

序　問題の所在と本書の構成

はじめに

日本の古代国家は「律令国家」という特異な形態を通して成立した。律令国家の形成以前にも、日本にはヤマト王権を中心とする原始的な国家が成立しており、ヤマトの大王と各地の首長とは、神話的な擬血縁系譜によって結ばれ、国造制、伴造―品部制を中心とする族制的な国制が成立していた。そしてこのようなヤマト王権の国制を前提とし、基礎として律令国家が形成されたと考えられる。(1) しかし、ヤマト王権と律令国家との間には国制の原理の基本的な転換があった。石母田正の表現を借りれば、前者の「系譜と神話」に対して、後者では「法と制度」とが基本的な原理となった。(2) そして後者の「法と制度」の思想――その中心となる法家の思想――は、中国の戦国時代における社会的分業の展開、原生的共同体の高度な分解を前提とし、国家対人民の直接的な対立関係を基礎にして生れてきたと考えられる。

春秋戦国時代からほぼ一〇〇〇年の間に中国の支配者層が鍛え上げ、蓄積してきた統治技術の中核的な部分は、隋唐の律令法として結晶した。それは世界の歴史上、稀れにみる体系性と普遍性を備えていた。しかし律令法は、当然のことながら、中国の社会のなかから生れ、中国を中心とする世界を統治するための法であった。律令法は、秦漢帝国以来発展してきた高度な官僚制を運営する法であるとともに、原生的な共同体の分解のなかから生れてきた中国の社会を基礎とし、それを支配するための法であった。ところが、中国律令法を継受しようとした七世紀前後の日本の社会は、当時の中国社会とは、発展段階においても、その構造においても、著しく異なっていた。日本の古代貴族がこの問題にどのように対処しようとしたか、そしてそこにどのような問題が展開してきたか――それが本書の出発点となる。

一 津田史学の遺産

日本の古代史学、とくに第二次大戦後の古代史学の歴史のなかで、津田左右吉の果した役割はまことに大きかった。それは今さら私が繰返す必要もないことであるが、古代史学が新しい課題に取り組もうとするとき、必ずといってよいほど津田の学説が想起され、そこに立ち帰って問題が提起されているのは、史学史のなかに占める津田史学の地位をはっきりと物語っている。日本の古代社会の構造を探ろうとする私も、やはり津田史学――ここでは、親族組織についての津田学説――の再検討から出発したい。その理由は、以下の叙述によって、自ずから理解いただけると思う。

津田は初期の著作である『古事記及び日本書紀の新研究』(洛陽堂、一九一九年)のなかで、上代の宗教生活における「部族」の機能に注目したが、津田のいう部族は氏族とほぼ同じ意味で、イギリスの社会人類学でいうクラン(clan)にあたる。初期の津田が、日本上代における氏族の機能に注目したとき、津田の脳裡にあったのは、おそらく古典的な、原始的クランの概念であった。それは、㈠父系または母系の単系制を原理とし、出自によって集団への帰属が自動的に決定される血縁集団であり、㈡族外婚制(exogamy)をもち、㈢その成員権は平等である、という原始的な単系出自集団(unilineal descent group)であった。津田が、そのような単系出自集団を規準にして日本の古代社会をみたとき、まずぶつかった問題は、族外婚制を見出せないことであった。上代の文献史料によれば、父方の親族とも母方の親族とも、そのいずれとも結婚していたからである。そこで津田は、その現象を「父方の近親と結婚することが普通であつた母系時代の習慣が遺つてゐるところへ、母方の近親と結婚し得る父系時代の新習慣も行はれて、其の二つが共存し、終にそれが混同したのではあるまいか」（三六一頁、傍点吉田）と推論し、文献によって知られる上代の社会を、母系制から父系制への過渡期ではないかと推測している。また津田は親族名称の分化が不十分であったこと、父の権力が十分発達していなかったこと、長子制が成立していなかったこと、などから、「家族」の制度がまだ整っていなかったと推定している（四章二節「上代の家族生活」）。このような「家族」の未発達の強調、母系制から父系制への過渡期、という初期の津田の考え方は、L・H・モルガンなど文化人類学者の理論の影響のもとにあったと想定される。もちろん津田は同時に、「上代には血族といふことを示す語も明瞭には無かつたらしく、カバネに「姓」の字をあてたのも妥当とは言ひ難からう」（三七六頁）と、上代の「血族」のあり方に鋭い眼を向けており、クランの存在を単純にそのまま肯定したのではなかった。そして、『古事記』『日本書紀』の世界に沈潜し、その構造を内在的に明らかにしようとする津田の研究が深化するとともに、文化人類学や比較神話学の成果を記紀研究に活用することについてしだいに懐疑的となり、初期の著作にみられた文化人類学・比較神話学の用語や文献を、その著作から大幅に削除していった（その過程については、家永三郎『津田左右吉の思想史的研究』岩波書店、一九七二年、参照）。津田が、現存する史料からは日本の上代に母系制の遺制を証明することは出来ないと強調し、ウヂは単系出自集団としてのクランとは異質なものであると強調したのも、記紀の内在的研究を進める津田の立場からすれば、そのような結論に到達するのはきわめて自然な、当然のことであった。後述するように文献から知り得る日本の上代の社会には、母系出自集団の遺制も、父系出自集団も、いずれも存在していなかったからである。したがって家永が、津田の母系制否定を津田史学の

「後退」と評価したこと(家永前掲書、二六〇頁)には同意できないが、津田が文化人類学や比較神話学的研究ときびしい一線を画し、その独自の文献学的方法の内にたてこもってしまったことは、家永の指摘したように「津田の記紀批判を鋭くする反面に細く狭いものとしたことも免れなかった」(家永前掲書、二六〇頁)。ウヂの問題についても、家永の指摘したような矮小化がたしかに起ってきた。

津田は、単系出自集団が存在しないことを強調するあまり、「共通の始祖をもつという信仰で結ばれた血縁集団」の存在そのものをも一般的に否定してしまった。その結果、始祖のみを神として祭るという祖先崇拝の特異なあり方に注目しながら、それを「家」の始祖と簡単に結びつけてしまい、上代の社会における家族と村落の重視へと傾いていく。すなわち初期の著作とは逆に、「家族」が明らかな形態をなして存在していることを強調し、また「村落」の機能を重視し、「其の間に血族的集団といふやうなものの存在すべき余地が無い」とはっきり断言する。(3)このように津田は「ウヂ」を政治的制度であるとして社会組織から切り離したが、そのような津田の二元的な捉え方は、記紀神話の政治的性格を強調し、記紀神話を民間の説話・伝承等と切り離して考えようとする神話論にも共通している。こうして津田が到達した上代の社会組織についての見通しは、次の言葉に簡潔に要約されている。

われ〳〵の知り得るかぎりに於いては、日本の上代には、家はあつたが部族と称せられるごときものは無かつた。家の名はあつても部族の名らしいものは無く、家の祖先はあつても部族の祖先といふやうなものは無かつた。また村落の首長はあつたが部族の首長は無かつた。要するに、家の生活、村落の生活、はあつたが、部族の生活は無かつたのである。(4)

二　戦後歴史学における「ウヂ」と「イヘ」

上代の「ウヂ」が血縁関係を基本的な結合の原理とするものではなく、政治的な支配関係によって統合された団体であり、クランのような原始的部族とは考えられないという津田の学説は、その後の氏族研究に、決定的ともいえる大きな影響を及ぼした。ただ、津田説を基本的には継承する直木孝次郎も指摘しているように(5)、津田説では「ウヂ」の構造が——津田の重視する家や村との関係において、——十分に説明されていない。そしてこの課題の解明は、井上光貞が「氏族制に関する二つの理論(6)」において整理したように、一方ではエンゲルスの「家族・私有財産・国家の起源」の理論を継承する藤間生大・石母田正らによって、もう一方では社会学や民俗学の「家」の研究に立脚する有賀喜左衛門・和歌森太郎らによって進められた。

藤間・石母田は、基本的にはエンゲルスの発展段階論を継承し、氏族共同体、親族共同体、古代家族の三つの段階を想定し、ウヂが「古代家族」的な統治様式・社会秩序によって集結せられた政治的集団であることを立論した(7)。この藤間・石母田理論は戦後の古代史学発展の起爆剤となったが、実証的にも理論的にも、なお多くの問題をはらんでいた。一つは立論の素材とした戸籍・計帳の史料的性格に関する問題で、発展段階差・地域差を示すとみなされたデータのなかには、日本の編戸制の特質から生じた歪みが含まれていることが、岸俊男らの実証的な研究によって明らかにされたことである(8)。しかし籍帳の史料批判をよりどころとした研究の多くは、小家族の重要性を指摘するに止まり、藤間・石母田理論に代り得るような社会組織の全体像を提示するには至らなかった。もう一つの問題は、母系制から父系制への発展や単系出自集団を基礎とするモルガン－エンゲルス理論を基本的にはそのまま継承したことにあった。例えば、石母田は、「家族はそれが社会的制度的な集団として理解される限り、父系か母系かの単系性を原理として組織されなければならない」(傍点吉田)という基本的な立場にたち、家族の社会的集団としての基礎が従来の自然生的な血縁の結合を超えたところに移り、それを支えているものが家長権に在るという家族を厳密な意味における「古代家族」と呼んだ。[9] 石母田が古代家族の構成の契機を家長に求めたのはまさしく卓見であったが、戸籍・計帳に数多くあらわれる「寄口」(「寄人」)を非血縁者とみなし、寄口の存在をもって古代家族成立の重要なメルクマールとしたことには疑問がある。門脇禎二が論証したように、[10] 籍帳の記載は父系・男系を原則としていたので、寄口と表記されたもののなかには母系(ないし女系)や姻戚関係によって戸主とつらなる戸口がたくさんふくまれていた可能性が強いからである。したがって家族の多くはまだ広義の「自然生的な血縁の結合」を超えてはいなかったのであり、石母田が古代家族の成立を過大評価した一つの原因は、家族を単系的な原理で把握しようとした点にあったと考えられる(もちろんここで問題としているのは史学史上の石母田理論である)。

津田史学の残した課題を、石母田・藤間とは異なった視角から追求したのが、有賀喜左衛門・和歌森太郎らであった。有賀・和歌森は、日本の古代社会の基本的な構造を「家」と「村」とに求める津田の考え方をほぼそのまま継承し、社会学・民俗学の側面からウヂの構造を追求し、ウヂをイヘの連合体として捉えた。すなわち有賀は、ある聚落に居住する家々が、血縁の有無に拘らず、有力な家を中心とする系譜関係によって結ばれ、密接な関連をもって生活していたと推定し、このような家の連合体を同族団とよんだ。そしてこの地縁集団としての同族団が狭義の氏族(有賀のいう氏族)であり、同族団のさらに連合したものを広義の氏族(ウヂに相当するもの)と考えたのであった。[11] たしかに有賀は、出自から自動的には集団への帰属が決定されないという、日本の社会構造に貫流する基本的な性格を鋭く捉えているが、有賀の同族団の理論は本来、近世〜近代の農村を素材として構成されたもので、その理論を古代にまで遡及させることができるかどうかは疑問がある。というのは、有賀説の基礎は「継承される家」「相続の客体となる家」にあり、その家の連合体として古代の郷戸やウヂを位置づけているが、日本の古代社会に「継承される家」が一般的に存在したかどうかは疑わしいからである。有賀が家の継承を主張する最大の根拠は八世紀前半の戸籍・計帳の「嫡子」の記載にあり、有賀はそれにもとづいて「嫡子」によって継承される家が実際に存在していたと考えたのであった。(12) たしかに古代の籍帳には嫡子の記載があるが、大宝二(七〇二)年の戸籍と養老五(七二一)年の戸籍とを比べてみると、その間は僅か二〇年にも満たないのに、きわめて大きな違いがある。すなわち大宝二年の戸籍には男の子をもつ成年男子ごとに嫡子を記しているが、養老五年の戸籍になると、今度は戸主ごとに嫡子の記載がある。この嫡子は戸主が死亡や逃亡したとき、その戸の課役を納める責任者として、養老五年の法令によって新しく定められたもので、政治的色彩のいちじるしく濃いものであった。この例からも明らかなように、戸籍の嫡子は政治的な制度として新しく制定されたものであり、社会規範として存在していた家の相続人とはとても考えられないものであった。(13) 有賀が考えたような嫡子によって継承される「家」は、日本の古代社会には実体としては存在していなかったのである(詳しくはⅢ章参照)。

和歌森も有賀と同じように、「家」々が系譜関係によって結ばれた同族団として「氏」を理解した。和歌森は、「氏」は一つのまとまった「協同体」ではなく、ミウチ関係を示す概念、いわば生み筋としての血筋系統を指すものにすぎない、という重要な指摘も行っている。(14) しかし和歌森もまた「家」を基礎にして「氏」を捉えるという、有賀と同じ考え方に立っている。また直木孝次郎は、「氏」の政治的あるいは階級的立場を重んずる津田・藤間らの説と、同族団的生活を重んずる有賀・和歌森らの説とを総合して発展させたが、基本的にはやはり「家」の集合体として「氏」を位置づけている。(15) たしかに単系出自集団としてのクランは、日本古代には(少なくとも七・八世紀前後には)存在していなかったが、しかし、「家」の集合体としてだけでは説明できない集団――「共通の始祖をもつという信仰で結ばれた血縁集団」の存在そのものは、否定できないのではなかろうか。

三　律令国家の二重構造

モルガンに代表される進化主義に対する批判として、二十世紀に入ると現在学的な機能＝構造的分析が社会人類学の主流を占めるが、やがて一九五〇年頃から歴史的変化の研究を主題とする「新進化主義」が展開してきた。新進化主義の主な担手はモルガンの母国アメリカの研究者であったが、かれらの主要なフィールドの一つである東南アジアや太平洋諸地域の社会には、非単系的・双系的な社会が多く含まれており、アフリカを主たるフィールドとして進められてきた単系出自集団の研究だけでなく、南太平洋に広く分布する非単系的・双系的(cognatic)な社会の研究も活発になった。[16] また平等主義的なクランでなく、クランの内部に支配―従属関係を含む成層化したクランの研究も進んだ。成層化したクランにおける首長の地位や機能が恒常化してきたものを、首長制ないし首長国(chiefdom)と呼び、氏族社会から階級支配の機関をもつ国家への過渡的な形態として、首長制ないし首長国を位置づける理論も生れてきた。[17]

社会人類学における新進化主義にいち早く着目した井上光貞は、一九六五年に「文化人類学者の発展段階説」を草してジュリアン・スチュアードやロバート・アダムスらの研究を紹介した。[18] また井上は、「氏族」の語を単系出自集団に限定しないで「家族より範囲の大きな何らかの血縁集団」として捉え直した石田英一郎「氏族制時代論」[19] に立脚して、律令国家の基礎となった社会構造を「氏族制」と捉え、律令国家は律令制と氏族制とによる二元的国家であるという仮説を提示した[20]。ただ井上のいう「氏族制」の内容は、国造制・伴造―品部制というヤマト王権の国制、及びその編成されたものとしての律令制下の郡司制や品部・雑戸制を主として指していた。それは、石母田正が律令国家の二重の組織原則としてあげた「王民制」と「公民制」とのうちの前者の王民制に近い概念であった。

マルクスやエンゲルスが接することができなかった二十世紀の社会人類学の新しい段階に立って、かれらの理論を深化し、発展させることを企図した石母田は、ポリネシアの首長制についての社会人類学のデータを充分に吸収しながら、主としてマルクスの「資本制生産に先行する諸形態」を理論的なよりどころとして、日本古代社会の分析のなかから独自の「首長制」概念を構成した。石母田の首長制論は「共同体の共同性を代表するものが、民会ではなくて首長である」というアジア的共同体の理論として構成されており、首長と人民との間の人格的隷属関係を「総体的奴隷制」として把握した[21]。それは基本的には生産関係論として構想されており、律令国家は、国家対公民の関係と、在地における首長層対人民の関係との二重の生産関係の上に成立しているとみる。そして第一の在地首長制の生産関係を制度的に代表するものは大化前代の国造、律令制下の郡司であるとするので、実態認識においては、井上の氏族制論ときわめて近い。

井上と石母田とに共通する視角は、世界帝国の古代文明とその周辺の未開な社会とが、(戦争をも含む)国際的「交通」によって結ばれたとき、周辺民族の支配者層が急速に開明化し、未開な基層文化を残しつつ急速に国家を形成するという、古代帝国の周辺民族の二次的な文明化の一形態として、日本の律令国家の形成を捉えようとしている点である。そして日本が中国大陸から海によって隔てられている島国でありながら、支配者間の交通を妨げない距離にあったという日本列島の地理的環境が、その「交通」のあり方を基本的に規定していたことも、両者の視角のなかに含まれている。

律令国家を「律令制と氏族制」ないし「律令制と首長制」の二重構造として捉える井上・石母田の仮説は、日本の律令国家の研究に新しい展望を開いた。ただ井上のいう「氏族制」は、先述したように国制としての側面に重点がおかれており、社会構造としては十分に分析されていない。また石母田は首長制の社会の典型を「クニ」として捉え、「クニ」は「クニヌシ」＝首長によって「代表」される社会的・政治的集団であり、chiefdomであるという。(22)しかし石母田の首長制論は、生産関係論として構成されており、社会人類学者がchiefdomの原理とする親族組織(広義)の問題にはほとんど触れていない。たしかに日本の首長制は、(A)出自集団が社会を網状に覆い、首長はそのなかの特定の地位を占めることによって首長である、という論理による首長制ではなく、(B)支配―従属関係が出自集団を直接には媒介とせず、首長が首長であるのは、土地の開発者であり、征服者であるという認識が先行し、血縁関係は論理的にはその後にくる、すなわち、支配―従属関係が何らかの親族・血縁(もちろん擬制であってもよい)の関係のなかに飜訳され、それによって表現されるという首長制である可能性が強い。(23)しかし、石母田が首長制の原理を「系譜と神話」にもとめたように、擬制され、飜訳された親族組織の問題を除外しては、首長制の社会の構造を十分に捉えることはできないのではなかろうか。

親族組織の問題にこだわるのは、他でもない、中国律令が基盤とし、支配の対象とした社会が、七世紀前後の日本の社会とは、発展段階においてだけでなく、その構造においても、著しく異なっていたと考えられ、その構造の違いをもたらした一つの重要な要素が、親族組織(広義)の問題にあったと考えられるからである。日本の律令制定者が手本とした唐の律令は、父系の親族組織や同居共財の家を基盤とし、それと密接な関連をもって組み立てられていたが、当時の日本の社会は双系的な性格が強く、「家」も社会の基礎的な単位としては成立していなかったと想定される(詳しくはⅢ章参照)。そしてそのような社会の基礎的な構造の違いが、律令制のあり方とも密接に関連していたと考えられる。例えば日本の編戸制や班田制は、表面的には中国の制度と類似しているが、その実質においては、中国とは極めて異質な制度として展開していった（詳しくはⅣ章参照）。

本書の基本的な課題は、日本の未開な社会のあり方が、古代文明の一形態としての中国律令法の継受の仕方とどのようにかかわっていたか、また律令制の施行によって日本の社会がどのように変質し、日本独自の国制や文化がどのようにして形成されていったか、という点にある。もちろん本書はそのような問題を解くための、いくつかの試掘（トレンチ）にすぎないが、各章が本書の課題とどのように関連しており、またどのようなことを明らかにしようとしているかを、まず最初に説明しておきたい（各章と、その素材となった既発表論文との関係については、各章末の〔補記〕を参照されたい）。

四　各章の問題点

Ⅰ　「律令国家」と「公地公民」

隋唐帝国の出現によって引き起された政治的・軍事的緊張に対処するために、周辺諸民族はいずれも中央集権的な国家体制の形成をめざすが、その方式は、それぞれの民族がおかれていた歴史的環境によって異なっていた。そのような動向を、「律令制」とか「律令国家」の形成として一括して捉える考え方が日本の歴史学界では一般化しているが、「律令制」とか「律令国家」という概念は、日本の歴史学者が日本史を説明するために考え出した概念であって、興味深いことに、中国の歴史学者はそのような概念をほとんど用いていない。その理由として、法に高い価値をおかない儒教的な伝統思想の影響も考えられるが、中国では律令、とくに律は、法律の意味で広く使われてきたので、律令制とか律令国家を歴史上の特定の国制を示す概念とする発想が、そもそも生れてこなかったのであろう。また中国の周辺諸国のなかでも、——後世のヴェトナムを除くと——日本以外は、体系的な「律令」法典を編纂していない。もちろん新羅など朝鮮諸国も中国律令制を部分的に継受しているが、北村秀人が明快に論証しているように[24]、体系的な「律令」法典は編纂していない。なぜ日本だけが体系的な「律令」法典を編纂し、それを国制の骨格とする国家を形成しようとしたのであろうか、その問題を朝鮮諸国だけでなくチベットの吐蕃も視野に入れて考えてみたい。それによって「律令国家」という概念を日本史で用いることの意味も明らかになるはずである。また発展段階も社会構造もいちじるしく異なる中国社会を基盤とし、対象とする中国律令を、日本がなぜ体系的に継受できたのかを、中国律令そのものの性格と、日本独自の継受の仕方との二つの側面から考えてみた。前者では、律令と社会規範(とくに「礼」)との関係に、後者では、中国的自然法との緊張関係のなかで機能していた中国律令を、そこから切り離して継受したことに、主要な問題がある。

日本は中国律令を手本として体系的な律令法典を編纂したが、もちろん律令のシステムがそのまま現実に機能したわけではなかった。その代表的な例が「公」と「私」の枠組みである。従来の通説的な考え方では「律令」制の基本的な性格の一つは公地公民制にあったが、中田薫が鋭く指摘したように[25]、公地公民制を象徴する「口分田」は、皮肉なことに「律令」においては「公田」でなくて「私田」であった。何故そのような矛盾が生じてきたのかを、律令の公―私の観念の背後にある中国社会の構造と、日本的な公―私の観念を生み出した律令国家の構造とを対比しながら考えてみたい。なお「公」が「オホヤケ」とも観念されたことは、この問題とも深くかかわっているが、ヤケの問題はⅡ章で検討する。

Ⅱ　イヘとヤケ

日本の古代社会の構造を「家」を基礎にして捉えようとする考え方が学界の主流を占めてきたこと、そしてその「家」には近世以後の「イエ」の観念が色濃く投影されていることは、二節で説明したとおりである。また滋賀秀三の研究に詳説されているように、中国律令の体系は、同居共財の「家」を基礎にして組み立てられていたので[26]、日本の古代社会の「家」がどのようなものであったかは、日本の律令国家のあり方とも深くかかわってくる。本章はその問題を考えてゆく出発点として、まず古代の史料にあらわれる「家」がどのような日本語を表記しているのか、という言葉の問題を考えることとした。というのは、古代の史料では、「家」が日本語の「イヘ」と「ヤケ」という別系統の二つの言葉を表記するために用いられているからである。従来は——三家(ミヤケ)とか大伴家持(ヤカモチ)などの特定の事例を除き——後世的な観念によって史料の「家」を「イヘ」と訓むのが一般であったが、古代には「家」が「ヤケ」(ヤカはその母音交替形)を表記したのではないかと考えられる例がたくさんある。本章はイヘとヤケの実態や機能を明らかにしようとしたものであるが、そこで得られた主な見通しは、ほぼ次のようなものである。「ヤケ」は本来は立派な門(カド)をもち、堀や垣によって囲まれ、そのなかに屋(ヤ)や倉(クラ)が建てられている一区画の施設をさす語であったと推定される。それに対して奈良時代の「イヘ」は、一般には家族やその「すまい」をさす語であった。イヘがつねに家族と結びついていたのに対して、ヤケは——朝廷の「ミヤケ」のように——家族とは結びついていない。ヤケのなかの大きなものは「オホヤケ」と呼ばれていたが、「オホヤケ」は朝廷の「ミヤケ」に対して在地的な性格が強く、溝口雄三の仮説によれば[27]、本来は在地首長が代表する共同体の中心として、共同体的機能を果していたと想定される。ヤケが所有や継承の対象となっていたのに対して、奈良時代のイヘはまだ一般には所有や継承の対象となっていなかった。古代の社会ではヤケが重要な機能を果していたと考えられるが、中世になるとヤケの語は消え、人名においてもヤケ(例、家持《やかもち》・宅嗣《やかつぐ》)が消え、イエ(例、義家《よしいえ》・頼家《よりいえ》)が多くなる。

Ⅲ　律令時代の氏族・家族・集落

日本の古代社会には、父系・母系いずれの単系出自集団も存在していなかったが、始祖からの系譜を紐帯とするウヂの組織が存在し、その系譜は父系を原則としていた。一方、親族名称、婚姻制度などから想定される基層社会は双系的な性格が強い。父系的なウヂの組織と、双系的な基層社会は、それぞれどのような構造をもっていたのか、そして両者はどのような関係にあったのかが、本章の最初の問題となる。双系的な基層社会は、集団の構成員を変動させ易い構造をもっていたが、このような集団構成のシステムは、小規模な自然水系に依存する水稲耕作社会には適合的であったと考えられる。やがて水田の大規模な開発等を契機として首長を中心とする集団が成長してくると、祖神から首長にいたる神話的な血縁系譜が――父系的に――形成されたと想定される。しかしその首長制は単系出自集団を基礎とせず、双系的な基層社会の上に、父系制的な系譜関係、支配者組織が形成された。

神話的な血縁系譜で結ばれたウヂの長は、始祖から直接にマナ(魂《たま》)を継承したので、始祖と血縁系譜で結ばれてさえいれば、前代の首長の傍系親であっても構わなかった。そこには始祖のマナが永遠に再生しつづけるという循環的・神話的な時間意識が生きていたと想定される。しかし奈良時代には律令制の施行によって、父と長子の継承を基軸とする嫡子制が導入され、それが「家」の原理とされる。ウヂの組織と、律令の嫡子制とが、どのような形で重層し、機能していたのかが、本章のもう一つの主要な問題となる。中国律令では封爵の継承のためにあった嫡子制を、日本律令は「承家」すなわち「家」の継承の制度としたが、Ⅱ章で明らかにしたように、「家」は「イヘ」と「ヤケ」の両者を表示していたので、「承家」も「イヘの継承」と「ヤケの継承」の二つの側面をもっていた。「イヘの継承」

としての嫡子制の実質は蔭位の継承にあり、「ヤケの継承」を大宝令は嫡子の単独継承とするが、いずれもウヂ的集団の首長位継承と深いかかわりがあったと考えられる。氏上《うぢのかみ》である家長の嫡子が必ずしも氏上の地位を継承しなかった古代のウヂ―イヘの関係から、本家の嫡子が家督を相続する中世のイエへと転換する過程で、古代のヤケの機能はイヘの機能とともに、中世的なイエに総合されてゆき、そこに近世的なイエの源流を見出すことができるのではないか、という仮説を私はいだいている。

Ⅳ　編戸制・班田制の構造的特質

律令国家形成の中心的な課題は、強力な軍隊と中央集権的な統治組織をどのような方式によって作り出すかにあった。民戸から兵士を徴発し、課役を徴収するシステムの基礎とされた編戸制と班田制も、基本的には隋唐律令の制度を継受したものであったが、日本の律令制定者は『周礼』など中国の古典にも理想を求め、画一的・軍事的な色彩の濃厚な制度を構想した。それがどのように構想され、その施行によってどのような問題が生じてきたかが本章の主要な問題となる。

唐の律令は一〇〇〇年にわたる長い歴史をもっていたので、重層的で柔軟な構造をもっていた。例えば唐の戸令においては、自然集落である村と、人為的な行政区画である郷―里が重層して規定され、その両側面から人民を掌握する体制であった。そして後者の戸―保(五戸)―里(一〇〇戸)―郷(五〇〇戸)の組織は、単位集団の積み上げ方式による軍隊的組織原理を、行政制度に準用したものと推定されている。[28] このような唐令における自然集落と人為的な行政区画の二重構造に対して、日本の戸令は人為的な行政区画としての里だけに一元化し、自然集落としての村は制度化しなかった。戸―保(五戸)―里(五〇戸)の行政組織は、兵士―伍(兵士五人)―隊(兵士五〇人)の軍団組織と密接に対応しており、軍隊的な原理によって五〇戸＝一里の戸数が固定化された。そして戸も、家をそのまま戸として捉えるのではなく、小家族の集合体を対外的に代表し得る有力者をまず戸の編成責任者（戸主）に指名し、その組織した集団を戸に編成するという形で行われた可能性が強い。画一的な日本の編戸制の施行を可能としたのは、Ⅲ章で明らかにしたような家族や集落のあり方であったと考えられる。

日本の班田制も、中国の均田制がもっていた限田制的要素（田地を登録し、過大な占有を制限する体制）と屯田制的要素（公田を一定規準で人民に割りつけて耕作させる体制）のうち、後者の屯田制的要素だけを継受している。中国の均田制における民戸の応受田額は限田制的な要素をふくむ理想額であったので、農民の小規模な開墾田をそのままその戸の受田のなかに組み込むことができる体制であった。これに対して日本の班田制における班田額は、屯田制的な考え方によるもので、実際に班給しようとした目標額であり、農民の小規模な開墾田をその戸の受田のなかに組み込めるようなシステムにはなっていなかった。三世一身法や墾田永年私財法は、このような日本の班田法の構造と密接な関連をもって出されたもので、律令国家の田地に対する支配体制は、むしろこれらの施策を通じて深化していったと考えられる。

Ⅴ　墾田永年私財法の基礎的研究

本章は、天平十五（七四三）年に出された墾田永年私財法についての基礎的な研究で、前章（Ⅳ章）の仮説の前提となる考証論文である。一節「墾田永年私財法の変質」は、『続日本紀』『類聚三代格』『令集解』の三書が伝える墾田永年私財法のテキストが三者三様に異なるのは何故か、という疑問を出発点とし、三者の史料的性格を検討して、永年私財法の原型とその変遷を明らかにしたものである。永年私財法の内容としては、(A)三世一身法の定める収公期間の廃止、(B)位階等による墾田地占定の制限面積の設定、(C)国司在任中の墾田についての規定、(D)墾田地の占定手続きとその有効期間についての規定、の四項が知られるが、(B)は『弘仁格』が編纂された八一九(弘仁十)年までに無効とされ、墾田永年私財法は大きく変質することになる。ただし墾田地の占定手続きとその有効期間を定めた(D)の規定は、永年私財法の中核として機能しつづけ、律令国家はその手続きを通じて、熟田だけでなく未墾地をもふくめた田地に対する支配体制を深化していった。

二節「均田法と墾田永年私財法」は、日本の班田法の手本となった中国の均田法には、墾田永年私財法に相当する内容が含まれていたことを考証し、日本の班田法と中国の均田法との構造的な違いを明らかにする。まず墾田永年私財法は唐令の官人永業田の規定に酷似しており、「百姓に妨げのない場所で、無主の荒地を申請して開墾した田は、収公しないが、官人身分に応じた制限が附されている」という点では、唐田令の官人永業田の規定と日本の墾田永年私財法とは、実質的には全く同じであった。また永年私財法には庶人にも一〇町の墾田地の占定を認める規定があるが、中国の均田法でも農民の小規模な開墾田は、自動的に已受田のなかに組み入れられる体制であったことを、北魏の均田法にまで遡って考証する。

Ⅵ　律令時代の交易

東大寺の正倉院には、奈良時代に造東大寺司の写経所の政所におかれていた多量の文書が残存している。これらの文書は主として写経事業の事務に関するものであるが、写経所の別当(事務責任者)であった安都雄足が関与した石山寺や法華寺などの造営に関する文書も含まれ、またその紙背文書には安都雄足に充てられた私的な文書も含まれているので、限られた世界ではあるが、古代の社会の生々とした実態を私たちに垣間見させてくれる。本章は、正倉院文書がどのような世界で書かれた文書であるのか、という書誌的な研究を媒介として、その世界にできるだけ沈潜し、交易を中心とする当時の経済活動の実態を探り出そうとする試みである。

平城京には官営の東市・西市があったが、不思議なことに官司の一つである造東大寺司は、調庸物の売却や必要物資の購入の際に、東西市にはあまり依存していない。造東大寺司は自らの交易の記録を保存し、物価の季節変動や地域間格差を調べて物資の売却・購入をおこない、その間に巧みな利潤獲得行為すらおこなっていた。造東大寺司が東西市に制約されずに独自に交易活動を営むことができたのは、難波や泉(木津)など各地に設置した庄(ミヤケ)を巧みに利用することができ、また必要に応じて交易使を各地に派遣することができるという、造東大寺司の財政機構によるところが大きかったと考えられる。造東大寺司の財政運営を具体的に追跡していくと、それに便乗して、安都雄足をはじめとする官人たちが、私的な利潤獲得の活動をおこなっていた姿が浮び上がってくる。そしてその活動の拠点となったのは、官人たちが各地にもっていた宅(ヤケ)であった。法華寺の阿弥陀浄土院の造営の際に、施入物の大半の売却を請負った「丹波宅」も、そのような官人の宅と推定され、紙背文書からは、安都雄足と関係のあった様々な官人の宅の様子がうかがわれる。天平宝字六(七六二)年の大般若経の写経の財政は、調綿を売却し、その代価で賄われることになったが、その大部分の売却は官人たちが一定の価格で請負った。かれらは高く売れれば利益を得、安くしか売れなければ損失をこうむるという、商人のような立場にあった。造東大寺司の財政運営のなかには、宅を拠点とする官人の私経済が生々と機能していたのである。

Ⅶ　雑徭制の展開過程

雑徭とは、国郡司が年間六〇日以内で徴発する徭役労働であり、その制度の枠組みは、基本的には唐の律令を範としていた。しかしその内実は、ヤマト王権の貢納・奉仕制度を濃厚に継承していたため、唐制とはいちじるしく異なった展開を示している。本章は、唐の雑徭制の継受とその展開過程を具体的に跡づけようとする試みである。唐の雑徭については、濱口重国・宮崎市定両氏の本格的な研究があるが(29)、基本史料である開元戸部式の読み方については疑問があるので、まず両氏の説の再検討を通じて唐の雑徭制を復原した。唐令における雑徭は、地方官が成年男子を年間四〇日以内徴発する雑多な地方的徭役で、中央財政の中心となる課役(租・調・役)にはふくまれていなかった。これに対して日本令の雑徭は――薗田香融が指摘したように(30)――天皇またはそのミコトモチが地方に巡行(ミユキ)してきたとき、道を修理したり、橋をかけたり、行宮《かりみや》を造ったり、御贄《みにへ》を差上げたりするミユキの奉仕役の系譜に属するものと推測される。それは在地首長が地域社会で独自に徴発してきた労役とは別の系列のもので、朝廷のために徴発される労役であった。雑徭が――唐制とは異なり――調・庸(役)とともに課役にふくまれるようになるのは、そのようなミユキの性格によるところが大きいと考えられる。雑徭は浄御原令で制度化されたが、浄御原令の雑徭はまだミユキの系譜を直接に引く臨時的な性格が強く、一郡以上の行政地域に対して一年間雑徭を免除してしまうこともあった。しかし大宝令施行とともに国司の職務や権限が大幅に拡大されると、雑徭は国司の政事《まつりごと》に不可欠のものとなり、一郡以上の行政地域に対する免除も行われなくなる。日本令では、雑徭は六〇日以内で徴発することになっていたが、堤防や池溝の修理などに充てられた労役を雑徭日数のうちに数えるかどうかをめぐって、天平時代にも明法家の間の解釈は大きく食違っていた。その背景には、在地首長が地域社会のために独自に徴発してきた労役と、国司の命令で在地首長が徴発する雑徭とを、はっきり区別することが難しい状況があったと想定される。そして明法家の大勢が、それらの労役を雑徭日数のうちに数える方向に傾いてゆくのは、在地首長の世界が国司の支配体制のなかに組み込まれてゆく過程を反映するものと考えられる。奈良時代には一年間の雑徭徴発の結果を毎年中央に報告する制度は成立していなかったが、平安初期には諸国から「徭帳」を上申させる制度が成立し、中央政府は調・庸などを確保するための代償物として雑徭を操作するようになった。

Ⅷ　律令国家の諸段階

前章までの個別的な研究を手懸りとして、どのような律令国家の歴史像を画くことができるかが、本章の課題である。従来の概説では一般に、日本の古代国家は大宝律令の施行によって律令国家として完成し、その後の歴史は——若干の起伏はあったとしても、基本的には——律令国家の変質・解体の過程として叙述されている。このような通説的な考え方は、律令国家の二重構造——律令制と首長制(氏族制)——のうち、前者の律令制の変質・解体の過程をそのまま律令国家の変質・解体の過程と等置したものである。しかし、これまでの概説書で律令制の解体の重要な画期とされてきた墾田永年私財法が、単純に律令国家の解体過程として位置づけられないことは、Ⅳ・Ⅴ章で考察したところである。本章は、律令国家の歴史を律令制と首長制の展開過程の総体として、とくに律令制と首長制との交渉のなかで新しい国制や文化がどのようにして形成されてくるかを、描こうとする試みである。

律令国家の展開過程は、大きく分けると、(一)律令制の施行、(二)天平時代、(三)平安前期の三つの画期に分けられる。大化改新に始まる諸施策は大宝律令で一つのピークに達するが、そこに提示された国制の大部分は、あるべき目標、建設すべき国家の青写真であって、その施行とともに直ちに実現したわけではなかった。国司による律令制の施行は、郡司をはじめとする在地首長層に依存し、かれらの積極的な協力を得てはじめて現実化していった。律令国家の機構や人民支配の体制は、八世紀前半の和銅～養老年間にしだいに整備されてゆき、それと並行して、平城京の造営や全国的な条里制開発が進められた。大宝律令の施行から天平初年に至る期間は、日本の律令国家が、ほぼ律令に画かれた青写真に従って建設されていく過程であった。

天平時代の中ごろから、律令国家は大幅に軌道を修正し始める。しかしそれは、律令制が社会に浸透していく過程でおこってきた政策転換であり、律令国家の基盤はそれによって拡大していったと考えられる。この過程で、大化前代からの国造制的な体制が律令国家のなかに吸収されてゆき、国司が郡司を媒介として地域社会を支配する体制から、地域社会のなかに直接踏み入って支配する体制への転換が始まった。また天平時代には、首長制的な社会とは異質な、個人の信仰を媒介とする行基集団も生れてきた。

律令制は――在地首長の統轄する地域社会のなかに浸透していくのと並行して――辺境の地にもしだいに浸透してゆき、平安前期には同じ日本語を話す人々が五畿七道諸国を版図とする一つの国を構成するという観念が生れてきた。天皇のあり方も変化し、日本的な美意識の原型となる『古今集』、日本的な仏教の原形をつくった最澄・空海があらわれる。古代文明としての律令制と、底層にあった未開な社会との交渉のなかから――底層にあった未開な社会が十分には解体しないまま――一つの(相対的には)安定したレジームを生み出したのが、平安前期であった。そしてその国制・文化が、その後の日本の歴史や文化のあり方を強く方向づけていることに注目すると、それは日本の歴史・文化にとっての「古典文化」であるといえよう。平安前期は日本の「律令国家」の完成形態ではないが、律令国家を媒介として生み出された日本の「古代国家」の「古典時代」であった、というのが、私の懐いている基本的な構想である。

注

(1)　井上光貞『日本古代国家の研究』岩波書店、一九六五年。

(2) 石母田正「官僚制国家と人民」(『日本古代国家論』第一部、岩波書店、一九六三年)。とくに八二〜八三頁。
(3) 津田左右吉「大化改新の研究」(『津田左右吉全集』第三巻、岩波書店、一九六三年)二六八頁。
(4) 津田左右吉「上代の部の研究」(『津田左右吉全集』第三巻、岩波書店、一九六三年)一三二頁。
(5) 直木孝次郎「古代日本の氏」(『古代史講座』6 学生社、一九六二年)。
(6) 井上光貞「氏族制に関する二つの理論」(『日本古代史の諸問題』思索社、一九五八年)。
(7) 藤間生大『日本古代国家』(伊藤書房、一九四六年)。石母田正「古代家族の形成過程」(『社会経済史学』一二巻六号、一九四二年)。
(8) 岸俊男『日本古代籍帳の研究』塙書房、一九七三年。
(9) 石母田正「古代家族の形成過程」(前掲注7)。
(10) 門脇禎二「上代の地方政治」(藤直幹編『古代社会と宗教』若竹書房、一九五一年)。
(11) 有賀喜左衛門「日本上代の家と村落」(『東亜社会研究』第一巻、一九四三年。『有賀喜左衛門著作集』Ⅷ 未来社、一九六九年)。
(12) 有賀喜左衛門「日本の家」(前掲『有賀喜左衛門著作集』Ⅶ)。
(13) 関口裕子「律令国家における嫡庶子制について」(『日本史研究』一〇五号)。
(14) 和歌森太郎『国史における協同体の研究』(帝国書院、一九四七年)上巻。
(15) 直木孝次郎「古代日本の氏」(前掲)。
(16) Murdock, G. P. "Cognatic Forms of Social Organization", Murdock, G. P. (ed.) Social Structure in Southeast Asia, Chicago, 1960. なお cognatic とは男・女どちらの性を通じてもたどれる親族を意味するコグネイトというローマ法の用語に起源しているので、「双系的」と訳すよりは「双性的」と訳した方が適切かも知れないが、ここでは一般的な用語法に従う。
(17) 増田義郎「政治社会の諸形態」(『思想』五三五号、一九六九年)。石川栄吉「タヒチ首長国の構造」(『歴史学研究』四六三号、一九七八年)。

(18) 井上光貞「文化人類学者の発展段階説」(前掲『日本古代国家の研究』)。
(19) 石田英一郎「氏族制時代論」(『石田英一郎著作集』第一巻、筑摩書房、一九七〇年)。
(20) 井上光貞「日本の律令体制」(『岩波講座世界歴史』6 岩波書店、一九七一年)。
(21) 石母田正「東洋社会研究における歴史的方法について」(『岩波講座世界歴史』30別巻、岩波書店、一九七一年)。同『日本の古代国家』(岩波書店、一九七一年)。
(22) 石母田正『日本古代国家論』第二部(岩波書店、一九七三年)、三三三頁。
(23) 中林伸浩「東南アジア首長制の構造」(『思想』五三五号、一九六九年)。
(24) 北村秀人「朝鮮における「律令制」の変質」(『東アジア世界における日本古代史講座』7 学生社、一九八二年)。
(25) 中田薫「律令時代の土地私有権」(『法制史論集』第二巻、岩波書店、一九三八年)。
(26) 滋賀秀三『中国家族法の原理』創文社、一九六七年。
(27) 溝口雄三「土着中国に対するこの土着日本」(『理想』四七〇号)。
(28) 宮崎市定「中国における村制の成立」(『東洋史研究』一八巻四号)、同「漢代の里制と唐代の坊制」(『東洋史研究』二一巻三号)。
(29) 濱口重国「唐に於ける両税法以前の徭役労働」(『東洋学報』二〇巻四号・二一巻一号)、同「唐に於ける雑徭の開始年齢」(『東洋学報』二三巻一号)、同「唐に於ける雑徭の義務年限」(『歴史学研究』八巻五号)、同「唐の雑徭の義務日数について」(『秦漢隋唐史の研究』下巻、東京大学出版会、一九六六年)。宮崎市定「唐代賦役制度新考」(『東洋史研究』一四巻四号)。
(30) 薗田香融「律令財政成立史序説」(『古代史講座』5 学生社、一九六二年)。

I 「律令国家」と「公地公民」

一 古代日本の歴史的環境

七世紀前後の東アジアでは、発展段階を異にし、また社会構造を異にする諸民族が、隋・唐を中心とする国際的交通によって結ばれていた。戦争をも含むこの国際的交通のなかで、倭人はその歴史上はじめて、体系的な機構をもつ「国家」を形成した。また、中国からの呼称である「倭」をすてて、自らを「日本」と称するようになった。

倭が中国に対して正式に「日本」と称したのは、七〇一(大宝元)年に出発した遣唐使であった。この年、日本の古代国家の骨格を定めた大宝律令もほぼ完成しているので、遣唐使が派遣された目的の一つには、日本人がはじめて編纂した体系的な「律令」法典を、唐朝に示すことも含まれていたのではないかと推測されている。倭の文明化の過程でつねに指導的地位にあった百済も、また唐軍を追い出して朝鮮半島を統一した新羅も、ともにもたなかった体系的な「律令」法典を、日本だけが編纂したのであった(1)。

大宝律令は、当時の日本の社会からは隔絶した高度な統治技術をふくんでいた。日本の支配層は、国際的交通のなかで、中国の支配層が春秋戦国以降の長期にわたる階級闘争の経験のなかから生みだした統治技術の結晶である律令を手に入れ、それを手本として自らの律令法典を編纂するという幸運にめぐまれた。例えば日本律令には、人民の逃亡の際の処置が律令の各篇にわたって詳細に、しかも体系的に規定されているが、それはほとんどすべて、唐律令からそのまま継受したものであった。それは「令制以前または大化前代の日本の階級関係から直接にまたは自生的に生れ得るような性質のものではなかった。日本の支配層は、他民族の歴史の達成、経験の法的総括を、人民にたいして「先取り」し」たのであった。(2)

このような支配層による統治技術の「先取り」は、日本の社会から自生的には生れえない早熟的な国家を生み出した。もちろんその前提として、大化前代の伴造制や国造制によっては統治を続けることが難しくなってきたという国内的要因を見落してはならないが、早熟的な国家を生み出した直接的な要因は、隋・唐の朝鮮出兵を契機とする国際的動乱であり、朝鮮と深いかかわりをもっていた日本もその渦中にまきこまれていった。日本の古代国家の形成は、それに対処するための権力集中と軍事体制強化の所産であったと考えられる。それは、隋唐帝国の成立に触発され、隋唐帝国の脅威に対処するために国家を形成した周辺諸民族と、基本的には同じ類型に属する国家形成であった。しかしその具体的様相は、それぞれの民族がおかれていた歴史的条件によって異なっていた。日本の古代国家の特質を明らかにするためには百済や新羅の国制との比較が基本となるが、朝鮮諸国との比較にだけ眼を奪われていると、朝鮮諸国と日本とが共通にもっていた歴史的条件を見失うことになる。そこで思い切って、眼を中国の西南のチベットに転じてみよう。

日本が中国から海を隔てた島国であったのに対して、チベットは中国(現在の中華人民共和国ではなく、狭義の旧中国)と山によって隔てられた山国であり、中国に対しては日本と類似した位置にあった。チベットにも氏族連合小国家群が並立していたが、六世紀末から七世紀前半にかけて、吐蕃の統一国家が形成され、七世紀後半以降、一世紀半以上にわたって唐と戦い続けた。吐蕃の国家統一を促進する内部的な条件はほとんど見出されず、隋唐や吐谷渾との緊張関係が、統一国家形成の最も基本的な要因であったと考えられている。(3) そして軍事国家としての性格が強かった吐蕃の統一国家が、九世紀中ごろから分裂していった基本的要因も、対外的緊張関係の稀薄化にあったと考えられている。このような吐蕃の統一国家の形成と分裂の過程は、隋唐や朝鮮諸国との緊張関係のなかで形成された日本の律令国家が、国際的緊張関係の稀薄化のなかで変質していった過程[4]ときわめて近似している。また吐蕃の国制や文化が、唐の国制や文化に刺激され、それを摂取しつつ形成された点も、日本と類似している。

吐蕃は、日本と同じように、唐に留学生を送って、その統治技術や文化を摂取しながら、法律を定め、官位制・官司制・度量衡・税制等を制定し、賞罰・裁判の制度を整えた。また唐の仏教も継受している。しかし日本の古代国家が、漢字・中国仏教・中国律令を、ほぼ全面的に継受しようとしたのに比べると、著しい相違があった。なによりもまず、チベットでは七世紀はじめころ、西方の文字の影響の下に、固有のチベット文字が成立していた。朝鮮諸国や日本のような、中国との接触によってはじめて文字(漢字)を用いた国にはならなかったのである。また中国仏教も導入されるが定着せず、やがてインド系仏教に排除されていった。吐蕃の法制や国制は、たしかに唐の影響なくしては考えられないといわれるが、その内容は民族的色彩の濃厚なものであり、もちろん中国的な「律令」法典は編纂されていない。このように吐蕃の国制や文化が中国に対して独自性を保っていたのは、様々な要因が複合した結果であろうが[5]、基本的には、吐蕃が中国文明以外に、西アジアの文明やインドの文明に接触しやすい位置にいたという、吐蕃のおかれていた歴史的・地理的環境によるものと考えられる。それに比べるとアジア大陸の東海に浮かぶ島国―日本のおかれていた歴史的・地理的環境は、吐蕃とは著しく異なっていた。

日本列島の東には茫漠たる海が拡がっていたので、古代の日本人にとって、東方の海の彼方は、この世とは異質な世界であった。したがって——日本列島において第一次的文明が生み出されなかった以上——古代の日本人にとって、文明はいつも西方からもたらされるものであった。しかも西方の諸文明は——西アジアの文明もインドの文明も——

中国に一度流入し、中国文明に吸収されたのちに、朝鮮半島を経て日本に伝えられた。古代の日本人が鉄器や文字を入手したのも、朝鮮半島からであったが、それらをもたらしたいわゆる帰化人の有力氏族が「秦」氏とか「漢」氏とよばれたように、その背後にはつねに中国の文明が意識されていた。古代の日本人にとっては、西方の大陸の文明は、具体的には中国の文明であった。(6) ただ古代の朝鮮人にとっては、中国文明だけでなく、その北側を経由した遊牧騎馬民族的な文化にも接する機会があったので、中国文明を摂取する際の選択の自由が、日本に比べれば、相対的に大きかったと考えられる。しかし朝鮮諸国はいずれも、日本と同じように、漢字を取り入れ、中国仏教を摂取し、そして中国の統治技術を継受しながら国家を形成した。ただ同じように中国の国制の影響下に国家を形成しながら、朝鮮諸国の国制は、日本よりもはるかに民族的な固有の制度を濃厚に残し、(7) 体系的な「律令」法典も編纂していない。何故、中国と陸続きの朝鮮諸国よりも、海を隔てた日本の方が、中国の法制をより徹底した形で摂取しようとしたのであろうか。朝鮮諸国と日本の国制との関連をたどりながら、この問題を考える手懸りを探りたい。

二　中国律令の継受

日本のヤマト王権は、五世紀のころから、百済・新羅・高句麗などの国制を部分的に継受してきたが、朝鮮諸国は南北朝時代の中国の国制の影響を受けていたので、日本は間接的・部分的に中国の国制を継受していたことになる。(8) そしてこのような朝鮮諸国の影響の下に形成された大化前代の国制は、のちの本格的な中国律令制の継受を可能とする条件を生みだし、また律令制に包摂されながら律令制を支える下部構造として機能することになる。(9)

遣隋使の派遣によって中国との直接交通が始まった七世紀においても、日本の国制には朝鮮諸国の影響が強く、大化改新も、基本的には朝鮮の国制の影響下にあった。このころから隋唐律令の直接的継受が始まったが、天智朝までは、個々の制度の継受であって、体系的な「律令」法典を独自に編纂することはなかった。いわゆる近江令は、天智朝に出された一連の画期的な単行法令群に対する後世からの総称と考えられ、体系的な法典ではなかったと推定される。(10) この点では、中国律令を継受しながら、体系的な「律令」法典を編纂しなかった百済や新羅と同じであり、大化〜天智朝の国制は、戸調制など、朝鮮諸国の国制と類似する点が多い。(11)

ところが壬申の乱後の天武・持統朝になると、これまで数世紀にわたり朝鮮諸国の国制を継受してきた日本が、朝鮮とは異なった独自の道を歩き始める。すなわち唐の律令制の体系的な摂取を企て、その一環として体系的な「律令」法典の編纂に着手したのである。その成果が浄御原令であり、大宝律令に至って律・令ともに完成する。日本が新羅とは異なり、体系的な律令法典を編纂した理由として、まず想定されるのは、新羅が唐の冊封を受けたのに対して、日本は唐の冊封を受けていなかったという、国際関係の相違である。律令法は異民族支配を前提とするある種の帝国法であったから、(12) 唐から冊封を受けていた新羅は、独自の律令法典を編纂することを認められなかった可能性が強い。しかし冊封の有無は、日本が律令法典を編纂した積極的理由とはならない。日本が律令法典を編纂した主体的条件として、当時の日本の方が新羅よりも国内矛盾が激化していたと推定する説があるが、(13) より直接的な要因としては、唐や新羅との対抗関係が重視されねばならないだろう。天武・持統朝の日本は、唐の冊封も受けず、遣唐使も派遣しないで、律令制の形成をめざした。大宝律令には中国律令にあえて異をとなえようとする傾向があることが指摘されているが、(14) そのような傾向は、おそらく浄御原令に淵源するものであろう。日本における律令法典の編纂は、天武〜持統朝のナショナリズムを除外しては考えられない。しかし大宝律令の完成とほぼ同時に遣唐使が派遣されたことは、日本が中国の朝貢国の位置から離脱する意志がなかったことをはっきりと示している。大唐帝国に朝貢しつつ、同時に新羅や渤海を従える小帝国を形成するという課題に直面したとき、日本の古代貴族は、どのような国家を構想することができたであろうか。中国文明だけがほとんど唯一の先進文明として視界のうちにあった日本の古代貴族が、新羅よりも強力な国家を形成しようとしたとき、中国律令を模倣した律令法典を編纂し、中国的な律令制を形成する以外の道を構想することは、きわめて困難だったのではなかろうか。しかしいうまでもなく、七世紀前後の中国と日本とでは、発展段階に大きな隔りがあり、その社会構造も質的に異なっていた。日本の律令制定者が手本とした唐の律令は、そのような先進的で異質な社会を対象としていたのである。例えば、唐の律令は中国的な父系の親族組織や同居共財の家を基盤とし、それと密接な関連をもって精緻に組み立てられていたが[15]、当時の日本は、単系の親族組織をもたない双系制的な性格の濃厚な社会であり[16]、中国的な同居共財の「家」も存在しなかった(詳しくはⅢ章参照)。そこで日本の律令制定者は、中国的な親族組織を基礎とする唐律令の諸規定を、日本の親族組織の実態に適合するように苦心して書き変えているが(Ⅲ章参照)、日本律令全体としては、やはり唐律令の基本的骨組みをそのまま継承している。唐の律令は後進的で異質な社会構造をもつ日本に継受されたが、それを可能としたのは、唐律令そのものの世界法的な性格によるところも大きかったと考えられる。

中国の律令法は、蕃夷の異民族支配を前提とするある種の帝国法であった。「律令」法が直接に適用されるのは、州県に編成された中華の地であったが、その場合にも、「諸の辺遠の諸州、夷獠雑類有る所、課役を輸すべくは、事に随ひて斟量し、必ずしも華夏と同じくせず」[17]という規定が示すように、漢民族とは異質な文化をもつ少数民族を包摂しうるような仕組みになっており、唐の賦役令の調庸の規定自身、調庸の計算基準を示す抽象的な規定であった[18]。唐の律令法は、「習俗または慣習からの「礼」の分化と発展、「礼」からの「法」の分離」[19]という中国の長い法の歴史の所産であった。中国の律令が礼の秩序の上に、礼と重複しながら存在していたことは、民族的・伝統的な色彩の強い儀礼についての具体的な規定を、主として「礼」に依存することになったので、律令が抽象的・体系的な法として成立することを可能にしたと考えられる。そのような特質をもっともよく示すのは、律の総則的部分にあたる名例律であろう。名例律のもつ高度な抽象性と体系性は、前近代社会には他に類例がないといわれているが、日本の古代の支配層が、この高度に完成した法典に接したとき、その緻密な論理に圧倒されたことは想像に難くない。事実、日本の名例律は、唐の名例律の体系をほとんどそのまま継承している。個々の犯罪とそれに対する刑罰についての通念は民族によって多様であろうが、例えば「更犯」「共犯」「犯罪の競合」などについて精緻に組み立てられた抽象的・体系的な諸規定は、民族の差を越える普遍性を備えていたのである。

唐の律令が刑事法や行政法など、全体として国家支配の手段としての公法的な法規であったことも、異民族に継受される有利な条件になったに違いない。家族・親族関係や財産・取引等に関する律令の条項も、個人の権利関係を主体とするのではなく、国家の安寧維持や身分秩序の規則として存在するにすぎず、私人間の権利義務関係を規制する私法ではなかった[20]。また律令は公法的な法規であったが、近代憲法とは異なって、王権のあり方そのものについて直接には規定しない。このことも、王権のあり方を異にする異民族が中国律令を継受する一つの条件となったろう。

このように中国律令が、(イ)礼と並存し、(ロ)主として公法的な法規のみであり、(ハ)王権のあり方を直接には規定していなかったことは、すなわち律令が国制の一部分しか規定していなかったことは、中国とは発展段階も社会構造も異にする周辺民族が律令を継受する際に、有利な条件として機能したに違いない。

とはいえ、中国律令は中国の王権のあり方や社会規範と決して無関係な抽象的法規ではなく、当然のことではあるが、それらと密接な内的連関があった。したがって、唐律令がそのまま発展段階や社会構造を異にする周辺民族に継受されることはありえない。事実、日本の律令制定者は、唐律令を日本の実情に合うように、苦心して書き変えている。しかし私たちは個々の条文の書き変えだけに眼を奪われてはならない。たとえ唐律令と全く同文の条文であっても、その機能の仕方が中国と日本とでは異なっていた可能性も強いからである。そこで律令法そのもののあり方を、まず王権との関連を中心にして考えてみたい。

三　律令法と天皇

日本の律令法と天皇との関連を示唆する、一つの興味深い事件を紹介しよう。聖武天皇の母藤原宮子は不比等の女で、文武天皇元年に夫人となり、神亀元(七二四)年二月、その子聖武天皇が即位すると、「勅して正一位藤原夫人を尊んで大夫人と称す」という勅が下された。しかし間もなく「大夫人」の称号と大宝令との矛盾が問題となった。すなわち「大夫人」の称号を授けられた翌三月、左大臣長屋王らは、

伏して二月四日の勅を見るに、「藤原夫人は天下みな大夫人と称せよ」と云へり。臣等謹んで公式令を検するに皇太夫人と云へり。勅号に依らんとすれば皇の字を失すべし。令文を須《もち》ひむとすれば、恐らくは違勅とならむ。定むる所を知らず、伏して進止を聴かむ。

と奏したので、結局先勅を撤回して、

宜しく文には則ち皇太夫人、語には則ち大御《おほみ》祖《おや》とし、先勅を追収して後号を頒ち下すべし。

という詔が改めて出された。令文に則って皇太夫人と改めたが、口頭では大御祖と称せよとの条件を付けたのは、令制以前の大御祖の制との関連が注目されるが[21]、ここでの問題は、勅と令文との矛盾が臣下によって指摘され、その結果勅を撤回したという注目すべき事実である。

たしかに天子の勅断が律令に抵触しないように臣下が天子を諫めた例は中国にもたくさん伝えられている。「法は国家の大信を天下に布くゆゑん」[22]であり、「律令の行はるるや、並びに明詔を発して民と約束す」[23]といわれたように、律令は皇帝が民に約束したものであり、皇帝の独有するものではなかった。しかし同時に、皇帝の立法権・断罪権が律令を超越する絶対性を有することも、また当然の前提とされている。例えば唐の一司法官が、法によれば徒刑にあたる犯人に死罪を命じた太宗に抗議した際にも、「陛下ただちにこれを殺さば臣の及ぶところにあらず。今すでに所司に付す。臣あえて法を虧《やぶ》らじ」と諫めており[24]、「生殺の柄は人主専らにすべし」[25]という原則は当然の前提とされている。しかし同時に、所司に付されれば法をやぶるわけにいかないというのも、もう一つの原則であった。法に反して死刑を命じた高宗に対して、ある司法官が「法すでに常なければ万姓何ぞもって手足を措かん。陛下必ず法を変ぜんと欲せば、請ふ今日より始と為せ」[26]と諫めたように、法の安定性を守ろうとする強い要請が存在していたのである。『唐会要』や『冊府元亀』には「守法」——臣下が皇帝に抵抗して法を守ろうとした事例——の項がわざわざ立てられ、また正史の列伝のなかにも守法のことが特筆されている[27]。「守法」に高い価値を付するのは中国の伝統的な思想であるが、その背後には貴族(士大夫)勢力の強い要請が存在したと考えられる。そもそも唐の国制は、貴族勢力と皇帝権力との均衡の上に成り立っており、士大夫にとって律令は支配の手段であると同時に、皇帝権力をチェックするものでもあった。皇帝の恣意によって判(裁判)を揺がすことは、士大夫の勢力を揺がすことになることを、士大夫自身がよく知っていたのである[28]。「守法」は直接には「天下士君子のため」であった[29]。唐の律令は皇帝権力と貴族勢力の強い緊張関係のなかに存在していたのである。

このような緊張関係は、日本の律令国家には存在しなかった[30]。たしかに日本でも律の規定どおりに刑罰が行われなかった例は沢山あるが、天皇が律の規定に反して死刑を強行しようとして臣下の反対にあったような例はみあたらない。先の皇太夫人称号問題のように、勅によって令の規定を改めて「大夫人」の称号をあたえても、何ら支障がないと思われる問題について、いったん施行した勅を回収し、改めて律令の規定によることを詔しているのである。天皇は律令を自由に改廃でき、基本的には律令に拘束されないという中国律令の原則が、日本では稀薄であったと考えざるを得ない。そして天皇の恣意を制約したのが、太政官――畿内豪族層の権利を制度的に保証する機関――であったことも、先掲の史料から推察される。(31) すなわち、「大夫人」の称号を定めた「勅」はおそらく公式令に規定された「勅旨」であって、その発布手続には太政官の議政官は関与していない。それに対して「左大臣長屋王等言」と書かれた上奏は、長屋王がその時点の太政官の首席にいたことと、「等」という複数形をとっていること、「臣等謹んで……」の文言などから、おそらく公式令に規定された「論奏」に相当するものと推定される。論奏は太政官の議政官が、独自に発議した事項を天皇に奏上するときに用いられる形式であるが、唐制と比較すると、太政官の発議権を大幅に認め、太政官が天皇の権力を制約する上で大きな機能を果したことが明らかにされている。(32) この皇太夫人称号問題の場合にも、太政官を経ないで出された勅旨を、太政官の議政官たちは、律令の規定をたてにとって、また論奏という手段を通じて、撤回させているのである。この事件は長屋王政権下の特異な事例ともみられるので一般化し過ぎるのは危険だと思うが、日本の律令の実質的な運営主体が太政官にあったことを象徴する事件であった。唐の三省の分立が皇帝権力の自立性を保証していたのに対して、唐の三省を一元化した太政官は、逆に天皇の権力を制約する傾向にあったことは、既に先学の力説したところである。(33) しかし天皇と畿内豪族層(その権力機関としての太政官)との関係を、単に並列的な権力の強弱の問題に還元してはならない。天皇は畿内豪族政権のなかで、特定の役割を果すために共立された首長であり、決して畿内豪族と並立する立場にはなかったからである。もっともこのような首長の性格は、どの王権にも共通するところだが、中国の王朝を創立した皇帝が、戦乱を勝ち抜いて primus inter pares の地位からその権力と権威を形成しなければならなかったのに対して、七世紀の日本の天皇は、すでに特定の世襲カリスマを持った特殊な存在として、畿内豪族層の承認を得ていた。中国の皇帝が貴族や農民と同じように「姓」をもち、同姓不婚の礼制の下にあったのに対して、日本の天皇が「姓」をもたなかったのも、日本の天皇の超越的な地位の一つのあらわれであろう。また唐の衣服令には天子の服装が規定されているのに対して、日本の衣服令には天皇の服装についての規定がない(34)。服装も礼制の重要な要素であり、中国の天子は、礼の秩序を民と共有することを通じて、統治者たりえたのであった。

日本の天皇・皇太子の超越性は、釈奠などの儀礼の継受の仕方からも確認されている(35)。釈奠の場における中国の皇太子は儀場の主催者であったが、日本の皇太子はあくまでも儀場における超越的な存在であり、大臣なり上卿なりが中国の皇太子の役割を果した。また中国の執経は皇太子に対しても再拝を行わなかったが、日本の執経は皇太子に対して再拝している。釈奠は本来「尊師」の礼であり、中国の伝統的な礼では、師は天子に対しても北面しないとされてきたのである。中国では、天子も大学におもむき、そこでは自らの身分を忘れて学ぶべきだとする天子観礼の伝統があり、開元礼にも皇帝視学・皇太子釈奠講学の儀が定められており、天子・皇太子の幸学は唐代には時折行われていた。しかし日本では天皇幸学はおろか、皇太子幸学もほとんど行われなかった。そこには礼の秩序に包摂された中国の皇帝と、礼の中国的な秩序から超越した日本の天皇との対比があざやかに反映している。

日本の天皇は畿内豪族に共立された司祭者的首長としての性格を色濃く残している。それは古代朝鮮の、共立された司祭者的王と基本的には同じ類型に属するものであった(36)。もっとも古代の天皇は、祭祀のみでなく、軍事指揮・外交など他にもさまざまな重要な機能を果していたが、律令国家の開明的な統治機構に比べて、その司祭者的王としての原始性がとくに注目される。そしてこのような天皇の性格は、唐律令を継受する際にも、注意深く日本律令のなかに織り込まれた。例えば養老律の写本が残存する職制律の諸規定を、唐の職制律と比較してみると、[37] 一般には養老律の方が刑量を一、二等減じており、天皇の服する薬の調合を間違えた場合(12条)、天皇の食膳の造り方を間違えた場合(13条)、天皇の乗る舟船の造り方を間違えた場合(14条)、の刑量についても、唐律の「絞」を、養老律ではいずれも(二等減の)「徒三年」に減じている。ところが、祭祀の前後の散斎(荒忌《あらいみ》)・致斎(真忌《まいみ》)の期間内に斎戒のタブーを犯した場合の刑罰を規定した9条では、タブーとされた刑殺決罰等の天皇への奏聞を、散斎の期間に犯した場合、養老律は唐律の「杖六十」よりも重い「杖七十」としており、致斎の場合の刑量加重規定においても、養老律は唐律の「加一等」よりも重い「加二等」としている。このように養老律が天皇の生命にもかかわる過失犯に対しては唐律の死刑を徒刑に減じているにもかかわらず、天皇に対して宗教的タブーを犯した場合には逆に唐律よりも重い刑を科しているのは、日本律令の制定者が天皇をつつむ宗教的タブーを重視したものとして注目される。

律令国家の天皇には、二つの側面があったことが指摘されている。[38] 一つは国家機構の最高の機関、すなわち「百官の長」としての地位であり、もう一つは王民制にもとづく統一体の最高の首長としての地位である。後者の王民制は、天皇と、天皇からカバネナを授けられた王民との関係として成立するが、カバネナの授与を通じてヤマト王権を人格的に統合し代表する天皇は各種のタブーによって緊縛される必要があったと考えられる。天皇はヤマト王権を統合する特殊な役割を果すものとして畿内豪族層によって共立されたのである。そしてこのような天皇と畿内豪族とからなるヤマト王権の構造は、律令国家のなかにほぼそのまま包摂される。[39] したがって日本の律令国家の天皇は、中国の皇帝に比べれば直接執政者としての性格が薄く、権力行使の主体としては畿内豪族の権力機関であった太政官が大きな比重を占めていた。天皇と太政官との関係は、基本的には役割分担であって、権力をめぐる対立関係ではない。[40] したがって基本的な権力関係としては、天皇を首長とする畿内豪族政権と、地方の豪族たちとの関係こそ、より本質的な問題であった。先述したように律令が結果的には天皇の権力を制約したとしても、それは日本の律令の本質ではない。日本の律令は、天皇の権力に枠をはめるという性質のものではなく、天皇を首長とする畿内豪族政権が、地方を支配するための手段としての性格が強かった(41)。中国では「律」の方が古くから発達し、「令」よりも「律」の方が重んぜられたが、日本では「令」の方が先に編纂され、「令」の方が「律」よりも機能していたと考えられる。このような「令」の優越は、地方支配の手段として「令」がまず必要とされたことと関係があろう。養老令の篇目の構成からも、そのことがはっきりと伺われる。

日本の律令の篇目(具体的にわかるのは養老律令)を中国の律令の篇目と比較すると、律では唐律の篇目をそのまま踏襲しているのに対して、令では唐令の篇目を大幅に組み変えている。なかでも注目されるのは戸令・田令・賦役令の配列である。一般に日本史の、特に社会経済史の研究者は、戸令と田令・賦役令をセットにしてひとつの体制を考える場合が多いが、この三者を一括する考え方は中国令にはない(42)。中国令の篇目(史料が残存するもの)は、大きく分けると、晋令・梁令と、隋開皇令・唐開元令とに分けられるが、前者が(A)「戸・学・貢士」で始まり、(B)「官品・吏員など」が続くのに対して、後者では(B)「官品・職員」で始まり、(A)「戸・学・選挙など」が——祠令を中間に介して——続くという、ちょうど(A)(B)が逆転する関係にある(次頁表1)。この変化は——隋を画期とする——貴族制的な体制から官僚制的な体制への転換に対応するものであるが、いずれの場合も、戸令が学令や貢士・選挙令など、貴族・官人層の出身法の一貫として位置づけられている点では共通している。ところが日本令では戸令が学令や選叙令と切り離され、隋唐令では官制(吏・兵・礼・戸・刑・工の六部)の配列に対応して後の方(戸部に対応する位置)にあった田令・賦役令と連結されることになった。このように田令・賦役令を前に出して戸令の次に並べたのは、中国式のプリンシプルとは違った日本独自の行政理念の表明と考えられ、令の編纂者がいわゆる民政にとくに意欲を示

表 I-1　令の篇目対照表

	篇数	編目
晋　令 (A. D. 268)	40	**戸** 学 貢士　官品 吏員 俸廩 服制　祠 **戸調** **佃** 復除 関市 捕亡 獄官 鞭杖 医薬疾病 喪葬 雑上 雑中 雑下 門下散騎中書 尚書 三台秘書 王公侯 軍吏員 選吏 選将 選雑士 宮衛 贖 軍戦 軍水戦 軍法 〃 〃 〃 〃 〃 雑法 〃
梁　令 (503 年)	30	**戸** 学 貢士贈官　官品 吏員 服制　祠 戸**調** **公田公用儀迎** 医薬疾病 復除 関市 劫賊水火 捕亡 獄官 鞭杖 喪葬 雑上 雑中 雑下 宮衛 門下散騎中書 尚書 三台秘書 王公侯 選吏 選将 選雑士 軍吏 軍賞
隋開皇令 (583 年)	30	官品上 官品下 諸省台職員 諸寺職員 諸衛職員 東宮職員 行台諸監職員 諸州郡県職員 命婦職員　祠　**戸** 学 選挙 封爵俸廩 考課　宮衛軍防 衣服 鹵簿上 鹵簿下 儀制 公式上 公式下 **田** **賦役** 倉庫廐牧 関市 仮寧 獄官 喪葬 雑
唐開元前令 (719 年)	30	官品上 官品下 三師三公台省職員 寺監職員 衛府職員 東宮王府職員 州県鎮戍岳瀆関津職員 内外命婦職員　祠　**戸** 選挙 考課　宮衛 軍防 衣服 儀制 鹵簿上 鹵簿下 公式上 公式下 **田** **賦役** 倉庫 廐牧 関市 医疾 獄官 営繕 喪葬 雑
養　老　令 (721 年頃)	30	官位 職員 後宮職員 東宮職員 家令職員　神祇 僧尼　**戸** **田** **賦役**　学 選叙 継嗣 考課 禄　宮衛 軍防 儀制 衣服 営繕 公式 倉庫 廐牧 医疾 仮寧 喪葬 関市 捕亡 獄 雑

していたことのあらわれであろう。

このような日本令の篇目の特色は、日本の律令国家の形成の過程とも、ほぼ対応している。すなわち大化改新の個々の詔の信憑性には問題があるとしても、大化改新の中心的な課題が、地方支配にあったことは動かず、大化改新によってまず着手されたのは、地方の評の設定であり、人口や田地の調査、新しい賦役の制の施行であった。それはまさにのちの戸令・田令・賦役令に相当する施策であった。大化の東国国司が裁判権をもたなかったのも、律が令より遅く編纂されたことと照応している。また大化改新では畿内豪族に対する政策はほとんどみられず、本格的な畿内豪族対策は、天智三(六六四)年の甲子宣までくだる。[43] 田令・賦役令の方が、選叙令・考課令よりも前に配置された論理は、ここでもまた律令国家の形成過程と照応している。畿内豪族内部の矛盾ももちろん存在したが、基本的には畿内政権の地方支配の体制を如何にして確立するか、それが律令国家形成の主題であり、律令の編纂はその目標の提示でもあった。

四　日本の「律令国家」

日本の律令制の特質の一つとして、神祇官が太政官と並立されたことがあげられるが、従来ともすれば、神祇官の独立という側面だけが注目されがちであった。たしかに神祇官の独立は、天皇の司祭者的機能の重視とも関連しており、神祇の重視が日本の律令国家の一つの大きな特質であることは間違いない。しかし同時に、太政官は神祇を切り離すことによって、世俗的な権力機構として機能しやすくなったという側面も見逃してはならないだろう。[44] このような太政官の特質は唐の尚書省(日本の太政官に相当)が祭祀を司る礼部を包摂していたことと著しい対照をなしている。[45]

太政官政治は、神祇を切り離すことによって、日本古来の神々の呪縛から解放されたのである。それは太政官政治を主導した藤原氏が祭祀を司る中臣氏から分離したのと一連のものであった。日本の律令法が、世俗的・現実的な法として機能したことも、このような太政官政治のあり方と深くかかわっていると考えられる。日本の古代には、自分の生命を賭してまで「法」を守ろうとした「守法」の伝統はないが、おそらくそのことも太政官政治の世俗化とかかわっているのであろう。

前節で紹介したように、中国の「守法」は、直接的には貴族層の地位を守るためのものであったが、「守法」への異常な情熱は、それだけでは解けない。その背後には、自分たちの社会を支えている理念を守ろうとする強い意欲が感じられる。適切な表現ではないかも知れないが、その理念はある種の中国的な自然法であった(46)。例えば白居易の有名な「百道判」におさめられた「判」(官人の下す決裁の文)のなかには、その決裁に直接関係する律令の条文があっても、その律令条文を直接には引用せず、その規定を支える思想や理念を、経書などの語句を縦横に引用して詳しく説明している(47)。白居易の「百道判」は科挙の受験準備のためにつくられたものなので、中国の官僚に要求された教養が何であったかを知る上で貴重な資料となるが、かれらには律令の規定の背後にある理念をはっきりつかんでいることが要請されていたのである。

唐の「律疏」が個々の条文を正当づける根拠を、やはり経書等を引用しながら詳しく説明しているのも、同じ思想のあらわれであろう。たしかに皇帝は律令を自由に制定できる建前であり、律令法の本質は一種の専制法であったが、皇帝は伝統的な理念に則った法を制定することを期待されていたのであり、その背後に、ある種の中国的自然法が機能していたことも否定できない。ところが日本の律令制定者は、唐の律疏を手本として日本律(唐の律疏に相当)を制定するとき、唐律条の根拠を経書などを用いて詳しく説明した疏の部分をたくさん削除している。中国とは伝統思想を異にする以上、それは当然の措置ともみられるが、日本の律令制定者は、それに替りうる独自の体系的な思想をもっていなかった。天皇支配を正当化する思想としても、記紀の神話だけでは、直接に制定法を根拠づけることは難しく、僅かに「明神御宇日本天皇詔旨云々」という公式令1詔書式条にその片鱗が伺われるだけである。天皇支配を正当化する思想も、やはり中国思想に依存せざるを得なかったことは、十七条憲法をみても明白である。記紀の神話自体、中国思想の影響の下に体系化されたものであるが、日本律令制定時には、中国思想を摂取しながら、律令の規定を基礎づけうるような体系的な日本独自の思想を形成する段階には、まだ達していなかったのである。したがって日本律令の制定者は、中国律令の機能のみを重視しており、その背後にある思想や内在する論理を独自に組み変えることはしていない。例えば唐の名例律の「十悪」(最も悪辣な許すべからざる十種類の犯罪)を日本律が「八虐」に改める際にも、十悪(謀反・謀大逆・謀叛・悪逆・不道・大不敬・不孝・不睦・不義・内乱)のうち、日本人の犯罪観とはなじみが薄い不睦と内乱とを削除して、不睦の大半は不道に、内乱の一部は不孝に追加した。不睦(親族が睦みあわないで相い犯す罪)と不道(常人の道にそむく残虐な犯罪)とは明らかに重大犯罪とする論理が異なるにもかかわらず、十悪条に内在する論理を完全に無視して両者を合併している(48)。このように、君主に対する謀反や親殺しを特別扱いにして恩赦や貴族身分の特権から排除しようとする唐律の機能を、日本律制定者はそのまま利用しようとしたが、その背後にある理念や論理には、ほとんど関心を示していない。日本律令は、理念よりも機能を重んずる実務的な法として制定されたのである。

日本律令は、支配層と被支配層とが共通に拘束されるところの公的規範をもたない専制的な法であった。中国律令も基本的には専制法であったが、中国律令には社会規範との緊張関係が生々と機能していた。日本の律令制定者がそのような緊張関係を断ち切り、律令法のみを統治技術として継受し得たのは、律令法の前提として存在し、また律令法の基礎をなした国造法(国造に代表される在地首長層の法)が、人民の共同体を法の主体としない、専制的な法であったことにその基礎をもっている。しかし、既存の社会の生ける法と規範のなかから自己の法を形成するのではなく、王権の支配を上から他律的に強制する体制においては、その法に独自な新しい秩序と規範意識を与えるために、法の不可分の一部として礼の秩序を形成することが必須の前提となる。[49]すでに十七条憲法にも「郡卿百寮、礼を以て本とせよ。其れ民を治むるが本、要《かなら》ず礼にあり。……百姓礼有るときは、国家自づから治る」(第四条)とあり、『家伝』には天智天皇が鎌足に命じて「礼儀を撰述し、律令を刊定し」たと伝えており、律令と礼とが不可分の関係にあるものとして意識されていたことを物語っている。[50]しかし中国王朝が律令とともに編纂した『礼』は、中国の伝統的な儀礼と密着した精細な規定だったので、それをそのまま模倣することはほとんど不可能であり、日本の古代貴族が唐『礼』の直接的継受を放棄したのは、むしろ賢明な選択であったと考えられる。日本の国家形成に当面必要なのは、唐律令のなかに含まれている礼の要素だけで、おそらく十分であったろう。『大唐開元礼』の序例の規定の多くが、唐の儀制令などの条文とほとんど同じであるように、唐の律令のなかには、すでに礼の要素がたくさん含まれていたのである。しかし唐の律令の体系は、明らかに「礼」独自の規定を前提として組み立てられていたので、唐律令だけを継受することは、原理的に不可能であった。

唐の律は中国の伝統的な親族組織を基礎とし、それと密接不可分な関連をもって組み立てられていた。例えば甲が乙を殴った場合、闘訟律は、甲と乙との親族関係によってその刑罰の種類と段階を細かく区分して規定している。そしてその親族関係の基準とされたのが喪制における五服(斬衰・斉衰・大功・小功・緦麻)の制度であったが、五服制度は礼の根幹をなすものとして「礼」に規定されており、「令」には規定がなかった。[51]ところがこの中国の「礼」の五服制度は、喪服の種類を細かく分ける点でも、長い服喪の期間においても、また族兄弟姉妹(高祖父から分れた親族)まで含む広さにおいても、当時の日本人にはなじみにくいものであった。唐律を手本として日本律を編纂しようとしたとき、まず直面したのはこの五服の制度の処理であったと想像される。そこで日本律令の制定者は、唐の五服制度がもっていた二つの機能、すなわち、(A)喪制としての本来の機能と、(B)律の基礎にある、親族組織の段階区分としての機能とを分離し、(A)は喪葬令の末に服紀条として規定し、(B)は儀制令に五等親条として規定したと推定される[52]。このように唐礼を手本として喪葬令服紀条や儀制令五等親条が日本で新たにつくられたが、その直接の契機となったのは、おそらく日本律の編纂であり、この事例以外には、日本令が唐礼から継受した条文はまだ確認されていない[53]。

日本令は、唐令や唐礼のみならず、唐の格・式をも参照して編纂されている。そのもっとも顕著な例としては、唐の道僧格によって日本の僧尼令がつくられたことがあげられる。僧尼令という篇目は中国令にはなく、日本令制定者が唐の「道僧格」を参照して独自に編纂したものだが、僧尼令の編纂の一つの契機は日本律の編纂にあったのかも知れない[54]。また、日本の宮衛令分街条は唐の「監門式」に、軍防令烽昼夜条は唐の「職方式」によってつくられた可能性があるが、この二条の唐式は、唐律疏のなかに引用されているので、この場合にも、日本律の編纂が、唐の格式を日本令に摂取する直接の契機となった可能性が強い[55]。唐の「律疏」は、「令」とともに、唐の「礼」や「格」「式」を前提として編纂されているが、唐律疏を手本として日本律を編纂する際には「礼」はもちろんのこと、「格」も「式」もほとんど制定されていなかったので、「令」のみを前提として「律」を編纂せざるを得なかった[56]。もちろん日本の律令も、「凡そ罪を断ぜむには、皆具さに律令格式の正文を引く須《べ》し」(断獄律逸文)とあるように、格・式の制定を予定しており、細則を「別式」にゆずる旨を明記した令条もたくさんある。しかし日本令のなかには、式にゆずってもよいと思われるような細則規定が処々にみられる。例えば賦役令調絹絁条はその代表的なもので、調の品目・数量を細かく具体的に規定している。唐の賦役令の調に関する条文が、徴収すべき調の数量の計算基準だけを示したと想定されるのに対して(前述)、日本令の条文は、式の機能をも含めたもので、式を待たなくても施行できるような性格をもっていた。このように大宝律令は、唐の律令だけでなく、唐の礼や格式に相当するものも部分的に含んでおり、律令だけで一応完結した体系を備えていた。大宝律令はまさに建設すべき律令国家の骨格を示す青写真であった。

大宝令に規定された「大学」も、このような大宝律令の理念と密接に対応していた。大宝令制の大学の「本科」は、従来考えられていたような「明経科」そのものではなく、のちに「明経科」と称される経学の教授を主体とする学科のほかに、のちに分科として独立に設定される「文章科」および「明法科」の二学科をもその内部に包摂し、これらを綜合して設けられた官吏養成機関であった。(57) 日本令の大学は、唐の「律学」に相当する「明法」(律令学)を、事実上「本科」のなかに包摂していたのである。唐の「律学」が文武官八品巳下及び庶人の子を対象としたのに対して、律学の機能を包摂した日本の大学「本科」は、五位以上の子・孫および東西の史部の子、それに八位以上の子の情願者を対象としていた。日本の律令制定者が、律令学をいかに重視していたかが、ここからもはっきりとうかがわれる。たしかに官吏養成には経学の教授が第一とされ、律令学は経学に対して従の立場におかれていたが、それは決して律令学の軽視ではなく、むしろ徳治政治を実現すべき貴族と、律令を運用する法律専門家との一体化をめざしたものであった。(58) 事実、日本の律令国家の形成の中心となった藤原不比等は、大納言であると同時に、「令官」として律令条文の解釈を定める作業をしている。(59)

大宝律令の編纂は、律令国家体制の創立という「明白な革新的意図に導かれた目的主義的な編纂」であった。(60) しかも大宝律令が国制のなかで占めるべき比重は、隋唐の律令よりもはるかに大きかった。隋唐では律令のほかに礼が国制のなかで大きな比重をもっていたが、日本では律令に一元化されていた。(61) また中国では伝統的に、儒家的な徳や礼を価値の高いものとして積極的に評価し、法を必要悪とみなす観念が強かったが、日本では、先述したように、律令に高い価値を附し、律令は国家形成の重要な手段と意識されていた。このように、律令が国制の骨格として編纂され、律令に高い価値が附されていたことから、私たちはあるべき国制の基本が律令によって規定されている日本の古代国家を「律令国家」とよびたいと思う(もちろん律令の規定がそのまますべて現実に機能していたという意味ではない)。「律令国家」は、日本の古代史のなかから構成された概念なので、それをそのまま、中国史や朝鮮史に適用することが妥当かどうかは——それ自体重要な問題ではあるが——ここでは言及しないことにしたい。ただ、日本史上に「律令国家」という概念を設定することにも、なお検討しなければならないいくつかの問題が残されている。

まず、日本の律令のなかには、現実の国制として機能していない部分が相当に大きな割合を占めていた。とくに律についてはその割合が令よりも大きかったと推定される。律令はあくまでも、あるべき国制を先取りしたものであった。したがって律令の個々の条文の改廃と、総体としての律令国家のあり方とは、別箇の問題として考えねばならない。

次は律令自体の問題である。中国律令は本来皇帝の権力についての直接的な規定を含まず、また公法的な規定を基本として私法的な要素はほとんど含んでいなかった(二節参照)。王権のあり方を異にし、発展段階も社会構造も異にする日本が、律令法を継受する事ができたのは、律令が国制の一部分しか占めていなかったために、固有法的な国制や未開な社会構造と重層することができたという特色によるところが大きかった。日本の律令国家は、大化前代のいわゆる固有法的な国制を前提とし、それを基礎として成立しており、井上光貞が指摘したように、「律令制」と「氏族制」との二元的国家であった[62]。また石母田正は、日本の律令制国家は、二つの生産関係——国家と公民との間の生産関係と、在地における首長層と人民との間の生産関係——の上に成立しているとする[63]。したがって律令の機能の仕方も、基礎にあった氏族制的ないし首長制的な社会の構造に大きく規制されていたと考えられる。次節で検討するように、日本の律令国家で現実に機能していた「公—私」の概念が、律令の「公—私」の概念と食い違っていたのも、その一つのあらわれであろう。

五 「公地公民」とは何か

律令国家の基本的な特質の一つとして、「公地公民」制——いわゆる土地人民の公有制——をあげるのが、近代史学の通説的な考え方である。しかしこの「公地公民」の「公」は、奇妙なことに、「律令」における「公」とは異なっていた。そしてこの矛盾を最初に鋭く指摘し、土地公有主義学説を根底的に批判したのが、中田薫「律令時代の土地私有権」(64)であった。

中田説の中核は、口分田は——律令の体系においては——「公田」ではなくて「私田」である、という点にあった。すなわち中田は、律令の規定では、動産・不動産を通じて、対象物件の公(官)と私の区別、享有主体の官と主の区別が明確になされていることを論証し、律令時代の法律家が、口分田を私田と呼び、その享有者を主(田主)と称した明証をあげたのである。班田収授法によって班給される口分田は、通説では公地公民制のシンボルとされているが、中田はその口分田がまさに律令の体系においては「公田」ではなくて「私田」であるというのである。

ところで中田が右のことを論証するために挙げた史料は——実質的には——律令の条文とそれに附された注釈だけであった。ところが中田説の基礎となった日本律令における「公(官)—私」「官—主」は、中国律令の概念をほとんどそのまま継承していたので、中田説は、実質的には、中国律令における土地私有権の問題を論じたことになり、日本の律令時代に現実に機能していた土地私有権の問題を論じたことにはならないのである。したがって仁井田陞が、中田の方法を踏襲して、中国の土地私有制を究明した結果、日本の律令時代の土地私有権についての中田説とほとんど同じ結論に達したのは、この点からみれば、当然の帰結であった(65)。そこで私たちは、問題を次の二つに分けて考える必要がある。第一に、中国律令における土地私有権についての中田・仁井田説は正しいかどうか、またそのような法制上の概念は、中国で現実に機能していたかどうか。第二に、中国律令から継受した、日本律令における対象物件についての「公(官)―私」、享有主体についての「官―主」は、日本の律令時代に現実に機能していたかどうか。

この二つの問題は、明らかに別箇の問題であるにもかかわらず、中田・仁井田説においても、またその批判説においても、明確には分離されていなかった(66)。そこに、律令時代の土地私有権をめぐる論争を混乱させた一つの大きな原因があったのではなかろうか。そこで本稿では、この二つの問題をはっきりと分離して議論を進めることにしたいが、中国史の問題は専門外で詳しく論ずる能力がないので、ここでは、本稿の主題と関連する若干の側面についてだけ言及することにしたい。

中田・仁井田説の基本的な考え方によれば、中国の均田制における口分田は、還受の対象とされない永業田とともに「私田」とされていたので、口分田と永業田とのあいだに土地私有権として本質的な差異はなかったことになるが、この中田・仁井田の理論的な見通しは、大谷探検隊が将来したトゥルファン文書の研究によって、有力な傍証を得ることになった。すなわち、トゥルファンでは開元年間に田土の還受が実施されていたが、還受される田土は丁男一人一〇畝ほどの少額で、いずれも永業田と記載されていたのである(67)。本来不還受であるべき永業田が還受されていたとすれば、それは何ら口分田と異ならず、田土の名称は文書記載上の形式にすぎなかったと思われる。また敦煌の戸籍では、ほとんどの戸が田令に規定された面積の土地を持たないが、それらの土地はまず永業田として登録され、永業田の規定額をこえた余りの部分が口分田として登録されていたので、敦煌の場合にも、口分田・永業田の区別は文書記載上の形式にすぎなかったと推測されている。[68] このようなトゥルファン文書や敦煌文書の示す事実は、口分田と永業田の間に、田主の権利に本質的な差異はなかったとする中田・仁井田説を強力に傍証することになろう。

中田・仁井田説のもう一つの特色は、私有の外的標識(私と主)が、動産・不動産を通じて一貫していることを強調した点にあったが、仁井田は、唐代を中心とする豊富な史料を引用して、対象物件の公(官)と私の区別、享有主体の官と主の区別が、動産・不動産(園宅地・永業田・口分田)を通じて明確になされていることを実証した。ただ中田・仁井田説が私有の外的標識とした「私」と「主」が、はたして私有権の標識として確かなものであったかどうかについては、なお問題が残されている。例えば「主」については、唐の雑律の得宿蔵物条の疏では、官田宅を借りた「見住見佃人」を地主としているので、「主」という語がつねに私有権の主体を指すとは限らなかった。[69] また「私」についても、中田・仁井田説のように、歴史上の用語としての「私」を、法制史学上の「私有権」の私に引きつけて考えてよいかどうかは、若干の疑問が残っている。というのは、中国「律令」における公―私の概念は、ほぼ官―民の概念に近いものであったと推測されるからである。例えば唐の律令では公田―私田と対比される場合(戸婚律盗耕種公私田条、同妄認盗売公私田条)と、官田―私田と対比される場合(雑律食官私田園瓜菓条)とがあるが、両者の間に、実質的な差異を見出すことは出来ず、[70] また唐律令の公田―私田にあたるものは、北魏の田令では公田―民田と対比され[71](『魏書』食貨志)、また唐以後では宋から明清にかけて官田―民田と対比するのが一般的になってくる(例えば唐律の盗耕種公私田条は、明律では盗耕種官民田条と呼ばれる)。

このようにごく大雑把にみると、公と官とは――もちろん厳密には異なった概念であるが――少なくとも唐代を中心とする時期の法制史料においては、類似した概念として用いられている場合が多く、それに対する私と民もまた、類似した概念として用いられている場合が多かった。唐の律令では、公―民、官―民という対比は見出されず、「民田」という用語も見当らないが、これは多分、唐の太宗李世民の諱を避けるという偶然的な事情によるものであろう(72)。したがって、唐の律令における「私田」も、「民田」と相通ずる概念であった可能性が強いのである。このように考えてくると、中田・仁井田が、「私」という語を手懸りにして私有権の問題を追求したのが正しかったかどうか、再検討の余地が生じてくる。「私」は――少なくとも唐の律令においては――公とか官、すなわち国家に対する概念で

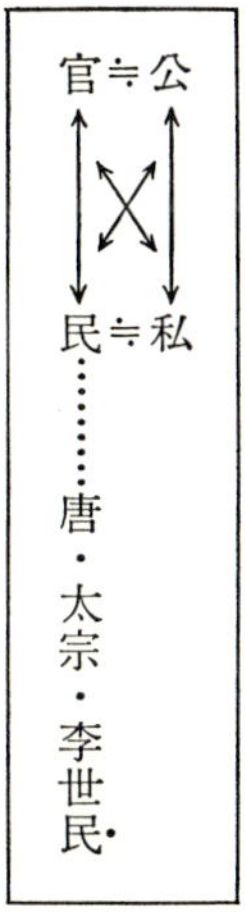

あって、共同体との関連における私有権の標識とはなりえないからである。しかし中田・仁井田が、唐代を中心とする中国の社会において、個々の家が「享有」(73)する動産・園宅地・田地のすべてに共通する私有の外的標識が成立しており、公田・官田と私田・民田とが明確に分離していることを立証したことは、依然としてその意義を失っていないと思われる(もちろんここで公田・官田と私田・民田との明確な分離というのは、個々の田が公田・官田から私田・民田へと班給されたり、また逆に還公・還官されることと抵触するものではない)。もっとも公と私という対語は、「背レ私謂二之公一」(『韓非子』五蠹篇)というように元来相対的な概念であり、官と民のような明確な機構的分離を示す概念ではない。おそらく宋以後に「官民田」が一般化するのは、公と私、官と民とのあいだの機構的な分離が、より明確化することを反映したものであろう(例えば前掲の唐戸婚律の盗耕種公私田条では、公田と私田とのあいだに刑の軽重はないが、明律の該当条では、官田は民田より刑が二等重くなっている)。しかし唐代前後においても、公と官、私と民とは同じような意味に用いられる場合が多く、少なくとも唐代前後の中国社会では、公―私、官―民の間の機構的な分離が、一応成立していたと推測される(74)。

帝又嘗在二華林園一、聞二蝦蟆《がま》声一、謂二左右一曰、此鳴者、為レ官乎私乎。或対曰、在二官地一為レ官、在二私地一為レ私。

これは晋の恵帝の愚かさを示すために、『晋書』巻四恵帝紀の末に載せられた逸話の一部分だが、蝦蟆までも、官

地にあるか私地にあるかによって、官蝦蟆と私蝦蟆に分けるという発想は、中国社会における官―私の間の機構的な分離を、あざやかに示しているのではなかろうか。[75] 中田・仁井田説も、このような中国社会の構造との関連で再評価したいと思うが、そのことは、次に述べる日本の事例と対比することによって、さらに明らかになるであろう。

第二の問題は、中国律令から継受した日本律令の「公(官)―私」「官―主」が、日本の律令時代に現実に機能していたかどうか、という問題である。日本の律令に継受されたこのような概念は、動産においてはそのまま機能していたことが確かめられ(例、公稲と私稲)、不動産でも宅地においては機能していたと推測される。[76] 水田についても律令には唐律令から継受した公田―私田の区別があるが[77](例、田令荒廃条)、このような「公(官)―私」の概念は、水田において現実に機能していたのだろうか。田令荒廃条の義解に「位田・賜田及口分田・墾田等、是為二私田一、自余者皆為二公田一也」とあり、また同条集解の令釈にも「口分田・墾田等、謂二之私田一也、乗田謂二之公田一」とあるように、律令の注釈書は口分田を私田としている。もちろんこれらの注釈書は平安初期のものであって、そのまま大宝律令や養老律令制定の際の考え方とはいえないが、律令の関係条文から帰納的に推論しても、律令の体系においては口分田を私田とするのがもっとも自然である。[78] そして、このような口分田を私田とする律令の公私田の概念は、天平八(七三六)年の太政官奏に「諸国公田、国司随二郷土沽価一賃租、以二其価一送二太政官一、以供二公廨一」(『続日本紀』)とある「公田」にも、ほぼそのまま通用している。この天平八年官奏の「公田」は、田令公田条の「公田」と同じで、唐令の「公廨田」に近い概念であり、私田に対する公田とは若干ずれているが、[79] 口分田を含まないという点では、律令本来の「公」に近い用法である。しかし、問題の口分田が「私田」であることを示す史料は、律令の注釈以外には見当らず、逆に口分田が「公田」であることを示す史料が、奈良時代の後半からたくさんあらわれ、平安時代に入ると公田が口分田を含むのは、むしろ一般的な用法となってくる。その具体例は虎尾俊哉「律令時代の公田について」(『法制史研究』一四)に詳しいが、虎尾が口分田を含む公田の初見史料としてあげたのは、天平宝字三(七五九)年十一月十四日の東大寺越中国諸郡庄園総券(『大日本古文書』四巻三七五頁)と同年月日の東大寺開田地図(『大日本古文書』東大寺文書之四)との四至記載の比較である(表2参照)。このことから虎尾は、公田の概念の変化が、天平宝字三年をある程度さかのぼった時期における田制の改正にもとづくものと考え、天平十五(七四三)年の墾田永年私財法をその契機と推論したのである。たしかに墾田永年私財法によって、大宝令制では存在しなかった新しい永年私財田が出現し、それは、令制の私田である口分田とは質的に異なるものであった。『令集解』田令荒廃条の跡記が「私田及墾田輸レ租」というように、私田と墾田とを並列したのも、墾田が律令の公私田の枠からはみ出たものであることを前提にしている。したがって、墾田永年私財法を契機として、私田の概念がしだいに墾田の方へ引きよせられていった、とする虎尾の推論は、その限りでは当っていると考えられる。しかし中国におけるような公と私との機構的な分離が——その前提としての私田・民田の成立が——日本の律令時代にも存在していたならば、口分田をも公田とするこのような公田概念の変化は、起りえなかったであろう。公田概念の変化は、中国律令から継受した「公—私」の概念が、水田においては、実質的には機能していなかったことを推測させる。そして、墾田永年私財法の施行以前に、すでに律令の「公」の概念とは異なった意味で「公民」という語が用いられていることを考えると、口分田が公田とみなされる潜在的な可能性は、天平十五年以前にも存在していたと推測される。

表I-2

	庄園総券	開田地図
射水郡楔田村	東西北、伯姓口分	東西北、公田
射水郡須加村	南西、伯姓口分	南西、公田

「公民」という用語は、文武天皇の即位の宣命に(『続日本紀』文武元年八月庚辰条)、

現御神止《アキツミカミト》大八嶋国所知《オホヤシマグニシラシメス》天皇大命良麻止《スメラガオホミコトラマト》詔《ノリタマフ》大命乎《オホミコトヲ》集侍《ウゴナハリハベル》皇子等・王等・百官人等・天下公民諸《モロモロ》聞食止《キキタマヘヨト》詔《ノリタマフ》

とあり、以後、即位や改元の宣命にはいつも出てくる慣用句である。そしてこの「天下公民」は、皇子等・王等・百官人等と並列されていることから、ほぼ庶民一般を指すと推測される。ところがこの宣命にみえる公民の「公」は、律令における「公」とは、明らかに異なるものであった。先に説明したように、律令における「公」は「私」に対するもので、ほぼ「官」という概念に近い。したがって、「公民」という言葉は、律令的ないしは中国的な用語法によれば、「公の民」すなわち、官人、官戸、などと同じように、朝廷に直属する特定の民を指すことになるか、「公と民」すなわち官と民に近い意味になるか、[80]のいずれかであり、宣命等に用いられているような庶民一般の意味にはならないはずである。事実律令には「公民」という語は一カ所もみえないし、中国の法制史料のなかにも――貧しい管見の範囲では――「公民」という語を見つけることができなかった。[81]日本の律令における「公―私」の概念は、中国の律令からそのまま継受したものであるから、日本の律令と中国の法制史料とに、共通して「公民」の語が用いられていないのは、その点からみれば当然のことであろう。あるいは日本の「公民」は朝鮮諸国の用語を継受したものではないか、という想定も当然検討しなければならないが、古代の朝鮮諸国における「公民」の用例は発見されていないし、また史料的な制約によって、その存否を推測することも難しい。

　さて、このような宣命等における「公民」の「公」に類似したものを探し求めると、すぐに思い出されるのは、口分田をも含めた拡大された意味での「公田」の「公」である。宣命にいう「天下公民」に対して班給される口分田が「公田」と観念されたとすれば、そこには両者に共通した「公」の観念がみられるのではなかろうか。宝亀二(七七一)年の某寺領図(奈良国立文化財研究所『唐招提寺史料第一』天之巻)に「寺田」と並んで「公民田」と記されているのは、東大寺の田図に「寺田」と並んで百姓口分田を「公田」と記しているのと、多分同じ意味であろう。また、少し後の史料になるが、「造㆓私池㆒漑㆓公田八十余町㆒、輸㆓私稲一万一千束㆒賑㆓公民㆒」(『続日本後紀』承和七年三月戊子条)というように、公田と公民が対応して語られているのも、そのような観念の現れとみられよう。しかも宣命の「天下公民」は、文武天皇の即位の宣命以後、歴代の天皇の即位や改元の宣命にみえる慣用句であるから、公田の概念が墾田永年私財法を契機として変質する以前から、すでに律令とは異なった「公」の観念が存在していたことが知られる。

では宣命にみえる「天下公民」は、どこまで溯れるのだろうか。『日本書紀』は――『続日本紀』と異なり――宣命をそのままの形では載せていないので、正確にはたどれないが、田名網宏は、大化以後の詔の首部の慣用句を比較して、宣命に公民の文字が使用されるようになった時期は、天武天皇十二(六八三)年以後、文武天皇元(六九七)年以前と推定している(82)。すなわち、

(イ) 卿等・臣連・国造・伴造、及諸百姓(『日本書紀』大化二年二月戊申詔)
(ロ) 群卿大夫、及臣連・国造・伴造、幷諸百姓等(『日本書紀』大化二年三月甲子詔)
(ハ) 群卿大夫、及国造・伴造、幷諸百姓等(『日本書紀』大化二年三月辛巳詔)
(ニ) 諸国司・国造・郡司、及百姓等(『日本書紀』天武十二年正月丙午詔)
(ホ) 皇子等・王等・百官人等・天下公民(『続日本紀』文武元年八月庚辰詔)
(ヘ) 親王・諸王・諸臣・百官人等・天下公民(『続日本紀』慶雲四年七月壬子詔)

と並べてみると、(イ)~(ニ)に「諸百姓」とある部分が、(ホ)(ヘ)以後は「天下公民」と変化しており、この変り目がたまたま『日本書紀』と『続日本紀』との境でもあることが、若干気になるが、(イ)~(ニ)が、『日本書紀』編纂当時の慣用句である「天下公民」を使っていないこと、(イ)は鐘匱の制、(ロ)(ハ)は東国国司に対する詔で、大化の詔勅のなかでも比較的信憑性の高い部分に属することなどから、おそらく田名網の推定の如く、大化二年~天武十二年の間の原宣命にも、「諸百姓」とあって「天下公民」の語は用いられておらず、宣命の慣用句に「天下公民」が用いられるのは、天武末

～持統朝からのことであろう(83)。天武～持統朝といえば、ちょうど日本の律令体制が整備されてくる段階にあたり、日本的な編戸制・班田制はこのころ本格的に施行され始める。まさにその時期に律令の規定にはみえない「公民」の語が正式に使われ始めるのは、日本の律令体制の実質が、「公民」と(口分田を含めた意味での)「公田」とを基礎とする体制であったことを示している。

「公民」と(広義の)「公田」の「公」の概念が、中国律令における「公」の概念と異なっていたことは繰り返し説明してきたが、日本の公田・公民の概念は、中国律令の背後にある「王土王臣」思想とも異なっていた。もっとも中国の王土王臣思想の内容も歴史的に変化しているが(詳しくはⅣ章参照)、少なくとも秦漢以降の国制を支えた王土王臣思想は、「すべての土地は王の所有であり、すべての人民は王に隷属している」という意味で機能していた。そしてそのような王土思想は、公と私との分裂を前提とし、その両者を包括する高権のイデオロギーであった。春秋戦国時代の社会的分業の急速な展開にともなって原生的共同体が解体するなかで、小家族を経営の単位とする私田(民田)が成立してくると、それに対応して、かつては共同体的機能をになっていた「公」が、国家機構(官)の方に吸収されていったと想定される。したがって「公」は、一面では公共性の理念をたもちつつ――それは『礼記』礼運篇の「天下為公」や、さらには宋学の「天理ノ公、人欲ノ私」(朱熹『中庸章句』序)にまで継承されてゆく――と同時に、もう一面では、国家機構を意味する官とほとんど同義で用いられるようになる。もちろん両者は全く無関係ではなく、「官」は「公」の理念を担う建前のもとに「公」であったのだが、私たちが日本との対比の上でとくに注目したいのは、「公」が公共性の理念を担いつつも「官」としてあらわれるという、中国社会の構造である。

ところでこのような公と私との分裂を前提とする王土思想は、朝鮮半島の新羅にも継受されていた。九世紀末の崇福寺碑には「雖レ云ニ王土一、且非ニ公田一」(『朝鮮金石総覧』上巻一二一頁)、鳳巌寺智証碑には「雖レ曰ニ我田一、且居ニ王土一」

(『朝鮮金石総覧』上巻九三頁)とあり、前者(崇福寺碑)においては、王の陵の周辺の土地を、王土ではあるが公田ではないので、対価を支払って購入しており、後者(智証碑)においては、我田ではあっても王土なので、その寄進には王の認可を必要としたことが記されている。このように新羅には、公田と私田を包括する中国的な王土思想が——それが現実の新羅の国制を支える思想としてどれほど機能していたかは問題として残るが(84)——ともかく継受されていることが注目される。先述したように「公民」という語は新羅の史料のなかには発見されていないが、このような中国的な公—私の観念及びそれを前提とする王土思想が継受されている新羅においては、日本的な「公民」の語は存在していなかったと考えた方が自然かも知れない。それに対して、日本には王土と公田(公地)とを明確に区別した史料を見出すことが出来ない。もちろん憲法十七条をはじめ、日本の古代文献にも王土思想はみられるが、それは公と私との分離を前提としない、即自的《アン・ジッヒ》な王土思想であった。そしてそのような即自的な王土思想の下で「公」がどのように観念されたかを、律令の一条を例として考えてみたい。

例えば、日本の養老令の雑令の

凡国内有下出二銅鉄一処上、官未レ採者、聴二百姓私採一。若納二銅鉄一、折二充庸調一者聴。自余非二禁処一者、山川藪沢之利、公私共之。

という規定は、唐令(『唐令拾遺』雑令九条)を簡略化したもので、条文の構成と主旨は唐令と全く同じである。そしてこの条文を唐律令の論理で解釈すれば、官と百姓とが対比されていることは明白で、「山川藪沢之利、公私共之」の「公」が「官」を、「私」が「百姓」を指すことは疑いない(85)。ところがこの条文が現実に日本で適用された場合には、寺家や王臣家の山野藪沢の囲い包みから、百姓の生活に必要な「民要地」を守るための法的根拠として利用されている(86)。すなわち、百姓は「公」として王臣家の「私」に対比されているのであり、それは公民の口分田を「公田」として寺家の「私墾田」と対比した論理と同じであった。吉村武彦は百姓の「民要地」が「公地」と観念されたことを立証したが[87]、そこにも同じ論理が貫かれている。

このように百姓が公民と観念され、公民の口分田が公田、民要地が公地と観念されるのは、百姓を包括する共同体が、そのまま律令国家の体制のなかに統合されていた(あるいは統合する建前であった)と仮定するとき、もっとも簡明に理解される。もちろん既に王臣家や寺家による共同体の侵食は進行しており――そこに日本古代の「私」が成立してくる萌芽があり、また日本において「公」と「私」が意識的に問題とされ始めるのはまさにその反映であったが[88]――未だ奈良時代前後には、一般百姓は朝廷に統合される「公」の世界に埋没していた。それがどのような構造の世界であったかを探る一つの手懸りは、「公」が「オホヤケ」とも観念されたことに求められる[89](Ⅱ章参照)。

注

(1) 井上光貞「日本律令の成立とその注釈書」(『日本思想大系 律令』岩波書店、一九七六年)。なお新羅が体系的な「律令」法典を編纂しなかったことについては、北村秀人「朝鮮における「律令制」の変質」(『東アジアにおける日本古代史講座』第七巻、学生社、一九八二年)に詳細な研究がある。

(2) 石母田正「官僚制国家と人民」(『日本古代国家論』第一部、岩波書店、一九七三年)七六頁。

(3) 山口瑞鳳「吐蕃と唐の関係」(唐代史研究会編『東アジア文化圏の成立をめぐって』唐代史研究会発行、一九七八年)。本章の吐蕃についての記述はこの論文によったが、本書の校正中に、山口瑞鳳『吐蕃王国成立史研究』(岩波書店、一九八三年)が刊行された。吐蕃の国家形成の端緒が隋の吐谷渾攻撃にあること、吐蕃の初期の国制が吐谷渾の国制の影響を受けていると推定されることは、日本―朝鮮諸国―隋唐の関係が、吐蕃―吐谷渾―隋唐の関係に近似していることを示唆するものとして注目される。

(4) 井上光貞「日本の律令体制」(『岩波講座世界歴史』6 岩波書店、一九七一年)。

(5) 吐蕃の中国に対する独自性の由来を、生業の違い、即ち農耕と遊牧との違いにもとめることはできない。吐蕃の民の地位は、農民・牧畜民・遊牧民の順であって、遊牧民の地位はもっとも低かった(山口瑞鳳「吐蕃の国家組織について」唐代史研究会、一九七八年七月十七日報告)。
(6) もちろん古代の日本人は、中国文明の他に、仏教を生みだしたインド文明についての知識ももっていたが、律令国家形成期にはまだ漠然とした知識にとどまっていたと想定される。
(7) 例えば中国の都城制の継受の仕方をみても、新羅の都城制は伝統的な山城による王都防衛の形式をつねに存続しつつ、中国的な条坊制を導入している。井上秀雄「朝鮮の都城」(上田正昭編『日本古代文化の探求 都城』社会思想社、一九七六年)参照。
(8) 例えば日本律令の丁中制は、隋唐律令よりも晋の戸調式に近いが、朝鮮でも新羅の民政文書にみえる丁中制は、隋唐律令より晋の戸調式に近い。虎尾俊哉「ミヤケの土地制度に関する一試論」(『史学論集 対外関係と政治文化』第二、吉川弘文館、一九七四年)参照。
(9) 井上光貞『日本古代国家の研究』岩波書店、一九六五年。
(10) 青木和夫「浄御原令と古代官僚制」(『古代学』三巻二号、一九五四年)。なおいわゆる近江令が体系的な法典でなかったことは、天智朝の諸政策が古代国家の形成過程で画期的な役割を果したことと矛盾しない。
(11) 新羅の戸調制については、虎尾俊哉「正倉院蔵新羅国民政文書に見える「計烟」の算出法について」(『歴史』四五輯、一九七四年)参照。
(12) 石母田正「天皇と「諸蕃」」(『日本古代国家論』第一部、岩波書店、一九七三年)。
(13) 石母田正「古代史概説」(旧版『岩波講座日本歴史』1 岩波書店、一九六二年)。
(14) 坂本太郎「大宝令養老令異同二題」「大宝令と養老令」(ともに『古典と歴史』吉川弘文館、一九七二年、所収)。例えば唐令の「黄」をあえて「緑」と変えたのは、「みどりこ」という日本語によったものであろう。
(15) 滋賀秀三『中国家族法の原理』創文社、一九六七年。
(16) 日本がおもに東南アジアの双系制地帯に属していたことは、村武精一『家族の社会人類学』(弘文堂、一九七三年)参照。

(17)『通典』巻六食貨六賦税下。仁井田陞『唐令拾遺』(東京大学出版会、一九六四年)賦役令一二。
(18)日野開三郎『唐代租調庸の研究 1色額篇』一九七四年。
(19)石母田正「官僚制国家と人民」(前掲注2)七六頁。
(20)池田温「律令官制の形成」(『岩波講座世界歴史』5 岩波書店、一九七〇年)。
(21)橋本義彦「中宮の意義と沿革」(『書陵部紀要』二二号、一九七〇年)。
(22)『旧唐書』巻七〇、戴冑伝。なお以下の隋唐律令の特質についての記述は、池田温「律令官制の形成」(前掲)に依拠している。
(23)『隋書』巻六二、劉行本伝。
(24)『唐会要』巻三九・四〇。
(25)『旧唐書』巻一〇〇、李朝隠伝。
(26)『旧唐書』巻八九、狄仁傑伝。
(27)「守法」についての本章の記述は岡野誠「唐代における「守法」の事例」(唐代史研究会、一九七八年七月十五日報告、のちに、「中国古代法の基本的性格」『唐代史研究会報告』第Ⅱ集、一九七九年、および「唐代における「守法」の一事例」『東洋文化』一九七九年、として公刊)によるところが多い。
(28)利光三津夫『裁判の歴史』(至文堂、一九六四年)。『法社会学講座』9(岩波書店、一九七三年)第Ⅳ章「伝統社会とその近代化」第5節1(石井紫郎執筆)。
(29)『唐会要』巻三九。
(30)利光三津夫『裁判の歴史』前掲。
(31)早川庄八「大宝令制太政官の成立をめぐって」(『史学雑誌』八八編一〇号、一九七九年)。
(32)早川庄八「律令制と天皇」(『史学雑誌』八五編三号、一九七六年)。
(33)石尾芳久『日本古代天皇制の研究』法律文化社、一九六九年。
(34)武光誠「日本衣服令制に関する一考察」(『続日本紀研究』二〇五号、一九七九年)。もっとも、武田佐知子「古代国家の形成と身分標識」(一九八二年歴研大会報告『民衆の生活・文化と変革主体』青木書店)が指摘するように、「日本衣服令そのものが、中国的な礼の秩序とは次元を異にして成立している」と考えるべきで、衣服令に天皇の規定を含まないことを、天皇の中国的な礼の秩序からの超越と直接に結びつけることには問題がある。しかし日本の天皇と(中国から継受した、日本化された)礼との関係は、中国の皇帝が庶人と礼を共有する関係とは、明らかに質的な違いがある。旧稿「隋唐帝国と日本の律令国家」(本章補記参照)において「中国的な礼の秩序から超越した日本の天皇」と書いたのは、そのような中国の皇帝と礼との関係を「中国的な」と表現したのであったが、誤解を招き易いあいまいな表現なので、校正の際に「礼の中国的な秩序から……」と書き変えた。

(35) 彌永貞三「古代の釈奠について」(坂本太郎博士古稀記念会編『続日本古代史論集』下巻、吉川弘文館、一九七二年)。釈奠をめぐる本章の記述は、この論文に全面的に依拠している。

(36) 井上秀雄『古代朝鮮史序説 王者と宗教』寧楽社、一九七八年。

(37) 日本の大宝・養老律は唐の永徽律疏を手本としているが、残存する『故唐律疏議』は開元二十五年の律と律疏とを編成したもので、日本律とは親子関係ではなく兄弟関係となるので、日本律と故唐律疏議との比較から日本律の編纂意図を論ずることは方法的に若干問題が残る。しかし、幸いにも本章で問題とした刑量については、ペリオ文書三六〇八号によって、永徽律も開元律と同じ刑量であったことが確認されるので、日本律編纂者の意図をはっきりと推定することができる。

(38) 石母田正『日本の古代国家』(岩波書店、一九七一年)第二章第二節。

(39) 早川庄八「律令制と天皇」(前掲注32)。

(40) 同じ太政官符であっても、天皇の奉勅を経たものをとくに「謄勅符」と呼んで重視したのも、法の形成主体としての天皇の役割を重視したものであった。吉田孝「謄勅符と謄勅符」(『山梨大学教育学部研究報告』二八号、一九七七年)。

(41) 「伝統社会とその近代化」第5節1(前掲注28)。

(42) 青木和夫司会『シンポジウム日本歴史 律令国家論』(学生社、一九七二年)。とくに池田温発言参照。

(43) 大山誠一「大化改新像の再構築」(井上光貞博士還暦記念会編『古代史論叢』上巻、吉川弘文館、一九七八年)。

(44) 湯浅泰雄「哲学的国家論のすすめ」(『朝日ジャーナル』一九七八年二月二四日号)。
(45) もっとも日本の太政官と神祇官は「因事管隷」の関係にあり、神祇官は太政官に対して上申文書としての「解」を出している(『日本思想大系 律令』前掲注1 公式令補注11a)。また神祇官の官人の相当官位は、太政官の議政官の相当官位よりもはるかに低い。しかしそのことから、神祇官が太政官と並立された意義を否定することはできない。
(46) 「客観的に人類に普遍妥当の自然法という意味ではなく、旧中国社会という歴史的環境のなかに生きた人々にとって、主観的に天地自然の理と認められていたところのもの、という意味においての自然法である」。滋賀秀三『中国家族法の原理』(前掲注15)一三頁。
(47) 布目潮渢「白居易の判を通して見た唐代の蔭」(木村英一博士頌寿『中国哲学史の展望と模索』創文社、一九七六年)。
(48) 井上光貞他『日本思想大系 律令』(前掲注1)名例律補注6a(青木和夫執筆)参照。
(49) 石母田正「古代法小史」(『日本古代国家論』第一部、岩波書店、一九七三年)。
(50) もちろん『家伝』の該当部分が、そのまま史実であったというのではない(近江令の問題については注10参照)。厳密にいえば『家伝』編纂者の意識を示すものにすぎないが、『懐風藻』序にも天智朝に「五礼」を定めたとあるので、伝承の核となる何らかの史実は存在したであろう。
(51) 『三代実録』貞観十三年十月五日条に「至二於喪制一、則唐令無レ文、唯制二唐礼一、以拠二行之一。而国家制レ令之日、新制二服紀一条一、附二喪葬令之末一」。滝川政次郎『律令の研究』(刀江書院、一九三一年)第二篇第二章「唐礼と日本令」参照。
(52) 五等親制が儀制令に規定されたのは、あるいは唐の皇帝五等親制が唐儀制令におかれていた(確証はない)ことの影響かも知れないが、唐の五等親制は皇帝の親族に限られた分類であって、日本令の五等親制のように皇族以下庶民に通ずるものではないので、直接の関係は認められない(仁井田陞『唐令拾遺』前掲注17 五一二頁)。
(53) 滝川政次郎は、養老の神祇令・儀制令・仮寧令・喪葬令の諸篇には、唐令によらないで唐礼によって文をなした条文がかなり多く存在していたとして、該当条文を列挙したが(滝川政次郎「唐礼と日本令」前掲)、仁井田陞が的確に批判したように、その大部分は唐礼だけでなく唐令にも同じ規定が存したと推定されるので、唐礼から継受したとは断定できない(仁井田陞『唐令拾遺』前掲注17 六七〜七四頁)。

(54) 日本令が唐の道僧格によって僧尼令という独自の篇目を立てたのは、日本の律令国家の仏教政策と不可分の関係にあるが(井上光貞『日本古代の国家と仏教』岩波書店、一九七一年)、日本律令編纂者が唐の道僧格に注目した一つの契機は、日本律の編纂ではなかったかと憶測される。すなわち、唐名例律23条(比徒条)には道士女冠の還俗・苦使を徒に換算する規定があり、その疏には「依格」として還俗・苦使についての道僧格が引用されている。唐名例律57条には「諸称二道士女冠一者、僧尼同」という規定があるので、教団道教を継受せず、国家仏教政策をとった日本律編纂者が、23条の「道士女冠」を「僧尼」と書き変えたのは極めて自然な処置であったが、唐律疏に引く道僧格(どのような罪に対して還俗・苦使を科するかという規定)を前提としなければ、この名例律の規定は宙に浮いてしまう。もちろん還俗・苦使という制度自体はすでに採用されていた可能性があるが、問題はその制度を律令といかに関連づけるかにあった。したがって道僧格に相当する規定を何らかの形で制定することが、律の編纂の上からも要請されたのであり、僧尼令の編纂がそれを一つの契機とした可能性が想定される。浄御原令には既に僧尼令なる篇目があったとする説があるが、論拠は十分とはいえず、むしろ僧尼令は大宝令にいたって編纂された可能性が強いことも(『日本思想大系 律令』前掲注1 僧尼令補注☆)、僧尼令の編纂が、大宝律の編纂準備の過程——おそらく相当長期間にわたったであろう——に構想された可能性を示唆している。

(55) 滝川政次郎「唐兵部式と日本軍防令」(『法制史研究』2 一九五一年)は唐式によって日本令がつくられた例を多数あげているが、その多くは唐令によった可能性の方が強いと批判する仁井田陞「唐軍防令と烽燧制度」(『法制史研究』4 一九五三年)を参照する必要がある。ただし、唐衛禁律烽候不警条の疏に「依二職方式一、放レ烽訖而前烽不レ挙者、即差二脚力一往告之」とある部分を、養老律が「依レ令……(同文)」と書き変え、この令が養老軍防令烽昼夜条の「前烽不レ応者、即差二脚力一、往告二前烽一」をさすことは明白であるから、この令条が唐の職方式によって作られた可能性は強い。また唐衛禁律越州鎮戍等垣城条の疏に引く「依二監門式一、京城毎夕、分レ街立レ鋪、持更行夜、鼓声絶、則禁二人行一、暁鼓声動、即聴レ行、……(以下略)」とある部分を、養老律が「依二宮衛令一、京路分レ街立レ鋪、夜鼓声絶、即禁二行人一……(以下略)」と書き変え、この令が養老宮衛令分街条をさすことも疑いないので、この令条が唐の監門式によってつくられた可能性も強い。これらの宮衛令・軍防令の条文が唐令になかったという確証はないが、唐の「令」ではなく「式」を参照してつくられたとすれば、やはりこの場合にも日本律の編纂がその契機となった可能性が強い。なお日本律の編纂者が、唐の格式を網羅的に広く参照していたかどうかは疑わしく、——道僧格を除けば——日本律編纂のために必要な範囲を、基本的には出なかったのではないかと憶測される。

(56) 唐律疏が引く唐の「格」や「式」をそのまま継承する場合には、日本の「令」としてその規定を引用している。注54・55参照。

(57) 早川庄八「奈良時代前期の大学と律令学」(『万葉集研究』第七集、塙書房、一九五八年)。以下の大学と律令学との関連についての記述は、この論文に依拠している。

(58) 利光三津夫『裁判の歴史』(前掲注28)。

(59) 早川庄八前掲(注57)論文。

(60) 石尾芳久「律令の編纂」(『日本古代法の研究』法律文化社、一九五九年)。

(61) 日本でも平安時代には『儀式』が編纂されるが、日本の儀式は朝廷における儀礼にすぎず、中国の礼に比べると、社会規範としての性格が弱かった。坂本太郎「儀式と唐礼」(『日本古代史の基礎的研究』下、東京大学出版会、一九六四年)。

(62) 井上光貞「日本の律令体制」(前掲注4)。

(63) 石母田正『日本の古代国家』岩波書店、一九七一年。

(64) 『法制史論集』第二巻、岩波書店、一九三八年。

(65) 仁井田陞「中国・日本古代の土地私有制」(『中国法制史研究 土地法取引法』東京大学出版会、一九六〇年)。

(66) 例えば中田説を批判的に発展させた石母田正「古代法と中世法」(『増補 中世的世界の形成』東京大学出版会、一九五七年)においても、また中田説に即して中田説の実証的批判をおこなった虎尾俊哉『班田収授法の研究』(吉川弘文館、一九六一年)においても、この二つの問題が分離されていないために、中田説が、実質的には中国の律令時代の土地私有権を議論しているという、根本的な問題が見落されている。なお中田説が、日本の律令時代について成立しえないという点では、私も虎尾の実証的批判を支持するが、虎尾が中田説批判の第三の根拠として、「財」=私有財産とした点(前掲書二二〇頁)には同調できない。

というのは、唐名例律の会赦改正徴収条の疏には「官財物畜産」とあり、雑律官府倉庫失火条の疏にも「官府廨内財物」とあるように、官の財も存在したからである。もっとも、これらの疏の部分は、日本律では散逸しているので、日本律に存在したことは確認できないが、存在した可能性は強いと思う。

(67) 西嶋定生「吐魯番出土文書より見たる均田制の施行状態」(『中国経済史研究』東京大学出版会、一九六六年)。西村元佑「唐代均田制度における班田の実態」(『中国経済史研究』東洋史研究会、一九六八年)。

(68) 池田温「書評 西域文化研究第二」(『史学雑誌』六九編八号)。堀敏一「均田制と租庸調制の展開」(『岩波講座世界歴史』5 岩波書店、一九七〇年)。

(69) 菊地康明『日本古代土地所有の研究』(東京大学出版会、一九六九年)。堀敏一前掲(注68)論文。なお梅田康夫「律令制的土地所有に関する一考察」(『法学』四二巻四号・四三巻二号、一九七九年)は、日本律令においては、唐律令とは異なり、不動産的な対象における「公」―「官」、「私」―「主」の対応関係があったとする。しかしその主要な根拠とされた『唐律疏議』雑律得宿蔵物条、『令義解』雑令宿蔵物条について、「唐律においては、官田宅の借用者はまさに「主」であったが、義解においては、それはあくまで擬制されたにすぎない」(傍点吉田)という解釈には従えない。

(70) 動産についても、『唐律疏議』における「公私財物」(雑律負債違契不償条)と「官私財物」(雑律茹船不如法条)との間には実質的な差異が見出されず、また『後周書』には、官奴婢と私奴婢を総称して「公私奴婢」と言っている例(巻五武帝紀、保定五年六月条)がある。

(71) 『魏書』食貨志の「諸還二受民田一、恒以二正月一。若始受レ田而身亡、及売二買奴婢牛一者、皆至二明年正月一乃得二還受一」という規定と、「諸遠流配謫、無二子孫一及二戸絶一者、墟宅桑楡尽為二公田一、以供二授受一」という規定を対比すると、民田が公田に対する語であったことが推測される。

(72) 残存する唐代の法制史料のほとんどは、唐の中期以降のものなので、太宗の諱、世民をなるべく避けている。例えば世業田を永業田と改め、民部を戸部と改めたのは、著名な例であり、『唐律疏議』においても――荘為斯編著『唐律疏議引得』によれば――「世」は『礼記』、「民」は『孝経』からの引用に、それぞれ一カ所ずつ見えるだけである(闘訟律皇家袒免以上親条、名例律十悪不睦条)。

(73) 中田薫は田主の田地に対する関係を「享有」という微妙な用語で表現しており、そこに中田説のはらむ問題が集中的に表現されている。しかし、わたくしには所有権法の問題に深入りする能力がないので、中田の用語をそのまま引用しておきたい。

(74) 滋賀秀三は、公権力が私法関係のうちに介入することが少なかったことに、旧中国社会の一つの特徴を見出しているが、それは、公—私、官—民の間の機構的な分離が顕著であったことの、一つの現れであるとする(『中国家族法の原理』前掲注15序説参照)。

(75) この史料の存在は、菊池英夫氏から御教示いただいた。なお荻生徂徠は、『晋書』恵帝紀のこの部分を「此鳴者《ノ》、為《ニスルカ》レ官《ノ》乎《カ》私乎。或《ヒト》対《テ》曰、在《テハ》㆓官地《ニ》㆒為《ニシ》レ官《ノ》、在《テハ》㆓私地《ニ》㆒為《ニス》レ私《ノ》」と訓読しているが(和刻本晋書)、『水経注』巻十六穀水に「晋中州記曰、恵帝為㆓太子㆒、出聞㆓蝦蟇声㆒、問㆘人為㆓是官蝦蟇㆒私蝦蟇㆖。侍臣賈胤対曰、在㆓官地㆒為㆓官蝦蟇㆒、在㆓私地㆒為㆓私蝦蟇㆒。令曰、若官蝦蟇、可レ給レ廩。先レ是有レ讖云、蝦蟇当レ貴」とあり、また『太平御覧』巻四九九、真愚に「王隠晋書曰、讖書有蝦蟇当レ貴、恵帝在レ宮時、出問㆓左右㆒、此鳴是官蝦蟇為レ私乎。賈胤対曰、在㆓官地中㆒為㆓官蝦蟇㆒、在㆓私地中㆒為㆓私蝦蟇㆒。於レ是世間遂伝㆓此語㆒」とあるので、『晋書』の該当部分も「官地に在っては官と為し、私地に在っては私と為す」と訓むのが正しいと思う。

(76) 園宅地については明確な証拠はないが、園宅地が動産と同じように売買されていることから、動産と同じ「私」「主」の観念が存在したと推測される。

(77) ただし、中国律令の「公(官)—私」の概念の枠組は養老律令においてはほぼそのまま継承されているが、大宝律令では異なっていたのではないか、という疑問が提起されている。すなわち、養老令の田令荒廃条には、

凡公私田荒廃三年以上、有㆓能借佃者㆒、経㆓官司㆒判借之。雖㆓隔越㆒亦聴。私田三年還レ主、公田六年還レ官。限満之日、所レ借人口分未レ足者、公田即聴レ充㆓口分㆒。私田不レ合。其官人於㆓所部界内㆒、有㆓空閑地㆒願レ佃者、任聴㆓営種㆒。替解之日還レ公。

とあるが、泉谷康夫は、大宝令では「公私田」「公田」「私田」という語は用いられていなかったろうと推論している(「公田について」『史林』四三巻四号。なお赤松俊秀「飛鳥・奈良時代の寺領経営について」『古代中世社会経済史研究』平楽寺書店、

一九七二年、にも同主旨のことが述べられている)。その理由として泉谷があげたのは、第一に、『令集解』には、養老令荒廃条中の「公私田」「公田」「私田」について、義解をはじめ釈・跡・穴・朱等の注釈が引かれているにもかかわらず、古記の注釈が全くみられないという点であり、第二には、大宝令にだけあった「主欲二自佃一先尽二其主一」(同条集解古記)という部分は、有主田について述べたもので、無主田である公田について述べたものとは考えられない、という点である。しかし第一の、なぜ古記が公田と私田の区別に言及しなかったかという問題は、虎尾俊哉が説明したように(「律令時代の公田について」『法制史研究』一四)、古記にとっては律令の公田・私田の区別は明白であったが、令釈や義解が成立した平安初期には、律令の公田の概念とは異なった公田の概念が一般化していたため、律令の条文に即した公田・私田の意味を特に注釈しておく必要が生じた、と考えれば容易に解決がつくのである。第二の大宝令にのみ存在した「主欲二自佃一先尽二其主一」の部分が、泉谷の言うように、なぜ「公私田」の存在と抵触するのか、公私田のうち私田についての附加規定があって何故いけないのか、残念ながら私にはよく理解出来ない。大宝令に「凡公私田荒廃三年以上、有二能借佃者一、経二官司一判借之、主欲二自佃一先尽二其主一、雖二隔越一亦聴……」とあったと仮定しても、何ら不自然ではないだろう。このように、泉谷のあげた二つの根拠は、いずれも確かなものではなく、大宝令の田令荒廃条には公田と私田の区別が存在しなかったとする積極的な根拠は何もない。もちろん、存在した積極的証拠もないのだが、泉谷も言及したように、この田令荒廃条の「公私田」は唐令の用語をそのまま踏襲した可能性が強いので、大宝令に存在したと仮定しても不自然ではない。

(78) 田令荒廃条は「私田三年還レ主、公田六年還レ官」というように、「私田—主」「公田—官」と対応させている。これを戸婚律(『令集解』田令賃租条所引)に「凡過二年限一賃二租田一者、一段笞十、二段加二一等一、罪止二杖一百一。謂、職田位田賜田及口分田者也。地還二本主一、財没レ下追」とあるのと対照すると、「主」を媒介にして、口分田が私田であったことが推論される。

(79) 「令では一切の田地を公田と私田とに二区分しているが、(田令)公田条は公田のすべてについて規定しているものではない。つまり、公田の中で耕営方法と収入の使途の明瞭なものには、この公田条が適用されないということが、自明の理として前提されている」(虎尾俊哉「律令時代の公田について」前掲)。律令のなかで、このようなズレが生じたのは、唐律令から継受した公私田の概念が、日本令の制定者には馴じみの薄いものであったことと、関係があるのではなかろうか。

(80) 公と官、私と民とがそれぞれ類似した意味に用いられた中国的な用法では、「公民」は、「官民」ないし「公私」と類似した可能性もある。例えば北魏令では「公田」と「民田」が対比されているが(注71参照)、このような公・民の用法によれば、「公民」は「公と民」の意味にもなりうるのである。なお、上田萬年等編『大字典』は、「公民」について「古くは官府と人民の意」とするが、その典拠を御存知の方は、ぜひ御教示いただきたい。

(81) 「公民」については、『韓非子』の五蠹篇に「是以公民少而私人衆矣」という用例が見えるが、この韓非子の「公民」は特殊な用法で、『韓非子集釈』の校注者、陳奇猷が「為公之民少、為私之人衆」と注するように、「公の為の民」——公の徭役・軍役に応ずる民——の意と推定され、「公民」という熟語としては定着していなかったと想定される。事実、秦漢以降には公—民を対立概念としてとらえる用法が一般化し、「公民」という語は見当らないようである。なお中華民国では「公民」が法制上の用語として用いられているが、この「公民」は、他の多くの熟語と同じように、近代日本から逆輸入されたものではなかろうか。少なくとも明清時代には「公民」の語は用いられていないらしい。

唐代(正確には貞観末以降)の史料は、一般に太宗李世民の諱を避けているので、「公民」という語がみえないのは当然ともいえるが、「民」を避けてその替りに「人」を用いた類例(例えば、賤民→賤人)を参照すると、もし「公民」という語が用いられていれば、「公人」と書き変えられた可能性が強い。しかし「公人」という語も唐代には見られず、宋代にあらわれる「公人」は、職役の胥吏化したもので、まさに州県の官僚機構の末端につらなる胥吏の一種であった(周藤吉之「宋代州県の職役と胥吏の発展」『宋代経済史の研究』東京大学出版会、一九六二年)。すなわち『慶元条法事類』巻五十二、公吏門に引かれた名例勅には、

諸称二公人一者、謂二衙前専副、庫・称・掐子・杖直・獄子・兵級之類一。称二吏人一者、謂三職級至二貼司一、行案・不行案人並同。

称二公吏一者、謂二公人・吏人一。

とあるように、公人は吏人と並称され、「公」を「官」と近似した語とする伝統的な「公」の用法の線上にある用法であった。もちろん日本古代の「公民」とは全く異質の用法である。

(82) 田名網宏「古代文献に見えたる公民について」(『史学雑誌』六一編六号)。

(83) ただし宣命首部の慣用句以外の所で「公民」の語が用いられていた可能性までは否定できず、『日本書紀』の大化元年八月庚子の東国国司に対する詔の一節に「凡国家所有公民、大小所領人衆、汝等之レ任、皆作二戸籍一、及校二田畝一」とある「公民」や、推古二十八年紀の「天皇記及国記、臣連・伴造・国造・百八十部幷公民等本記」、『法王帝説』および『法隆寺伽藍縁起幷流記資財帳』の「諸王・公主及臣連・公民」などの「公民」の語が、原文書にそのまま存在したかどうかは難解な問題である。もし公民の語が原文書にも存在したとすれば、これらの「公民」は、豪族の部民に対して、品部・名代・田部など朝廷に属する民を意味する可能性が強いと思われるが(平野邦雄『大化前代社会組織の研究』吉川弘文館、一九六九年、三三六頁)、これらの史料の信憑性自体がまず問題になり、またこれらの公民の意味には他の解釈の余地もあるので、ここでは文武朝以後の公民を主として問題にすることにしたい。

(84) 李佑成「新羅時代の王土思想と公田」(日本語訳題名)(『趙明基博士華甲記念・仏教史学論叢』所収)は、本文に引用した史料によりつつ、公田概念と王土概念とを峻別し、王土思想は公田と私田とを包括する観念であることを論証したが、新羅の王土思想は——ある程度、現実に作用を及ぼしたとしても——あくまでも一つの観念であり、フィクションにすぎないと結論した。高麗の「公田」の概念が中国的な公田の概念とは異なっていたらしいことを考慮すると(旗田巍「高麗の公田」『史学雑誌』七七編四号)、新羅の王土思想の機能を過大に評価してはいけないと思うが、王土というフィクションがフィクションとして果す機能を過小に評価してもいけないと思う。なお李論文は、鬼頭清明氏に翻訳していただいた。鬼頭氏の御好意に厚く御礼申し上げたい。

(85) 彌永貞三『日本古代社会経済史研究』(岩波書店、一九八〇年)I章(補注三)参照。

(86) 例、『類聚三代格』延暦十七年十二月八日官符。

(87) 吉村武彦「八世紀「律令国家」の土地政策の基本的性格——公地制への展開に関して——」(『史学雑誌』八一編一〇号)。

(88) 「公地」「公田」「公水」という語は、王臣家や土豪による私的所有の展開に対応して、延暦期ごろから史料にたくさん現れてくる。

(89) 「オホヤケ」については次章(II)で検討するが、公民の私訓とされる「オホミタカラ」について、若干言及しておきたい。

記紀の古訓などによると、公民は「オホミタカラ」と訓まれたらしいが、「公民」だけでなく、先述した大化の詔の「百姓」も、オホミタカラと訓まれたと推測されるので、オホミタカラは「公民」という漢字の意味と本来は関係がなかったらしい。津田左右吉が推定したように、オホミタカラは祝詞や宣命などが朗読されるときに用いられた言葉であった可能性が強い(「大化改新の研究」『津田左右吉全集』第三巻、岩波書店、一九六三年)。オホミタカラの語義について西郷信綱は、スメラミコトと対応する特殊な言葉で、ミタ(天皇の田)を耕すもの、というのが原義と解している(「スメラミコト考」『神話と国家、古代論集』平凡社、一九七七年)。もっともオホミタカラの語義については古来、大御財(オホミタカラ)と解する説と、大御田族(オホミタカラ)と解する説が対立しているが、『日本書紀私記』(丙本)の「百姓・御宝」も丙本の成立が平安後期と推定されているので(西宮一民「日本書紀私記、乙本・丙本について」『日本上代の文章と表記』風間書房、一九七〇年)、院政期の二次的な王土王民思想の影響が想定され、本来の語義であったかどうかは疑わしい。やはりオホミタカラは、ウカラ・ヤカラのカラと同じ「カラ」(族)を含む言葉と解した方が自然であろう。従ってオホミタカラは、ミタ(屯田)やミヤケダ(三宅田)の耕作民が原義と考えられ、『日本書紀』大化元年八月条の「国家所有公民」を品部・名代・田部などをさすとみる説(前注83参照)の公民に近似してくる。ミヤケを律令体制の一つの源流とみ、その体制が全国的に——すなわち「天の下」に——拡大したのが律令国家体制であるとすれば、アメノシタノオホミタカラ＝天下公民という観念の成立も、素直に理解できそうである。

〔補記〕

本章は、「隋唐帝国と日本の律令国家」(唐代史研究会編『隋唐帝国と東アジア世界』汲古書院、一九七九年八月)と、「公地公民について」(坂本太郎博士古稀記念会編『続日本古代史論集』中巻、吉川弘文館、一九七二年七月)の第一節「律令における「公」と「私」」とからなるが、後者は今回大幅に書き変えた。書き変えた主な点は、㈠旧稿「公地公民について」に対する田原嗣郎氏の私信による批判、とくに中国の「公」にまつわる公共性の理念を無視していることに対する批判を私なりに受けとめたこと、㈡野田嶺志「九世紀における農民支配の変質——「公民」から平民百姓へ——」(『赤松俊秀教授退官記念国史論集』一九七二年十二月)に接して、公民や(広義の)公田の概念を、国衙への租税負担の有無や収授の有無のみに拘らせて解釈した旧稿の論旨を改めたこと、㈢旧稿「ヤケについての基礎的考察」(本書Ⅱ章に収録)において考察した「オホヤケ」の観念との連関において、「公」を共同体論の一環として位置づけようとしたこと、などの諸点である。なお近年発表された梅田康夫「律令制的土地所有に関する一考察」(『法学』四二巻四号・四三巻二号、一九七九年)は、田主権についての優れた研究であるが、日本律令に中国律令とは異なる独自の「私田―主」の観念が存在したとする点には疑問がある(本章注69参照)。

〔補記 その二〕

校正中に、山口瑞鳳『吐蕃王国成立史研究』(岩波書店、一九八三年)、武田佐知子「古代国家の形成と身分標識」(一九八二年歴研大会報告『民衆の生活・文化と変革主体』青木書店)に接し、旧稿を加筆・訂正した(本章注3・注34参照)。

Ⅱ　イヘとヤケ

一　イヘとヤケ

古代の「家」とは何であろうか。一見簡単なように見えるこの「家」に、実は古代社会のしくみを解く一つの重要な鍵が隠されているように思われる。ともすれば私たちは現代的な感覚で、奈良時代の竪穴住居の一軒一軒がそれぞれイヘであると思い込み易い。しかし奈良時代の人々は、個々の建造物そのものをイヘとは呼ばなかったらしい。(1)古代建築と日本語との関係を包括的に調査した木村徳国の研究によれば、古代の日本語で建造物を指すもっとも一般的な語は「ヤ」であり、そのほかに、イホ・ムロ・クラ・トノなどの語があった。(2)竪穴住居の場合にも、ヤという一般的な呼称のほかに、イホとかムロと呼ばれた可能性もある。例えば有名な山上憶良の「貧窮問答歌」(『万葉集』巻五、八九二)に「……伏廬(布勢伊保《フセイホ》)の　曲廬(麻宜伊保《マゲイホ》)の内に　直土《ひたつち》に　藁解《わらと》き敷《し》きて　父母は　枕の方に　妻子《めこ》どもは　足《あと》の方に　囲《かく》み居て　憂《うれ》へ吟《さまよ》ひ　竈《かまど》には　火気《ほけ》ふき立てず……」とある情景は、粗末な竪穴住居に住む貧しい農民の生活を歌ったものと思われ、この場合には竪穴住居はイホと呼ばれている(フセイホ・マゲイホのフセ・マゲは、イホの状態を形容する語か)。しかしイホは、建築物としては粗末な臨時的なものというのが本義らしく、旅先の仮泊のための臨時のカリイホ(仮廬)も『万葉集』に数多く歌われており(例、『万葉集』巻一、七)、またサトから離れた田の耕作のために、現地にイホを作って泊り込むことも多かった。「春霞　たなびく田居に　廬《イホ》つきて　秋田刈るまで　思

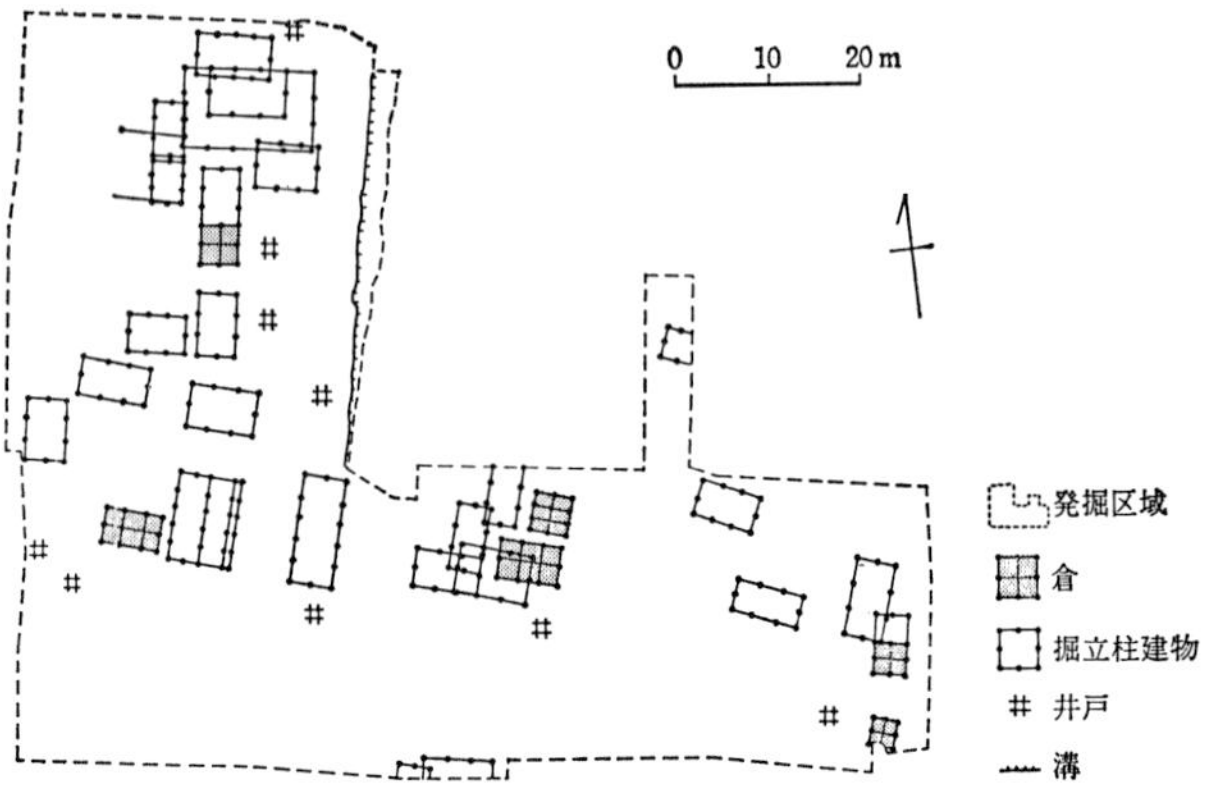

図1　郡家今城遺跡発掘平面図
(『高槻市史』第6巻，p. 123より作成)

はしむらく」(『万葉集』巻十、二二五〇)とか「秋田刈る　仮廬《カリホ》をつくり　廬《イホリ》して　あるらむ君を　見むよしもがも」(『万葉集』巻十、二二四八)と歌われたイホ・カリホである。このように、イホには仮設的建造物としての性格が強いので、日常居住する竪穴住居は、ムロと呼ばれる方が一般的であったかも知れない。ムロは、外部から遮断された閉鎖的な内部空間を持つ建造物(ないし施設)をさす語であったが、そのもっとも代表的なものは竪穴住居で、スサノヲノミコトが寝ているあいだに「八田間の大室《オホムロヤ》」の椽《タルキ》に髪を結《ゆ》ひ着けられてしまったのも(『古事記』上巻)、椽が地面まで達している竪穴住居であったと仮定すれば、素直に解される。オケ・ヲケ王が縮見屯倉首の新室《ニヒムロ》の宴で歌ったというムロホギ(室寿)の詞も(『日本書紀』顕宗即位前紀)、そこにみえる柱から草葉に至る建築材料は、竪穴住居にこそ適合的であるといわれている[3]。ムロが竪穴建造物のもっとも正統的な呼称であったとすれば、さきの貧窮問答歌のフセイホ・マゲイホは、隙間だらけでとても「ムロ」とは呼べそうにない粗末さを強調するための表現であった可能性が強い。

奈良時代前後の庶民の住居は東日本の竪穴住居を代表例として理解されてきたが、近年の発掘調査によって、畿内とその周辺では、おそくとも七世紀の前半には、平地に建てられた壁をもった掘立柱建物が、庶民の住居に採用され始めたと推定されている。七世紀前半から八世紀にまたがる三重県四日市市貝野遺跡では、竪穴住居と平地住居とが同時に並存していたらしいが、八、九世紀ごろの集落址と推定される大阪府高槻市郡家今城遺跡では、すべて平地住居から成っており、竪穴住居を含まない。したがって畿内中心部では、竪穴住居から平地住居への転換が、奈良時代にはほぼ完了していたと推測されている。この動きが東日本に波及するまでには、かなりの年月を要したようで、関東地方では平安時代になっても竪穴住居がさかんに作られている。しかし竪穴住居の規模が矮小化し、その内部施設も貧しくなっているので、富裕者層はすでに平地住居に移っていたらしい(4)。

ところで、さきの高槻市の郡家今城遺跡では、掘立柱建物・倉庫・井戸の遺構がたくさん発掘されているが、おのおのの建物の方向や出土遺物などを手懸りに一セットの建物群の配置が推定されている。それによると、この集落のなかで中規模のものは、主たる掘立柱建物一棟とそれに附属するやや小さな掘立柱建物一、二棟、さらに倉庫と井戸とで一つのまとまりをなしていたらしい(5)。それではこの一セットとそれぞれの建物は、八世紀ごろには何と呼ばれていたのだろうか。

天平二十(七四八)年に伊賀国阿拝郡柘殖郷の「家一区」が、小治田朝臣藤麻呂から東大寺に売られたが、この「家一区」は地二町・屋八宇・板倉七間からなり、墾田七町余が附属していた(『大日本古文書』東大寺文書之二、八六頁)。小治田藤麻呂は平城京の左京三条四坊に本貫があったので、この家一区はおそらく庄所にあたるものであろうが、家一区が一般に地・屋・倉の三者からなることは他の文書にも共通している(6)。宝亀三(七七二)年に大宅朝臣船人が東大寺に寄進した大和国添上郡春日郷の家地五段には、檜皮葺板敷屋一間・草葺東屋一間・檜皮葺倉一宇・草葺倉一宇の計、屋二間・倉二宇が建っていた(『大日本古文書』六巻、三九七頁)。このなかの檜皮葺板敷屋にはもちろん人が住めたであろうが、大宅船人自身は寄進時にこの家には多分住んでいなかったと思われる。大宅船人は正七位上で出雲国員外掾《じょう》であったが、このクラスの官人になると、「家」を複数もっているのが普通だったらしい。例えば奈良時代後半のある訴訟文書(案文)では、父の死後その子が、平城京内にあった父母の「家四区」を、父の妹三人が共謀して奪い取ったと京職に訴えており、当時の中級官人層(死んだ父は某国守、訴えた子は外従五位下)の持っていた家の実態を示している。争われた対象の「家四区」については、一区ごとに所在地・建物(屋と倉)・収納する資材の内訳が記されている(『唐招提寺文書』第一、一頁)。

これらはいずれも貴族・豪族層のもっていた「家」の例であるが、一般に家一区を構成する「屋」「倉」が、「ヤ」「クラ」と訓《よ》まれたことはまず間違いないと思われる。しかし家一区の「家」が「イヘ」と訓まれたか、「ヤケ」と訓まれたかははっきりしない。奈良時代には「家」という漢字にイヘとヤケ(ヤカ)の両訓があったからである。なお「宅」にもイヘとヤケ(ヤカ)の両訓があったと推定されている。

ヤケ(ヤカ)という語には、ミヤケ(三家・三宅)、オホヤケ(大宅)、とかヤカモチ(大伴家持)という用例があるが、ヤケ(kë)とヤカ(ka)は母音交替形で、酒(サケ—サカ)、竹(タケ—タカ)と同じように、複合語のなかの形容語の位置に立つときは一般にヤカの形となる。もっとも、ëとaの母音交替形は、aが原形でëはaの変形として後に(といっても奈良時代以前に)現れたものと考えられるので、[7]ヤケ・ヤカの場合にもヤカが原形と推定される。そしてヤカは、建物を意味するヤ(屋)と「ありか」「すみか」など複合語で用いられて場所・所を示すカ(処)とからなる言葉で、ヤのある一区画を指す語と推定されている(『岩波古語辞典』)。ヤは先述したように古代日本語のなかでもっとも一般的に建造物をさす語であり、マヤ(真屋)・アヅマヤ(東屋)・ウマヤ(馬屋・駅)・クリヤ(厨)・モヤ(喪屋)など多数の複合語を生み出しているが、とくにミヤ(宮)・ヤシロ(社)など宮殿や神社を指す語にヤが含まれていることが注目される。[8]したがってこのヤを主体とするヤケは、建物のある一画をさす語としては本来的なものと考えられるが、次に述べるイヘが人間の集団(いわゆる家族)と深いかかわりをもっているのに対して、どちらかといえば施設・機関をさす用法が多い。ミヤケとかオホヤケはその代表例であり、先述した売券や寄進状にみえる「家一区」も、どちらかといえばヤケの系列に属するものであろう。事実東大寺の北陸庄園の絵図には、庄所を「三宅」とか「三宅所」と記している例がある。

イヘという語も、建造物そのものを直接に指す語としては、ほとんど用いられていない。例えば柿本人麻呂が妻の死をいたんで「家に来て　わが屋《ヤ》をみれば　玉床の　外に向きけり　妹が木枕」(『万葉集』巻二、二一六)と歌ったとき、妻が住んでいた建物は屋であり、屋をふくめた一画のすまい全体が家であった。もっともこの歌の「家」が、ヤケでなくイヘと訓まれた確証はないかも知れないが、山上憶良の同じような挽歌に「家(伊弊《イヘ》)に行きて　如何にか吾がせむ　枕づく　妻屋《ツマヤ》さぶしく　思ほゆべしも」(『万葉集』巻五、七九五)とあるので、やはり通説のようにイヘと訓むのが正しいだろう。雄略天皇がシキの大県主《あがたぬし》の家をさして「其の堅魚《かつを》を上げて舎《ヤ》を作れるは誰が家ぞ」と問うた『古事記』の有名な話でも、堅魚を上げた建物は舎《ヤ》であって家ではなかった。このようにイヘがヤを含む「すまい」全体をさすという点では、イヘはヤケに近似しているが、ヤケが敷地と建物という一区画の施設そのものをさすのに対して、イヘという語には、つねにその背後に家族が結びついている。「イヘ」が動詞「イハム」(屯む)と同源の語であるとする説[9]の当否を判断する能力はないが、イヘにはつねに親しい人間関係がつきまとっている。例えば「天ざかる　鄙《ひな》の長《なが》道《ぢ》を　恋ひ来れば　明石の門《と》より　家(伊敝《イヘ》)のあたり見ゆ」(『万葉集』巻十五、三六〇八)と歌われたのは、なつかしい家族の待っている家であり、「上毛野《かみつけの》　伊香保の嶺《ね》ろに　降ろ雪《よき》の　行き過ぎかてぬ　妹が家(伊敝《イヘ》)のあたり」(『万葉集』巻十四、三四二三)は、ほかならぬ恋しい人の住む家のあたりであった。このようなイヘとヤケのもつニュアンスの違いは、律令では漢字で明確に使い分けられている。すなわち律令では、家族という人間集団をさす場合には「家」、建物とその敷地をさす場合には「宅」と明確に使い分けている。[10] ところがこの律令の用法は、実は中国律令の用法をそのまま継承したものであって、実際には家と宅は、いずれもイヘ・ヤケの両訓をもち、混用されていた。

このように日本語の「イヘ」と「ヤケ(ヤカ)」はあきらかに別系統の語でその意味する内容も異なっていたと推定されるのにもかかわらず、古代の史料にあらわれる「家」「宅」が、「イヘ」と訓まれたか、「ヤケ(ヤカ)」と訓まれたかを確定することは非常に難しい。従来は――三家(ミヤケ)とか大伴家持(ヤカモチ)などの特定の事例を除き――後世的な観念で史料の「家」を「イヘ」と訓む場合が多かったが、古代には「家」が「ヤケ(ヤカ)」と訓まれたのではないかと疑われる例がたくさんある。本章はそのような埋れたヤケ(ヤカ)を発掘し、古代社会においてヤケがどのような地位を占め、どのような機能を果していたかを追究し、それによって逆に古代のイヘの実態や機能を明らかにしようとする、ささやかな試みである。ただ何分にも史料的な制約から、イヘと訓まれたかヤケ(ヤカ)と訓まれたかを確定できない場合がほとんどなので、本稿はあくまでも一つの作業仮説にすぎないことを、あらかじめおことわりしておきたい。

二　家・宅の訓の変化

漢字の訓(いわゆる和訓)には、基本的に二つの場がある。一つは、所与の漢文・漢字を日本語として訓読する立場であり、もう一つは、日本語を漢字の字訓を用いて表記する立場である。前者の漢文・漢字訓読のなかで、特定の漢字と特定の訓との対応が密接となったとき、漢字の字訓を用いて日本語を表記する後者の道が開かれてきたと推測される。小林芳規は、訓と漢字との対応が定着し、一定の訓は所定の漢字で表すという関係が、習慣的に成立し、或る範囲の識字層に通用する社会性と体系性とを帯びたものを「訓漢字」と定義し、『古事記』の用字法がそのような訓漢字を基本としていることを、訓注の分析を通じて明快に論証した(11)。

イヘ・ヤケという日本語が、古代社会においてどのような意味と機能を担っていたかを追究しようとする本稿にとって、もっとも基礎的な史料は、イヘ・ヤケが万葉仮名で表記されている文献である。しかしその数量はきわめて限定されており、大部分の史料はイヘ・ヤケを、家・宅の字訓で表記していると推定される。私たちが追究しているのはイヘ・ヤケという日本語であるが、私達に与えられているのは家・宅という漢字史料である。古代人にとっては、イヘ・ヤケを漢字を用いてどのように表記するかが問題であったが、私達にとっては、家・宅をどのように訓読するかがまず問題になる。そこでまず最初に、イヘ・ヤケという日本語と家・宅という漢字がどのように結びついていたかを調べることにしたい(なお家・宅以外の漢字との関係は用例も少ないので、本稿では省略する)。

訓と漢字との対応が定着した訓漢字は、古辞書の和訓表示のなかにはっきりあらわれてくる(12)。「家」についても、『新撰字鏡』巻七の「藾〈家阿良々支〉」を『和名類聚抄』巻十七の「兎葵〈和名以倍仁礼〉」と対照すると、「家阿良々支」は「イヘアララギ」で、家はイヘの訓漢字であったと推定される。『新撰字鏡』は九世紀末の成立であるが、奈良時代においても、イヘを家で表記したことは、『万葉集』の歌のなかに、万葉仮名(伊敝・伊弊など)で表記されたイヘとほとんど同じ状況のものが、「家」と表記されていることによって確かめられる(『万葉集』巻五、七九五、巻二、二一六)。しかし「家」はイヘのほかにヤケ・ヤカを表記する漢字としても用いられていた。例えば高山寺本『和名抄』の武蔵国入間郡「大家」郷には「於保夜計」の訓注がある(ヤケのケは乙類であるが、和名抄は一般に甲類・乙類を区別していない)。もっとも高山寺本『和名抄』は平安後期の書写なので、奈良時代にヤケが「家」で表記された確証とはなし難い。しかし『播磨国風土記』の揖保郡大家里を本文の地名起源説話のなかでは大宅里と書いており、大宅がオホヤケの表記であったことは、大和国添上郡の大宅を『日本書紀』武烈即位前紀の歌謡が「於裒野該」と万葉仮名で書いていることによって確かめられる。

また高山寺本『和名抄』の備前国児嶋郡「三家」郷には「美也介」の訓注が、大和国城下郡「三宅」郷にも「美夜介」、武蔵国橘樹郡「御宅」郷にも「美也計」の訓注があるので、三家は三宅・御宅と同じようにミヤケと訓まれていたと推定される。備前国児嶋郡三家郷の表記は平城宮木簡にもみえるが（『平城宮木簡　一』三二一号）、さらに藤原宮木簡にも「丁酉年若狭国小丹生評岡田里三家人三成」（『飛鳥藤原宮発掘調査出土木簡概報(二)』。丁酉年＝六九七、文武元年）、「己亥年若佐国小丹□三家里三家首田末□」（奈良県教育委員会編『藤原宮』木簡一一七号。己亥年＝六九九、文武三年）というようにミヤケを三家と表記した例がみえる。有名な上野国の山ノ上碑の「佐野三家」もミヤケの表記と推定されるので、ヤケを「家」で表記した例は同碑の辛巳歳（六八一、天武九年）にまで溯ることになる。ところで藤原宮木簡の「海評三家里」（『藤原宮跡出土木簡概報』五〇号）、「海評三家里人」（『飛鳥藤原宮発掘調査出土木簡概報(一)』）が、『和名抄』の尾張国海部郡三宅郷にあたるとすれば、正倉院文書の天平二十年写書所解案では「尾張国海部郡三宅郷」（『大日本古文書』三巻七九頁）、同丹裹文書では「尾張国海部郡御宅郷」「尾張国海部郡三宅郷」（同二十五巻九四頁）と表記されているので、藤原宮木簡の三家が、奈良中期の正倉院文書や平安中期の『和名抄』では三宅・御宅と表記されたことになる。さきの『播磨国風土記』の揖保郡大家里も『和名抄』では大宅郷と表記されており、『続日本紀』の小家内親王（宝亀三年十月壬子条）も中世の史料では小宅内親王（女王）（『斎宮記』『紹運録』『一代要記』）と表記されるようになる。このように「家」で表記されたヤケが後に「宅」で表記されるようになった例が存在することは注目される。例数は少ないが、藤原宮木簡や七世紀の金石文のミヤケの表記はすべて「三家」であるので（先掲）、七世紀前後にはヤケの表記に「家」が多く用いられていたと推定される。もっとも藤原宮木簡のなかにも「大宅水取大嶋」（『飛鳥藤原宮発掘調査出土木簡概報㈢』の表記がみえるので、「宅」もヤケの表記に用いられていたと考えられるが、長期的にみると、ヤケの表記が「家」から「宅」に移る傾向にあったことはほぼ間違いない。そしてこのようなヤケの表記の「家」から「宅」への変動は、「家」がイヘの表記に多く用いられるようになったことと関連するように思われる。

宅がヤケの表記に用いられたことは、さきの大宅のほか、『播磨国風土記』の印南郡益気里の条に「所二以号レ宅者、大帯日子命、造二御宅於此村一、故曰二宅村一」とあることによっても確認される。八世紀前後に宅はヤケとの結びつきが強かったと想定されるが、イヘを表記したと推定される場合もある。例えば『万葉集』巻十五、三六七一の「ぬばたまの　夜渡る月に　あらませば　いへなるいもに(伊敝奈流伊毛尓)　逢ひて来ましを」と、巻四、六五一の「ひさかたの　天の露霜《つゆしも》　おきにけり　宅なる人も(宅有人毛)　待ち恋ひぬらむ」とを対照すると、やはり通説のように、後者の「宅」はイヘを表記した可能性が強い。『和名抄』巻十では「宅」の和名をイヘとするが、おそらくイヘの訓は奈良時代に溯るのであろう。

このように家・宅はいずれもイヘ・ヤケの両訓の表記に用いられているが、奈良時代の実例についてみると、家の訓がイヘを主とし、ヤケを従としたと推定されるのに対して、「宅」の訓はヤケを主とし、イヘを従としていたように思われる。例えば訓漢字を基本として表記された『古事記』において、「宅」は大宅臣(孝昭記)・大宅王(欽明記)・三宅連(垂仁記)・茨田三宅(仁徳記)・五処之屯宅(安康記)・五村屯宅(同上)のいずれもヤケの表記に用いられたと推定される。それに対して「家」は、「都夫良意富美之家」(安康記)のようにイヘを表記したものが大部分であったと推定されるが、筑紫三家連(神武記)・倭屯家(景行記)・淡道之屯家(仲哀記)・渡屯家(同上)のように、ヤケを表記したと推定されるものもある。ただし古事記においては、「家」でヤケを表記したと推定される例はすべて固有名詞(広義)であるから、原史料の表記を踏襲した可能性もあり、太安麻呂の訓漢字の体系では、「家」の正訓はイヘとされていた可能性が強い。

なお「家」は後世には「ヤ」の表記にも用いられるが、奈良時代にはまだ一般には個々の建造物を意味する「ヤ」に「家」字はほとんど用いられていなかったようである。[13] 因みに古代では「ヤ」と「ヤケ」とははっきり区別されていた(例えば、『和名抄』によれば紀伊国名草郡には大屋郷と大宅郷とが並存していた)。[14]

さて以上の考察によって、㈠ヤケの表記は「家」から「宅」へ移る傾向にあったこと、㈡奈良時代には、家の訓はイヘを主とし、ヤケを従としたこと、宅の訓はヤケを主とし、イヘを従としたことが推定されるが、ヤケという訓は時代が下るとしだいに用いられなくなる。例えば『類聚名義抄』にみえる「家」の訓は「イヘ・シツカナリ」、「宅」の訓は「イヘ・イヘセリ・スム・ヲリ・ホシイマンマ」であり、いずれもヤケ(ヤカ)の訓は見当らない。また『和名類聚抄』の郷名部には、三宅・大宅・大家・小宅などヤケを含む郷名が多数みられるが、高山寺本が播磨国揖保郡の「小宅」郷に「乎也計」(ヲヤケ)と訓注を附しているのに対して、大東急記念文庫本・道円刊本(以下「刊本」と略す)[15]が「古伊倍」(コイヘ)とするのは、宅の訓としてヤケが一般的でなくなった時代に、コイヘの訓が附されたものと推測される。三宅のように後世まで地名やウヂ名として多く用いられた場合にはヤケの訓がそのまま伝えられたが、小宅のようにあまり用いられない場合には訓の変動が生じ易かったのであろう。小宅の訓注の変化はそのような事例として注目されるが、おそらくこの小宅の例は氷山の一角で、史料としては残されなかった「ヤケ(ヤカ)」から「イヘ」への訓の変化が、他にもたくさんあったのではなかろうか。[16]

三　ヤケを含む地名とウヂ名

表II-1 『和名抄』の三宅・御宅・三家郷

国	郡	郷	高山寺本訓	刊本訓
大和	城下	三宅	美夜介	美也介
河内	高安	三宅		
河内	交野	三宅		
河内	丹比	三宅	美也計	三也介
伊勢	多気	三宅	美也計	美也介
尾張	中島	三宅		
尾張	海部	三宅		
遠江	麁玉	三宅		美也介
相模	大住	三宅		
武蔵	橘樹	御宅	美也計	美也介
上総	天羽	三宅		
下総	印幡	三宅		
下総	海上	三宅		
常陸	鹿島	三宅		
美濃	厚見	三家		
備前	児島	三家	美也介	美也希
筑前	那珂	三宅	美也介	
筑後	上妻	三宅		
豊後	直入	三宅		
肥後	託麻	三宅		
日向	児湯	三宅		

表II-2 『和名抄』の大宅・大家郷

国	郡	郷	高山寺本訓	刊本訓
大和	添上	大宅		
河内	河内	大宅		
武蔵	入間	大家	於保夜計	於保也介
上野	多胡	大家		
下野	梁田	太宅		
越後	古志	大家		
石見	邇摩	大家		於保伊倍
播磨	揖保	大宅	於保也介	於保也介
備後	安那	大家		
備後	深津	大宅		
紀伊	名草	大宅		
豊前	下毛	大宅		
肥後	宇土	大宅		
薩摩	出水	大家		

* この他，尾張国愛智郡大宅郷については注18参照

ヤケ(ヤカ)を含む地名やウヂ名は種々あるが、これまでもっとも注目されてきたのはミヤケであり、『和名抄』の郷名のなかにもたくさんミヤケの郷がみえる(表1)。『和名抄』におけるミヤケの表記はほとんど「三宅」であり、他には「御宅」一例、「三家」二例がある。[17] 三宅・御宅・三家の訓注は、すべてミヤケである。

ヤケを含む主な郷名としては、ミヤケのほかにオホヤケがある(表2)。オホヤケの表記は大宅・大家がほぼ相半ばする。武蔵国入間郡の大家郷に「於保夜計」の訓注があるのは、大家の初出であったためであろう。したがって大宅はオホヤケと訓むことを前提にしていたと推測されるが、大宅のなかでも播磨国揖保郡の大宅郷にだけ訓注があるのは、同郡には小宅郷もあったので、両者の訓み分け(オホヤケ・ヲヤケ)を特に示したかったのでは

なかろうか。このようにみてくると、石見国邇摩郡大家郷に附された刊本の訓注「於保伊倍」が本来的な訓みであったかどうか疑う余地も生じてくる。この訓注は高山寺本にはないので、あるいは一節で言及した播磨国揖保郡小宅郷の刊本の訓注「古伊倍」と同じように、後世的な訓であるかも知れない。『播磨国風土記』の揖保郡大家里は大宅とも書かれており(二節参照。なお史料の全文は後文に引用)、『和名抄』では大宅と表記されている。また『新撰姓氏録』の和泉国皇別に「大家臣、建内宿禰男紀角宿禰之後也。謚天智庚午年、依レ居二大家一、負二大宅臣姓一」とあるのも、大家と大宅が相通じて用いられたことを示している。したがって石見国邇摩郡大家郷も武蔵国入間郡大家郷と同じようにオホヤケと訓まれた可能性がある。また『延喜式』神名帳(国史大系本による。以下同じ)の但馬国二方郡大家神社に附された享保八年板本の傍訓「オホイヘノ」、武田祐吉所蔵本の傍訓「オイヘ」も、本来的な訓であったかどうか、疑う余地が残されている。もちろん後世になってこれらの大家郷や大家神社がオホイヘと呼ばれたかどうかは別箇の問題で、ここで問題にしているのは、それらの郷名や神社名が附された時にどのように訓まれていたかである。「ヤやクラを含む一区画」としての「ヤケ」には当然大小の観念が存在したであろうが、オホ-イヘという観念自体が奈良時代に存在しえたかどうか私にはまだよく解らない。しかし「大宅」でなく「大家」と表記したのは、オホヤケでなくオホイヘと訓ませるためではなかったか、言葉を換えれば、訓を区別するために「宅」と「家」とを意識的に使い分けたのではないか、という疑問も当然生じてくる。

律令では、家族という人間集団をさす場合には「家」、建物とその敷地をさす場合には「宅」と明確に使い分けていたが、この律令の用語法は、中国律令の用語法をそのまま継承したものであって、実際には混用されていた[19](例、『大日本古文書』七巻五一・五二頁)。また家令職員令に規定された三位以上の家司に対して、令に規定のない四・五位の官人には宅司の制が定められたが[20]、家司と宅司との間に本質的な区別があったわけではなく、もちろん訓の区別による家と宅との使い分けではなかった。また『新撰姓氏録』は、同名のウヂを区別するために、漢字の表記では「宅」と「家」を意識的に使い分けた可能性がある(表3)。例えば和泉国皇別の大家臣が、その伝承では「依レ居ニ大家一、負ニ大宅臣姓ニ」とされながら、正式には大家臣と表記されたのは、同氏が紀角宿禰の後であったため、オホヤケ氏の主流をなしていた天足彦国押人命の後のワニ氏系の大宅臣と区別するためではなかったかと想定される[21]。同様な書き分けは、左右京の大宅首と右京の大家首との間にも想定され、出自の差によって宅と家とが使い分けられた可能性が強い(表3)。また姓氏録にみえるミヤケ氏はすべて「三宅」と表記されているが(表4)、『日本古代人名辞典』には備前国・筑前国の「三家連」、若狭国の「三家首」「三家人」、上野国の「三家」がみえる。そして単なる偶然の一致かも知れないが、三家と表記するものがすべて畿外の氏族であることは注目される(もちろん畿外にも三宅氏は存在するので、逆は成立しない)。このようにウヂ名のオホヤケ・ミヤケには、意識的に宅と家とを書き分けたと推定される例があり、しかも有力な氏には「宅」が用いられた形跡がある。先述の家司と宅司

表 II-3 『新撰姓氏録』の大宅・大家氏

氏姓	本貫	出自
大宅真人	左京皇別	路真人同祖(敏達皇子難波王より出づ)
大宅(臣)	山城皇別	小野朝臣同祖(孝昭皇子，天足彦国押人命の後)
大宅臣	河内皇別	大春日同祖．天足彦国押人命の後
大家臣	大和神別	大中臣朝臣同祖．津速魂命の後
大家臣	和泉皇別	建内宿禰男，紀角宿禰の後
大宅首	左京神別	大閇蘇杵命孫，建新川命の後
大宅首	右京神別	(同上)
大家首	右京神別	天道尼乃命孫，比古摩夜真止之命の後

表 II-4 『新撰姓氏録』の三宅氏

氏姓	本貫	出自
三宅連	右京諸蕃	新羅国王子，天日桙命の後
三宅連	摂津諸蕃	(同上)
三宅史	河内諸蕃	山田宿禰同祖(魏司空王昶より出づ)．忠意の後
三宅人	摂津皇別	大彦命男，波多武日子命の後

との書き分けのように、家の方が宅よりも上位に扱われる場合があるにもかかわらず、ウヂ名に関しては宅の方が主とされたらしい。正式のウヂ名は、狭義のカバネと同じく本来天皇から与えられるものであったことも、宅と家とを書き分ける要因となったであろう。同名のウヂ名の漢字表記を、出自によって意識的に区別した例としては、大伴氏と大友氏の例が著名であるが(青木和夫氏の示唆による)、『新撰姓氏録』においては、葛城氏と葛木氏、志紀氏と志貴氏(城・木・紀・貴はいずれも乙類のキ)、山代氏と山背氏の場合も、出自の違いが漢字表記の別となっている可能性がある。ともかくここで確認しておきたいのは、宅と家との書き分けが、ウヂ名に関しては出自の区別によった可能性が強く、ヤケとイヘとの訓の区別によった可能性は少ないことである。

それでは『和名抄』の郷名における宅と家との書き分けは、どのような原則によったものであろうか。『和名抄』の郷名の原史料については、古くから推測されているように、著者源順が民部少丞・大丞の職にあったこと、民部省には全国の郡郷リストが当然備えられていたことなどから、民部省にあったリストを転載したものと推定される(22)。そして民部省の台帳は、『続日本紀』和銅六年五月甲子条に「畿内七道諸国、郡郷名著二好字一、……言上」とあるように、諸国から言上させた郡郷名を収載したものと推測される。したがって同じ呼称に対して国ごとに異なった漢字表記をしてきた可能性も十分想定され、ウヂ名の場合とは違い表記を統一する必要性はとぼしかったと考えられる。したがって『和名抄』の郷名の場合にも、宅と家との相違は、訓の相違とは直接には結びつかないのである。

以上、ミヤケとオホヤケを中心に考察してきたが、『和名抄』にはオホヤケに対するヲヤケもみえる。すなわち播磨国揖保郡には、先述したように大宅郷と少宅郷が並存しており、『播磨国風土記』は、その起源説話を次のように記している。

大家里(旧名大宮里) 土中上。品太天皇、巡行之時、営二宮此村一、故曰二大宮一。後至二田中大夫為レ宰之時一、改二大宅里一。

少宅里本名漢部里　土下中。所三以号二漢部一者、漢人居二之此村一、故以為レ名。所三以後改曰二少宅一者、川原若狭祖父、娶二少宅秦公之女一、即号二其家少宅一、後若狭之孫智麻呂、任為二里長一。由レ此、庚寅年、為二少宅里一。

これらの地名起源説話がどこまで史実を反映しているかはここでは問わない。ただ奈良時代に大家(大宅)と少宅が一郡のなかに並存していたこと、オホヤケはまさにヲ－ヤケに対するオホ－ヤケであって、相対的な存在であったことに注目したい。このことはオホヤケの性格を解明する上で重要な手懸りとなるので、ぜひ記憶に留めておきたい(五節で再論)。ヲヤケと訓まれた可能性のある郷名としては、他に筑後国生葉郡小家郷がある。またウヂ名では『新撰姓氏録』の河内国皇別に「小家連」がみえる。同氏は「塩屋連同祖。武内宿禰男葛木襲津彦命之後也」とする。また、正倉院文書(写経所文書)には「小宅三蘊良」、『平城宮木簡 二』には「小宅美□人」もみえる。先の『播磨国風土記』の少宅秦公との関連では右京計帳手実と山背国愛宕郡計帳に「秦小宅」の姓をもつ人がみえる。

表Ⅱ-5　『和名抄』の高家郷

国	郡	郷	高山寺本訓	刊本訓
相模	足上	高家		
常陸	行方	高家		
常陸	鹿島	高家		
美濃	不破	高家		
飛驒	荒城	高家	加岐へ	加木倍
信濃	安曇	高家	多支へ	太木倍
下野	都賀	高家		
能登	羽咋	高家		多加也
越後	三嶋	高家		多加也
佐渡	羽茂	高家	多岐へ	多加倍
佐渡	雑太	高家		多介倍
播磨	宍粟	高家	多以恵	
筑後	三瀦	高家		
豊前	仲津	高家		
豊前	佐宇	高家		

この他『和名抄』にヤケを含む可能性のある郷名として、越前国大野郡「上家」郷(ただし刊本の訓は「加豆以倍」、高山寺本は訓注なし)、常陸国信太郡と美濃国加茂郡の「中家」郷、肥後国玉名郡「下宅」郷があり、カミツヤケ・ナカツヤケ・シモツヤケと訓まれた可能性もあるが、イヘと訓まれた可能性も否定できない。『姓氏録』には河内国皇別に「下家連」(「彦八井耳命之後也」)、正倉院文書(写経所文書)には「中宅大道」がみえる。

ミヤケやオホヤケとの関連で注目される郷名に「高家」が

ある（表5）。訓注が多様であるのは、本来的な訓から、後世、地域によって多様に変化したためかとも疑われるが、高山寺本にみえる「多支へ」が「タカーイヘ」の約としてもっとも自然なように思われる（「ワガーイヘ」→「ワギヘ」の類例も『万葉集』などにある）。高家郷の表記が「家」だけであるのも、イヘと訓んだ可能性を示唆している。ただ『姓氏録』によれば、高家首は「神魂命五世孫天道根命之後也」とあるので、「神魂命八世孫阿居太都命之後也」とする県犬養宿禰と同族伝承をもっていたことになる（「天道尼乃命孫比古摩夜真止之命之後也」とする大家首も、「天道尼乃命」が高家首の祖の「天道根命」と同一人をさすとすれば、やはり県犬養氏と同族伝承をもつことになる）。県犬養氏は黛弘道が論証したようにミヤケの管理と深いかかわりがあったので[23]、高家郷のなかにはヤケの系列に属するものがあったのかも知れない。

郷名とヤケとの関連をもっとも直接的に示すのは播磨国印南郡益気郷である[24]。『播磨国風土記』は、

益気里土中上　所㆓以号㆑宅者、大帯日子命造㆓御宅於此村㆒。故曰㆓宅村㆒。

とその地名の起源を語るが、ヤケの里が風土記の語るように朝廷の設置したミヤケに起源をもつかどうかはともかく、もし七、八世紀のころ百姓の住居が一般にヤケと呼ばれていたとすれば、ヤケの里というような里名はつけられなかったであろうことに注目しておきたい（六節で再論）。因みに諸王の名にも益気王（夜気王）がある。ヤケとかかわりの深いもう一つの郷名は、周防国吉敷郡「益必」郷で、高山寺本は「夜介比止」、刊本は「也介比止」と、いずれもヤケヒトと訓んでいる。ヤケヒトはヤケ－ヒト（宅人・家人）の意と推定され、家人部や家部・宅部との関連が注目されるが、この問題は六節で検討することにしたい。

四　ヤケを含む人名

郷名やウヂ名は長期間継承されることが多いのに対して、人名(ウヂ・カバネを除く個人名)は個人ごとにその都度つけられるので、当時の人々の意識を、何らかの形で反映していると考えられる。特に日本の古代、奈良時代前後には祖父―父―子―孫が名前の一字を共通にするという世代表示(いわゆる通字)の慣習がなく、また兄弟が名前の一字を共通にするという排行表示も少ないので、(25)人名にはその時代の特色があらわれ易いと想定される。もちろん古代の人名にも流行の現象があり、また戸籍の作成時にある規格がはめられた可能性もあるので、(26)どれだけ主体的に個々の名前がつけられたかは十分に検討する必要があるが、その時代の大体の傾向は捉えられるであろう。そこでまずヤケ(ヤカ)を表記した可能性のある「宅」「家」を含む人名のうち、(27)例数の多いものを表示しよう(28)(次頁表6)。

表6をみてまず私たちが困惑するのは、これらの宅・家が、イヘを表示したのか、ヤケ(ヤカ)を表示したのか、というもっとも基本的な問題である。古代史学界に限りない恩恵を与え、本稿も全面的に依拠した竹内理三・山田英雄・平野邦雄共編『日本古代人名辞典』(全七巻、吉川弘文館、一九五八〜七七年)の執筆者の方々も、おそらく同じ問題に直面したと推測される。というのは同書には人名の読み方のルビはふっていないが、その配列から九割以上の人名について、イヘと読んだか、ヤケ(ヤカ)と読んだかが推定できる。そして「宅」についてはーー宅刀自女のようにあるいはイヘの表記かも知れない例を含めーー一貫してヤケ(ヤカ)と読んでいるのに対して、「家」については、一・二巻ではほとんどヤケ(ヤカ)と読みながら、三・四巻では大部分をイヘと読み、その結果、同一人と推定される上毛野君家継と田辺家継を、二巻ではヤカツグ、四巻ではイヘツグと読んでいる。ところが五巻以降は再びほとんどの

表 II-6　宅・家を含む人名

宅・家を含む人名	具体例(いずれも 8 世紀の人名)
宅主・宅主売 家主・家主売(女)・小家主女	布勢朝臣宅主・壬生宅主売 大蔵忌寸家主・孔王部家主売・壬生直小家主女
宅麻(万)呂 家麻(万)呂	凡直宅麻呂 阿部朝臣家麻呂
宅成・宅成売(女) 家成・家成売(女)	念林宅成・出雲臣宅成売 石上朝臣家成・日置部家成売
宅足 家足	阿刀連宅足 久米直家足
大宅・大宅売(女) 大家・大家売	紀朝臣大宅・秦小宅大宅女 県主族大家・出雲臣大家売
宅守 家守・家守売	中臣朝臣宅守 土師宿禰家守・出雲臣家守売
宅刀自女・子宅刀自売 家刀自・家刀自売(女)	采女部宅刀自女・伴部子宅刀自売 酒部公家刀自・伴部家刀自売
宅売(女)・宅津売 家売(女)・家都売	大神宅女・日置部宅津売 五百木部家売・壬生部家都売
宅嗣・宅継女 家継・家継麻呂・家継女	石上朝臣宅嗣・壬生宅継女 上毛野君家継・(奴)家継麻呂・春日朝臣家継女
小宅・小宅女 小家・小家売	蔵部小宅・秦小宅小宅女 丹比小家・壬生小家売
三宅・三宅麻(万)呂・御宅売 ——	山辺真人三宅・穴太三宅万呂・呉原忌寸御宅売
宅持・宅持売 家持	小治田朝臣宅持・池田朝臣宅持売 大伴宿禰家持
宅道 家道・家道女	雲宅道 刑部家道・生江臣家道女
宅虫 家虫・家虫売(女)	海部宅虫 津島朝臣家虫・出庭家虫女
—— 家長	 朝倉公家長

「家」をヤケ(ヤカ)と読んでいる。古代の人名にもっとも精通した三氏にして、なおこのような不統一を避けられなかったのは、一つには長期間にわたる厖大な共同作業のためと推察されるが、より基本的には、問題の複雑さ、その解決の難しさによるものであろう。そして結局最終的には「家」のほとんどをヤケ(ヤカ)と読んでいることは、きわめて示唆的である。もちろん学問に権威主義は禁物で、「家」がどう訓まれていたかは、万葉仮名による表記か、他の文字による異なった表記の(例えば、家の例ではないが藤原宇合と馬養のような)同時代史料が存しない限り、確定できないのである。有名な大伴家持についてすら、イヘモチでなくヤカモチと訓まれていたことを確証する同時代史料を、私はまだ見出すことができない。右の表6によると、宅と家を入れ換えただけの人名が多数存在するが、同一人の人名について、同時代史料のなかで宅と家を混用した例はなさそうである。[29] 麻呂—万呂、売—女のように、同一人について、同時代史料のなかでさかんに混用する文字に比べると、宅と家との書き分けは、むしろ異例ともみられ、宅か家のいずれかを用いるのを慣例としていたと推測される。[30] しかしこのような宅と家との書き分けが、直ちに訓の違いを反映したものかどうかは疑わしい。前節でみたウヂ名の場合には、出自の異なる同名のウヂを漢字によって区別していた可能性もあるので、個人名についても、特定の個人名については、家か宅かのいずれかを特定して用いたと考えることもできる。『風土記』や『和名抄』郷名でも、宅と家との違いは必ずしも訓の違いと結びついていなかった。表6をみると、宅や家を含む人名のほとんどについて、宅と家を入れ換えただけの人名が存在するので、宅と家の書き分けが直ちに訓の違いを反映すると考えることは、かえって不自然ではなかろうか。おそらく宅と家とを入れ換えただけの人名の大部分は、宅・家の用字の違いにかかわらず、どちらもヤケかイヘのいずれかを表示していた可能性が強く、そのいずれであるかは、当時の人々にとっては、社会通念としてほぼ定まっていたと推測される。そして地名やウヂ名の例から類推すると、宅・家の両様に表記されている右表の名前の多くはヤケ(ヤカ)を表記した可能性が強いように思われる。しかしそれはあくまでも推測なので、ここではヤケ（ヤカ）と訓まれていた可能性が強いと推定される人名を中心にして、当時の人達がヤケについてどのような観念を懐いていたかを探ってみたい。

まず注目されるのは、宅主・家主、宅守・家守、宅持・家持、宅嗣・家継という名前である。これらの名前は、ヤカヌシ・ヤカモリ・ヤカモチ・ヤカツグと訓まれていた可能性が強く、ヤケのヌシであり、ヤケをマモリ、ヤケをモチ、そしてヤケをツグという観念が奈良時代には存在していたのではなかろうか。奈良時代にヤケが授受の対象と観念されたことは、『続日本紀』天平元年八月壬午条にのせるいわゆる光明立后の宣命のなかにもあらわれている。

此の位を遅く定めつらくは、刀《ト》比《ヒ》止《ト》麻《マ》爾《ニ》母《モ》己《オノ》我《ガ》夜《ヤ》気《ケ》授留《サヅクル》人《ヒト》乎《ヲ》波《バ》、一日二日と択び、十日二十日と試み定むとしいはば、こきだしきおほき天の下の事をや、たやすく行はむと念ほし坐して、此の六年の内を択び賜ひ試み賜ひて

「刀比止麻爾母」について、本居宣長『続紀歴朝詔詞解』は「こはいと〳〵心得がたき」として種々の試案を出しているが、現在の国語学では「刀比止は「外人」の意と考えられる。内に対する外（ト）はト甲類で書くのが例で「刀」はまさにト甲類の仮名である。麻（マ）は「間」の意と考えられる。つまり「外人間にも」であって、「域外の人の間でも」の意である」（大野晋補注。筑摩書房『本居宣長全集』第七巻五五四頁）と考えて間違いないだろう。[31] 次に、「夜気」を宣長は「安気」（上ゲ）の誤りとするが、このまま夜気（ヤケ＝宅）と解して十分意味が通る（大野晋前掲補注）。即ち「トヒトマニモオノガヤケサヅクルヒトヲバ……」は「地方の人の間でも、自分のヤケを授ける人を、一日二日と択び、十日二十日と試み定めるというとするならば」、皇后の位を定めるのに六年かかったとしても当然である、ということになる。なお宣長は「オノガヤケ」について「己我は、天皇の御自詔給也、そは太上天皇の大命、或は卿等の申すなどにはあらで、己命《オノレミコト》の御心もて、物し給ふよしにて、分てかく詔給ふ也」と説明するが、先述したように宣長は、「夜気」を動詞「安気」の誤りとしたために、「オノガ」の「ガ」を主格を示す格助詞と解さざるをえなくなり、こ

のような解釈に導かれたと推定される。しかし「夜気」を名詞「ヤケ」とそのまま解すれば、「オノガ」の「ガ」は所属を示す連体助詞として何ら不自然なところはない。したがって「オノガ」の「オノ」は天皇ではなく「外人《トヒト》」をさすと解すべきであろう。即ちこの詔は、外人《トヒト》の間でヤケが授受されていたことを前提にしていたのであり、先述したような人名にあらわれたヤケについての観念を、別の面から支証することになる。

とはいえ、イヘヌシ・イヘモリ・イヘモチ・イヘツグという観念が、奈良時代に存在しなかったと断定することも難しい。しかし「イヘ」は、奈良時代には授受や所持の対象とはならなかったように思われるので、「イヘモチ」という観念はおそらく存在しなかったであろう。大伴家持の場合も、「家」でヤケを表記しなくなった中世にヤカモチと訓まれていることは、本来の訓が伝承されたものとみてよいだろう。ただ「イヘをツグ」とか「イヘをマモル」という観念は、あるいは存在したのかも知れない。したがって石上宅嗣はヤカツグと訓まれていたとしても、家継がイヘツグと訓まれた可能性を完全には否定できない。家継がヤカツグと訓まれていたか、イヘツグと訓まれていたかは、奈良時代にイヘをツグという観念が一般的に存在したかどうか、という基本的な問題ともかかわっているのである。

『続日本紀』天平神護二年十月壬寅条には、

復《また》勅く、此寺(法華寺)は朕外祖父、先の太政大臣藤原大臣(不比等)之家に在り。今其家之名乎継天、明かに浄き心を以て、朝廷を助け奉り仕へ奉る右大臣藤原朝臣(永手)をば、左大臣の位授け賜ひ治め賜ふ。

という宣命をのせている。このなかの「其家之名乎継天」の「家」が、イヘと訓まれた確証はないが、「家之名」に相当することを類似した宣命では「氏門」とも表現しているので、「家之名」は実質的にはウヂ名(この場合には藤原)を意味していたのであった。[32] また養老戸婚律立嫡違法条(逸文)の「立嫡違法者、徒一年」という律本文についての疏に「立嫡者、本擬二承家一」とある一句は、唐の律疏に「立嫡者、本擬二承襲一」とあるのを、日本律制定者が意識的に書き替えたものであった。唐律の承襲とは、封爵を承襲することで、唐において本条が問題となるのは、封爵を有する者だけであり、本条は封爵令に違反した場合の罰則規定であった。(33) 日本律制定者が「承襲」の句を書き変えたのは、日本には封爵の制がなかったからである。日本では唐の封爵令を手本として継嗣令をつくったが、大宝令の立法者が、継嗣の主たる目的を蔭位の形式による位階の承継においていたことは、石井良助が詳しく論証したところである。(34) さきの日本律疏の「承家」の「家」は、蔭位の継承の場合には、ヤケではなくておそらくイヘと観念されたであろうが、継嗣令継嗣条の『令集解』の注釈は、承家＝立嫡を「宅」(ヤケ)の継承の問題として議論している。(35) 継嗣は財産の相続とも関連し、戸令応分条によれば、嫡子は特別の相続分を保証されているからである。『令集解』の同条の古記一云は、嫡子が死亡したとき、その子は嫡子であった父の相続分を得ることができるかどうか、という問題に関連して、「祖父死、即嫡子之子得レ承レ家」と注しているが、この場合にも同条の穴記は、古記一云の「承家」にあたる事柄を「承門」と表現している。

「家」という語が限定された特定の意味で用いられるのは、三節でも言及したように、家令職員令に規定された三位以上の貴族の家である。もちろんこの「家」は位階を得た結果公的に認められるもので、独自に継承されることは制度上あり得ないが、三位以上の子孫は蔭位の制によって有利な立場におかれているので、藤原氏のように政権を掌握した場合には、その政治的地位の継承が家の継承として観念される可能性があった。事実院政期にまで降ればそのような思想は明確にあらわれてくる。例えば『今昔物語集』巻二十二には、「淡海公ヲ継ゲル四ノ家ノ語《コト》」と題して、いわゆる藤氏四家(北家・南家・式家・京家)の起源を語り、次に「房前ノ大臣、北家ヲ始メタル語《コト》」と題して、

淡海公ノ御子四人御《オハシ》ケル中ニ、此ノ大臣家ヲ継テ、此レヲ北家ノ初ト申ス。(中略)此ノ大臣ノ御子ニハ大納言真楯ト申ス人ナム御《オハシ》ケル。其ノ大納言ハ年若《ワカク》シテ、大臣ニモ不至給《イタリタマハ》デ失給《ウセ》ニケレバ、其ノ御子ニ内麿ト申ケル人ナ

ム大臣マデ至テ、其ノ家ヲ継テ御マシケルトナム語リ伝ヘタルトヤ。

というように、北家の創始と継承を、大臣という政治的地位を媒介として説明している。この『今昔物語』の「北家ヲ始メ」とか「家ヲ継」という観念がそのまま奈良時代にまで遡りうるかどうか、私にはまだよく解らない。不比等の四子である武智麻呂・房前・宇合・麻呂の四人は、祖父鎌足の蔭位によって、武智麻呂は一位の嫡孫の正六位上、房前以下は一位の庶孫の正六位下に初叙されている。(36) 従って律令にいう「承家」の人は、房前ではなく武智麻呂であった。また奈良時代には先述したように、公的な「家」は三位以上の位階にともなうもので(不比等の四子はいずれも三位以上にのぼっている)、大臣の地位とは直接には関係しない。『今昔物語』の家の継承の観念には、奈良時代にはない後世的な要素が濃厚にみられ、大隅和雄が『愚管抄』のなかに見出した「家ヲヲコシ」「家ヲ継ギ」「家ヲ伝ヘ」という観念ときわめて近似していることが注目される。(37) 大隅によれば、『愚管抄』において「家ヲ伝ヘ」とは、摂籙の家の家督を伝える意味で書かれているが、このような観念は、先の『今昔物語』にいう、真楯は大臣にならなかったので、その子の内麿が大臣となって其の家を継いだという観念と類似している。『愚管抄』にみられる「家ヲ継ギ」「伝ヘ」「ヲコス」ということばは、次の時代にあらわれる家督を予想しているように思われるのである。そして、家をつぐ人は家嫡とよばれるわけで、「摂籙ノ家嫡ブルマイ」という表現が見出されるのである。(中略)家をつぎ、伝へ、おこすということが、慈円の時代の貴族にとって、極めて重い意味をもっていたことが想像されるが、その裏付けに「家領」が成立していたことはいうまでもない」(大隅注37論文)。そして大隅は、このような中世的な家の形成は、古代から中世にかけての婚姻制度や相続制度の大きな変動を背景にしていたと想定しているのである。

家の観念が古代から中世への転換期に変化したことは、人名の面からも推測される。本節のはじめに、奈良時代には人名の世代表示はなく、排行表示も少ないということをのべた。世代表示と排行表示のうち、後者は九世紀になると嵯峨天皇の皇子兄弟が「良」字を共有したころから明確な制度としてはじまるが、世代表示は十一世紀の藤原氏に始まった。[38]すなわち、

頼通——師実——師通——忠実——忠通——基実——基通——家実
公実——実行——公教——実房——公房——実親——公親——実重

というように、祖父と孫は一字を同じくし、一代おきにつながるという世代表示を行っている。このような一見中国の昭穆制度に近似した世代表示がどのような背景のもとに成立してきたのか、私にはよく解らないが、[39]世代表示のない段階から次の中世武家社会の父子が一字を共通する世代表示(いわゆる通字)に至る中間の形態として注目される。武家社会の通字は『尊卑分脈』によれば、北条氏の「時」は時政の三代前の「時直」(「或本無シ」の注記あり)または二代前の「時家」から始まっており、三浦氏の「義」は義澄の二代前の「義次」から始まっているので、ほぼ院政期に始まったと推定される。このような世代表示が奈良時代以前になかったことについて、阿部武彦は「このことは古代に於て家の継承観念が薄かったとはいえないまでも、父子相承という思想に於て中世的家族感情とはよほど異なっていたといわれ得るであろう[40]」と慎重に発言している。問題はその違いを明らかにすることにあるが、奈良時代もまた一つの過渡期であった。

いまウヂと家との関係に注目すると、天智八(六六九)年に中臣鎌足に賜わった藤原の姓は、鎌足を中心とした四等親の関係(従父兄弟の子)にあたる意美麿や大嶋にも継承されたが、それから九〇年ほど経った天平宝字二(七五八)年に藤原仲麻呂が藤原恵美の姓に改姓したとき、藤原恵美を称したのは彼とその子供たちだけだった。[41]それは藤原仲麻呂の「家」を単位とした改姓ともみられるのである。このような藤原氏の「家」のあり方は、不比等の四子がそろって三位以上にのぼり、太政官の議政官として並立したこととも、深いかかわりがあったと想定される。一氏から大夫

(議政官)を一人しか出さないという旧来の慣行は、家令職員令に規定された公的な「家」が三位以上＝大夫層の家であったことを考えると、実質的には有力なウヂに一つずつ公的な「家」を認めることでもあった。先述したように「家の名」を継ぐことが、実質的にはウヂ名を継承することであったのも、このような「家」の観念と共通する点がある。しかし不比等の四子が藤原氏だけで四つの公的な「家」をもったとき、ウヂと家との関係は新しい段階に入った。したがって『愚管抄』的な「家」の観念の萌芽は、天平時代にすでに生れていたのかも知れない。しかし天平時代の藤原氏の「家」は、まだ明確な「家領」を形成していない。

　天平時代の藤原氏にとって、もっとも大きな財源となったのは、位階や官職に伴なう「食封」と、鎌足・不比等の功績に対する「功封」であったと推定されるが、いずれも朝廷から支給される封禄であった。前者は朝廷における政治的地位の継承と密接に関連しており、後者は家々に分割されずにウヂの収入として運用されていた可能性が強い[42]。しかし天平九(七三七)年に房前が死亡したとき、「賜二食封二千戸於其家一、限以二廿年一」(『続日本紀』天平九年十月丁未条)とされた食封は、房前の家(いわゆる北家)に給せられたものと考えられる。また奈良時代の明法家の間には、「累世相継富家」においては「祖父の時より承継せる宅・家人・奴婢」と「已が身の時の物」とを区別し、前者については勝手な処分を制限しようとする考え方が芽生えつつあった(『令集解』戸令応分条、古記所引一云)。ただ祖父の時より承継したものが「宅・家人・奴婢」と表現され、まだ田を含まないことが注目される。この明法家の注釈が天平十五年の墾田永年私財法制定以前のものと推定されることを考えると、田を含まないのは当然ともいえるが、永年私財法施行後であっても奈良時代にはまだ墾田は相続財産のなかで大きな比重を占めず、むしろ相続の対象として重要視されたのは「ヤケ」であったと推測される。したがって「ヤケを持ち」「ヤケを守り」「ヤケを継ぐ」という観念は奈良時代にははっきりと成立していたと考えられる。「トノツグ」(例、高麗朝臣殿嗣)のトノ(殿)が施設そのものをさしたと推定されることも、「ヤカツグ」という観念の存在を傍証するであろう。これに対して「イヘ」はまだ土地・建物そのものをさす語としては成熟しておらず、人間の集団(いわゆる家族)またはその「すまい」をさす語であったと推定される。「イヘ」が人の住む土地・建物の一画をさすことはあっても、人と切り離された土地・建物そのものをさすことは、ほとんどなかったであろう。したがって「イヘ」を所持の客体とする「イヘを持つ」(イヘモチ)という観念が成立していた可能性は薄いのではなかろうか。ただし「イヘ」は人間の集団そのものをさす語でもあったので、貴族・豪族層においては、政治的地位の継承が「イヘを継ぐ」と観念されていた可能性は存したであろう(Ⅲ章六節参照)。人名の「家継」がヤカツグを表記したのか、イヘツグを表記したのかは、その問題とも深くかかわっているが、残念ながら確定できないので、今後の課題としたい。

五　オホヤケ考

ヤケを含む語のなかで、日本思想史上、重要な意味をもったのは、「オホヤケ」である。オホヤケという語は、現在では「公私」の「公」の訓としてほぼ定着しているが、本来的には「オホ-ヤケ」すなわち「大きなヤケ」と推測される。国語辞書は一般に「大きな建築物」を原義と説明するが(例、『日本国語大辞典』小学館)、それはヤケとヤとの区別(一節参照)を無視している点からみて正確ではない。本来「大きなヤケ」を意味したオホヤケは、「官」や「国家」や「公」の訓としても用いられ、さらに平安時代には天皇をさす用法もあった。この節では原義である「オホ-ヤケ」の意味を、「ミ-ヤケ」や「ヲ-ヤケ」との比較を通じて検討してみたい。

三節で考察したように、地名の大宅・大家は、少宅と並列される相対的な存在であった。またウヂ名においても、大宅・大家は、小宅・小家と並ぶ存在であった。そこには「大きなヤケ」という原義が生きていたのである。次にオホヤケとミヤケとを比較してみると、まず注目されるのは『新撰姓氏録』に記す氏族の出自の伝承である。三節の表3・表4にあきらかなように、大宅・大家氏は皇別と神別であるのに対して、三宅氏のほとんどは諸蕃である。『姓氏録』は七～八世紀に活躍する大和国添上郡の大宅臣―大宅朝臣を載せていないが、同氏を含めて大宅・大家氏の中心となったのは地名をウヂ名とする臣系豪族であったと推定される。和泉国皇別の大家臣についての「謚天智庚午年、依レ居二大家一、負二大宅臣姓一」というウヂ名起源説話も、本来は地名によってつけられたウヂ名の起源を若干潤色した説話であろう。これに対して三宅氏のほとんどは三宅の管掌という職名をウヂ名とする連系の小豪族であったと推定される。もちろん大宅・大家氏のなかでも、大宅首・大家首のウヂ名は職掌に由来するものかも知れず、また『姓氏録』以外の実例によると、大宅氏にも連姓のものがあり、三宅氏にも臣姓のものがあって一律にはいかない。しかし全体の傾向としては、オホヤケ氏は臣系豪族的な性格が強く、ミヤケ氏は連系豪族的な性格が強い。

次にオホヤケ・ヲヤケ・ミヤケを含む可能性の強い人名を『日本古代人名辞典』によって調べると表7のようになる。まず大宅・大家は人名の場合に

表II-7　オホヤケ・ヲヤケ・ミヤケを含む可能性の強い人名

県主族	大家	穴太部	大宅
国造族	大家	木　部	太宅
肥君	大家	紀朝臣	大宅
六人部	大家	委　文	大宅
		秦忌寸	大宅
		船	大宅
		横田臣	大宅
出雲臣	大家売	犬　養	大宅売
		秦小宅	大宅女
			大宅女
丹比	小家	蔵　部	小宅
		秦	(小宅)
壬生	小家売	子部宿禰	小宅女
		秦小宅	小宅女
		山辺真人(＝三宅王)	三宅
		穴　太	三宅万呂
		多治比真人	三宅麻呂
		長谷部公	三宅麻呂
		山	三宅麻呂
		呉原忌寸	御宅売

も小宅・小家と並ぶ相対的な名前であり、例えば秦小宅大宅女と秦小宅小宅女とは一歳違いの姉妹であった（天平五年右京計帳）。ところが大宅と三宅を対比すると、そこには著しい相違がある。まず量的に大宅に比べて三宅が少ないことが注目されるが、「三宅麻（万）呂」のような複合語でなく、単独に「三宅」という人名は、山辺真人の姓を賜わった三宅王だけである。しかも三宅王の三宅は、おそらくウヂ名に由来するものであろうから、一般の人名とは少し性格を異にする。このように大宅に比べると三宅は限定されている。逆にいえば大宅は三宅よりも一般的な言葉であったと推測されるのである。

オホヤケの語がミヤケに比べて一般的であることは「オホ」と「ミ」という二つの接頭語の性格からも傍証される。例えば『岩波古語辞典』は「オホ」については《数・量・質の大きく、すぐれていること》と説明し、「ミ」については《ミ（霊）と同根。古くは、神・天皇・宮廷のものを表わす語》と説明する。具体例をみても、例えばオホキミについて西郷信綱は「キミとオホキミは、石に対する大石、島に対する大島、海に対する大海と同じで、その間に質の上でさしたる差はないとみていい。オホキミは大いなるキミであるにすぎぬ。（中略）令制において、皇兄弟・姉妹及び皇子・皇女を親王（ミコ）と称し、それ以外の皇胤五世までを王（オホキミ）と称するようになるのも、オホキミという語の通用範囲が以前から相当幅を持っていたことを暗示する」[43]という。因みに『万葉集』で神とたたえられるのは皇子（ミコ）までであった。

「オホ」と「ミ」とがはっきり対応するのはオホニヘ（大贄）とミニヘ（御贄）である。ニヘの実例を木簡についてみると、平城宮木簡には大贄と御贄との両方があるが、その区別の基準ははっきりしない。なかには「大御贄」と書いた木簡もあるので、むしろ混用されていたと解した方がよいかとも思われる。しかし藤原宮木簡には大贄（または贄）だけで御贄の例はみえない。『古事記』中巻にも「於レ是大雀命与二宇遅能和紀郎子一二柱、各譲二天下一之間、海人貢二大贄」とあり、『続日本紀』文武二年九月条には麻績連大贄の名もみえる。ところが『延喜式』になると、ニヘはすべて御贄と書かれており、内膳司に収納される供御分も、大膳職に収納される雑給料分も、いずれも御贄と表記されている。(44) このようにニヘの場合には、ニヘに対するオホニヘが古い用法であり、ミニヘの語は後から用いられた可能性が強いと推定される。次にクラの場合には、クラのなかの大きなものがオホクラであって、各地に大倉郷・大蔵郷という郷名や、大椋神社・巨椋神社・大倉神社という神社名が分布していたことからも、オホクラは朝廷の大蔵に限定されなかったと推測される(石上英一氏の示唆による)。

このような「オホ」という接頭語の用法を念頭において、もう一度オホヤケについて整理してみると、地名においても、ウヂ名においても、個人名においても、オホヤケはヲヤケに対する相対的な存在であり、ミヤケよりもはるかに一般的な存在であった。とくに氏姓において、大宅氏は臣系の豪族としての性格が強かったことに注目しておきたい。武烈即位前紀に「物多《さは》に於裒野該《おほやけ》過ぎ」と歌われたオホヤケは、大和国添上郡の大宅であり、まさに大宅臣の本拠地であった。また宗我石川宿禰の名称の由来について、『三代実録』元慶元年十二月廿七日条に、

始祖大臣武内宿禰男宗我石川生二於河内国石川別業一、故以二石川一為レ名。賜二宗我大家一為レ居、因賜二姓宗我宿禰一。

とある大家は、賜与の対象となっていることからも(四節参照)、オホヤケと訓まれていた可能性が強い。すなわち宗我のオホヤケを居としていたことから、宗我の姓を賜わったと伝えるのである。この伝承をそのまま史実と考えるわけにはいかないが、(45) やはり臣系の大豪族である蘇我氏の居をオホヤケと観念していたことは注目される。

従来一般には大宅・大家は三宅と同様に朝廷の設けたヤケで、ミヤケはオホヤケとも呼ばれていたと考えられてきた。(46) またオホヤケ郷を郡家の所在地に比定する場合も多かった。(47) しかしオホヤケと、ミヤケや郡家との関係はなお検討の余地があるように思われる。そこでまず最初にミヤケと郡家との関係についてみておきたい。ミヤケという語は

一般には大化前代のミヤケを指していう場合が多いが、奈良時代の東大寺の北陸庄園の絵図の庄所が、「三宅」とか「三宅所」とか記されているように、奈良時代にも生きている言葉であった(48)。また『日本書紀』天武十四年十一月条の古訓では「郡家」を「コホリノミヤケ」と訓んでいるが(49)、皇太神宮儀式帳に、

難波朝廷天下立レ評給時仁以二十郷一分弖度会乃山田原立二屯倉一弖新家連阿久多督領、礒連牟良助督仕奉支。以二十郷一分、竹村立二屯倉一、麻績連広背督領、礒部真夜手助督仕奉支。

とあるのは、伊勢国の度会評・多気評を新設したことを示し、評(のちの郡)を設けることはコホリノミヤケ(評家＝郡家)を立てることにほかならなかった(50)。このように郡家も広義のミヤケであり、ヤケの一種であった。因みに郡家の下の里家(郷家)も、ヤケと観念されていた可能性が強い。平城宮址で宮造営以前の層位から出土した墨書土器に「五十戸家」とあるのは「五十戸(サト)の家(ヤケ)」の意と推定され、里長が政務をとっていた家(ヤケ)で使用されていた土器が、平城宮造営にともなって廃棄されたものではないかと推測されている(奈良国立文化財研究所『平城宮木簡 二』解説六一頁)。「コホリノミヤケ」のほかに「サトノヤケ」が存在していたことは、ヤケが種々のレヴェルで重層していた具体例としても注目される。

さて本題のオホヤケに戻ると、オホヤケと郡家との関連が想定される例としては紀伊国名草郡大宅郷がある。薗田香融は、欽明十七年におかれた海部屯倉が発展してのちの名草郡家となり、その所在地が大宅郷と名づけられたと推定している(51)。このように郡家が大宅郷にあったと推定される例もあるが、郡家が大家郷にはなかったと推定される例もある。『和名抄』によれば、武蔵国入間郡には大家郷とは別に郡家郷が存在していた可能性が強い(52)。

オホヤケと大化前代の(狭義の)ミヤケとの関連が想定される例としては、前述の紀伊国の海部屯倉のほか、安閑紀に「置二……婀娜国胆殖《いにゑ》屯倉・胆年部《いとしべ》屯倉一」とある屯倉と、備後国安那郡大家郷・深津郡(養老五年以前は安那郡)大

宅郷との関連があげられるが、『日本書紀』等にみえる屯倉と大宅・大家郷とを直接に結びつけることができる史料はほとんどない。

　このようにオホヤケにはミヤケや郡家との関連が想定される場合もあったし、ミヤケや郡家との関連が想定されない場合もあった。ミヤケや郡家と地方豪族との関係を考えれば、それは当然のことであろう。そもそもオホヤケとはヲヤケに対する相対的な語であったから、ミヤケとは元来別の次元に属する語であった。そして先述したように、ミヤケが朝廷と結びついていたのに対して、オホヤケはどちらかといえば一般的・在地豪族的な性格を持つ語であった。このようなオホヤケの性格を、もっとも純粋な仮説として提示したのが溝口雄三である。[53]すなわち溝口は、これまでの辞典等のオホヤケの説明を、㈠『播磨国風土記』の大家里の説話（本章三節に引用）からその原義を宮殿とする説、㈡武烈即位前紀の「ものさはに　オホヤケ過ぎ」の例から官の倉庫とみなし、それが平安期の朝廷《おほやけ》・天皇《おほやけ》に直結すると考える説、の二つに整理し、㈠説では『肥前国風土記』の松浦郡大家嶋についての「白水郎《あま》等、就二於此嶋一、造レ宅居之、因曰二大家郷一」という説話や、『和名抄』にみえる薩摩・下野・武蔵・越後などのいわば辺国に点在する大宅（大家）の地名の由来が説明しにくい上、『日本書紀』の中の宮殿を示す漢語が、現在の古訓ではすべてオホミヤ・キミミヤ・ミカドなどで、オホヤケは皆無であることが説明しにくい。また㈡説では、もしオホヤケが官の倉庫に由来するとすれば、屯倉制の名残りとして各地に生々しく残っていたミヤケがなぜ「公」の訓とされなかったかがうまく説明できない、というように従来の説を的確に批判し消去した上で、オホヤケは「地方豪族の建物であるとともにやがてその建物の機能をも含む言葉であった。つまり大宅は機能としてはその地域の共同体（のカ）・構成員が帰依する中心であり、その意味でそれは権力の中枢であるが、しかしそこに朝貢・租税などの形で集中された財物は、時に軍事・祭事また土木事業などにもあてられたであろうから、大ざっぱな意味でそれは地域共同のものでもあった[54]」という斬新な仮説を提起している。溝口がヤケを建物と解したらしい点は若干修正を要し、またオホヤケを地方豪族のものとした点は、オホヤケの原義についての仮説であって奈良時代にはそのように限定できないと思うが、溝口のオホヤケ説が本章で検証してきたオホヤケの性格と基本的に一致することはいうまでもない。溝口はオホヤケの原義を右のように想定した上で、日本の土着思想の構造的特質を「オホヤケ構造」として鋭く分析する。いまその内容について詳しく言及する余裕も能力もないが、地域共同体的なイメージを残影させたままのオホヤケ(大宅)が、国家的なオホヤケ(公)として天皇ヒエラルヒイの場の内に拡大され、この「公《オホヤケ》」が中世以後の権力ヒエラルヒイにも柔軟に相応し、権力ヒエラルヒイの場の内に共同体構造が包摂された、と説く。

　在地首長のオホヤケが共同体的機能をもっていたことは、共同体の共同性が民会によってではなく、首長によって代表されるという、日本古代の共同体のあり方と深くかかわっており、日本における未開から文明への展開の歴史的[55]特質に淵源するものと考えられる。奈良時代には口分田が公田とされ(I章参照)、民要地が公地と観念された[56]が、この公田・公地の「公」の観念も、日本の「公《オホヤケ》」の共同体的な性格の一つの現れであろう。

　またオホヤケは本来ヲヤケに対する相対的な語であるから、様々なレヴェルに存在しえた。平安時代に天皇(や皇后)がオホヤケと呼ばれたのは、主として宮廷文学の世界においてであるから、天皇より下の階層におけるオホヤケが存在していた可能性は否定できない。古代には在地首長的なオホヤケと重層して様々なレヴェルでのオホヤケが存在しえたと想定されるのであり、中世社会や近世社会における「公」の重層的な存在[57]は、基本的には古代社会の構造に淵源するものと考えられるのである。しかしこのようなオホヤケの重層的構造も、超歴史的に日本固有のものとして存在したのではなく、日本の古代国家の形成のされ方と深くかかわりつつ、歴史的に形成されてきたものと想定される。

　中国でも古くは公・公宮は共同作業場・共同集会所を意味し、公田の意も本来は共同耕作田であったとする説がある。[58]その当否を判断する能力は私にはないが、少なくとも唐律令的な公の観念は、戦国時代以降、秦漢帝国の形成にともなう皇帝支配の成立によって確立した観念ではないかと憶測される。中国よりもはるかに遅れた段階にあった日本の支配者層が、国際的動乱に対処するために、中国の先進的な統治理念や法を摂取して形成した早熟的な古代国家は、当然古い社会体制を残存し、それを基礎にして成立した。そのような古代国家を、井上光貞は「律令制」と「氏族制」とによる二元的国家とし、石母田正は「国家対公民」と「在地首長層対人民」との二重の生産関係の上に立つ国家とみる。そして両者とも、氏族制ないし在地首長制的側面を制度的に代表するのは郡司層であったとみるので、本稿の視点からみれば郡司層レヴェルでのオホヤケを温存したままで、国家レヴェルでのオホヤケを形成したとみることもできる。平安時代に朝廷や天皇がミヤケでなくオホヤケとよばれたのは、在地のオホヤケを包摂した律令国家のオホヤケが、その歴史的前提として存在していたからと考えられる。平安時代に在地のオホヤケが史料上から姿を消すのは、単に史料の残存形態によるものではなく、在地首長のヤケを核とした何らかの共同体の解体ないし変質と、あるいは関係があるかも知れない。しかし前述したように、日本の社会の重層的構造は中世〜近世社会にも様々な形で再生産されていったと推測される。

六　ヤケの景観と機能

オホヤケもヤケの一態様であったが、本節ではヤケそのものの性格を——その景観や機能を中心に——明らかにしたい。

『日本書紀』天智三年二月条の「其大氏之氏上賜二大刀一、……亦定二其民部・家部一」の「家部」は、『日本書紀』の

古訓では「ヤカベ」と訓まれていたらしい。民部・家部については諸説が対立しているが、少なくとも家部が豪族に属する人々をさしたことはほぼ通説となっている。そして家部がヤカ(ヤケ)のベであったことは、ヤケが単なる施設ではなく、何らかの機能をもつ機関・経営体であったことを推測させる。ヤカベに関する史料を拾うと、(イ)吉備上道采女大海が韓奴六口を大伴室屋に贈り、それが吉備上道蚊嶋田邑の「家人部」の起源であると伝える(『日本書紀』雄略九年五月条)。(ロ)吉備の豪族和気氏の配下にあった美作・備前二国の「家部」の氏人が石野連の姓を賜わった(『続日本紀』神護景雲三年六月癸亥条)。(ハ)美作・備前以外にも、丹波・丹後・備中・豊前・肥後・(対馬ヵ)に「家部」姓(姓は部をふくむ広義の姓)がみえ、また出雲国(及び本貫未詳)には「宅部」姓があった(『日本古代人名辞典』)。(ニ)周防国吉敷郡には「益必」(ヤケヒト)郷があったが(三節参照)、ヤケヒトが集住していた地であろうか。これらのヤカベ・ヤケヒトの個々の実態についてはよくわからないが、いずれも何らかの形でヤケに属する人々(またはその子孫)であったと推測される。そしてヤカベ・ヤケヒトとの関連で問題となるのがヤツコである。

ヤツコの「コ」はアゴ(網子)・カコ(水手)・フナコ(船子)・タゴ(田子)などの「コ」と同じく、何らかの仕事に従事する人の意であり、ヤツコとは本来、ヤの仕事に従事する人の意であったと想定される。[59] そしてこの「ヤ」は建造物だけでなく、それに附属する機能をも含めた語であったろう。ヤツコの「ヤ」が本来建造物を意味するもっとも基本的な日本語であるのに対して、ヤカベ・ヤケヒトの「ヤケ・ヤカ」は、「ヤ」と場所を意味する「カ」との複合語と想定されている(一節参照)。したがって一音節語である「ヤ」の方が日本語としては本来的なものであり、ヤツコという語も、ヤカベやヤケヒトより、はるかに基本的な語であったと想定される。中世にはヤカベ・ヤケヒトの語は消えるが、ヤツコは近世まで生きつづける。ヤカベ・ヤケヒトの語幹であるヤケ(ヤカ)という語も——後述するように——中世以後にはほとんど消滅する。

「ヤ」の方が「ヤケ(ヤカ)」よりも古い語であり、ヤケ(ヤカ)は古代のある段階から一般化した語であろうという憶測は、人名の面からもおぼろげながら傍証される。『日本古代人名辞典』に収録する個人名のうち、「屋」を含む人名は「宅」または「家」を含む人名の半分ほどと推定される。また『続日本紀』にでてくる人名に限定すると、その差はさらにひろがり、「屋」を含む人名は「宅」または「家」を含む人名の数分の一となる。ところが『日本書紀』の人名に限ると、例数が少ないので数量的な比較はあまり意味がないが、「屋」を含む人名が「宅」または「家」を含む人名とほぼ同じ程度であることが注目される。例えば大伴連室屋、大伴連杜屋、物部連守屋、吉備下道臣前津屋、豊御食炊屋姫尊などで、厩戸皇子も「屋」字こそ含まないが「ウマヤ」を名としている[60]。その他実在したかどうかは別として、三炊屋媛(亦名鳥見屋媛)、屋主忍男武雄心命などもある。これに対して「宅」または「家」を含む人名は、宮主宅媛(応神二年紀)、宅媛(安閑元年紀)、宅部皇子(崇峻即位前紀)、宅子娘(天智七年紀)、高田首新家(天武即位前紀)、武家王(天武即位前紀)などであるが、古い方は宅媛・宅子娘など女性名が多いことが注目される。このうち宮主宅媛(ただし『古事記』では宮主矢河枝比売)は、和珥臣の祖、日触使主の女で応神天皇の妃と伝える。『古事記』の説話では、天皇が山背国木幡村の道で娘に会い、翌日娘の家を訪れることを告げたので、「其の家を厳飾《よそほひかざ》りて」天皇を迎えたと伝えている。次に宅媛は物部木蓮子大連の女で安閑天皇妃となったが、子がないために難波屯倉と郡毎の钁丁を子代として給わったと記されている。これらの伝承と史実との関係はここでは問わないが、前者は大和から山背にかけて大きな勢力をもっていたワニ氏の女であり、後者は河内・摂津に大きな勢力をもっていた物部氏の女であることに注目したい。ワニ氏の一族には大宅氏もあり、また物部氏が河内や摂津にいくつかの宅をもっていたことは『日本書紀』用明二年四月条・崇峻即位前紀七月条や『四天王寺御手印縁起』などで著名である。これらの女が宅媛(ヤカヒメ)と呼ばれたのは、ヤケが当時の人々から特別な目でみられていたことを前提としていたのではなかろうか。憶測をたくましくすれば、「殿の《との》若子《わくご》」と同じような感覚で「宅媛《ヤカヒメ》」と呼ばれた可能性も想定される。「殿」は尊称であると同時に、また建築施設としての具体的なイメージをともなっていたと想定されるのである。(61) なお宅媛と関連して注目されるのは家刀自・宅刀自という名前である。たしかに興福寺本『日本霊異記』には「家室」を「伊戸乃止之」と訓注しているので、奈良時代にも「イヘトジ」という語が存在し得たと思われるが、大宝二年の美濃国戸籍の半布里の故地から出土した八世紀前後の墨書土器には「里刀自」とあるので、「サト」の「トジ」も存在したことが知られる。「トジ」は「イヘ」に限らなかったのである。したがって、さきの家刀自・宅刀自も、「ヤカトジ」であった可能性は十分存在したと考えられる。

ヤケは一般にヤを含む一区画をさす語と考えられるが、庶民の住居が一般的にヤケと呼ばれていたとすれば、播磨国印南郡の益気(ヤケ)里という里名も、存在しえたかどうか疑わしい。ヤケの里という固有名詞が成立すること自体、ヤケが当時の人々にとって注目すべき存在であったことを暗示していないだろうか。ヤケはヤを含む一区画に違いないが、古くは相当大きな規模をもっていた可能性もある。例えば『日本書紀』(雄略即位前紀)に、葛城円大臣が「伏願大王奉三献臣女韓媛与二葛城宅七区一請二以贖一レ罪」と申上した「葛城宅七区」を、『古事記』(安康天皇)の該当箇所には「五処之屯宅」と記し、その本注に「所謂五村屯宅者、今葛城之五村苑人也」と説明している。七と五の数の違いはあるが、『日本書紀』が「宅七区」と表記するところを『古事記』は「五村屯宅」と表記している。『古事記』は『日本書紀』の「屯倉」にあたる部分を「屯家」と表記する例があるので、(62) この屯宅もミヤケをさすと推測されるが、宅《ヤケ》の一区が一村とも表記されうることは、「宅」がこの場合には一つの小塊村全体をさした呼称ではなかったかと想像される。もちろんこのような事例を一般化することはためらわれるが、周囲に垣(カキ)をめぐらし、門(カド)をもった一つの独立した区画を形成していれば、そのなかに多くの建物を含んだ広い区画であってもヤケと呼ばれた可能性があるのではなかろうか。宅媛とか宅子娘という呼称は、このようなヤケの景観を仮定すると理解しやすい。人々がヤケの景観としてまずイメージに浮べたのは、おそらくまわりを囲むカキ(垣)であり、また立派なカド(門)であったろう。[63] ヤとクラとからなるが、屯倉という表記からも伺われるように本来クラを主体としたミヤケが、なぜミクラでなくミヤケと呼ばれたか、という問題も、ヤケの独立的な景観を想定すると解決されそうである。もちろんヤケの規模は時代が降るにつれて多様化したと想像されるが、ヤケという観念が発生してくるのは、大規模なヤケからではなかったろうか。天武十四年十一月の詔には「大角・小角・鼓・吹・幡旗、及び弩・抛の類は、私の家(ヤケ)に存くべからず。咸に郡家(コホリノミヤケ)に収めよ」(『日本書紀』[64])とあるが、部隊の指揮に用いた大角などや、部隊装備の武器である弩・抛を備えていたのは、庶民のイへではなく豪族のヤケであったと想定される。

官司の呼称として省家・職家・寮家・司家など「―家」という語が沢山用いられたのも、おそらくその背後にヤケの観念が存在していたのであろう。郡家・里家(五節参照)も同じ類型に属するものと考えられる。このような官司をさす「―家」という用法は、中国にはどうもみあたらないようである。[65]

これらの「―家」は官司の施設と同時に官司の主体をさす語であったが、「家」をいわゆる家族集団(擬制を含む)と切り離して何らかの機能をもった施設・機関の意に用いるのは、日本語のヤケの観念との深いかかわりが想定される。寺家の「家」も、イへではなくヤケの観念に近かったろう。そしてそのようなヤケの観念の拡大した一つの極限的な形態が、朝鮮半島に置かれた「官家」「弥移居」であった。

『日本書紀』におけるミヤケの表記法は、「官家」「弥移居」「屯倉」の三種類に統一されているが、彌永貞三によれば、この三種類の表記はそれぞれ一定の意味・内容をもったものとして書き分けられていた。[66] すなわち「官家」は主として朝鮮半島に置かれたものであり、「弥移居」はその朝鮮半島における表記法であり、国内のミヤケは主として

「屯倉」と表記された。そして「官家」「弥移居」と表記された朝鮮半島のミヤケは、いわゆる任那日本府をさす場合から、朝廷の従属国とされた百済をさす場合、さらには朝廷の藩屏の国として新羅や高句麗をも含めてさす場合まであった。ミヤケは政治的な領域を意味する語にまで拡大して用いられたのである。彌永貞三はミヤケの用例を、㈠倉庫ないし建造物を主体とする施設、㈡土地・耕作者を含む経済体、㈢朝鮮半島の官家のような統治体、の三つに整理し、㈠・㈡・㈢を、ほぼミヤケの語義の拡大してゆく過程と推定した(67)。ミヤケの語義がこのように拡大していくのは、ミヤケが朝廷ないし天皇に属するヤケであったことが大きな要因であったと考えられるが、単なる施設ではなく様々な機能を含めた観念であることは、ミヤケに限らず、ヤケ一般の性格であった。

　このようにヤケは単なる施設ではなく、様々な機能を含めた観念であった。ヤケ(ミヤケ)が軍事や交通とも深いかかわりがあったことは周知の事実であるが、ヤケのもっとも重要な機能が農業経営の拠点にあったことも動かし難いところであろう。先述したように物部氏は河内・摂津にいくつかのヤケをもっていた。河内国渋川郡には阿都家や渋河家があり、摂津には難波宅があったが、阿都家は別業(ナリトコロ)とも呼ばれていた。そして物部守屋大連が滅びると、「大連の奴の半と宅とを分けて、大寺(四天王寺)の奴と田庄(タトコロ)となす」と記されている(『日本書紀』用明二年四月条、崇峻即位前紀七月条)。阿都家が別業(ナリトコロ)といわれたのは、おそらく守屋の本拠とするイヘは別の所にあったからと推定される(あるいは渋河家か)。また没収された守屋の宅(『四天王寺御手印縁起』では「居宅参箇所」)が四天王寺の田庄(タトコロ)とされたのは、これらの宅が農業経営の拠点であったことを示している。このように、ヤケはナリトコロ・タトコロとも観念されたが、その面から注目されるのが「宅神祭」すなわち「ヤカツカミノ祭」(『貴嶺問答』および宮内庁書陵部蔵藤波本神祇令の傍訓による)である。神祇令季夏条の義解は月次祭について「謂。於二神祇官一祭。与二祈年祭一同。即如二庶人宅神祭一也」と説明する。月次祭は六月と十二月に行われ、宮中及び京・畿内諸国の大社の神々に官幣を奠り、夜から翌朝にかけて神今食を行う。神今食は天皇が内裏で神饌を奉り、みずからも食する行事であり、旧穀を用いる点が新嘗祭と異なるが、行事そのものは新嘗祭と類似する点が注目される（『日本思想大系 律令』神祇令補注5a）。また月次祭は祈年祭よりも本来的な祭りであったと推定されている。[68] このように月次祭はあきらかに農耕儀礼の一種であり、この月次祭が「庶人の宅神祭の如し」といわれているのは、庶人の宅神祭も農耕儀礼の一種にほかならなかったことを示している。これまで宅神祭は後世の屋敷神の源流として位置づけられ、祖霊信仰の側面が重視されてきた。たしかに古代においても穀霊と祖霊との深いかかわりが想定されるが、[69] 宅神祭の中核はあくまでも農耕儀礼にあったと考えられる。[70] 平安時代には宅神祭は四月と十一月に行われており、例えば『小右記』の長元元年十一月条によると、十一月十三日、中の卯の日に朝廷で新嘗祭が行われており、次の卯の日にあたる廿五日の夜に藤原実資は宅神祭を行っている。朝廷の月次祭が新嘗祭に近似していたように、宅神祭も新嘗祭に近似していた可能性がある。ただ個々の農民の住居は一般にはヤケとは観念されていなかったらしいので、宅神祭も、奈良時代にはまだ個々の農民の住居で行われていたかどうか疑問である。むしろヤカツカミノ祭を「ヤケ」の神の祭としてとらえ直すと、『延喜式』の神名帳にみえる三宅神社や大家神社（オホヤケと訓むとすれば。三節参照）も（表8）、ヤケの神としての共通性が浮び上がってくる。[71] 東大寺の越前国桑原庄券によれば、「桑原三宅《ミヤケ》」には真屋と雑器（席《ムシロ》・瓺《ミカ》）が設備されていたので、宅神祭に類似した農耕儀礼が行われていた可能性もある。[72] また、東大寺の越中国新川郡丈部開田図には「味当村古郡所」と記された「庄所三町」の一区画の東隅に「味当社」がみえ、他にも、鹿田庄において三宅所と神社が隣接していたことが知られるのである。[73]

表II-8 延喜式の三宅神社・大家神社

国	郡	神　社
伊勢	鈴鹿	三宅神社
伊勢	河曲	大鹿三宅神社
遠江	引佐	三宅神社
越後	古志	三宅神社二座
丹波	桑田	三宅神社
丹後	加佐	三宅神社
但馬	二方	大家神社

ところで宅神祭の「ヤカツカミ」は、平安時代以降は「イヘノカミ」としだいに混同されてくる。例えば『八雲御抄』巻三には、

うけもちの神家神也　やかつ同

とあり、ウケモチの神（保食神）とヤカツ神を家神としている。この場合「家神」は「やかつ神」を説明しているからおそらく「イヘの神」であろう。ヤカツ神という呼称は残るが、イヘの神として説明されるのである。

七　ヤケとイヘ

奈良時代前後に社会に流通していた「ヤケ・ヤカ」という語は、ミヤケ・オホヤケというウヂ名や地名、ヤカツカミという神名、「公」を意味する観念としてのオホヤケなど、一部の例を残存するだけで、中世以降になるとほとんど用いられなくなってしまう。いまウヂ名と違って意識的に命名される個人名についてみると、ヤケ（ヤカ）と訓まれた可能性のある「宅」という字は、御家人制研究会編『吾妻鏡人名索引』によると、個人名には全く用いられていない。東国の武家社会だけでなく、『尊卑分脈』のように公家社会の人名を主とする史料においても、索引によれば、「宅」を含む人名は非常に少なく、しかも平安中期までである。もっとも中世には「家」を含む人名は多いので、「家」のなかにはヤケ（ヤカ）を表記した場合もあったのではないか、という疑問がこの場合にも当然おこってくる。しかし『類聚名義抄』には、「家」「宅」いずれにもヤケ（ヤカ）の訓はなく（二節参照）、『色葉字類抄』の「名字」（名前の訓み方）の部分でも、伊（イ）の項には「家《イヘ》宅同」とあるが、野（ヤ）の項には家・宅のいずれものせない。また『拾芥抄』の「人名録」の部分でも、伊（イ）の項には「家《イヘ》宅《イヘ》屋《イヘ》舎《イヘ》」とあるが、也（ヤ）の項には家・宅のいずれものせない

（義江彰夫氏の教示による）。このように『色葉字類抄』『拾芥抄』は一致して人名の家・宅をイヘとだけ訓んでいるので、中世には家・宅を含む人名はイヘと訓むのが一般的であったと考えてよいだろう。奈良時代前後にたくさんあったヤケ（ヤカ）を含む人名は、中世にはほとんど消滅してしまうのである（古代のヤケ・ヤカの系譜に属するヤカタやヤシキを含む人名も中世にはほとんど見あたらないようである）。それに対して、中世には「家」（イヘ）を含む人名が多くなる。このような人名におけるヤケの消滅とイヘの増加は、古代社会と中世社会におけるヤケとイヘの存在形態の違いを、何らかの形で反映するものではなかろうか。

古代にももちろん「イヘ」という言葉はさかんに用いられていた。『万葉集』を繙けば明白なように、イヘは一般に（広義の）家族と結びついており、家族のすまいがイヘであった。そしてイヘのなかには、カド（門）を備え、カキ（垣）に囲まれた一区画のなかに、複数のヤやクラが建っている立派なものもあった。しかし豪族層のイヘはともかく、一般庶民のイヘが、七世紀前後のころはっきりとした区画をもったヤケとして全国的に成立していたかどうかは疑わしい。一区画の宅地という観念の成立すること自体が竪穴住居から平地住居への転換を前提としていた可能性があるので[74]、少なくとも竪穴住居に住む一般庶民のイヘは、まだヤケとは観念されなかったと推定される[75]。畿内とその周辺地域では、七、八世紀のころ竪穴住居から平地住居に移行していったと推定されているが、この動きが東日本に波及するには、かなりの年月を要したようである[76]。日本の田令が園宅地をほとんど規制の枠外に放置したのは、園宅地に対する百姓の権利が強かったからではなく、日本の田令の構造的特質にもとづくものであった（Ⅳ章参照）。事実、平城京造営のために「菅原地民九十余家を遷して布穀を給」わった際には（『続日本紀』和銅元年十一月乙丑条）、家の数で数えて布穀を給与し、翌年には調租を免除しているのに対して（『続日本紀』和銅二年十月庚戌条）、長岡京や平安京造営の際には、

百姓私宅、入二新京宮内一五十七町、以二当国正税四(一)万三千余束一、賜二其主一。（『続日本紀』延暦三年六月丁卯条）

新京宮城之内、百姓地卅四町、給二三年価直一。（『日本紀略』延暦十二年三月乙酉条）

というように地積を単位として補償を行っている。「このような先住農民に対する律令国家の対応の変化の背後には、住居形態の進歩に伴う宅地の財産的価値の増大がまず想定される。また接収地が地積で示されるようになったことは、一定の区画をもった園宅地が、班田農民層の間に出現していることを考えさせる」[77]。このように奈良時代は一定の区画をもった百姓宅が成立してくる過渡期にあったと推定されるが、畿内及びその周辺地域においても、基幹的な農民層がはっきりした区画をもつ宅を一般的にもつのは、もう少し後の時代ではないかと想定される。十世紀末ごろに、「田堵」(堵＝垣)という表記が、田刀に代って統一的に使用されるようになるのは、「垣内《かいと》」を定住の核とする基幹的な農民が(在地領主を含めて)公領・荘園の一般的な構成要素となったことによると推定されている[78]。

それではこのような景観としてのヤケの農民層への普及は、ヤケやイヘという観念とどのようにかかわっていたのだろうか。前述したようにイヘという語は、階層を問わず、人(一般には家族)のすまいをさす語として広く用いられていた。したがってイヘは、本来は経営の単位とは次元を異にする観念であった。経営的にはまったく従属的な地位にあった下層農民にも、妻や子と住む「イヘ」は存在していたと想定されるのである。それに対してヤケは「ヤやクラを含む一区画」の施設を意味する語であり、必ずしも家族の存在をその背後に想定していない(例えばミヤケ)。しかもヤケは単なる施設ではなく、何らかの機能を含めた観念であり、種々の機能のなかでも農業経営の単位としての機能がもっとも重要なものであったと推測される。ヤカツカミノ祭(宅神祭)が重要な農耕儀礼であったのは、そのあらわれであろう。そしてヤケは前節で想定したように、本来は相当に大きな規模であった可能性が強く、在地首長層のヤケが共同体的な農業経営の拠点となっていたのではなかろうか。そして共同体の共同性が民会ではなく首長によって代表される日本の古代社会においては、そのヤケは在地首長のイヘと、空間的にもまた機能的にも重複していたのではなかろうか。すなわち在地首長層の住居が、ヤケとしての景観と機能をもっていたとき、同じ実体が、家族の側面からはイヘとして、景観の側面からはヤケとして観念されたのではなかろうか。「家」という漢字が、イヘともヤケとも訓まれたのには、そのような背景があったと想定されるのである。そして首長層のイヘが一つの経営単位として成長してくると、かつてはヤケの観念と結びついていた機能的側面が、しだいにイヘの観念の方へ移行していったのではなかろうか。とくに貴族層の「家」は政治的な機関でもあったので、蔭位に象徴される政治的な機能を中心にしてイヘの観念が早くから発達したと思われる。

有力な首長層は、本拠として居住するイヘ＝ヤケのほかに、各地に複数のヤケをもっていた（Ⅲ章参照）。これらのヤケは、別業とか庄とも呼ばれていたが、「トヒトマニモ、オノガヤケサヅクル人ヲバ……」というように（四節）、ヤケはイヘと切り離して授受されていたのである。また首長層のイヘと重複したオホヤケに対して、小さなヤケはヲヤケと観念された。オホヤケ・ヲヤケの重層関係は、在地首長制の重層関係でもあった。

そして長期的にみると、かつてのヤケを中核とした何らかの共同体が解体してゆき、基幹的な農民層のイヘがはっきりしたヤケをもって経営の単位となってきたとき、ヤケという言葉が担っていた景観と機能が、イヘという言葉に担われていったのではなかろうか。その一つのあらわれが「ヤカツカミ」から「イヘノカミ」への移行であった（六節）。もちろんヤケからイヘへの移行は長い期間かかって徐々に進行したと想定されるが、鎌倉時代には、かつてヤケという語が担っていた機能的な側面の大部分は、イヘという語に移っていたと考えられる。[79] しかしヤケという語は衰亡しても、かつてヤケ（ヤカ）という複合語を生み出す母体となった「ヤ」という基本語は生き残り、中世にも様々な複合語、例えば「ヤ－シキ」「ヤ－カタ」などを生みだし、また流通させた。かつてヤケが担っていた機能の一部分は、ヤシキやヤカタに継承されていったと想定されるのである。とくに後者は中世領主層の居館をさすだけでなく、かつてオホヤケが天皇をさす語ともなったように、領主そのものをさす尊称としても用いられた[80]。

本章はイヘが社会の基礎的な単位として確立してくる以前に、後世のイヘが担う重要な機能の一部をヤケがはたしていた段階があったのではないか、という一つの憶説にすぎない。推測にわたる部分があまりにも多く、もとより一つの作業仮説にすぎないが、少しでも有効な仮説に組み変えてゆくために、ぜひ厳しい御批判をお願いしたい。

注

(1) 門脇禎二「近代以前の家族 日本・古代」(『講座家族』1 弘文堂、一九七三年)。ただし本稿とは若干視角が異なる。

(2) 以下、古代の建造物についての記述は、木村徳国『古代建築のイメージ』(NHKブックス、一九七九年)にほぼ全面的に依拠している。なお、ヤについては注8所引論文、トノについては同「トノ・オホトノ・ミアラカ」(『建築史研究』三九号)、クラについては富山博「律令国家における正倉建築の研究」(『日本建築学会論文集』二一四〜二一六号)が詳しい。

(3) 木村徳国『古代建築のイメージ』(前掲)第一章。

(4) 横山浩一「村のくらし」(『古代史発掘』10 講談社、一九七四年)。住居址の変遷についての記述は、この横山の論稿にほぼ全面的に依拠している。

(5) 『高槻市史』(高槻市、一九七三年)第六巻。横山浩一「村のくらし」(前掲)。

(6) ただし「家一区」と表記されていても、地と板屋二間だけで倉を含まない例もあり(『大日本古文書』六巻、五一〇頁)、経営単位として一応自立している家だけが倉をもっていた可能性もある(河音能平氏の示唆による)。なお伊場遺跡出土木簡の「椋屋帳」(仮称)は、ある種の倉庫として登録された椋(クラ)・屋を人名(所有者か)ごとに記した文書と推測されるが、屋だけで椋を含まない事例も多いことが注目される(浜松市遺跡調査会『伊場遺跡出土文字集成(概報)二』一九七二年)。

(7) 大野晋『日本語をさかのぼる』(岩波書店、一九七四年)一四一頁。

(8) 木村徳国「〈ヤ〉および〈ヤ〉類(その1)」(『明治大学科学技術研究所紀要』第九冊、一九七〇年)。

(9) 『日本古典文学大系　日本書紀』下巻(岩波書店、一九六五年)三九七頁頭注。

(10) 賊盗律22条に「凡そ夜、故無くして人家に入れらば、笞三十」とあるのは、家が建物とその敷地を指す例ともみられるが、疏ではわざわざ「入二人家院内一」とことわっており、手本となった唐律疏でも「家者、謂、当家宅院之内」と詳しく説明しているので、やはり「家」は建物・敷地を直接には指さなかった。

(11) 小林芳規「古事記の用字法と訓読の方法」(『文学』三九巻一一号)。

(12) 小林芳規「新撰字鏡における和訓表記の漢字について」(『文学』四二巻六号)。

(13) 「家」がその訓「ヤケ」の最初の音節「ヤ」の表記に用いられても不自然ではない。しかし奈良時代には「家」はまだ一般には「ヤ」の表記に用いられていないと考えられる。竹内理三・山田英雄・平野邦雄共編『日本古代人名辞典』(一巻一九三頁)は、出雲臣屋麻呂についても「家麻呂」にもつくるとするが、典拠とされた『大日本古文書』二巻二九頁には自署で「屋麻呂」とある(正倉院文書写真版も同じ)。また『続日本紀』養老五年正月甲戌条等にみえる塩屋連吉(古)麻呂を、国史大系本『続日本紀』の同月庚午条では塩家連吉(古)麻呂と表記しているが、『続日本紀』の諸写本・版本は塩屋連に作っているので、国史大系本の誤りと考えられる(鎌田元一氏の教示による。補記参照)。なお木村徳国「イヘ――語の非建造物説を中心に――」(太田博太郎博士還暦記念論文集『日本建築の特質』中央公論美術出版、一九七六年)参照。

(14) 『和名抄』の郷名のすべてがある時点で並存していたとみなすことには、和名抄の伝本の史料的性格からみて問題があるが、少なくとも紀伊国名草郡に大屋郷と大宅郷が並存していたことについては、薗田香融「岩橋千塚と紀国造」(『岩橋千塚』一九六七年)参照。

(15) 大東急記念文庫本『和名類聚抄』は、流布本(刊本)に比べて原撰本の体裁をより多く残している重要な写本であるが(彌永貞三「大東急記念文庫本『和名類聚抄』の国郡部記載について」『歴史地理』九三巻一号)、郷名の部分についてはほとんど差異がないので、以下本稿では両者が一致する場合には刊本によって示すことにする。

(16) なお『万葉集』の歌のなかには「イヘ」という語は多くみられるが「ヤケ」という語は用いられていないらしい。このことから奈良時代には既にヤケという語は一般には用いられなかったと推定できそうにみえるが、それは歌のなかでの問題であって、日常語の世界とは異なるので、『万葉集』からそのような結論を導くことはできない。例えば『万葉集』のなかには「サト」という語は多くみられるが、「ムラ」という語は用いられていない。しかしそのことから日常語としての「ムラ」の使用を否定できないことはいうまでもない。

(17) このほか、『和名抄』にはみえないが、藤原宮木簡のなかに、若狭国小丹生評の「三家里」がみえる(奈良県教育委員会編『藤原宮』木簡釈文一一七号)。二節参照。

(18) 『大日本古文書』二五巻一四〇頁には「海連津守〈年十九、尾張国愛智郡大宅郷戸主海連馬手戸口〉天平勝宝二年四月六日」とある。『和名抄』の尾張国愛智郡には、「太毛」郷はあるが、「大宅」郷はみえない(高山寺本・刊本ともに同じ)。しかし大東急記念文庫本『和名抄』の該当箇所の「毛」字は「宅」字の崩れた形ともみられ、あるいは『和名抄』の太毛は大宅の誤りではないかとも考えられる。しかし大東急記念文庫本がほぼ同じ字体で書写する尾張国葉栗郡「大毛」郷については、延喜式神名帳に「大毛神社」、国内神名帳に「大笥天神」とあり、大毛村の地名も残っているので(新井喜久夫『新編一宮市史』本文編上五章一節)、大宅の誤りとは考え難い。したがって愛智郡の太毛郷についても、大宅郷の誤りと断定することは差し控えたい。

(19) 古代には原本『玉篇』が広範に利用されていたが、原本『玉篇』によってつくられたと推定されている『篆隷万象名義』においても、家・宅はいずれも「居也」と同じ語で説明されている。

(20) 岩橋小弥太「宅司考」(『上代官職制度の研究』吉川弘文館、一九六二年)、渡辺直彦『日本古代官位制度の基礎的研究』(吉川弘文館、一九七二年)。

(21) 太田亮『姓氏家系大辞典』(角川書店、一九六三年)「大家」の項、参照。

(22) 池辺弥『和名類聚抄郷名考証』吉川弘文館、一九六六年。

(23) 黛弘道「犬養氏および犬養部の研究」(『学習院史学』2)。

(24) 高山寺本『和名抄』には「益気」でなく「益田〈末須太〉」とある。『風土記』を参照すれば、高山寺本の益田が益気の誤りであることは明白であり、誤写した「益田」に基づいて「末須田」という訓注が附されたものと推測される。このように高山寺本の訓注にも後次的なものがあることに留意したい。

(25) 阿部武彦『氏姓』至文堂、一九六〇年。

(26) 注25参照。

(27) 宅・家を含んでいても、訓ではなく音を示すために用いられたと推定されるものは除いた。例、土師宅良は名を財にもつくり、当麻宅養は名を鷹養にもつくるので(竹内理三ほか『日本古代人名辞典』による)、いずれも宅は「タカ」の音を示すものと推定される。なお宅・家が訓として用いられた人名でも、皇子・皇女の名はウヂ名に由来すると推定されるものが多いので、原則として除いた。

(28) 表6に掲示しなかった「宅・家を含む人名」としては、次のようなものがある。広宅・広宅売。宅媛・宅子・家子。豊宅・豊家。新家。家人。家公。真宅売(女)。家依・家依女。家男。酒宅古。家原。

なお奴婢にも「宅・家を含む人名」があるが(家主女・宅麻呂・家麻呂・家守売・家刀自女・宅売・家継麻呂)、一般に古代の人名には貴族と農民との間に名前の相違がなく、名によって階級を表そうという思想はなかったと考えられている(阿部武彦『氏姓』前掲)。おそらく良民と賤民との間にも本質的な差はなかったであろう。

(29) 同時代史料でなければ、同一人について宅と家を通用した例がある。二節にあげた小家内親王と小宅内親王(女王)の例参照。

(30) 戸籍・計帳にみえる人名で同じ戸のなかに宅または家を含む人名が複数ある場合には、一般に宅か家のいずれかを用いている。しかしなかには神亀三年山背国愛宕郡雲下里計帳の出雲臣麻呂の戸のように、戸主の女が宅成売、戸主の弟の妻が大家売、戸主の弟の奴が家麻呂、婢が家守売、弟の妻の奴が宅麻呂、という例もある。もっともこの場合には妻や妻の奴の名は元の(結婚前の)戸籍上の表記をそのまま継承した可能性があるが、山背国愛宕郡計帳の戸主壬生家麻呂(十五歳)の三人の妹(姉カ)が家売(二十二歳)・小家売(二十歳)・宅主売(十八歳)であるのは、末娘を何故家主売としなかったのかよく解らない。

(31) 「トヒト」という語は、『続日本紀』天平宝字六年六月三日の孝謙太上天皇の宣命のなかにも(淳仁天皇を非難して)、「うやうやしく相従ふ事はなくして、斗卑等《トヒト》の仇《あだ》の在る言のごとく、言ふまじき辞《こと》も言ひぬ」とみえる。また『日本霊異記』上巻序の興福寺本訓釈に「鄙〈止比止奈る〉」とある。『日本国語大辞典』(小学館)は、「都の外、すなわち地方に住む人。田舎の人。また、ある特定の人以外の人。それらを蔑視していう。転じて、いやしいさま」と説明する。

(32) 中田薫「祖名相続再考」(『法制史論集』第三巻、岩波書店、一九四三年)。なお中田説の問題点についてはⅢ章参照。

(33) 滋賀秀三『中国家族法の原理』(創文社、一九六七年)九二頁参照。

(34) 石井良助『長子相続制』(法律学大系 法学理論篇、日本評論社、一九五〇年)第二章第一節。

(35) 詳しくはⅢ章六節参照。

(36) 野村忠夫『律令官人制の研究』(吉川弘文館、一九六七年)第二篇第一章。

(37) 大隅和雄「愚管抄における「家」の観念」(『季刊日本思想史』1)。

(38) 阿部武彦『氏姓』(前掲注25)。以下の世代表示についての記述も同書による。

(39) おそらく貴族社会における祖父とその孫との間のなんらかの関係を基礎とするものであろうが、私にはよく解らないので、ご教示を仰ぎたい。ただ折口信夫「若水の話」(『古代研究』Ⅰ 民俗学篇1 角川書店、一九七四年)が「祖父と子とが同じ者であり、父と孫との生活は繰り返しである」と指摘しているような、一代ずつ隔てて同じ状態が来るという時間意識との関連が注目される。

(40) 阿部武彦『氏姓』(前掲注25)一四五頁。

(41) 阿部武彦「上代改賜姓の範囲について」(『史学雑誌』五五編二号)。

(42) 高橋崇『律令官人給与制の研究』(吉川弘文館、一九七〇年)第七章。

(43) 西郷信綱「スメラミコト考」(『神話と国家』平凡社、一九七七年)。傍点吉田。

(44) 勝浦令子「律令制下贄貢納の変遷」(『日本歴史』三五二号)。

(45) 黛弘道「ソガおよびソガ氏に関する一考察」(『律令国家成立史の研究』吉川弘文館、一九八二年)参照。なお平野邦雄「いわゆる「古代王朝論」について」(『国史学』一〇三号)は、古代豪族は居所を異にする父系と母系の集団からなる場合が多かったとする観点から、この説話に新しい光をあて、蘇我氏のばあいも、大和と河内にそれぞれ双系の集団があったとされる。

(46)　例、太田亮『日本上代に於ける社会組織の研究』(磯部甲陽堂、一九二九年)第五編第五章。

(47)　例、吉田東伍『大日本地名辞書』備後国深安郡大宅郷の項。

(48)　彌永貞三「大化以前の大土地所有」(『日本経済史大系』Ⅰ　東京大学出版会、一九六五年)。

(49)　『日本古典文学大系　日本書紀』下巻(前掲注9)の天武十四年十一月丙午の詔には、「大角・小角・鼓・吹・幡旗、及び弩・抛の類は、私の家(やけ)に存くべからず。咸に郡家(こほりのみやけ)に収めよ」とある。郡家の家の傍訓「ミヤケ」は鎌倉時代書写の北野本に、私家の家の傍訓「ヤケ」は天文九年浄書の卜部兼右本にみえる(林勉氏の御教示による)。

(50)　山尾幸久「大化改新論序説」(『思想』五二九・五三一号)。吉田晶『日本古代国家成立史論』(東京大学出版会、一九七三年)第七章。

(51)　薗田香融「岩橋千塚と紀国造」(前掲注14)。

(52)　高山寺本『和名抄』には「郡家」郷はないが、高山寺本は巻首に「有ㇾ郡謂二之郡家一、有ㇾ駅謂二之駅家一、以寄二諸社一謂二之神戸一、不ㇾ入二班田一謂二之余戸一。異名同、除而不ㇾ載」とあるように、郡家など同名で頻出するものは省略しているので、ここでは大東急記念文庫本と刊本とによる。

(53)　溝口雄三「土着中国に対するこの土着日本」(『理想』四七〇号)。

(54)　注53論文三八頁。

(55)　石母田正「古代史概説」(前『岩波講座日本歴史』1　岩波書店、一九六二年)。

(56)　吉村武彦「八世紀「律令国家」の土地政策の基本的性格」(『史学雑誌』八一編一〇号)。

(57)　笠松宏至「中世国家論をめぐって」(読売新聞社『日本の歴史』別巻、一九六九年)。有賀喜左衛門「公私の観念と日本社会の構造」(『有賀喜左衛門著作集』Ⅳ　未来社、一九六七年)。

(58)　加藤常賢「公私考」(『歴史学研究』九六号)。

(59)　拙稿「律令制と村落」(『岩波講座日本歴史』3)一章2節でヤツコをイヘノコと対比して説明したのは、両者の「コ」の意味が異なることを見落していたので、的確な比較になっていない。むしろ比較するとすれば、イヘヒトとヤケヒトの対比の方に、イヘとヤケとの相違がはっきり表れてくるように思われる。イヘヒトが家族をさすのに対して(例、『万葉集』十五巻三六八八「今日か来む　明日かも来むと　伊敝妣等は　待ち恋ふらむに」)、ヤケヒトはヤカベ(家部)や賤民としての家人のような従属者をさす語であったと推定される。『岩波古語辞典』などが賤民(奴婢・家人)としての家人もイヘヒトと訓まれたとするのは疑わしい。

(60) その他「屋」字を用いなくても、波多八代宿禰の八代のように「屋代」の意と推定される場合もあるので、本文の漢字による比較は、あくまでも一応のめどにすぎない。

(61) 木村徳国「トノ・オホトノ・ミアラカ」(『建築史研究』三九号)。

(62) 彌永貞三「大化以前の大土地所有」(前掲注48)。

(63) 木村徳国「イヘ――語の非建造物説を中心に――」(前掲注13)。

(64) 訓読については注49参照。

(65) 開元二十五年水部式断簡(ペリオ文書二五〇七号)には「県家」「津家」という語がみえるが、「県の管轄下にある家」「津の管轄下にある家」の意であって、県とか津という官司を指すものではない。『旧唐書』食貨志にみえる「寺家」も「寺に従属する家」をさし、「寺戸」とほぼ同じ意味であった。日本の「寺家」の用法とは異なる。

(66) 彌永貞三「「弥移居」・「官家」考」(『名古屋大学文学部研究論集』35　一九六四年)。

(67) 彌永貞三「大化以前の大土地所有」(前掲注48)。

(68) 早川庄八「律令制と天皇」(『史学雑誌』八五編三号)。

(69) 堀一郎「穀霊と死霊・祖霊」(『宗教研究』一三七号)。

(70) 河音能平「王土思想と神仏習合」(『岩波講座日本歴史』4　岩波書店、一九七六年)。

(71) 岡田精司「律令的祭祀形態の成立」(『古代王権の祭祀と神話』塙書房、一九七〇年)は、屯倉を(1)朝廷直属の開墾地系屯倉、(2)国造など地方豪族貢進によるもの、(3)官人直営型の屯倉、の三つの型をわけ、(1)(2)の型式の屯倉では、在地豪族の祭神を祀っているのであるから、特に屯倉の神を斎く必要はなかったと考え、神名帳のミヤケ神社は(3)の官人経営の直轄領にかかわるものと推定している。もし岡田説が成立するとすれば、ミヤケの神は、地方豪族のヤケの神と並立するものとして位置づけることができるかも知れないが、今後の課題としたい。

(72) 義江彰夫「律令制下の村落祭祀と出挙制」(『歴史学研究』三八〇号)。

(73) 吉村武彦「初期庄園にみる労働力編成について」(『原始古代社会研究』Ⅰ 校倉書房、一九七四年)。

(74) 石母田正『日本の古代国家』(岩波書店、一九七一年)三五五頁。

(75) 都出比呂志は、竪穴住居の小グループが一つの区画をなしていたと推定される事例があることを指摘し、本文に紹介した石母田説を批判している(『日本史研究』一八七号)。たしかに都出の批判のように、景観としての区画は竪穴住居の段階でも成立していた可能性があるが、問題はその区画に対する居住者の権利の内容であり、庶民の宅地に対する権利がはっきり成立してくるのは、七、八世紀のころの竪穴住居から平地住居への転換を前提としていた可能性が強いと考える。もっとも都出が明確に指摘しているように、古墳時代には集落の形態が大きく変化している。すなわち、(イ)住居形式の均一性が崩壊し、竪穴式住居のほかに平地の住居や高床式の特殊な建物が増加しており、(ロ)集落内に方形の溝をめぐらした小区画が分立してくる(「ムラとムラとの交流」『図説日本文化の歴史』1 小学館、一九七九年)。そして都出が推測したように、分立した住居区を占有したのは、おそらく最初は階層的に上位の人たちであった。このような集落形態の変化は、まさに文献史料から抽出した「ヤケ」の出現に対応しているもので、そこに宅地の観念が萌芽していた可能性は十分考えられる。ただこの場合にも都出は、(イ)住居形式の多様化と、(ロ)集落内の小区画の出現とを、一連のこととして捉えていることに注目したい。

(76) 横山浩一「村のくらし」(『古代史発掘』10 講談社、一九七四年)。

(77) 梅田康夫「律令制社会の園宅地について」(『法と権力の史的考察』創文社、一九七七年)。なお吉村武彦「律令制的班田制の歴史的前提について」(『古代史論叢』中巻、吉川弘文館、一九七八年)にも、梅田と同主旨の指摘がある。

(78) 戸田芳実「律令制からの解放」(『日本民衆の歴史』2 三省堂、一九七五年)。

(79) なお木村徳国「イヘ——語の非建造物説を中心に——」(前掲注13)は、『万葉集』の歌中にたくさん用いられている「イヘ」

が『古今集』ではほとんど姿を消してしまい、『古今集』や『新古今集』ではかわってヤドが、主としてワガヤドの形でたくさん用いられるようになることを指摘している。このように歌中の「イヘ」がなぜ姿を消すのかは、それ自体きわめて興味ある課題であるが、ヤドは『古今集』で成立する「歌語」の一つであり、当時の社会に流通していた言葉とは次元を異にしているので、歌語としてのイヘの減少は、日常語としてのイヘの減少を必ずしも意味しないと思う。なお歌語については野村精一氏の御教示を得た。

(80) なおオホヤケという語は、(1)資産家・素封家、(2)大家族の家、(3)一家の主人、の意味で、各地に方言として残存している(『日本国語大辞典』小学館)。(1)は青森県・新潟県・富山県・石川県・福井県・奈良県吉野郡。(2)は滋賀県。(3)は熊本県。これらのオホヤケを古代のオホヤケと直接に結びつけて考えることは危険であろうが、古代的なオホヤケに類似した観念が、朝廷に吸収されないで在地にも変形しつつ残存したことが注目される。

〔補記〕

本章は、「律令制と村落」(『岩波講座日本歴史』3 岩波書店、一九七六年)の一章1節「イヘとヤケ」の大部分と、「ヤケについての基礎的考察」(井上光貞博士還暦記念会編『古代史論叢』中巻、吉川弘文館、一九七八年九月)とからなる。全体としてはほぼ旧稿をそのまま収録しているが、木村徳国氏の教示によって「一 イヘとヤケ」のなかのイホとムロについての記述を修正し、義江明子氏の教示によって「四 ヤケを含む人名」のなかの「承家」についての記述を修正し、関口裕子氏の教示によって「六 ヤケの景観と機能」のなかの新嘗についての記述を訂正した。またヤケの機能や語義の変化の問題と関連して、彌永貞三氏のヤケの表記法(とくに「官家」「弥移居」)についての研究を引用して補筆した。都出比呂志氏の石母田正・鬼頭清明説に対する批判に接して、「七 ヤケとイヘ」のなかの竪穴住居と宅地との関係についての記述も若干修正した(注75参照)。なお、鎌田元一氏の拙稿「ヤケについての基礎的考察」に対する書評(『史学雑誌』八九編九号)に接し、旧稿の誤りを訂正した(注13参照)。

Ⅲ　律令時代の氏族・家族・集落

一　「氏」の構造――氏上と天皇――

律令国家が「氏」として公的に制度化したのは、八色の姓の「忌寸」以上のカバネを与えられ、ほぼ五位以上の官人を出し得る畿内豪族の血縁組織であった[1]。もちろんこのような公的に制度化された「氏」のほかにも、血縁関係を紐帯とする豪族の組織が存在し、とくに国造・郡司層の組織については「氏」と表記される場合もあった（例、『続日本紀』大宝二年四月条「定二諸国国造之氏一、其名具二国造記一」）。しかし国造・郡司層の「采女」に相当する女性が、畿内貴族の場合には「氏女」と称されたように、公的な「氏」は畿内豪族層の組織であった。そこで本稿では豪族の組織を一般に「ウヂ」と呼び、特に畿内豪族層の公的なウヂをさす場合には「氏」と表記することにする。

律令国家形成の重要な画期となった天智三（六六四）年二月のいわゆる甲子宣において、「氏」は大氏・小氏・伴造等にランクづけされたが、その具体的な施策は、それぞれの「氏上」に大刀・小刀・干楯弓矢を賜うことであった（『日本書紀』）。律令国家の対氏族策は、まず氏上を把握し、そのランクを位置づけることから始まったのである[2]。律令官人制の形成に本格的に着手した天武朝において、その前提となったのは「氏」のランクと各氏の範囲を確定することであったが、その施策もまた氏上を定めることを通じて行われた。すなわち、天武十（六八一）年九月には、氏上の定まっていない氏に対して、氏上を定めて理官に申告するように命じ、翌天武十一年十二月には、眷族が多い場合には別々に分けて氏上を定めて申告し、各氏のメンバーを確定するように命じている。それは同年八月に出された考選(官人の任命や成績評価)の基準の一つに「族姓」をあげ、族姓が定まらないものは考選の対象にしないと令したのと、一連の政策であった。そして天武十三年には「八色の姓」を定め、ほぼ錦位(のちの五位)以上の官人を出しうる畿内豪族に、真人・朝臣・宿禰・忌寸のカバネを与え、その範囲を確定した。それは天智三年の甲子宣の大氏・小氏・伴造等にほぼ相当する畿内豪族層であった。ただしこれらのカバネを賜わったのは、氏上とその近親の数家族にすぎなかったと推定され、[3]その範囲はきわめて限定された、小人数のものであったことに注目しておきたい。ウヂ名と狭義のカバネ(例、大伴-宿禰)を総称して律令制下には「姓」と表記したが、かかる「姓」は父から子に父系で継承される原則であった。この姓の父系継承の原則は、おそらく大化元(六四五)年のいわゆる「男女の法」(良人の男女の間に生れた子は父に配《つ》ける、という男系主義)に淵源するものであるが、そこには二つの大きな問題が含まれていた。一つは、後述するように、古代の日本の社会は双系的な性格が強く、豪族層の首長位の継承は父系に大きく傾いていたとしても、父系制は一般的には確立していなかった可能性があることである。姓の父系継承の原則は、律令国家が掲げた方針であったが、現実には姓が母を媒介として継承される場合もあったらしい。[4]もう一つのより重要な問題は、従来ともすれば軽視されがちであったが、姓の継承の原理として、すべての子に平等に継承されるという単系出自集団(unilineal descent group)の原則が採用されたことである。このような単系出自集団の原則は、もちろん中国の姓が父系出自集団の名称であったことに淵源しており、律令国家は、父系出自集団の名称としての姓の制度を日本にも継受しようとしたのであった。しかし本来、日本のウヂ名・カバネは、朝廷における政治的地位を表示するものであり、ウヂ名・カバネは、その政治的地位を継承する子孫に受け継がれるべき性格のものであったと推測される。カバネは中国の封爵制に相当する政治的地位(ないしランク)の表示という機能をもっていたので、――封爵のような単独継承ではなかったとしても——政治的地位の継承者に受け継がれるという基本的な性格をもっていたのである。中国の「姓」が「父子同気」のイデオロギーを基礎として、すべての子に平等に継承される父系出自集団の平等主義的な原理にもとづいていたのとは、本質的に異なるのである。かつて和歌森太郎は、「氏」はまとまった協同体を示すものではなく、血筋系統を指すだけのものであると指摘したが、(5)同じ内容を中根千枝は、「氏」や天皇について patrilineal succession（父系による継承）は存在したが、patrilineal group（父系出自集団）は存在しなかった、と明確に整理した。(6)このような「氏」の性格は、中田薫が「氏」は組合的組織（Genossenschaftliche Verfassung）ではなく、族長によって統制された族長的組織（Patriarchische Verfassung）であるとした(7)「氏」の本質論とも相通ずるもので、「氏」は族長位の継承を基軸とした組織であった。津田左右吉が、日本の古代には単系出自集団としてのクラン（津田のいう部族）は存在しなかったと指摘したことも、(8)同じことを消極的に逆の面から表現したものであった。

朝廷での政治的地位を表示するウヂ・カバネ制が、父系出自集団の原則による中国の姓の制度の継受によって、律令制的な「姓」に変質させられたとき、かつてのウヂ名・カバネが担っていた政治的地位の表示という機能は政治的地位の変動に応じてウヂ名・カバネ——とくにカバネ——を新しく賜与してゆくことによって果された。父系出自集団の原則による姓の継承は、おそらく天智朝の庚午年籍から制度化されたと想定されるが、律令官人制を形成するためには、天武朝の八色の姓の賜与によって、特定の豪族を限定し、序列づける必要があった。八色の姓（忌寸以上をいう。以下同じ）が特定の氏上と、その氏上につながる特定の数家族にのみ賜与されたことは前述したが、八色の姓を賜与されなかった豪族でも、朝廷での地位が上昇すると（一般には五位以上に叙されると）、忌寸以上のカバネを賜与された。そして多くの場合、それにともなって、その族長につらなる特定の範囲の家族が、新しいカバネを賜与されることになった。またある「氏」のなかの特定のものが他の氏人から卓越した政治的地位を得た場合、ウヂ名を新しく賜与されることもあった。中臣鎌足が「藤原」のウヂ名を賜わったのはその代表的な例である。そして鎌足の曽孫にあたる仲麻呂が絶大な権力を握ったとき、かれは「藤原恵美」という新しいウヂ名を得たが、もし仲麻呂が没落せずにその子孫が栄えたならば、それは新しいウヂ名として定着したであろう。

このようにウヂ名・カバネは、氏の代表者の政治的地位の変動に応じて絶えず変動していたが、一度与えられたカバネは——犯罪などの特殊な場合を除き——その子孫に一律に継承されたので、上位のカバネを有するものの範囲は急速に拡大していったと推定される。奈良時代にカバネが急速に形骸化してゆくのは、単なる濫授の結果ではなく、カバネが単系出自集団の原則で継承されたことの当然の帰結であり、日本の律令国家の構造に由来するものであった。しかしかつてのウヂ名・カバネが果していた政治的地位の表示という機能の多くは、位階制と、その子孫への継承を保証した蔭位の制に受け継がれていった。それにともない「氏」の秩序も、位階の秩序のなかに組み込まれていった。

先述したように、「氏」は氏上によって統率され、氏上と同じウヂ名・カバネを賜与された人々によって構成されたが、氏上の地位は朝廷における政治的地位によって定まり、奈良時代前後には、氏人のなかで位階第一のものを氏上に充てるのが原則であったと推定される。[9] 位階はもちろん天皇から賜与されるものであり、その位階第一の氏上は、天皇の勅によって正式に任命された。[10] カバネが天皇の賜与するものであったことはいうまでもない。したがって「氏」は、朝廷を離れては存在せず、天皇を媒介とすることによって、はじめて成立しえた。「氏」はその首長や構成員を独自に決定する権限をもつ「自律的」で「自主的」な集団ではなかったのである。[11] 有力な「氏」の代表者によって構成される太政官が、やはり天皇権力を前提としなければ成立し得ない「他律的」で「他主的」な機関であったことは、[12] まさに「氏」そのものの「他律的」「他主的」な性格に規制されているのであろう。

しかし「氏」が自律的・自主的な集団でなかったことは、直ちに天皇の権力の強さを示すことにはならない。天皇の地位は父系で継承される原則であったが、天皇の一族は明確な父系出自集団を形成しておらず、天皇の后妃を連続して出していた氏族(例えば五世紀前後には息長氏やワニ氏など)と不可分の関係にあった。[13] もっともこのようなあり方は、天皇の一族に限らず、畿内の豪族の一般的なあり方で、例えば物部尾輿は弓削氏の女と結婚したので、その子、守屋は「物部弓削連」と称したと伝えられており(『先代旧事本紀』天孫本紀)、守屋は弓削氏のもとで養育され、母方の親族に依拠してそのヤケなどの資産を継承したと推定されている。天皇の一族の場合も、皇妃を出す氏族と不可分の関係にあったが、母方の親族に依存する度合は、天皇一族の内婚化がすすむ六世紀ごろまでは、むしろ一般の豪族よりも強かったかも知れない。[14] 逆にいえば、親族集団としての自主性は一般の豪族よりも弱かった可能性すら想定される。天皇の一族が独自の権力の基盤を形成していたかどうかも疑わしく、[15] 天皇は朝廷を媒介としてのみ、その権力を行使できたと考えられる。

朝廷を支えた畿内豪族層も、個々の豪族の直接の権力基盤は、地方の豪族に比べて、決して大きなものではなかった。かれらは、朝廷に結集することによってはじめて、地方の豪族に卓越する権力を構成することができたが、その統一体を構成する原理は、基本的には自らのウヂの首長制的な原理に規定されていたと考えられる。すなわち畿内豪族層は、天皇をかれらに超越するマナ(mana 呪術的霊威・魂〈タマ〉)[16]の所有者として共立し、天皇に従属することによってのみ、大和朝廷という統一体を構成することができたのである。

ところで天皇が天皇としてのマナを得たのは、先帝からではなく、始祖天照大神からであったと考えられる。[17] 柿本人麻呂が、

天照らす　日女《ひるめ》の命　天をば　知らしめすと　葦原の　瑞穂の国を　天地の　寄り合ひの極　知らしめす　神の

命と　天雲の　八重かき別きて　神下し　座《いま》せまつりし　高照らす　日の皇子は……　（『万葉集』巻二、一六七）

と歌ったように、[18]天皇は天照大神のはるかな子孫としてではなく、「日のみこ」として生れてきた。文武天皇の即位の宣命（『続日本紀』文武元年八月庚辰条）にも「天都神乃御子《アマツカミノミコ》随母《ナガラモ》」すなわち「天照大御神の御子に坐《シ》ますままに」（本居宣長『続紀歴朝詔詞解』）とみえる。そこには、天照大神のマナが永遠に再生し続けるという循環的・神話的な時間意識が生きていた。そしてこのような系譜意識・時間意識は、単に天皇だけでなく、古代氏族に共通するものであった。

例えば出雲国造は、その始祖アメノホヒが天つ神に仕えて国つ神の大国主命を言向《ことむ》けたという神話をもっており、国造の代替りごとに朝廷に出て来て、その神話を織り込んだ「神賀詞《かむよごと》」（『延喜式』巻八）を奏上するが、それは自分たちが天皇に仕える由来・根原を、始祖アメノホヒが天つ神に仕えた神話に求めているのであり、出雲国造は代替りごとに、アメノホヒのマナをアメノホヒから直接に継承するという伝統を後世まで保持し続けた。[19]そこには、アメノホヒの生命が永遠に回帰しつづけるという神話的・循環的な時間意識が生きており、始祖が天つ神に仕えたように、始祖のマナを受け継いだ自分たちも、永遠に天皇に仕えるという理念がみられる。他の豪族の場合には、出雲国造のような豊かな史料は残されていないが、やはり始祖を継ぐという系譜意識がはっきりと存在していた。『古事記』の氏族系譜の中核も「始祖」を明確にすることにあり、[20]稲荷山古墳出土鉄剣銘のオホヒコからヲワケ臣に至る八代の系譜も、ヲワケ臣が大王に仕える由来を――鉄剣銘の言葉では「奉事根原」を――オホヒコに求め、ヲワケ臣がオホヒコを「始祖」とすることを明示するために、オホヒコと自己をつなぐ系譜を記すことが主たる目的であったと考えられる。[21]鉄剣銘のオホヒコが『古事記』『日本書紀』の四道将軍の一人「大彦命」と同じかどうかは問題が残っているが、鉄剣銘のオホヒコも、大王の命令で地方に遠征し、大和朝廷の基礎を築いたという神話上の英雄であった可能性が強い。出雲国造がその奉事根原を始祖アメノホヒに求めたように、ヲワケ臣もその奉事根原を上祖オホヒコに求めたのである。その背景には――史料によって直接に証明することは難しいが――始祖のマナを継ぐためには、始祖と血縁でつながっていることが必要である、という観念が存在していたのではなかろうか。したがって、首長位の継承者は、始祖と血縁でつながっていさえすれば、前代の首長の直系の子孫でなくてもかまわなかったのであり、族長位が傍系親族の間を移動するという氏族系譜の一般的な性格も(22)――父と子の関係を基本とする「イエの継承」の観念ではよく理解できないが――始祖からのマナの継承を本質と考えれば素直に理解される。そしてこのような観念は、大伴家持の歌からもうかがうことができる。家持が、

大伴の　遠つ神祖《かむおや》の　その名をば　大来目主《おほくめぬし》と　負《お》ひ持ちて　仕へし官《つかさ》　海行かば　水浸《みつ》く屍《かばね》　山行かば　草生《む》す屍　大君の　辺《へ》にこそ死なめ　顧みは　せじと言立《こと》て　大夫《ますらお》の　清きその名を……　大伴と　佐伯の氏は　人の祖《おや》の　立つる言立《ことだて》　人の子は　祖名《おやのな》絶たず　大君に　奉仕《まつろ》ふものと……　（『万葉集』巻十八、四〇九四）

と歌ったとき、まず強調されたのは、神祖《かむおや》の大来目主が大君に仕えた大切な役目を、自分たちも継承しているのだという自負であった。かつて津田左右吉は、始祖のみを神として祭るという特異な祖先崇拝の形態に注目したが(23)、ここでも大来目主が「神祖」とよばれ、家持は、反歌のなかで「大伴の遠つ神祖《かむおや》の奥津城《おくつき》はしるく標《しめ》立て人の知るべく」（同巻十八、四〇九六）と歌っている。ところで先の長歌のなかで「人の子は　祖名《おやのな》絶たず」と歌われた「祖名」について、中田薫は、祖名はウヂ名、この場合には、「大伴と佐伯の氏」というウヂ名をさしていると推定した。すなわち中田は、『続日本紀』の宣命などに数多くあらわれる「祖の名を継ぐ」とか「祖の名を戴き持つ」という表現を、『万葉集』の、

物部《もののふ》の　八十伴緒《やそとものお》も　己《おの》が負《お》へる　己が名負ひて　大王《おほきみ》の　任《まけ》のまにまに　この川の　絶ゆることなく　此の山の　弥《いや》つぎつぎに　かくしこそ　仕へ奉らめ　いや遠永《とほなが》に　（『万葉集』巻十八、四〇九八）

という歌と結びつけて考えると、「祖の名を戴き持つ」というのは、八十伴緒が祖の名を承け継いで己が身に負い持つ、という意味に解するのが自然である。ところが奈良時代前後には、祖先の個人名を継承して子孫の個人名とする風習は見出されない。一方、「名」という言葉が「ウヂ」と同じ意味で用いられていたことは、『日本書紀』の大化二年八月癸酉の詔に「卿大夫・臣・連・伴造・氏氏人等或本云、名名王民」とあるのを始め、おおくの史料をあげることができる。また「祖名不絶」「祖名乎戴持」ということを、「先祖乃門」「氏門」を「継ぎ」あるいは「不レ滅」と表現していることなどによって、「祖名」は「ウヂ名」をさすと推論したのである。[24]

この中田説は、ウヂ名が成立していた七世紀以降については一応妥当するとしても、ウヂ名が成立する以前のウヂについては十分な説明ができない。その点で注目されるのが溝口睦子の氏族系譜についての研究で、溝口は氏族系譜に出てくる名前が、応神・仁徳のころを境にして大きく変化していることを指摘している。すなわち氏族系譜には、応神・仁徳のころを境とする時代区分の意識が共通してあり、応神・仁徳以前は広義の神話時代に属し、その名はほとんどの場合、「個人名」というよりは「族長の称号」ではないか、という仮説を出している。[25] 例えば稲荷山古墳の鉄剣銘にみえる八代の系譜(①オホヒコ—②(タ)カリスクネ—③テヨカリワケ—④タカハシワケ—⑤タサキワケ—⑥ハテヒ—⑦カサハヨ—⑧ヲワケ臣)のうち、①オホヒコから⑤タサキワケに至る五代の名は、ヒコ・スクネ・ワケという他の氏族系譜とも共通する類型的な尊称をもった「首長の称号的な名」であるのに対して、⑥ハテヒから⑧ヲワケ臣に至る三代は「個人的な名」であり、他の氏族系譜とも共通する特色をもっている。そして首長の称号的な名である④タカハシ－ワケ、⑤タサキ－ワケは、「地名プラス尊号」の類型に属する称号と推定され、オホヒコを祖とするという伝承をもつ高橋氏や佐々貴山氏のウヂ名のおこりとなった可能性も指摘されている。このような視点から、先の大伴家持の歌をみると、「人の子は　祖名絶たず」と歌われた「祖名」は、中田説のように「ウヂ名」と解さなくても、そのまま素直に、遠つ神祖の大来目主の名と解してよい。大来目主――偉大なクメのヌシ――という名は、まさに溝口のいう「族長の称号」にあたるものである。もちろん「祖名」が「大伴と佐伯の氏」というウヂ名を同時に指すと考えてもよいが、ウヂの本質は始祖との関係にあったのだから、大来目主という神祖の名を、絶たず、負い持つことが、「祖名を戴き持つ」という言葉の本来の意味と考えられる。

稲荷山古墳の鉄剣銘は、ウヂ名の起源を必ず説明する後の氏族系譜とは異なり、ヲワケ臣のウヂ名はどこにも記していない。おそらくヲワケ臣の時代（すなわちワカタケル大王＝雄略天皇の時代）には、まだウヂ名は一般には成立していなかった可能性が強い。ただし、ウヂ名は成立していなくても、ウヂの本質である始祖からの系譜は成立していたので、ウヂは成立していたと考えてよい。氏族外婚制（clan exogamy）のない日本の古代社会には、タイやビルマなどの双系的社会と同じように、本来「クラン名称」に相当する親族集団の名称は一般には存在していなかったと推定される。したがって支配者層のウヂの組織も、始祖との系譜を骨格として成立し、ウヂ名は大和朝廷の組織が整ってきた六世紀以降に、大王との関係を示す政治的標識として、大王から与えられたものと考えられる。

ウヂの本質は、始祖が天つ神や大王に仕えたように、始祖の名を負う自分たちも永遠に天皇に仕えるという理念にあった。そこには、先に天皇や出雲国造の継承のなかに見出したのと同じ、始祖のマナが永遠に再生し続けるという循環的・神話的な時間意識がなお生きていた。八世紀末の延暦十八年に氏族の「本系帳」の上進を命じたとき、「但、令レ載二始祖及別祖等名一、勿レ列二枝流并継嗣歴名一」（『日本後紀』）と指示しているのは、そのようなウヂの観念がまだ生きていることを示すものかも知れない。しかし私達は同時に、そのような神話的な系譜意識・時間意識が奈良時代にはすでに衰えつつあったことも、見逃してはならない。中国律令の継受を通じて、古代的な新しい系譜意識が先取りされ、制度化されたのである。その中心となったのは父―子の継承を基軸とする律令の嫡子制であり、「家」の制度であった。もっとも嫡子制に代表される律令制的な継承制度は、そのままの形では社会に定着しなかったが、新しい制度が社会に及ぼした影響もきわめて大きかったと想定される。しかしその問題に入る前に、「氏」の構造と、その背後にあった日本古代の親族組織の一般的なあり方との関係を、まずおさえておきたい。その作業を通じて、畿内豪族の「氏」と一般の豪族の「ウヂ」とが基本的には同じ構造をもっていたという、ある意味では当然な事実も、明らかにされるはずである。

二　双系的社会と首長制

1　婚姻と親族組織

古代の日本列島には、おそらく多様な形態の親族組織が並存していたと想定されるが、残存する文献史料の大部分は、畿内地方を中心とし、稲作を主たる生業とする社会に関するものである。このような畿内を中心とする稲作社会は、たしかに日本の文化(広義)の中心となったが、日本列島にはそれとは異質な、また異質とはいえないまでも、大きな差異を含んだ社会や文化が並存していたことも見逃すことができない。とくに東北日本や西南日本の地域には、北方狩猟民的文化や南方海洋民的文化が強く影響していたと推定されるので、畿内を中心とする稲作社会とは、異質な親族組織や社会構成が存在していた可能性が強い。また北九州から関東地方に至る畿内を中心とする文化圏においても、西日本と東日本とでは、親族組織などに差があった可能性があり、(26) さらに同じ地域においても、階層や集団による差異も想定される。例えば『隋書』倭国伝には、倭国の習俗を「同姓不婚」と記しているので、古代の日本の一部には大陸系の族外婚制が行われていた可能性は否定できないかも知れない。また同じ『隋書』倭国伝には花嫁が火をまたぐ習俗も記されているが、このような習俗は内陸アジアの遊牧民文化とその周辺に分布していたと推定されているので、さきの同姓不婚の習俗とともに、父系外婚制の文化が日本に——特に支配層の一部に——入りこんでいた可能性もある。(27) いわゆる帰化系氏族が、一般の畿内豪族よりも同族結合の範囲が広かったと推定されることも、(28) あるいは大陸系の父系制の文化が日本にもちこまれていたことの、一つのあらわれかも知れない。(29) しかし古代日本語の親族名称やインセスト・タブー(近親相姦の禁忌)から推定される一般的な親族組織のあり方は、双系的な性格を強く示している。

残存する断片的な文献史料から、親族組織の体系を包括的に解明することは難しいが、残存する史料のなかでは、親族名称とインセスト・タブーに関する記述が、もっとも基本的な史料と考えられる。古代日本語の親族名称の体系は、大別すれば民族学者のいう「エスキモー型」に属していた。エスキモー型の基本的な特徴は、㈠直系親と傍系親とを区別するが、㈡父系(ないし男系)親族と母系(ないし女系)の親族とを区別しない、という点にある。例えば、㈠チチとヲヂ、ハハとヲバは明確に区別されるが、㈡父方のヲヂと母方のヲヂ、父方のヲバと母方のヲバとは名称の上で区別されず、また兄弟の子も姉妹の子も、同じように男子をヲヒ、女子をメヒと呼んでいる。もっとも律令制の継受にともない、漢字で表記する場合には中国の父系の親族名称によって父系と母系、男系と女系とを区別しており、そのために奈良時代には文書の上で種々の混乱を生じてくるが、本来の日本語の親族名称は根強く生き残り、現代にまで至っている。(30) この日本語の親族名称は、㈡父系と母系、男系と女系とを区別しない点で、明らかに双系的な親族組織に適合的であるが、同時にハワイ型の親族名称と異なり、㈠直系親と傍系親との名称をはっきり区別していることは、傍系親まで含む拡大家族には適合せず、夫婦と子を核とする小家族に適合的であることが注目される。そして一般にこのようなエスキモー型親族名称をもつ民族には、単系(父系・母系)の出自集団は存在していないと考えられている。(31)

インセスト・タブーも親族集団のあり方と密接な関係があるが、そのもっともまとまった史料は、大祓の祝詞のなかに国津罪としてあげられた「己が母犯せる罪、己が子犯せる罪、母と子と犯せる罪、子と母と犯せる罪」(『延喜式』巻八)である。母と息子、父と娘の間のインセスト・タブーは、あらゆる民族に共通するが、その次にあげられた「母と子と犯せる罪」とは「妻の娘」との関係を、「子と母と犯せる罪」とは「妻の母」との関係をさす(この場合、妻は排他的・固定的な関係とは限らない)。なおこの大祓の祝詞の国津罪のなかにはあげられていないが、記紀の物語によれば同母兄弟姉妹の間の関係は明らかにタブーとされていた。一方、異母兄弟姉妹の間の結婚の例は、皇族だけでなく、藤原氏や大伴氏など貴族層にもみられるので、(32)少なくともインセスト・タブーの対象とはされなかったと想定される(インセスト・タブーが性的関係そのものを問題とするのに対して、婚姻規制は社会的な婚姻制度の問題であり若干次元が異なるが、古代の日本には――族外婚制はもとより――婚姻規制についての明確な社会規範は存在していなかったと想定されるので(後述)、インセスト・タブーだけが史料として残されたと考えられる)。このように、異母兄弟姉妹の間にインセスト・タブーが存在しなかったのは、母系の紐帯の強さを示すと同時に、異母の兄弟姉妹は一般に同居せず、別々に育てられたこととも関係があると想定される。さきの大祓の祝詞における夫と「妻の娘」、夫と「妻の母」との関係も、母系的紐帯の強さを示すと同時に、夫による訪婚(夫妻が別居していて夫が妻のもとに通う婚姻形態、いわゆる妻問婚)や妻方居住(夫が妻方の住処に一緒に住む形態)を前提とすると理解し易く、インセスト・タブーにも居住の原理が作用していたことが想定される。とくに「妻の娘」は、明らかに自分の娘ではなく(もし自分の娘であれば「己が子犯せる罪」にあたる)、「妻の前夫の子」にあたるが、その間にインセスト・タブーが設けられているのは、母と子との結び付きのほうが、夫と妻との結び付きよりも強かったことを想定させ、母と(未婚の)子とからなる小集団が、社会のもっとも基礎的な単位であったことを推測させる。イロハ(生母)、イロセ・イロモ(同母兄弟姉妹)の「イロ」が生母・同腹を示すのに対して、それに相当する「同父」を示す日本語がないことも、そのことを裏付けるであろう。親族名称の体系から浮び上がってきた夫婦と子供からなる小家族は、インセスト・タブーの面からみると、「妻と未婚の子供、そして夫」からなる小家族と表現する方がふさわしいかも知れない。[33]このような家族形態は夫婦関係が固定しない対偶婚的な状況と適合的であるが、中国律令と日本律令との比較からも、そのことが傍証される。

日本の律令制定者が、中国律令を手本として日本律令を編纂した際、父系出自集団を基礎とした中国律令の枠組を根本的に組み変えることはできなかったが(また根本的に組み変えることはおそらく意図しなかったと想定されるが)、当時の日本の親族組織の実態を考慮して相当に思い切った修正を加えている。[34]したがって私たちは、日本律令が中国律令のどの部分を修正しているかを調べることによって、当時の日本の親族組織を推定する重要な手懸りを得ることができる。例えば唐律令の親等組織を示す服紀(喪に服する期間)の制と、日本律令の親等組織を示す儀制令五等親条とを比較してみると、㈠五等親に入る父系の親族の範囲を大幅に縮小しているが、母系・女系(母・妻・姉妹・娘)に関係する親族の範囲はほとんど縮小していない。また妻を中心とする(すなわち妻からみた)五等親の範囲から夫の親族を大幅に削除している。㈡五等親に入る(男性の)親族の妻を五等親の範囲からはずした例が多い。㈢中国の服紀の範囲には入らない「妾」と「妻妾の前夫の子」とを、わざわざ附け加えている。これらの修正はいずれも中国の父系制的な規定を双系的に修正したものとみられるが、とくに、㈡は妻が夫の親族のなかにとけこんでいない現実と関係があるように思われ、㈢は妻と妾の区別がなかった実状や、夫婦関係が固定していない対偶婚的な状況に適応しているように思われる。「妻妾の前夫の子」がインセスト・タブーの「母と子と犯せる罪」の子に相当することは前述したが、「異父兄弟姉妹」(一般には同母兄弟姉妹)との関係を中国より高めていることや、「継父同居」の規定をわざわざ設けていることも、「妻と未婚の子供と、そして夫」からなる対偶婚的な小家族を想定させる。なお日本令では、五等親制のほかに五等の服紀の規定を設けたが(I章四節参照)、服紀の制は、五等親制に比べて外祖父母(母の父母)の地位を高め、舅・姨(母の兄弟姉妹)や異父兄弟姉妹(一般に同母兄弟姉妹)など母方の親族の地位を相対的に高めているので、五等親制よりも日本の親族組織の実態を反映している面もあると考えられている。五等親制や服紀制以外でも、律令の諸規定は外祖父母の地位を高めて祖父母に近づけるように唐制を修正しており(例、戸婚律嫁娶違律条、賊盗律殺一家三人条)、母系の親族との密接な関連が想定される。

このように日本律令は中国律令の父系制的な規定を双系的に修正したが、同時に婚姻に関する規定についても重要な修正を加えている。すなわち妻・妾の区別を重視しなかった点や、対偶婚的な状況に対応する規定を加えたことは既述したが、婚姻による女性の社会的身分の変更についても、基本的な修正を加えている。

中国の家族制度では、女性は結婚によってはじめて一個の人格となり、宗への帰属も明確となった。もちろんそれは夫の人格の中に吸収されて一体化し、夫の宗に帰属することであったが、女性は結婚することによってはじめて社会的・法的な人格と認められたのである。[35] 唐の律令もこのような中国の家族制度を基礎にして組み立てられており、夫婦一体の原則を中心とし、妻妾の権利はそこから派生するものとして規定されている。ところが日本律令には婚姻関係から独立した――すなわち未婚・既婚を問わない――「女」(むすめの意ではなく男性に対する女性の意)の権利についての規定が附加されており、女性を男性から独立した独自の権利主体として認めている。[36] なかでも重要なのは、唐律令における婦人の有官者が夫ないし子の蔭によって官品・邑号を受けるのを原則としたのに対して、日本律令では女性が夫や子とは別箇に独自に位階を受けるのを原則としたことである。[37]そして位階にともなう特権も――段階や量的な差はあっても――男性と同じように享受する建前をとった。三位以上の女性は、三位以上の男子と同じように家令職員令にもとづく公的な「家」を設定することができ、また位階にともなう位封・位田・資人なども独自に授与された。[38]このように日本律令が女性の地位や権利を、男性から独立したものとして認めたのは、一つには女性の社会的地位が男性のそれと比べてとくに大きな差がなかったことを反映したものと考えられるが(当時の文書にも、女性が墾田の田主となっている例や、固有の奴婢をもつ例がたくさんみえる)、もう一つには婚姻によって女性の社会的地位や身分に根本的な変化をもたらさなかった古代日本の婚姻制度を、反映したものであろう。

八世紀前後の日本では――とくに庶民の間では――女性の社会的身分の変化を明確に公示する婚姻儀礼は成立しておらず、未婚から婚姻への推移は漸次的であったと推定される。[39]男女のあいだに優先的(ないし排他的)な性的関係が成立する契機としては、男が女に求愛する際に「ツマドヒノモノ」を女に与え、女(または女の親)が男を迎える際に「百取《ももとり》の机代物《つくゑしろもの》」(おそらく多くの飲食物)を差出すという慣習があった。雄略天皇は大和から河内へ若日下部王《わかくさかべのみこ》(のちに雄略の大后となる)を訪ねて「ツマドヒノ物」を与えており(『古事記』)、また有名な筑波山のカガヒで、「娉財(ツマドヒノタカラ)を得ざれば、児女《むすめ》とせず」といわれていたのは(『常陸国風土記』)、カガヒで男が女に求愛する際に「ツマドヒノタカラ」を女に与える風習があり、それを得ることが、若い女にとって誇らしいことであったことを物語っている。「ツマドヒノタカラ」の授受は、授受した男女の性的関係の開始を人々に示す意味があったと推定されるが、「ツマドヒノタカラ」は「女とその生む子ども」に対する権利を購入するための「婚資」(bride price)のような性質のものではなく、その女性に対する優先的(ないし――一時的にせよ――排他的)な性的関係を成立させるにすぎなかったと考えられる。その理由としては、第一に、「婚資」は一般的に、花嫁について権利・義務をもつ親族に対して支払われているが、「ツマドヒノタカラ」は女性自身に与えられていることである。第二に、雄略天皇との婚約を守った引田部赤猪子が「百取之机代物」を貢献し、ニニギノミコトから求婚されたコノハナサクヤヒメの父であるオホヤマツミノ神が「百取机代之物」を持たせてニニギに奉り、またワタツミノ宮を訪ねたホヲリノミコトとワタツミノ神の女トヨタマヒメとが結ばれるとき、ワタツミノ神は「百取机代物」を具えて御饗《みあへ》していることである(『古事記』)。このように女やその親が、男に対して「百取机代物」を差出して御饗《みあへ》しているのは、男を迎える女の側の主体性を示すもので、のちの平安貴族社会の婿取の儀式(後述)につらなるものであろう。第三に、大化二年三月の詔が、(イ)夫に捨てられた女が再婚すると、前夫が後夫に財物を要求する、(ロ)勢力のある男がみだりに女と約束し、その女が他の男と結婚すると、男と女の実家に対して財物を強要する、(ハ)妻に嫌われて離婚された男が、そのことを恥じて元の妻を強制的にコトサカ(契約違反)の婢[40]とする、などを禁じていることである(『日本書紀』)。これらの事例は「ツマドヒノタカラ」の授受を前提とすると理解しやすいが、女からの「ツマドヒノタカラ」の返還の問題には全くふれず、ただ前夫(または婚約した男)の財物の請求(または違約による身柄の拘束)だけを取り上げて禁止しているのは、「ツマドヒノタカラ」が、女の身柄に対する権利を生ずるものでなかったことを暗示している。

男女の間に優先的(ないし排他的)な性的関係が成立しても、初めのうちは一般に男が女のもとに通っていた。したがって『令集解』の古記は、「結婚已《すで》に定まりて、故無くして三月までに成らず……女家離《はな》れむと欲《ほっ》せば、聴《ゆる》せ」という令文を、男が理由もなく三ヵ月間、女を訪ねてこなければ女の方から婚約を解消できる、と解釈している。また令の規定では、結婚が既に成立した場合[41]、女の方から結婚を解消できる事由を厳しく制限しているが、『令義解』は、結婚が既に成立したときでも、もし夫婦が同里にあって相往来しない場合には、結婚が定まっていながら男が理由なく三カ月間女を訪ねてこなかった場合に準じて、女の方から結婚を解消できるとする。「令」の公定注釈書である『令義解』までが、令文の主旨に反したこのような解釈をしているのは、古代の結婚がいかに流動的なものであったかを、はっきりと示している。『万葉集』の恋の歌にも、恋人の間のものか、夫婦の間のものか、区別することが難しいものが多い。

このように八世紀頃にもまだ庶民のあいだには明確な婚姻儀礼は成立していなかったらしいが、天皇や貴族のように政治的地位の継承が問題となる場合には、婚姻が社会的に公認される必要が生じてくる。天皇の大后の地位が大兄の制と関連していたように、貴族の妻は嫡子の制と関連しており、治部省が婚姻を管轄するのも「五位以上の嫡子を定むるため」(『令集解』職員令治部省条穴記)であり、さらに端的には蔭位の制のためであった。奈良時代の貴族の間の婚姻がどのようにして社会的に公認されていたかははっきりしないが、平安貴族の婚姻儀礼をみても、その中心になるのは、露顕《ところあらはし》や三日餅のように、自家の女性の寝床に忍んできた男をその現場でとらえ、自家の餅を食べさせてその家の一員にするという、いわば婿捕えの呪術の儀式化にほかならなかった。(42)

古代の日本には、明確な婚姻規制も成立していなかったと推定される。もちろん首長層がお互いに通婚する傾向は存在しており、首長層の通婚圏の方が一般庶民のそれより広かったと推定されるが、それは通婚の範囲や階層性についての一つの傾向を示すものではあっても、結婚すべき、または結婚できない集団が——インセスト・タブーを除けば——社会規範として定まっているわけではなかった(ただし天皇については六世紀ころから王族内部での族内婚的な傾向が強くなるといわれるが、(43)それは王族ないし貴族層の現象で、一般的な婚姻規制の問題とは異なる)。

庶民の通婚圏は、当時の明法家が、夫婦が同じ里に住んでいながら往来しないことを離婚事由にあげているように

(前掲)、狭い範囲で通婚が繰返される傾向があった。双系的な地域集団の内部で婚姻が繰返されれば、その集団は地縁集団であると同時に双系的な血縁集団としての性格をもってくると想定される。もっとも、日本の古代には地域内婚制という婚姻規制もはっきりした形では存在していなかったが、このような状況は、婚姻にともなう居住規制がはっきりした形では存在しなかったこととも適合している。

先述したように婚姻の当初には訪婚(いわゆる妻問婚)が行われているが、庶民においても、訪婚は結婚当初の一時期に限られていて、その後は夫婦の同居に至るのが一般的な慣行であったと想定されている。[44] その際、夫方の住処に屋をもつか(夫方居住)、妻方の住処に屋をもつか(妻方居住)は、必ずしも一定していなかったように思われる。首長層においては夫方居住が多かったように想像されるが、夫方居住が一般的であったと証明できる史料もない。時代は少し降るが、『今昔物語集』にみえる居住形態は、夫方居住と妻方居住とがほぼ半ばしていると報告されているので、[45] 奈良時代においてもどちらか一方に決めることは難しいのではなかろうか。八世紀の戸籍に、戸口の妻の親族と想定される寄口が多いことは――戸籍の史料的性格から若干問題は残るが――その戸口の妻方居住を仮定すると理解しやすい。しかし夫方居住・妻方居住といっても、双系的な親族関係が錯綜している社会においては、両者の間に本質的な差はなかったと考えられる。財産が個人的に保持され、夫妻別産、父子別産が一般的で、子は父と母の両方から財産を相続し、また女子をも含めて分割相続(均分とは限らない)が一般的であった社会では、[46] 財産相続の側面からは、夫方居住・妻方居住のいずれか一方が規範化される要因はなかったと考えられ、むしろ現象的には夫方居住・妻方居住であっても、その実質は新処居住(neo-local)としての性格をもっていたのではないかと考えられる。当時の水田が開墾と荒廃を繰返す不安定な状態にあったと推定されることも、新処居住と適合している。また夫方居住・妻方居住の場合にも、夫婦は自分たちの住む屋(孀屋《つまや》)を新しくつくるのが一般的な慣習であり、とくに、父母と息子夫婦、兄夫婦と弟夫婦は――おそらくカマドの火のタブーも関係して――別居するのが原則であった(47)。したがって夫方居住といっても、後世の嫁入婚（父方居住）とは全く異なり、新夫婦の世帯は新しく独立に作られた。妻方居住の場合も結婚当初を除けば同じように独立した世帯を形成したと推定される(48)。六世紀ごろから竪穴住居ごとにカマドがつくられるのも、このような慣行と関係があるかも知れない。それは、親族名称やインセスト・タブーから想定された夫婦と未婚の子供からなる小家族とも対応している。しかしこのような小家族が、当時の社会のもっとも基礎的な単位ではあっても、まだ自立した存在ではなく、より大きな集団のなかに包摂されていた。そしてその集団は、数箇の小家族からなる集団から郡レベルの集団にいたるまで、いくつかの層をなして、上位の集団は下位の集団を包摂する形で、重層的に存在していたと想定される。それではこれら各レベルの集団は、どのような原理で構成されていたのであろうか。

2　重層的な集団構成

一般に親族関係が具体的に構成される契機としては、祖先を中心とした関係(ancester-oriented)と、個人を中心とした関係(ego-oriented)との二つの原理がある(49)。これらの枠組を念頭において、古代の日本に存在したさまざまなレベルの集団の構成原理を探ってみると、ほぼ次のような傾向が想定される。まず日本古代社会には、特定の祖先からの単系出自によって集団への帰属が自動的に決定され、族外婚制をもち、メンバーシップが平等であるという、単系出自集団（狭義のクラン・リニッジ）は、いかなるレベルにも、一般的には存在していなかったと考えられる。もっとも前節でも考察したように、支配者層には特定の祖先からの系譜関係を紐帯とするウヂの組織が存在したが、ウヂは支配者層の組織であって、庶民においては、祖先を中心とする(ancester-oriented)関係よりも、自己を中心とする

(ego-oriented)関係の方が基本的であったと想定される。すなわち、ある個人を中心にして、双系的に、また婚姻を媒介として結びついた人々の集団である。このような集団は、出自集団のような自律性をもたないし、また個人的に運営されるもので、出自集団のような集団的な規律を欠いた、ゆるやかな集合体である。複数の竪穴住居からなる集合体は夫婦と子供からなる小家族が複数集まったものと想定されるが、このような集合体は、おそらくそのような原理によって構成されたものと考えられる。小家族の集合体はおそらく財産所有の主体にもなっていなかったであろう[50]。小家族の集合体はまだ一般には特定の一個人を中心に組織されるというよりも、構成員相互が親類の関係にあったと想定されるが、なかには――『日本霊異記』にあらわれる「家長」のような(三節参照)――有力な家長によって積極的に組織された集団も存在していたと考えられる。そしてそのような家長の財産や地位が庶民から卓越し、その相続や継承が社会的な問題となる階層においては、その相続・継承の権利を有するものの範囲を特定するために、またその一族の地位を高めるために、特定祖先との系譜関係が――父系的に――形成されてくる。その典型的な形態が「ウヂ」であった。しかし「ウヂ」が「氏上」という個人を中心とする集団であり、氏上の政治的・社会的地位の変動によって絶えず再編成されていたことからも知られるように、そこにはなお自己中心に組織される(ego-oriented な)原理が機能していた。したがって ego-oriented な社会組織の上に、ancester-oriented な系譜関係が重層したのが、日本の古代社会の基本的な構造であったと考えられる。下層の集団においては前者の原理が強く機能し、上位の集団になるに従って後者の原理が強く機能したと想定される。

後者の原理(ancester-oriented)は基本的にはクランの原理であり、日本古代のウヂも、始祖(神話・伝説上の始祖をふくむ)からの出自(擬制であってもよい)を原理とする集団であるから、広義にはクランの一種とみなすこともできるかも知れない。クランの概念を、単系出自・成員権平等・族外婚制を原理とする狭義のクランから解放することを主張したキルヒホフは、単系出自でなく、族外婚制をもたず、またその成員の間に支配従属関係をふくむクランのタイプを設定している。[51] そのタイプのクランでは、共通の始祖からの系譜的な距離によって、成員の間に格差が生じ、系譜の中軸に支配層(aristoi)が位置する。出自は父系か、まれに母系、そして支配層においてはしばしばそのいずれでも有利な方で(ambilateral)たどられ、系譜が身分を示す重要な役割をもつ。クランの成員についての明確な境界はなく、族外婚制はない。支配層ではしばしば狭い範囲の内婚制がおこなわれ、(イ)兄弟の娘、父の兄弟の娘との婚姻、(ロ)同父異母姉妹との婚姻、などのタイプがみられる。伝説上の始祖を頂点とする円錐型クラン(conical clan)のなかに、同じ構造の円錐型クランが包摂され重層している。

キルヒホフが描き出したこのようなクランの一類型は、ポリネシアの首長国(chiefdom)を主な素材として組み立てられており、研究者によっては、単系出自集団をさすのが一般的な「クラン」の語を避けて「ラメージ」(ramage 本来は一本の木の枝・葉の総体をさす語)とよんでいる。このようなポリネシアのラメージを、日本古代のウヂと比べてみると、出自が父系に傾いているが単系でないこと、系譜が身分を示す重要な役割をもっていること、メンバーが流動的でその範囲があいまいであること、族外婚制をもたず、支配者層では異母兄弟姉妹の結婚など族内婚の傾向が強いこと、など共通する点が多い。しかしポリネシアの首長制では、共通の始祖からの系譜上の距離によって——すなわち長子の系列か傍系かによって——成員のあいだに身分の格差が生じ、地位のヒエラルヒーが構成されるのに対して、日本古代のウヂは、ウヂの長となる者が長子の系列とは限らず、傍系親をふくむ一族のなかからウヂの長があらわれ、その首長の政治的・社会的地位の変動に応じて絶えずウヂの構成も変動していた。したがって日本古代のウヂを、ポリネシア型のラメージの理論でそのまま捉えることはできず、やはりウヂについての史料から独自にその構造を理論化する必要があるが、それは今後の課題としたい。

日本の古代社会を解明するために必要なもう一つの視角は、親族関係と地縁関係とのかかわり方である。小家族の集合体（いわゆる家族共同体ないし世帯共同体）[52]の場合、その紐帯をなしたのは基本的には双系的な血縁関係であったと推測されるが、日本古代の場合には――ボルネオのイバン族と同じように――婚姻を媒介とする居住の原理が、出自と同じような重さをもち、婚姻の際の居住方式が集団のメンバーシップの獲得と深くかかわっていたと考えられる（もちろん集団のメンバーシップそのものが流動的なものであった）。日本古代には前述したように夫方居住・妻方居住・新処居住のいずれの居住規制も確立していなかったと想定されるので、男女とも婚姻によってその居住した側のいずれの集団に属することも可能な、きわめて可塑的・流動的な状態にあったと想定される。しかも古代には、「黄泉《よもつ》戸《へ》喫《ぐひ》」の神話にみられるような[53]、同じへ（カマド）で炊いた食物を「共食」することによって同族になるという観念が存在したと考えられ、共食に象徴される「生活の共同」、さらには、水稲耕作に不可欠な協同労働を契機とする「生業（ナリハヒ）の協同」も、集団構成の原理として強く機能していたと考えられる。奈良時代の戸籍に非血縁者を含む「戸」がたくさんみられるのも、このような集団構成の原理を基礎としているのであろう。婚姻を媒介とする居住の原理に加えて、生活やナリハヒを共同にするという居住の原理が強く機能すれば、小集団の構成はきわめて可塑的なものとなり、その構成員の数を容易に調節することができたであろう。古代の日本のように、山や丘陵に区切られた小水系に依存することが多い水稲耕作社会では、とくにそのような集団構成のシステムが適合的であったと考えられる。ただ、所与の自然条件を人間の力によって変革できるようになると、しだいにその力を組織する指導者の地位が高まり、その首長を中心とした大きな集団が構成される。その一つの重要な画期となったのは、大陸の乾田農法が導入され、地下水位の低い台地が大規模な灌漑用水路の掘削によって水田化できるようになった五、六世紀ではないかと想像される。鉄製のU字型のスキ・クワ先が出現してくるのも、まさにこの時期である。[54]「童女《をとめ》の胸鉏《むなすき》取らして」――童女の胸のように広い鉄製のスキをもって――大地を切り取り、クニを造った『出雲国風土記』の英雄は、そのような首長の事業を神話化したものであろう。そしてこのような偉大なる「国主《くにぬし》」によって統轄されたクニは、一つの領域であり、地縁の原理による世界であった。しかしそこでは同時に祖神から首長にいたる神話的な血縁系譜が形成されたと想定される。

小家族の集合体からクニに至るさまざまなレベルの集団は、それぞれ何らかの共同体的機能を果しているので、それぞれを(広義の)共同体と呼ぶことにしたい。これらの共同体は基本的にはそれぞれの首長によって、その共同体の共同性が代表されていたが、すでに上位の共同体の首長と下位の共同体の首長との間には、支配・従属関係が形成されていたと想定される。そして一般にこのような首長制の下では、支配・従属の関係が、何らかの親族・血縁(もちろん擬制であってもよい)の関係のなかに翻訳され、それによって表現されていた。[55]もっともそこには、(A)クランやリニッジが社会を網状に覆い、首長はそのなかの特別の地位を占めることによって首長であるという論理による首長制と、(B)支配従属関係がクランやリニッジを直接には媒介とせず、首長が首長であるのは、土地の開墾者・所有者であり、征服者であるからという認識が先行し、血縁関係は論理的にはその後にくる首長制との、二つの類型があるといわれる。[56]前者に属するポリネシアの首長制は、選系制的な出自集団を基盤とした円錐型クランであるといわれるが、[57]日本の古代社会には、選系制による継承関係は存在していたとしても、選系制による出自集団は明確な形では存在していなかったので、クランやリニッジを直接には媒介としないB型の首長制であったと考えられる。記紀のイザナキ・イザナミの国生み神話や先述の『出雲国風土記』の国引き神話、さらには蛇神を追って葦原を水田に開拓した『常陸国風土記』のヤハズノマタチの物語のように、大地・水田の創造が首長権を支える重要な論理とされているのも、日本の首長制が大地・水田の開発を基本的な契機として成立してきたことと適応するであろう。出自集団を基礎としない日本の首長制にとっては、首長の系譜関係が本質であり、系譜関係こそが日本の古代社会の骨格であった。

ところで、国引きの英雄ヤツカミヅオミツヌノ命や『常陸国風土記』のヤハズノマタチが男性であったように、古代の大土木事業や戦争を指導した首長が一般に男性であったことは、首長の系譜関係のあり方にも、大きな影響を及ぼしたと想定される。日本の基層社会は本来双系的であり、双系的なイデオロギーは奈良時代の宣命に「必ラズ人ハ父ガカタ母ガカタノ親アリテ成ルモノニアリ」(『続日本紀』天平神護元年十一月詔)とあるのをはじめ、数多くの史料にあらわれてくる。(58) したがってもし首長位が血縁の論理だけに支えられていたとしたら、ポリネシアの長子継承の系譜のような男女を問わない継承関係が、あるいは成立しえたのかも知れない。しかし日本の首長制は——血縁によって始祖とつながることを不可欠の前提としつつも——首長の政治的・社会的機能を重視したので、父系に大きく傾いたと想定される。ただし共同体を統轄する首長の機能のなかには、共同体に豊穣をもたらす呪術的・祭祀的な機能も含まれていた。天皇が天照大神のマナを継承したのもそのような機能を果すためであったが、天皇の姉妹や女が伊勢斎宮として神に仕えたように、そのような機能が女性によって担われることも多かった。邪馬台国の卑弥呼と男弟、カモ県主《あがたぬし》と斎祝子《いつきのはふりこ》などにもみられるように、首長権は本来男・女のセットによって担われていたのかも知れない(いわゆる複式族長制)。そして特定の条件のもとでは女性も首長となり得たし(例、卑弥呼、女帝)、また女性を始祖とする系譜や、女性を中間にはさむ系譜もつくられている。(59) ここには地位やマナが男・女いずれによっても継承され得るという観念がなお生きていたことが伺われる。ただ、伊勢斎宮は——沖縄のノロと同じように——明らかに父系女系制(父系の一族のなかで女性によって継承される制度)であり、女帝も天皇の父系の一族であることが前提とされている。日本の古代社会は、父系の出自集団を基礎にはしていないが、父系の系譜関係を骨格として形成されたのである。

三　家と家長と氏上

この節では、ウヂとともに古代社会の重要な構成要素であった「家」の側面から古代社会の構造を探ってみたい。古代の史料にあらわれる「家」は、「ヤケ」を表記する場合と「イヘ」を表記する場合とがあったので(Ⅱ章参照)、「家」を家族のすまいとのみ解することはできない。また「イヘ」を表記する「家」にも、(A)ウヂと実質的には同じ意味での「家《いへ》」(Ⅱ章四節)[60]、(B)家令職員令に定められた、親王・内親王および三位以上の貴族の公的な「家」、(C)家族のすまいを意味する一般的な「家」、などがあった。(B)の三位以上の公的な「家」には家令をはじめとするいわゆる家司がおかれたが、令に規定のない四・五位の官人に対しても、養老三(七一九)年に事業をはじめてするいわゆる宅司の制が定められた[61]。家令・事業等は、本主の申請によって官から任命された官人であり、家司・宅司は家政機関であると同時に国家の機関でもあった。なお家司と宅司は、直接には令内のものと令外のものとを区別したものであるが、「家」と「宅」とが、三位以上と四・五位という上下の区別を含んでいる点も注目される。もちろん実際には家と宅とを混用した例も多いが(例、『大日本古文書』七巻五一・五二頁)、国司の四等官の「宅」とその属僚の史生の「館」とを書き分けた例(同、四巻七六頁)もあるので、「家」に尊称的な意味を含める場合があったことが注目される。そういえば『続日本紀』などの正史には、庶民の住居を「廬舎」などと表記することが多く、「家」という漢字をあまり用いていない。このように「家」がイヘだけでなくヤケをも意味し、またイヘの内容も多様であったことにまず注目しておきたい。

家について具体的に考えていく際に、重要な手懸りを与えてくれるのは「家長」であり、『日本霊異記』(以下、『霊異記』と略す)には家長についての興味深い話が載せられている。例えば、大和国添上郡の「椋《くらの》家長公」が法会を行った夜、この家に飼われていた牛が僧に語りかけ、「吾はこの家長の父なり。吾、先の世に人に与へむと欲《おも》ふが為に、子に告げずして稲十束を取れり。このゆゑに今、牛の身を受けて先の債を償ふなり。……」と語り、それが事実であることが確かめられて父子ともに悲歎にくれる、という話がある(上巻一〇話)。父の在世中にむすこが既に家長になっていたかどうかは、この説話自体からは確かめられないが、父が「子の物」を勝手に処分すれば「偸《ぬす》み」とみなされたことは、父権の弱さを示すものとして注目される。(62) ただこの説話と中国の『冥報記』などの説話集との関係については、いろいろ問題が残されているので、(63) これ以上の推論は差し控えたいが、奈良時代に父子の別産がめずらしくなかったことは、父と子と孫がそれぞれ別々に墾田の田主であった事例(『大日本古文書』東大寺文書之二、二四九頁)などから容易に推定でき、むしろ父子の別産が一般的であったと考えられる。(64) 家長の許可なく子孫弟姪等が財産を処分することを禁止した雑令家長在条においても、『令義解』はその財物を「家長物」として「家産」とは呼んでいない。(65)

ところで先の『霊異記』の説話で注目したいもう一つの点は、椋家長公が「公」という敬称を付けられていることである。彼は僧を家によんで法会を行うほどであるから、在地の有力者と思われるが、『霊異記』にはこの他にも公という敬称をつけてよばれている家長がある。中巻五話の摂津国東生郡撫凹村の「一《ひとり》の富《とめる》家長公」は文字通り富豪であって己が家を寺としていたし、中巻一五話の伊賀国山田郡噉代里の「家長公」は連のカバネをもち、「大きに富み財に饒なり」と記されている。下巻三三話の紀伊国日高郡別里の「椅《はしの》家長公」も紀直吉足で紀国造の一族と推定される。なお『霊異記』には公という敬称をつけられていない家長も三例みえるが、直のカバネをもっていたり(上巻二話)、仏堂をもっていたり(上巻一八話)、「一《ひとり》の富人有り」と記されている(中巻一六話)。このように『霊異記』にみえる家長は、いずれも富裕な有力者であり、公という敬称をつけて呼ばれるような社会的地位をもっていた。もちろん『霊異記』にはこのような富豪層を題材にした説話が多いので、『霊異記』の事例だけで一般化することは難しいが、家長がいずれも豪族クラスであったことに注目しておきたい。

『日本書紀』の顕宗即位前紀は、オケ・ヲケの二皇子が播磨の縮見屯倉首《しじみのみやけのおびと》の新室《にひむろ》の宴《うたげ》の席で名告り出るという有名な話をのせるが、ヲケ王が歌った室寿《むろほき》の詞は、「築《つ》き立《た》つる　稚室葛根《わかむろかづね》　築き立つる　柱は　此の家長《いへきみ》の　御心の　鎮《しづまり》なり」にはじまり、新室の棟梁《むねうつはり》・椽橑《はへき》(垂木)・蘆萑《えつり》・縄葛《つなかづら》・草葉《かや》をそれぞれ素材にした、家長に対する讃え詞が繰返され、「出雲は　新墾《にひはり》　新墾の　十《と》握稲《つかしね》を　浅甕《あさらけ》に　醸《か》める酒《おほみき》　美《うまら》にを　飲喫《やら》ふるかわ……」という酒宴の歌が続いている。もちろんこの室寿の詞はオケ・ヲケ王の物語と直結する必要はなく、室寿の詞の一類型とみてよいだろう。このニヒムロノウタゲが、顕宗即位前紀のようにニヒナヘと関連するものかどうかは解らないが、単なる建物の新築祝ではなく、伝統的な儀礼と関連していた可能性もあり、このウタゲの中心となった家長には、共同体を体現する首長の面影が色濃くにじみ出ているように思われる。(66)また『類聚三代格』の延喜五(九〇五)年八月官符は、院宮諸家が国司を経ないで「郡司雑色人等」を召し捕えて禁固するのを禁じたものだが、そのなかで「凡そ家長独り召し捕へられたらば、烟を挙《あ》げて騒動し、妻子流冗し親族逃竄す」と述べている家長は、先の郡司雑色人等にほかならなかった。郡司も家長であり、ここの雑色人はおそらく課役を免除されている勘籍人の総称で、帳内・資人・舎人などを包含するものであったと推定される。(67)

家長は『霊異記』では家室《いへのとじ》(家長の妻)と一対であらわれることが多い(上巻二話・一八話、中巻一六話・三四話など)。「家長・家室は富豪層における家産の所有・管理・消費分配等のいいかえれば生産・生活の基礎単位である「家」に関して、その対社会的な地位を示す言葉として用いられている」[68]。家長が生産と消費を全体として掌っていたのに対して、家室は家口への食糧等の分配を掌っていた例もあるが(中巻一六話)、なかには讃岐国美貴郡大領の妻のように、消費面だけでなく、あくどい出挙によって巨富を蓄えたものもあった(下巻二六話)。家産も夫の財産と妻の財産とから成り立っていたのである。前節では首長の地位や機能が男・女の一組によって担われていた可能性を指摘したが、古代の家も家長と家室との二つの中心をもつ組織であった。そして「父母有りし時に、多く饒《ゆたか》にして財《たから》に富み、数屋《あまたや》倉《くら》を作り……家を隔てて仏殿を成し」ていた富家が、父母の死とともに「奴婢逃げ散り、馬牛死に亡《う》す。財を失ひ家貧しく」没落してしまった様子を『霊異記』が生々と描いているように(中巻三四話)、家長と家室とによる経営が、家業の継続にとっては不可欠の条件であった。先に引用した延喜五年官符にも、郡司雑色人等の家長が、王臣家の使者によって長期間勘責禁固されたので、「已《すで》に家業を絶つ」と記されている。そして「妻子流冗し親族逃竄す」とあることから、これらの家長の家は妻子だけでなく親族も含んでいたことが知られる。おそらく家長(及び家室)を中心にして双系的に、家口の姻族をも含めて、組織されたのが、当時の豪族層の家であったろう。また家口には非血縁者も含んでいたらしい。『霊異記』にみえる讃岐国香川郡坂田里の綾君の家の家口には使人も含んでいたし、隣に住む身よりのない老人を家児の数に入れようと家室が家長に相談している(中巻一六話)。

ところでこれまでみてきた史料では「家長」という語は、首長や富豪、有力農民と関連して用いられていたが、戸令には「凡そ戸主にはみな家長を以てせよ」という有名な条文があるので、家長はもっと一般的な存在ではなかったか、という疑問が当然おきてくる。ところが不思議なことに『令集解』のこの条に引用された明法家の注釈は、すべて戸主には嫡子を充てるかどうかという点だけをめぐって議論を展開しており、家長そのものについては、他の条文の家長はこの条に適用しないという消極的な形でしか言及していない。ここで集解諸説が「嫡子」というのは、養老五(七二一)年の造籍式によって戸主の地位の継承責任者として定められた嫡子を指し(『令集解』戸令応分条古記に「養老五年籍式、庶人聴レ立ニ嫡子一」)、七二一年の下総国戸籍に注記されている嫡子がその具体例である。天平四(七三二)年の山背国愛宕郡計帳歴名にみえる「承継戸主」は、造籍と造籍の間に戸主が死亡したので、戸籍に「嫡子」と注記されていた者が、次の造籍までの間、戸主の地位を継いだ実例と推定されている。(69) 養老五年籍式がこのような形で戸主の地位の継承責任者を定めたのは、「家長」の地位が流動的であり、「家長」が庶民レベルでは未だはっきりした社会的存在となっていなかったからではないかと想像される(Ⅳ章で再論)。

庶民にも妻子とともに住み、日常的な農耕の単位となっていたイヘはもちろんあった。もっとも個々の竪穴住居や平地住居そのものは「ムロ」とか「ヤ」とか「イホ」などと呼ばれていたので(Ⅱ章一節参照)、庶民のイヘの実態は必ずしも明確でないが、イヘには「家族」と「すまい」との二つの要素が常に結びついており、夫婦と未婚の子供からなる小家族がその中核にあったことは間違いない。そしてそのような小家族とともに、その集合体もイヘと呼ばれた可能性があり、そのような小家族の集合体を、対外的に代表する者も存在したであろう。しかしそのような代表者は、富豪層の家長のような明確な形では存在していなかったのではなかろうか。庶民の小家族の集合体は、特定の家長を中心とする親類の集団というよりは、小家族の相互の関係が親類の関係にあったと想像される(二節参照)。このような集合体は、個々の小家族(より正確にはその夫と妻と)が財産の所有の主体であり、小家族の相互の間に財産の共有関係は原則としてなかったと想定される。また小家族の集合体への加入・流出も比較的容易に行われ、その構成は流動していたと想像される。このような集合体の中心的な機能は、日常的な生活や生業(ナリハヒ)の互助にあったと想定されるが、一般庶民の小家族の集合体はそれ自体で独立した経営の単位とはなっていなかったらしい。有力な家長の「家」に直接包摂されない中下層農民の小家族の集合体は、有力な家長が代表する共同体の機能に依存して生活していたと想定される。そしてそのような共同体の中核にあったのは、その共同体を代表する首長の家(ヤケ)ではなかったろうか。ヤケは共同体の機能を果す施設であると同時に、首長のイヘでもあった。共同体の首長は同時に家長でもあったのである。そして有力な家長は、同時にウヂの長でもあった。

財産相続法について規定した養老令の戸令応分条には、「氏賤」は被相続人の妻や子による相続の対象から除くという主旨の規定(「氏賤不レ在二此限一」)が存在するが、その規定について『令集解』の令釈は、

其氏賤者、不レ入二財物之例一。氏家人奴婢者、転入二氏宗之家一耳。

と説明している。すなわち氏賤(氏の家人・奴婢)は、他の財物のように被相続人の妻子に分割して相続させることはしないで、氏宗(氏上)の「家」(イヘであると同時にヤケ)に一括して入れる、というのである。氏賤という氏固有の財産は存在したが、それは氏上の家を離れては存在しなかったのであり、「氏」の中心は「氏上」の「家」であった。「氏」が「氏上」を中心とする組織であることは一節で説明したが、氏賤の継承法もそのような氏の構造の一つのあらわれであった。このように「氏」は氏上の家を離れては存在しなかったが、逆に氏上や氏人の家も「氏」を離れて独自に継承される自律的な単位ではなかったと想定される。このような関係は地方豪族のウヂの場合にもおそらく基本的には同じで、血縁(もちろん擬制を含む)の系譜で結ばれたウヂ的集団の中核は、その長となった族長の家(イヘであると同時にヤケ)にあり、逆にそのウヂ的集団のメンバーの家は、ウヂ的結合を前提にして存在したと想定される。

地方豪族層のウヂノカミや家長のなかの有力者は、大和朝廷によって「国造」—「村首」に組織されていた。「村首」は『日本書紀』の大化二年の二つの詔にみえるが、これらの「村首」は、個々の集落の長ではなく、一般にはいくつ

かの集落を統轄する在地首長クラスの豪族ではなかったろうか。「地名プラス首」からなる姓の「地名」がおおむね律令制下の里(郷)名に比定できることからも、村首は律令制下の里長(郷長)と同じような階層に属すると推測される。大化二年正月のいわゆる改新詔に「臣・連・伴造・国造・村首」と並列されていることからも、「村首」が国造の下におかれた一つの制度であったことが推測される。大化二年三月甲申詔にみえる村首が地域社会の秩序を保つ役割を担っているのも[70]、自然集落の長としての権威や権力だけによるものではなく、国造制の下部機関として、朝廷—国造から分ち与えられた権威や権力に多分に支えられていたと推測される。国造—村首の仕組みは、律令制の郡司—里長として再編成されていったので、律令制下の「里」の実態からも、村首が支配した村々の様子が推測される。

四　集落の構成

奈良時代の里や村の様子を総体として把握するには、「風土記」がもっとも基礎的な史料となる。「風土記」に記されたおのおのの里は、五〇戸＝一里の里であると同時に、五〇戸＝一里を構成する(一般には複数の)集落のうちの中心となる集落を、その里名で記したと想定される。『出雲国風土記』では、郡家から里までの方向・距離を記しているが、その里は、里名を附された集落にほかならなかった。また里名を附された集落のほかにも、五〇戸＝一里を構成する大小の集落が一般には複数あったが、そのなかの主なものを「〇〇村」として示した例が多い。例えば『播磨国風土記』の宍禾《しさは》郡比治里は、宇波良村・比良美村・川音村・庭音村の四村と奪谷・稲春峯とを含んでいたが、これは比治里の中心となった集落のほかに、主な集落として宇波良村などの四村があったことを示している[71]。しかしそのほかにこの里に属する村がなかったとはいえない。事実、『播磨国風土記』には、たまたま村名はあらわれるが、所属する里が不明な村がいくつかあるので、里の内訳として記された村は、集落のなかでも主なもの、特色のあるものだけで、それ以外にも小さな集落がたくさんあったと推定されるのである。(72) また大きな集落でも、人家の密集した塊村とは限らず、日本古代の集落には、塊村のほかに疎塊村や小村、さらには孤立荘宅のようなものまで、多様な形態が混在していた可能性が想定されている。(73)

ところで先に引いた『播磨国風土記』では、里ごとに村や谷や峯を記しているので、里が谷や峯までも含むはっきりした境域をもっていたように読みとれる。しかし『出雲国風土記』などでは、山や川は郡ごとに記しており、『播磨国風土記』のような記載形式は一般的ではなかった。『豊後国風土記』の直入郡柏原郷(霊亀元＝七一五年に「里」は「郷」と改称された)の条をみても、蹶石野《くゑいしの》は「柏原郷の中に在り」と記されているが、禰疑野《ねぎの》は「柏原郷の南に在り」と記されていてどこの郷にも含まれていない。たしかに里(郷)にも漠然とした範囲は存在したであろう。しかし一般に里がはっきりした境域をもっていたとは思われない。例えば、郡と里の増置のときの史料を較べると、郡の増置のときには、従来の郡を分置して一郡を建てており、郡が境界をもち地域を定められたものであることが知られるのに対して、里の場合には、分置といわず新たに加うといって、地域によらず里を構成する戸を基準においている。(74) すなわち国や郡には境域があったが、里は戸の集団であって境域は設定されていなかったと推定されるのである。

このような里の性格は、村と行政区画との関係にもはっきりあらわれている。村の帰属を「○○郡○○里○○村」というように帰属する里まで明記した場合もあるが、「○○郡○○村」と記して里名を記さない場合の方が多い。なかには東大寺領の近江国の覇流《へる》村のように、犬上郡と愛智郡との二つの郡にまたがる例もある。(75) 同じ東大寺領の越前国の道守村のように、境域内の一小地域の地名を他に及ぼしてその地域全体の地名とする場合もあったので、この場合も覇流という小地名を郡境をこえる庄域全体の地名としたと考えられる。しかしそうであっても、「村」が地域を主体とし、その地域が一つのまとまりをもっていれば——本来の意味のムラ(群)であれば——行政区画にこだわらない性格をもっていたことを、あざやかに示している。(76) それと同時に、一般の村は郡に包摂されていたこと、郡こそがもっとも基礎的な領域であったことにも注目しておきたい。

村が特定の里に属さないで「〇〇郡〇〇村」と記される例が多かったもう一つの理由は、村に住む人が戸籍の上では同一の里に属さない場合が多かったからではないかと想定される。そしてそのような村は、古くからの集落よりも、新しい開拓地や交通・交易の中心地などの集落に多かったように思われる。例えば、越前国坂井郡においては、奈良時代に存在した一〇の郷の中心となる集落は、残存地名から推定すると、ほとんど平野周辺の山脚部に位置していた。(77) これに対して東大寺がこの郡に設定した子見庄・田宮庄の二つの庄園は、九頭竜川下流の平野中心部に位置していたが、子見庄の庄域には同郡の八つの郷に本貫をもつ百姓の口分田が、田宮庄の庄域には同郡の五つの郷の百姓の口分田と坂井郡の全輪正丁の口分田とが存在していた。おそらく平野中心部の開拓がすすむにつれて、本貫の近くでは不足する口分田を新開拓地で班給したものであろう。ところが本貫の集落と班給された口分田との距離が八〜一〇キロメートルに及ぶものがあるので、賃租(一年間の耕作権の売買)に出すことも多かったと推測されるが、なかには遠く離れた口分田を直接に耕作し、農繁期にはカリイホを作って泊り込むこともあったと推測される(Ⅱ章一節参照)。そしてやがて家族の一部が班給された口分田の近くに住みはじめることもあったであろう。事実、畿外に口分田を班給された京畿内の百姓が、「郷邑を離れ去り、田に就きて居住」した例も史料にみえる(『類聚三代格』大同四年九月官符)。その結果は、当然本貫を異にする農民が同じ集落に住むことになったであろう。ただ口分田の場合には、たまたま遠隔地に班給されてしまっただけで、班給された田の耕作と直接関係がない場合もあったと思われるが、一般の百姓の小規模な墾田の場合には、墾田主が中心になって実際に開墾することが多かったと思われる。ところがこの墾田の場合にも本貫を異にする百姓の田が混在している場合が多い。例えば東大寺が坂井郡の隣りの足羽郡に設けた道守村の庄域内に口分田または墾田をもっていた百姓の本貫は、郡内の一一郷におよんでいたが、道守村のなかでも百姓の墾田が集中している西北一条の一〇里と一一里の地域(耕地はほぼ南北六町、東西九町の範囲)に墾田をもっていた百姓を調べると、六郷にわたって一七人(同じ戸に属するものもあるので戸にして一〇戸)であった。(78)なかには同じ坪(一町方格)のなかに、本貫の郷を異にする百姓が墾田を開発している場合もある。道守村の絵図によれば、北の方の生江川(現在の足羽川)の自然堤防上と、南の方の味間川(現在の日野川)の自然堤防上とに「百姓家」の存在が知られるので、そのいずれかにこれらの墾田主の家があったかも知れないが、はっきりしたことは解らない。先の坂井郡の場合にもこの道守村の場合にも、本貫の郷を異にする百姓の口分田や墾田が一ヵ所に混在していることは確かでも、本貫を異にする百姓が同じ集落に住んでいた直接の証拠は見出せないのである。ところが、山背国宇治郡加美郷の場合には、本貫を異にする人々が隣接して家や家地を持っており、なかには実際にその家に住んでいた人もいたことが推定されている。同じような現象は平安初期の山城国葛野郡高田郷などでも検証されており、宇治郡加美郷だけの特殊な現象ではなかったことが確かめられている。(79)

ただ先の越前国の東大寺領庄園の場合にも、この山背国の宇治郡や葛野郡の場合にも、史料はいずれも広義の庄園史料に属するものなので、そこにあらわれた姿が当時の平均的なものであったかどうかは、十分注意する必要がある。越前国は奈良時代に急速に開発が進んだ地域であり、なかでも東大寺の庄園が設定された場所は立地条件があまりよくないために開発が遅れていたところで、当時の新開拓地であった。したがって古くからの集落や耕地よりも、はるかに流動性が高いところであったと想定される。また山背国宇智郡加美郷は宇治津のあったところで、交通や交易の要所だったので、やはり一般の集落よりは流動性が高かったと想定される。このように庄園史料には、当時の社会のなかでも流動性の高い部分があらわれ易いので、(80)そこにあらわれた状態をそのまま一般化することには問題がある。調庸の運脚や役夫として都と往還する他国の人が、家の傍らで炊事をするのを妨げるような閉鎖性も、古代の社会には存在していたのである（『日本書紀』大化二年三月条）。

しかし、畿内やその周辺地域で、ほぼ一郡を越えない範囲内で家族員の移住がひんぱんに行われていたことは、「正倉院文書」のなかの勘籍文書（ある個人の過去の戸籍における記載を遡って調べた文書）からも推定されており、(81)『令集解』の古記が五保の制について「一戸の内の人、他の保に至りて家あらば、便りを量りて他保に割き入るるのみ」（戸令五家条）と説明したのも、このような家族員の一部の移住が当時一般的に行われていたことを傍証している。おそらく奈良時代には、古くからの集落に住む家族員の一部が新開地に移り住むことはひんぱんに行われていたのであろう。在地の富豪は「内外の屋倉」、すなわち住居としているヤケの外に、屋・倉をもっていたし（『霊異記』上巻二三話）、一般の農民も、規模は小さく粗末ではあるが、住居のほかにカリイホなどをもつことはめずらしくなかった。居住する建物にしても、竪穴住居にせよ平地住居にせよ、柱は掘立柱で腐りやすいのでひんぱんに建て替えられていたと推測される。「忌諱多く、疾病死亡すれば輒《たやす》く旧宅を捐棄し、更に新居を作る」（『魏志』濊伝）というのは朝鮮東北部の濊についての記述であって日本のことではないが、古代の日本にも同じようなことは十分にあり得たと思われる。当時の集落は、構成員も景観も、たえず変動していたのではなかろうか。

構成員が容易に変動するという集落のあり方は、二節で主として親族組織の側面から考察した可塑的な集団構成の原理を、集落の側面から支証することになる。そしてこのように構成員の数を調整しやすい集団構成が、山や丘陵に区切られた小水系に依存することが多い古代の水稲耕作社会に適合していたことも、二節で言及したところであるが、そのような集団を構成する農民の家族は、水田に対しては永続的な占有権しか持っていなかったと推定されている。(82)

このような水田に対する権利の弱さは、基本的には人工灌漑施設の造営と維持が在地首長の権力と富に依存していたことに起因するが、水田の分割耕作とその収穫物の私的占有が一応成立していながら、水田の私的所有に展開していかなかった一つの要因は、動産所有のあり方にあったと考えられている。諸民族において動産的富の蓄積に大きな役割を果した家畜が、古代の日本ではほとんど飼われていなかったことも、この問題に大きなかかわりがあるらしい(83)。問題は古代日本の生業の構成とも深くかかわっているので、次節では生業のあり方を概観しておきたい。

五　生業の社会関係

律令制が成立するころの日本が、すでに農耕を主たる生業——当時の人の言葉では「ナリ」または「ナリハヒ」——とする社会に入っていたことは疑いない。そして農耕の中心となったのが水稲耕作であったことも、多分動かないところであろう。しかし当時の日本人の生活が水稲耕作にどの程度依存していたかという問題になると、実はまだはっきりした見通しが立てられていない。

農耕以外にも、山野河海からの食物の採集(広義の採集、ここでは狩猟・漁撈を含む)が大きな比重を占めていたことは、当然予想される。現在食用にされている魚貝類はほとんど奈良時代にも食べられており、海藻類は現在よりも多くの種類が食べられていた(84)。また山野からの採集も、人口の密度が低かった古代には、食料の豊富な供給源であったに違いない。なかには地理的な条件によって、漁撈や狩猟を主たる生業とする人々もいたと推測されるが、奈良時代に大きな比重をしめていたのは、漁撈をナリハヒとする人、すなわち海人《あま》であった。『霊異記』のなかにも「幼きより網を作り、魚を捕るを業《ナリハヒ》とす」る人の話(下巻三二話など)がみえるが、聖武太上天皇の病のために一年間殺生を禁断したときには、「但し海に縁る百姓、漁を以て業《ナリハヒ》と為し、生存すること得ずは、其の人数に随ひて日別に籾二升を給へ」(『続日本紀』天平勝宝四年正月条)と海人《あま》の救済策を講じている。また常陸国信太郡浮島村は、四面が海で山と野がまじり、戸は一五烟あるが田は七、八町しかなかったので、「居《す》める百姓は塩を火《や》きて業《ナリハヒ》と」していた(『常陸国風土記』)。鳥獣も古代の人々の重要な食料源となっていたが、狩猟を専ら業《ナリハヒ》とする猟人《カリヒト》の存在は海人のように重視されていない。おそらく朝廷から夷狄視されていたからであろう(例、『豊後国風土記』大野郡網磯野条)。また鶏は食用としてさかんに飼われており、猪も食用として飼育された例がみえるが、[85] 食料や衣料の供給源としての家畜の占める比重は低かった。もちろん牧畜を主たる生業とする人はほとんど存在しなかったと思われる。

律令時代の人々のナリハヒの中心となっていたのは、先述したように、もちろん農耕であり、『和名類聚抄』も「日本紀私記」を引いて農を「奈利波比《ナリハヒ》」と訓んでいる。「防人に　立たむ騒きに　家の妹が　なるべき事を　言はず来ぬかも」(『万葉集』巻二十、四三六四)と歌われた「ナルべきこと」の主な内容も、おそらく農作業であろう。しかし漁撈や製塩を主なナリハヒとする人々もあり、当時の人々の「業」の観念のなかには、鉄工・銅工などの雑戸の人々の仕事も含まれていた(『続日本紀』天平勝宝四年二月条)。またナリハヒの中心となった農耕にしても、八世紀前後にはまだ原始的な焼畑もさかんに行われていた。畿内の禁野(天皇の狩猟地として占定された山野)での「焼折」を禁じたのは焼畑と関係があったかも知れないし(『日本書紀』天武五年五月条)、大和国の百姓が石上神の山を焼いて禾豆を播蒔するのを禁じた例もみえるので(『三代実録』貞観九年三月条)、畿内でも焼畑が行われていたのであろう。[86] 当時の条里坪名に「焼蒔田」「熱灰田」とみえるのも、焼畑による陸田をさす可能性が強い。このように当時の人々の生活が山野河海からの採集や原始的な焼畑に大きく依存していたことは、古代の社会の流動性を高めていたように思われる。律令時代には浮浪の形をとった移住[87]や課役を忌避する逃亡がひんぱんに行われているが、このような流動を可能にした一つの条件は、採集や原始的農耕による食料の獲得にあったと推測される。

奈良時代の水稲耕作も、先進的な乾田農法と、原始的な低湿地農法とが併存していた。地下水位が低く水稲の耕作には多量の灌漑水の供給を必要とする乾田が本格的に開発され始めたのは、U字型のスキ・クワ先の出現と密接に関連しており、五、六世紀に東アジアの乾田農法が日本に移入されたものと推測されている[88]。しかし奈良時代になっても、そのような先進的な農法と同時に、低湿地にモミを直播きする原始的な農法も広範に行われていたらしい[89]。平安時代の水田には、連年耕作できない不安定な耕地(かたあらし)と、連年耕作できる安定耕地が併存していたが[90]、奈良時代にも不安定耕地が占める比重は相当に大きかったに違いない。東大寺が北陸地方に開拓した低湿地の庄園が、中世までにほとんど水没廃棄されてしまったように、古代には開墾と荒廃がたえず繰り返されていたと想定される。

水稲のほかに麦・粟・ヒエ・豆類などの畠作も行われていた。畠作には、(イ)焼畑の系列の原始的な畑作、(ロ)宅地に附属する園地での畠作、(ハ)条里制開墾にともなう陸田の畠作、のほぼ三つの系列があったように思われる。このうち、奈良時代に中心的な位置を占めたのは、おそらく(ロ)の宅地に附属する畠で、なかにはその外側に垣をめぐらした場合もあったらしい(例、『平安遺文』四四二一号)。「柵越《くへ》しに麦食《は》むこうま」(『万葉集』巻十四、三五三七)も、そのような畠と思われ、この垣にかこまれた一画はのちに垣内《かいと》とよばれる。しかしこのような垣にかこまれた宅は、奈良時代にはまだ一般化していなかったと思われる。奈良時代の畠でもう一つ注目されるのは、(ハ)の条里制地割の施工と関連する白田・陸田であるが、これについてはⅣ章三節で取り上げることにしたい。

それでは当時の生業の中心であった水稲農耕は、どのような社会的関係のなかで行われ、集落はそのなかでどのような機能を果していたのであろうか、ここではその問題を、(イ)農耕儀礼、(ロ)水田遺構、(ハ)相続財産、の三つの側面から考察してみよう。

儀制令春時祭田条の古記には「国郡郷里、村毎に社神在り」とあり、また古記の引く「一云」には、

毎レ村私置二社官一、名称二社首一。村内之人、縁二公私事一往二来他国一、令レ輸二神幣一。或毎レ家量レ状取二斂稲一、出挙取レ利、預造二設酒一。祭田之日、設二備飲食一、幷人別設レ食。男女悉集、告二国家法一令レ知訖。即以レ歯居レ坐、以二子弟等一充二膳部一、供二給飲食一。春秋二時祭也。

とある。この古記所引の一云の記述が、当時の村における春秋の祭りの実態を——もちろんそのままではなく律令国家によって再編されているとはいえ——素材としていることは、義江彰夫が綿密に考証しており、[91]「社首」とよばれた村の司祭者が、稲作社会にとってはもっとも重要な春の予祝行事と秋の収穫祭を、祭りの費用を村内の人々から徴収して行っている様子が、興味深く具体的に述べられている。[92]この祭りに「男女悉く集まる」といわれるのは、二節で検証した双系的な社会構成とも適応しており、また「歯(年齢)を以て坐に居り、子弟等を以て膳部(かしはで)に充つ」といわれるのは——もちろんこの史料だけから推定することは難しいが——年齢階梯制が存在した可能性を示唆している。そしてこのような「村の社」における農耕儀礼の存在は、「村」が当時の農耕社会で重要な機能を果していたことのあらわれと考えられ、「風土記」などからも、集落と神社が密接な関係にあったことが推測されている。[93]

ただ問題は、このような「村ごとの社」の祭りの機能を過大には評価できないことである。たしかに春時祭田条をはじめ、律令政府が村ごとに社を設定(ないし公認)しようとする政策をとった形跡はあるが、[94]古代の神社は必ずしも個々の集落と一対一には対応していなかった。神社すなわち神の「社」は「杜」とも書かれ、モリとヤシロの二つの訓があったが、モリの方が本来的なものと想定されている。[95]モリは神の憑代《よりしろ》としての森で、森そのものが古代の人の神社であった。また森の外にも、山・樹木・岩石などが神の憑代として祭られており、神社は本来は神殿をもっていな

かった。ところがやがて神を祭る施設が仮設されたり、神庫としてのミヤが作られるようになると、社の字はヤシロと訓まれるようになった。奈良時代はそのようなモリからヤシロへの過渡期であり、地方では本来のモリに近い社の方が多かったと思われる。[96] 例えば東大寺が越中国礪波《となみ》郡に開発した杵名蛭村には三カ所に社があったが、おそらくこれらの社は自然のままであったと思われる。三つの社の間隔は僅か二〇〇〜三〇〇メートルと、三〇〇〜四〇〇メートルにすぎなかったが、当時の人々は、数多くの自然の神々を恐れ敬っていたので、[97] 神々の社も様々な形態のものが混在していたのであろう。やがてそのなかの有力な神社が官社として中央から認められることになるが、そのような有力な神に対しても、人々は複数の社の神々を畏敬し、祭っていたのではないかと思われる。越中国礪波郡の石粟村や井山村に、複数の式内社(なかには他郡の社も含む)の神田があったのも、[98] たまたま神田が配置されただけという関係ではないように思われる。『常陸国風土記』の信太郡浮島村の「戸は一十五烟、……しかして九つの社あり」というのは、交通の要所という特殊性を考慮すると、[99] その社を祭った人々は、浮島村のそとまで拡がっていた可能性がある。いろいろの社を祭る人々の集まりは、多様に重複し、かつ重層していたのではなかろうか。

古代の地域社会で重要な農耕儀礼としては、Ⅱ章で検討した「宅神祭(ヤカツカミノマツリ)」も見逃すことができない。宅神祭はヤケを主体として行われた農耕儀礼の一種と推定され、朝廷の「月次祭」に比されていた(Ⅱ章参照)。先の村ごとの社で行う春時祭田は朝廷の祈年祭に比されていたが(『令集解』儀制令春時祭田条古記)、早川庄八によれば、月次祭は祈年祭よりも本来的な祭りであったと推定されるので、[100] 宅神祭は春時祭田よりも本来的な農耕儀礼であった可能性もある。古代には個々の農民の住居は一般にはヤケと観念されていなかったらしいので、ヤカツカミノ祭は、ヤケをもつ首長層が中心となった祭りと推定される(Ⅱ章参照)。『常陸国風土記』にみえる箭括《やはず》氏という在地首長の祖、麻多智《またち》が、蛇神を追って水田を開墾したとき、「社」を設けて自ら「祝」となったように、社首や祝は本来はヤケを

(朝廷)	(民間)
月次祭——	宅神祭
祈年祭——	春時祭田

もつような在地首長層であったと推定される。(101) したがって、彼らもヤカツカミノ祭を行ったと考えられるが、村の社の社首として行った春秋の祭りと、ヤケの祭りとがどのような関係にあったのかは、まだ明らかにされていない。あるいは朝廷の祈年祭と月次祭のように、両者は並存していたのかも知れないが、ここでは村の社の祭りとともに、ヤケの祭りが重要な農耕儀礼として存在した可能性だけを指摘しておきたい。

次に、水稲農耕がどのような社会的関係でおこなわれていたかを、水田の遺構の側面から推定してみよう。大宝二(七〇二)年の美濃国戸籍の半布里の故地と推定されている岐阜県加茂郡羽生村のなかの条里制地割が残る約四〇町の水田の灌漑のためには、上流の河から延々一・五キロメートルほど山麓を縫って用水路が引かれ、条里水田にかかった余りの水は、段丘に二キロメートルほどの排水路を掘って川に落されている。この条里制地割や用排水路の大部分は奈良時代にまで遡ることができると推定されているが、このような大きな土木工事には在地首長に統率された共同労働が当然想定されるであろう。この用水路を扼する丘陵上には、前方後円墳をはじめとする古墳群があるので、この用水路もその系譜を引く在地首長の支配下にあった可能性が強く、戸籍にみえる県造《あがたのみやつこ》の一族がそれにあたるかも知れない。(102)

和泉国大鳥郡大鳥郷附近の条里水田の場合には、方位を異にする三つの条里群に分かれていた。すなわち、㈠石津川の沖積平野にしかれた北一六度西にかたむいているこの地域でもっとも大きな石津川地区の条里(図1の右方)、㈡高石市東部に北四二度東にかたむいて三角形にひろがる高石東地区の条里(図1の左方)、㈢前二者の中間に、北二七度東にかたむいている十数坪の富木西地区の条里(図1の中間)の三つの条里区である。ところで㈠の石津川地区の西

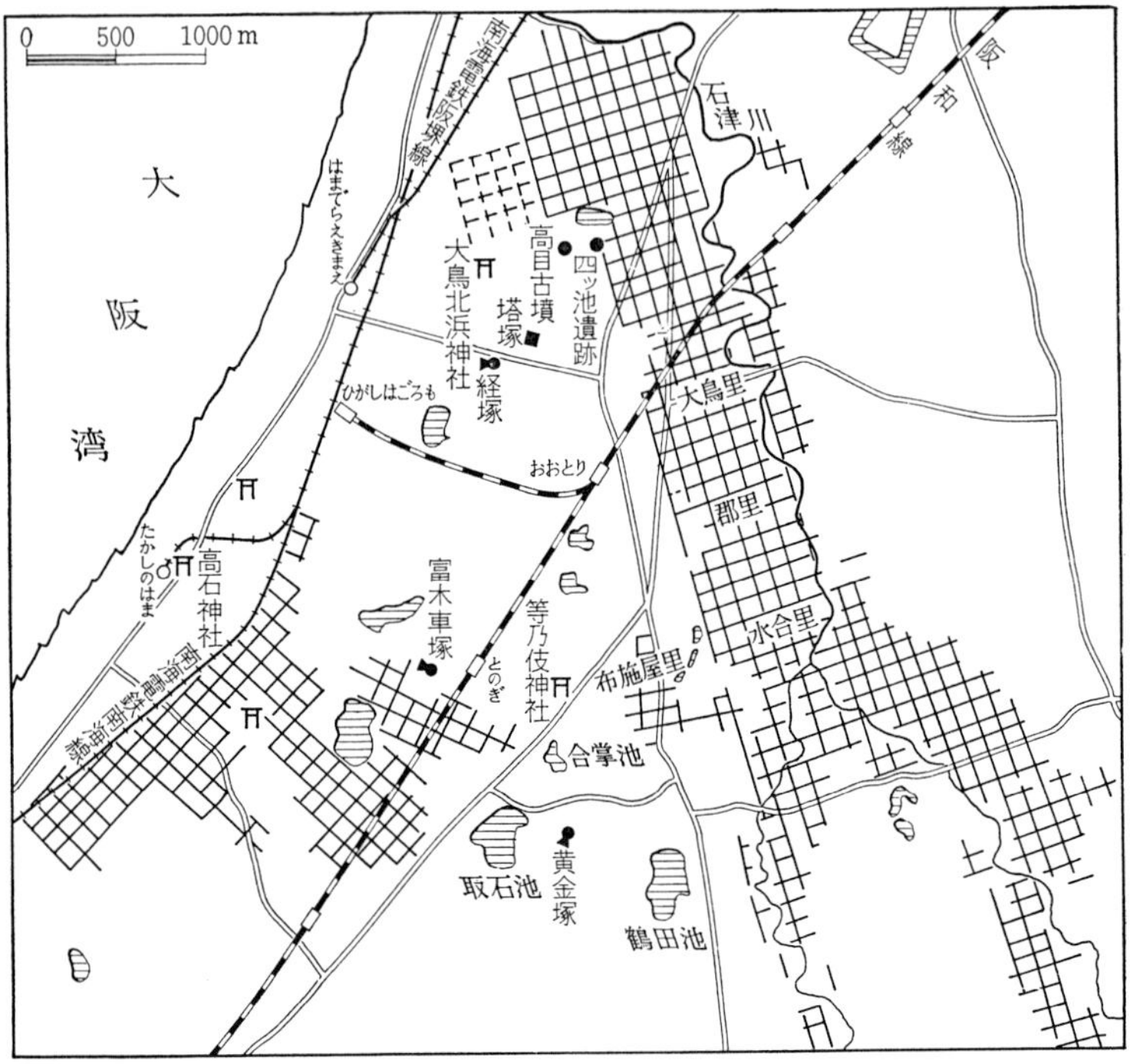

図 III-1　大鳥郷附近の条里図

〔備考〕 岡田隆夫の復原図により作成．条里地割は復原できるもののみで，本来はこの図より多かったと想定される．

には、大鳥連の氏神である大鳥神社があり、㈡の高石東地区の西には、有名な行基がでた高志氏の氏神である高石神社があり、㈢の富木西地区の東には、殿木《とのき》連の氏神である等乃伎神社があった。このように条里制地割が三つのブロックに分かれているのは、地形的な条件によるところも大きかったろうが、それぞれの氏族が中心になって条里制地割が施工されたためではないかと推定されている。(103) この条里水田の中心部分を広範に灌漑している鶴田池は、行基が地方豪族の支援のもとに作ったと推定されているので、八世紀前半にこの地域では大規模な条里水田の開発が進められた可能性が強い。ただこの大鳥郷附近の条里水田の事例をそのまま一般化することはできない。条里地割は規模の大小の差が著しく、(A)数郡にまたがる大規模条里(国規模)、(B)一郡の主要平野をカバーする中規模条里(郡規模)、(C)小規模条里(郷ないし村規模)にほぼ分類され、[104]この大鳥郷附近の条里水田のうち、(二)の高石東地区の条里は隣りの和泉郡の条里と連続するので(B)型とみられるが、(一)石津川地区と(三)富木西地区の条里は(C)型とみられる。大鳥郷附近では氏族集団の分化が進んでいた[105]のと地形的な条件によって条里の企画も小規模になったのであろうか。もっとも条里の企画は国ないし郡規模で行われていても、実際の施工単位はいくつかに分割されていたと推定される例も多い。[106]八世紀前後には一般に郡より小さな規模の共同体が農耕の基本的な単位となっており、そのなかの有力な首長が郡司として徭役徴発権をにぎり、大きな水系をおさえて郡内の小共同体の首長たちを統轄しているのが一般的な姿であろうか。

これらの小共同体の首長となったのは、ウヂのなかの有力な家長層であったと推測される。先述の美濃国の県造や和泉国の大鳥・高志・殿木の諸氏の場合にも、条里地割施工の主体となったのは、ウヂそのものではなく、ウヂのなかの有力な家長を中心に地縁的に再編成された集団であった可能性が強い。生業(ナリハヒ)を媒介として異姓の集落構成員(集落は一つとは限らない)をも含めたこのような共同体が、当時の農耕の基本的な単位であったと想像されるが、その規模や構成の仕方には、社会的・地形的な諸条件によって、様々な偏差があったと思われる。

第三に、農耕の単位となった共同体の構造を探る手懸りとして、相続財産の内容を考察してみたい。奈良時代の明法家は、在地の首長層を「累世相継富家」と呼び、その相続財産の中心を「祖父の時より承継せる宅・家人・奴婢」として、まだ相続財産のなかに「田」を含ませていない。もっとも「宅・家人・奴婢」という表記は、大宝令の戸令応分条(財産相続に関する規定)の相続財産についての用語をそのまま継承したものであるが、当時の行事に敏感であった古記(及び古記所引一云)が、財産を「従㆓祖父時㆒承継物」と「己身之時物」とに分け、その継承方法に差があるとしたのは、世界の諸民族に多くみられる相続法の一種とも合致するので、「従㆓祖父時㆒承継物」の内容を「宅・家人・奴婢」としたのも、当時の行事を反映している可能性が強い。水田のための人工灌漑施設の造営と維持は、在地首長によって統率される共同体労働に依存しており、水田は基本的には共同体に帰属するものであったと考えられる。たしかにその共同体を代表するのは首長であり、対外的には首長がその共同体の水田の権利主体としてあらわれたであろうが、首長の水田に対する権利は、「宅・家人・奴婢」とは次元を異にするものであったと想定される。

「宅・家人・奴婢」と漢字で表記された内容は、当時の日本語では「ヤケ・ヤケヒト・ヤツコ」にあたり、ヤケ及びその従属民からなる経営体をさしている。かつて坂本太郎は唐律令の「家人」(家の人の意)と「部曲」(賤民の一種)とが、日本律令ではともに「家人」と表記された理由を追求し、「律令の制定者は部曲に対応する賤民の名を新たに求むべき必要に直面し、かれらの先祖がかつて用いたところのこの語(家人、吉田注)を想起しこれを家人と名づけたのではあるまいか」と説き、大化以前における「家人」の語に賤民家人の系譜の起源をもとめた。[107] ただ坂本は「家人」という語がもとで「ヤケヒト」という国語が起ったと解したが、家部・宅部が広範に存在したことや、「益必」(ヤケヒト)郷の存在(Ⅱ章参照)を考えると、やはり「ヤケ」という国語で表される実態が核にあったと考えた方が妥当であろう。「家《いへ》の人」の意の「家人」が、すでに手本とした唐律令にあったにもかかわらず、あえて唐律令の部曲を同じ「家人」の語で表記したのは、やはり「家」という漢字が「ヤケ」と強く結びついていたからではなかろうか。もっとも、坂本が強調したように、ヤケヒトという語が奈良時代に流通していた可能性は薄く、「ヤツコ」という古くからの言葉が奈良時代にも一般に用いられ、中世以後にも踏襲されてゆく。律令では唐律令にあわせるためにあえて私賤民を二種にわけて「ヤケヒト」を「ヤツコ」よりも上級の賤民としたが、もとよりその間の区別はほとんど存在しなかったので、より基本的なヤツコの語が流通していたのであろう。ヤツコは、語源では「ヤ」に従属する人であったろうが（Ⅱ章参照）、ヤケヒト、すなわちヤケに従属する人の意をふくめて用いられていたのではなかろうか。「従二祖父時一承継物」の中心は、まさにヤケとヤケに従属する人々からなる一つの経営体であった。

経営体としてのヤケは、(イ)家口やヤケヒト・ヤツコなど従属民による直接的な耕営と、(ロ)ヤケのクラに集積された動産（主として稲穀）による経営との、二つの側面があったと想定される。ヤケのクラに集積された稲穀が大きな機能を果したことは、ミヤケについての研究[108]からも類推され、その中心となったのは、おそらく出挙であった。当時一般に行われていた賃租（一年間の耕作権の売買）も、出挙の関係を内包しているとみられ[109]、春に賃価を払えない農民は、必然的に出挙関係にまき込まれていったと推測される。また田植など集団的な労働の際に支給される魚肴も[110]、おそらくヤケに集積されていた稲穀が主要な財源となったであろう。田植は同時に祭りでもあり、祭りの際の魚肴の支給も、ヤケの重要な機能の一つであったと想定される。したがって、ヤケがどのように継承されたかは、古代社会の仕組みを解く一つの重要な手懸りとなると考えられるが、律令国家における「嫡子」制の導入は、その問題とも深くかかわっていた。

六　嫡子制の導入

日本律令における嫡子の制は、主として(一)蔭位を中心とする出身法と、(二)財産相続法とに関連して規定されているが[111]、いずれの面においても手本とした唐令と異なり、嫡子を他の子から区別して特別に扱おうとしている点が注目される（詳しくは後述）。また嫡子を立てる目的について、唐律疏が「立嫡者、本擬三承襲一」としたのを意識的に日本律疏は「立嫡者、本擬二承家一」と書き変えている(史料が残存するのは養老律であるが大宝律もおそらく同文)。日本律が唐律の「承襲」の語をそのまま継承できなかったのは、承襲の客体である「封爵」の制を日本律令が直接には継受しなかったことから当然の処置といえるが、問題は封爵の承襲のための嫡子制を、「承家」のための制度として継受したことにある。では「承家」とは何であったのか。単純に後世的な意味での「イエの継承」と決めつけられないところに、問題の複雑さと同時に、問題を解く手懸りがひそんでいそうである。

「家」がイヘとヤケの両者を表示したように(Ⅱ章参照)、「承家」も「イヘの継承」と「ヤケの継承」の二つの意味を含んでいた。すなわち㈠蔭位を中心とする出身法においては、おそらく「イヘの継承」と観念されたであろうが、㈡財産相続法においては「ヤケの継承」と観念された可能性が強い。例えば『令集解』継嗣令継嗣条の穴記は、

問、八位以上嫡子、叙訖身死、不二更立替一。其若未二処分一財物者、一宅合二諸兄弟均分一。初位及庶人、嫡子身死、更立替、与二情願一宅一。何故八位以上、倒下二於庶人一由何。答、依レ文習耳、又為二両度不一レ可レ叙故。

とある。すなわち継嗣令の規定によれば、八位以上の嫡子が蔭によって出身した後にその嫡子が死んだ場合には、嫡子を立て替えてもう一度嫡子としての蔭の特権を得ることができない定めであったが、その規定をそのまま財産相続についても適用すると、「一宅」(一つのヤケ)を兄弟で均分することになってしまう。ところが、初位及び庶人については——蔭による出身はもともと関係がないので——死ねばもう一度嫡子を立てて、請願する一宅を与えることができる。なぜ八位以上は、かえって庶人より不利になるのか、というのが設問であり、それに対する答えは、継嗣令の規定によって八位以上の嫡子の立替えは認めない。二度嫡子としての蔭の特権を与えることが出来ないからである、とする。この設問の背後には「一つのヤケを分割すべきでない」あるいは「一つのヤケは分割できない」、という当時の人の観念が読みとれるが、おそらくそのような観念を前提として、穴記に附された讃記は、

雖㆑不㆑得㆓出身㆒、為㆓身承㆑家、更立㆑嫡、如㆓庶人㆒也。

という修正説を出し、嫡子としての蔭による出身はできないが、承家のためには、庶人と同じように嫡子を立てることができるとする。この一連の注釈においては明らかにヤケの継承が承家と表現されている。同じく『令集解』戸令応分条の古記所引一云が「祖父死、即嫡子之子得㆑承㆑家」とする「承家」もおそらく穴記や讃記と同じ意味で用いており、穴記はさきの問答と同じ内容を「承門」とも表現している。門(カド)とはいうまでもなく本来はヤケの入口であり、ヤケを象徴するものであった。[112]

承家が「イヘの継承」を意味した㈠の場合にも、その「イヘ」の内容については多くの問題が含まれている。たしかに継嗣令には、嫡子の立て方を規定した条文の末尾に「其氏宗(大宝令では氏上)者、聴㆑勅」という規定をおいているので、嫡子と氏上とは明確に別のものとして規定されている。しかし嫡子制は「氏」の制度と決して無関係ではなかった。というのは、義江明子が明快に論証したように、唐律令の嫡子制は封爵の継承においてのみ機能していたが、日本の「氏」制度には、唐の封爵制と対応する要素が含まれていたからである。[113] 例えば宗廟を設けることができる身分を規定した唐令の規定(『唐令拾遺』儀制令二八)は、墓を営むことができる身分を規定した日本令の規定(葬喪令三位以上条)と内容的に対応しているが、唐令の「始封祖」を日本令では「別祖氏宗」(大宝令は別祖氏上)としており、別祖とは「本同族、今別姓也」(古記)、例えば「土師給㆓秋篠姓㆒之類」(跡記)であった。すなわち別祖は新しい別氏の氏上であった。このように、唐令の始封祖(始めて封爵をもらった始祖)は、日本令の別祖(新しい氏姓をもらった始祖)と対応しており、ここでは唐の封爵は日本の「氏」と対応しているのである。

唐令の蔭位の制は、嫡子に特別な地位を与えず、兄弟はみな平等に父祖の蔭をうけたが、[114] 日本令の蔭位の制は、嫡子と庶子とのあいだに差を設け、嫡子を特に優遇した。日本の蔭位制は、単独(一子のみ)の継承でないという点では

表 III-1

中　　国	日　　本
姓 (父系出自集団の原理によりメンバー全員が平等に継承) 封爵 (嫡子制により単独継承)	姓 (中国の姓の継承方式を踏襲するが個人の朝廷における地位の変化に応じてつねに再編成される)
封爵 (嫡子制により単独継承) 官品 (蔭による継承は兄弟平等)	位階 (蔭は単独継承でなく兄弟に及ぶが，嫡子を優遇する)

唐の蔭位制を継承しているが、嫡子に特別の地位をあたえる点では唐の封爵制を継承している。このように日本律令の「姓」[115](ウヂ名・カバネ)と位階の継承の制度は、いずれも唐律令の封爵の継承の原理を含んでおり、つねに単独継承ないし差別の要素を内包していたが、氏上制の原理を継承したものでもあった[116]。

一節で説明したように、氏上の地位は朝廷での地位と密接に関連しており、朝廷での地位は推古朝以降は、個人に対して与えられる冠位・位階として表示された。したがってウヂ集団の長としての氏上の地位と、朝廷での官人としての地位を表示する位階とを、どのような形で結びつけるか、その方式については、いくつかの可能な選択枝があったと想定される。推古朝の冠位十二階の段階では、朝廷での地位を占めた氏人(そのなかで最も高い地位を占めた人が氏上の地位についたであろう)に対して冠位が与えられたが、おそらくその冠位については未だ蔭による継承の方式は成立しておらず、朝廷で地位を占めた氏人に対して、その都度冠位を与えていく方式であったと想定される。ところがウヂの成員であることが朝廷で地位を占める前提となっていたと考えられるので、実質的にはウヂを媒介として冠位が継承されたことになる。そしてこのようなウヂと冠位との関係は、律令制下の郡司と位階との関係にまで存続している。すなわち、郡司の大領・少領は、その地域の譜第のウヂの有力者のなかから選ばれ、大領・少領の地位についたものに対して、大領には外従八位上、少領には外従八位下を与える規定であり(選叙令郡司条)、その位階を蔭によって子孫に継承する制度は存在していなかった。もっとも郡司が五位以上の位階を得れば蔭位制が適用されることになるが、それはおもに天平時代以降におこってくる例外的な事例で、選叙令の主旨は、大領・少領という朝廷の官職(広義)に就いたものに官位を与えるという制度であり、ウヂのなかで官職についた者に冠位を与えた推古朝の冠位制と基本的には同じ性格のものであった。そしてこのような冠位・位階の授与方式は、族長の地位が傍系親をも含めた広い範囲の親族のなかで継承されていた状況と適合していることに注目しておきたい。

大化改新後、とくに天武朝以降の律令官制の形成過程で、朝廷の官人の出身母体である「氏」が――八色の姓などを通じて――再編成され、再編成された「氏」から出身した官人の位階を、蔭位によって継承させる方式が採用された。[117] 蔭位は父から子・孫に継承されたので、従来の族長位の継承の場合よりも小さな集団が、その継承の単位となる。律令制定者が嫡子を立てるのは「承家」のためであるとしたのも、氏上の継承には嫡子制はなじまないことを承知した上で、家長の継承の方式として嫡子制を制定したのであろう。しかし日本の律令国家は、家―家長だけで支配者層を組織することはできなかった。おそらく現実にはまだウヂ的な関係が強く機能しており、官人の出身についてもウヂの組織が強く機能していたと想定される。選叙令が嫡子を立てる規定の最後に、氏上を立てる規定を附加したのも、「氏」と「家」との両面から支配者層を組織しようとしたことを示すものであろう。事実、嫡子制を規定する大宝律令を施行した大宝二(七〇二)年には、忌寸以上のカバネをもつ「氏」に対して氏上の申告を徹底させ(『続日本紀』大宝二年九月己丑条)、諸国の「国造之氏」を定めている(同、大宝二年四月庚戌条)。

本来中国の嫡子制には二つの機能があったといわれる。[118] 一つは単独継承の原理であり、もう一つは嫡系継承の原理である。このうち前者の単独継承の原理は、日本古代の首長制の原理でもあり、前述したようにヤケの継承の原理でもあった。日本律令が嫡子制を導入したのは、それが首長位の継承方式と基本的には適合していたからであろう。ところが氏上のようにあきらかに傍系親にわたる範囲で継承されていた首長位については、嫡子制を適用することはできない。いうまでもなく後者の嫡系継承の原理に反するからである。では家長の地位は嫡系継承の原理に適合していたのであろうか。答は否であるが、嫡系継承の原理の内容をさらに詳しく分析すると、そのなかには家長の地位の継承に適用できる要素も含まれていた。すなわち嫡系継承の原理には、(イ)男性優先(女性に対して)、(ロ)子孫優先(傍系親に対して)、(ハ)長子優先(次子以下に対して)、(ニ)嫡出子優先(妾の子に対して)、(ホ)嫡孫優先(庶子に対して)、の五つの要素が含まれていたと考えられる。このうち(イ)男性優先の制は、日本古代には支配的ではあったが必ずしも貫徹していなかった。女帝が嫡系の原理を実現するために出現してくるという皮肉な現象にも、そのことは明白にあらわれている。戸主の地位も嫡子が幼少であれば母が継承するのが慣例であったらしい(『令集解』戸令戸主条の古記)。(ロ)の子孫優先の制は、嫡子制が導入された一つの重要な目的であったと考えられる。首長位が傍系親の範囲で移動する「氏」ではなくて、嫡子制による「家」に支配の基礎を置こうとしたのは、「氏」の組織が律令国家の支配者集団の単位としては、あまりにも流動的であったからと想定される。しかし「家」もはっきりした社会的な単位として存在していたかどうかは疑わしい。豪族層のイヘは、家長によって組織される集団であるという点では、ウヂとその構成の原理を同じくしていたのであり、ウヂとイヘとは、その集団の規模は異なり、また上位集団とそこに包摂される下位集団という違いはあったが、いずれも首長を中心に組織される集団であるという点ではその原理を同じくしていた。その上、家長の地位の継承方式も、――ウヂに比べれば父子間の継承が一般化していたであろうが――まだ社会規範として確立していなかった可能性が強い。嫡子制の導入は、家長の地位の継承を父―子のあいだに固定し、「家」を律令国家の支配機構の基礎的な単位として意図的に設定しようとするものであった。しかし現実には、三節で説明したように、庶民層の家長の存在はきわめて流動的であったために、戸主の地位の継承責任者として――行政上の必要から――嫡子を定めるのが実態であった。次に(ハ)の長子優先の制は、すでに大兄の制として豪族層の間ではその慣行がある程度成立していたことが知られる。(119) ただし(ニ)の嫡出子優先の制がほとんど機能していなかったので、天皇の場合にも、複数の(母を異にする)大兄が存在していた。一般の豪族の場合もおそらく複数の大兄が存在していたと想定されるが、「オホエ」とは本来、一番大きな兄(エ)をさす普通名詞と考えられるので、大兄の継承権が他子に対してどの程度優越していたかは定かでない。(ニ)の嫡出子優先の制は、天皇の場合には大后・皇后を媒介として機能するが、妻・妾の区別がほとんど問題とならなかった地方豪族や庶民層には、ほとんど機能しなかったであろう。(ホ)の嫡孫優先の制も、(ニ)嫡出子優先の制とリンクしているので、やはりほとんど機能しなかったと推定される。

このように検討してくると、嫡子制導入の最大の眼目は、(ロ)の子孫優先制と(ハ)の長子優先制によって、ウヂよりもはっきりした社会的単位として、イヘを政治的に創設しようとしたものと想定される。律令国家は、歴史の進行に対して、イヘを先取りしようとしたともいえよう。

律令国家が設定した「家」のなかで、もっとも明確な形で存在したのは、三位以上の貴族の公的な「家」であったが、養老三(七一九)年には四・五位の貴族にも公的な「宅」の創設を認めた(三節参照)。また養老五年の造籍の際には、戸主の地位の継承予定者としての嫡子制を、庶民にまで一律に施行したが(三節参照)、おそらく戸政(戸の負担する賦役)の納入責任者という以上の意味は、ほとんどもたなかったであろう。むしろ現実に大きな意味をもったのは、郡司層への嫡子制の導入であった。先述したように律令では、畿内豪族についての蔭位による出身制を郡司については適用せず、郡領の地位に就いた族長に対して叙位する制度をとっていた。したがって郡領の地位の継承方式については、まだ父―子を優先する制度は成立していなかった。選叙令郡司条にも、

凡郡司、取㆘性識清廉、堪㆓時務㆒者㆖、為㆓大領少領㆒。（中略）其大領少領、才用同者、先取㆓国造㆒。

とあるように、才用と国造（譜第）とだけを基準とする規定であり、現実にもそれに加えて譜第氏族のなかでの序列が重視されるにとどまった。すなわち郡領の補任方式を変更した天平二十一（七四九）年二月の勅（『続日本紀』）によれば、

頃年之間、補㆓任郡領㆒、国司先検㆓譜第優劣・身才能不・舅甥之列・長幼之序㆒、擬㆓申於省（式部省）㆒、式部更問㆓口状㆒、比㆓校勝否㆒、然後選任。或譜第雖㆑軽、以㆑労薦㆑之、或家門雖㆑重、以㆑拙却㆑之。

というのが大宝令制下の郡領補任方式であった。しかし、郡領を出す氏族のなかは「其族多㆑門、苗裔尚繁」というように分化していたので一族のなかでの争いがはげしくなり、礼義を顧りみず、孝悌の道が衰えるという状態になってしまった。そこで前例を改めて、

簡㆓定立㆑郡以来譜第重大之家㆒、嫡々相継、莫㆑用㆓傍親㆒。終絶㆓争訟之源㆒、永息㆓窺窬之望㆒。若嫡子有㆘罪疾及不㆑堪㆓時務㆒者㆖、立替如㆑令。

と郡領補任方式を「譜第重大之家」の「嫡々相継」制に改めている。ただ末尾の嫡子立替の規定が示すように、「時務に堪える者」という条件ははっきりと守られていた。なおこの天平二十一年の段階では、まだ郡領の「承家者」すなわち嫡子は、父が死んで郡領の職を継ぐまで出身の方途がなかったが、天平宝字五（七六一）年には朝廷で出身する途を開いた。ここに郡領層にも畿内豪族と同じような嫡子制（嫡子としての蔭による出身制）が導入されたことになる。しかし郡領の嫡々相継制は、まもなく形骸化したと推定されている。[120] 畿内貴族層の蔭位制は嫡子を優遇してはいるが他の子にも蔭位の資格を認めており、兄弟のなかの能力のある者が父の地位を事実上受けつぐことも可能な、弾力的な制度であった。事実、藤原不比等の四子のうち嫡子として出身し、最初にもっとも高い位階を得たのは長子の武智麻呂であったが、[121] やがて房前が兄の位階に追いついて父の政治的地位を事実上継承している。それにくらべると、郡

領の嫡々相継制は——時務に堪えない嫡子を立て替える規定を含んではいるが——やはり固定的な継承制度であり、そこにこの制度が定着しなかった一つの大きな原因があったと考えられる。平安初期に郡領の任用制度の改定が頻繁に行われた際にも、問題になったのは「譜第」であって「嫡子」ではなかった。もちろん長期的にみれば郡領についても父子の継承がしだいに一般化してくるが、[122] 奈良時代には「嫡子」制は定着しなかったと考えられる。

この節の最初に説明したように、嫡子制は主として㈠蔭位を中心とする出身法と、㈡財産相続法とに関連して規制されていたが、後者の財産相続法の中心となるのは、戸令応分条であった。戸令応分条については、中田薫の古典的な研究があり、[123] 大宝令と養老令とで、その内容が大きく異なっていたことが明らかにされている。本稿に直接関連する主な点だけを列挙すれば、

㈠　大宝令では、宅・家人・奴婢の全部と財物の半分を嫡子に与え、庶子(嫡子以外の子)には財物の残り半分を均分させた。これに対して養老令では、家人・奴婢・田宅・資財を総計して、嫡子二分・庶子一分の割合で分割させた。

㈡　大宝令では、奴婢について「其奴婢等、嫡子随レ状分者聴」という注があったが、養老令は「氏賤不レ在ニ此限ニ」という注に変えた。

㈢　大宝令の「妻家所得奴婢不レ在ニ分限ニ〈還ニ於本宗ニ〉」を、養老令は「妻家所得不レ在ニ分限ニ」とし、「奴婢」という限定をはずし、「還於本宗」という注を削った。

もちろんこの他にも大宝令と養老令とのあいだには多くの重要な差異があるが、ここで問題としたいのは、まず大宝令の宅・家人・奴婢の嫡子単独継承制である。家人(ヤケヒト)・奴婢(ヤツコ)が宅(ヤケ)の従属者であったことは

前節で説明したが、大宝令の注によれば、奴婢等（家人・奴婢）については、嫡子が庶子にも分つことができるとする。このことは逆にみれば、宅（ヤケ）については嫡子単独継承の原則がより強く表明されていることになる。一つのヤケが本来分割できないものと考えられていたことは先に説明したが、ヤケの単独継承はそのような当時の社会通念とも適合するであろう。中田薫が大宝令の応分条を「日本古来の慣習法」に由来したものと考えたのは、そのような日本の古代社会の構造の一面を鋭く見通していたのであろう。しかしヤケの継承は単独継承に適合的であったとしても、それが嫡子継承と適合的であったかどうかは疑わしい。というのは、ヤケの継承方式について嫡子継承のような明確な規範が成立していなかったと考えられる有力な史料が存在するからである。それは前章（II章）でも取りあげた、天平元年のいわゆる光明立后の宣命である。

此の位を遅く定めつらくは、刀《ト》比《ヒ》止《ト》麻《マ》爾《ニ》母《モ》己《オノ》我《ガ》夜《ヤ》気《ケ》授留《サヅクル》人《ヒト》乎《ヲ》波《バ》、一日二日と択び、十日二十日と試み定むとしいはば、こきだしきおほき天の下の事をや、たやすく行はむと念ほし坐して、此の六年の内を択び賜ひ試み賜ひて

この部分の主旨は、前章四節で説明したように、「地方の人の間でも、自分のヤケを授ける人を、一日二日と択び、十日二十日と試み定めるというとするならば」、皇后の位を定めるのに六年かかったとしても当然である、という意味であろう。とすると、ヤケの授受について嫡子継承のような明確な社会規範は当然成立していなかったと考えざるを得ない。しかもここでは「皇后の位を定める」ことと「己がヤケ授くる人を択ぶ」こととが対比され、前者が「こきだしきおほき天の下の事」であるのに対して、後者は「外《と》人間《ひとま》」のことであった。なぜ「外《と》人間《ひとま》」の「己がヤケ授くる人を択ぶ」ことが、皇后の位を定めることの引き合いに出されたのであろうか。それが結婚に関することがらでなかったことは、聖武と光明子はすでに十二年前の霊亀二年に結婚していたことから明白であろう。結婚に際してヤケを授受する慣習もみあたらない。したがって「ヤケを授けること」が引き合いに出されたのは、皇后の位が宣命の

なかで「しりへのまつりごと」と呼ばれているように、何らかの政治的地位と関連していたと考えるのが妥当であろう。「天下《あめのした》の政《まつりごと》におきて、独り知《し》るべきものならず、必ずもしりへの政《まつりごと》あるべし」というのは、古代の複式族長制の理念と共通する点があるが、「己がヤケ授くる人を択ぶ」ことも、何らかの首長位の授与ないし継承とかかわっていたのではなかろうか。とすればヤケは単なる施設ではなく、首長位を象徴するものであったと考えられる。

ヤケが何らかの首長位とかかわっていたように、奴婢もウヂ的な集団とのかかわりが深かった。義江明子は、養老令で「氏賤不レ在二此限一」という注が附加されたのは、大宝令の宅・家人・奴婢の相続のなかには、ウヂ的集団の財産も含まれていたが、大宝令の嫡子(実質的には首長位継承)相続を、養老令でより一般的な相続法に改正したのにともなって、「氏賤不在此限」という注を附加する必要が生じたと推定している。また義江は、大宝令の「妻家所得奴婢不レ在二分限一〈還二於本宗一〉」とある注の部分の「本宗」は、一般にウヂ的集団をさす語であることを明らかにし、妻のもっている奴婢が基本的にはウヂ的集団の所有であったことを推定している[124]。この場合にも養老令が「還於本宗」の注を削ったのは、ウヂ的集団の財産の相続法を含んだ大宝令の規定を、個人財産の一般的な相続法に切り変えようとしたことにともなう処置と推定される。このように大宝令の応分条は、首長によるウヂ的財産の継承法としての性格が強かったが、それを承家者としての「嫡子」単独相続法として規定したところに、大きな矛盾が含まれていた。すでに大宝令施行期の古記は、「其奴婢等、嫡子随レ状分者聴」という注について、「必令レ分。任レ意不レ聴也」という明らかに法意とは異なる注釈をしているが、それは奴婢の単独継承が当時の社会規範とは食違っていたことを示している。おそらく個人的財産については、諸子(男・女を含め)に分割相続されるのが一般的な相続法だったのであろう。ところが筑前国嶋郡の大領肥君猪手が、「戸主奴婢」十口とは別に「戸主私奴婢」十八口をもっていたように(大宝二年戸籍)、ウヂ的集団の財産と個人財産とが複雑に重層しているのが実態であった。大宝令の戸令応分条が、承家者=嫡子による相続規定をつくりながら、実質的にはウヂ的集団の財産の首長による相続法に大きく傾いたのは、ウヂと豪族層のイヘとが本質的には異ならない集団として重層していた日本の古代社会の構造に規制されていたからであろう。古代のイヘ——とくに豪族のイヘ——は、ウヂと同じように首長を中心に組織される集団であり、イヘも一つの小首長制であった。ただ「ウヂ」が、始祖との血縁的(擬制を含む)つながりを重視し、神話的な系譜意識で結ばれた側面に焦点を合せた語であるのに対して、「イヘ」は家長を中心とする日常的な生活の共同体としての側面に焦点を合せた語であるという違いがあった。

七 「家」の成立

日本律令の制定者が、嫡子制による「イヘ」に支配体制の基礎を置こうとしたのは、首長位が傍系親をふくむ範囲で移動し、その構成員も絶えず変動する「ウヂ」の組織では、律令国家の支配者層の単位として、あまりにも流動的であったからと考えられる。嫡子制の導入の最大の眼目は、ウヂよりもはっきりした社会的単位として、父から子へ(とくに父から長子へ)の継承を原理とする支配者層の「イヘ」を政治的に創設しようとしたものと推定される。ウヂが始祖との関係を原理とするのに対して、イヘは父から子への継承を基本的な原理としている。もちろんウヂにおいても始祖と自分とをつなぐのは、親子関係の連鎖であり、逆にイヘ(とくに中世以後のイエ)においても、祖先から子孫への永続が理念となっている。しかし父から子への継承を基本的な原理とするイヘの制度において「養子」が大きな問題となるのに対して、始祖との関係を基本的な原理とするウヂにおいては、「養子」の問題はおこってこない。[125]もちろん孤児や捨子を養育するという養子は、いつの時代にもあったが、何らかの地位とか権利を継承させるための養子が、史料の上にはっきり現れてくるのは、大宝律令施行の直後であった。すなわち大宝元(七〇一)年六月に大宝律令を施行し、その翌月に新令の施行にともなう具体的処置を太政官で定めたが、そのなかに、

　五位以上子、依レ蔭出身、以二兄弟子一為二養子一聴レ叙レ位、其以二嫡孫一為レ継不レ得也。

という蔭位制にともなう養子の規定がある（『続日本紀』大宝元年七月条）。蔭位の制はおそらく大宝令において制定されたと推定されており、[126] 浄御原令において「氏姓大小」が授位の規準に掲げられていたのに対して、大宝令の蔭位制では父―子の関係が基本とされ、それと関連して「養子」の資格が問題となったのである。[127] このことは、律令国家の政策が父から子への継承を原理とする支配者層の組織化にあったことをよく示している。そして支配者層の単位をウヂからイヘへ切り換えていこうとする、このような律令国家の政策を巧みに利用したのが藤原氏であった。

律令制では三位以上の貴族に公的な「家」を設けたが、太政官の議政官となった三位以上の貴族は、畿内の有力なウヂの長によって構成されていたので、実質的には畿内の有力なウヂごとに一つずつ公的な家が置かれたことになる。しかしこのような慣行を破ったのが藤原不比等の四子、武智麻呂・房前・宇合・麻呂の兄弟であり、彼らは慣例を破っていずれも三位以上の位階を得、おのおの公的な「家」を持った。いわゆる南家・北家・式家・京家の起源である。ただしこれらの家は、三位以上の位階にともなうもので、まだそれ自体としては継承の客体とならなかったことにも注目しておきたい。またこれらのイヘは、未だウヂと基本的には異ならない集団であった。天平宝字二(七五八)年に藤原仲麻呂が藤原恵美の姓を賜わったとき、藤原恵美を称したのは仲麻呂とその子供たちだけであり、仲麻呂が「恵美家印」を用いることを聴されたように（『続日本紀』天平宝字二年八月条）、それは恵美を冠する家の創設を認められたともいえる。そして仲麻呂がもし短期間に没落しなかったならば、恵美家はおそらく(藤原)恵美を姓とする新しいウヂとなったと推測される。このようなウヂとイヘとの関係をよく示しているのが、天平神護二(七六六)年十月の宣命

(『続日本紀』)で、「此寺《法華寺》は……先の太政大臣藤原大臣《不比等》之家に在り。今其家之名を継て、明かに浄き心を以て、朝廷を助け奉り仕へ奉る右大臣藤原朝臣《永手》……」とある「家の名」は、「藤原」というウヂ名を指していると考えられる(Ⅱ章四節参照)。しかし同時に、この宣命では「祖の名」でなく「家の名」とよばれていることが注目され、そこに新しい時代の流れ、「イヘ」が貴族社会の重要な単位として生成しつつあった状況を伺うことができる。

とはいえ奈良時代の藤原氏の家は、まだ平安後期の貴族の家のような明確な家領を形成しておらず、もっとも大きな収入源は位階や官職にともなう食封など、朝廷から支給される封禄であった。他の貴族の家も朝廷の官職や位階と深く結びついており、そこに中世的なイエの観念が朝廷の官職の世襲化を媒介として生れてくる素地があったと考えられる。佐藤進一は、特定の氏族が特定の官司の職務を独占し、世襲してくるところに、中世的な家業観念の萌芽を見出している。『法曹至要抄』に、

養子之法、無ㇾ子之人、為ㇾ継二家業一、所二収養一也。

とあるように、家業の観念は中世社会の骨格をなしており、『法曹至要抄』などの法書には「家業のためならば律令を破ることも許される」とする明法家の説が公然と揚言されている[128]。たしかに特定の氏族が特定の官司の職務を家業として世襲するという体制は、官位相当制を原則とする律令の官僚制を破るものであったが、その点だけに注目すると、始祖が天皇の祖先に仕えた職務を継承するというウヂの原理の再生ともいえる。しかしウヂが始祖との関係を基本としたのに対して、中世の家業の観念は父と子の継承を基本としている点がはっきり異なっている。養子は家業を継ぐためとする『法曹至要抄』の規定にも、そのことは明白にあらわれている。ウヂからイヘへの変化は、始祖のマナが永遠に再生し続けるという循環的・神話的な時間意識から、父から子へ、子から孫への継承を基本とする直線的・歴史的な時間意識への転換であると表現できるかも知れない。

律令国家が先取りした「イヘ」は、このように官人貴族層によってしだいに実体化されてくる。[129]そして院政期には特定の氏族による官職の世襲化が家業として確立し、[130]『愚管抄』にみられるような「家ヲヲコシ」「家ヲ継ギ」「家ヲ伝ヘ」という観念がはっきり成立してきた。そしてそのような観念の裏付けとなったのが「家領」の成立であった。[131]もっとも奈良時代にも「累世相継富家」という観念は成立していたが、祖父の時より相継したのは「ヤケ」とその従属民(ヤケヒト・ヤツコ)であり、まだ田を含んでいなかった。ヤケは地域共同体の経営の中核として機能し、ウヂ的な集団とも深いかかわりがあったと想定される。中世以降の「イエ」の重要な特質は、子孫によって継承されることにあったが、古代社会において継承されたのは、一般には「イヘ」ではなくて「ヤケ」であった。したがって中世的なイエが成立する過程は、朝廷の官職の家業化という側面とともに、継承の客体となる「イエ」の生成という側面をともなっていた。そして後者の「イエ」の生成は、古代のヤケとイヘとの総合として捉えることができるのではなかろうか。すなわち在地豪族層や有力農民層のイヘが、かつてのヤケが担っていた機能を吸収していったとき、中世的なイエが形成されてきたのではなかろうか。そしてその画期となるのも院政期ではないかと考えられる。

中世的なイエの一つの重要な特質は、イエの父系継承にあったが、イエの父系継承が確立するには、夫方居住ないし嫁入婚の成立が、その前提となったと想定される。院政期のころから女性の社会的地位が急速に低下していくのも、[132]夫方居住の一般化と一連の現象と考えられる。残存する系図で父―子(男子)の直系継承が一般化してくるのも、ほぼこの頃からであった。[133]ウヂの紐帯であった神話的な血縁系譜の意識も、院政期の社会の脱呪術化のなかで、急速に消滅していったと想定される。そしてこのような社会の転換を推進する原動力となった在地領主層において、経営体としての特質をはっきりもった「イエ」が成立してきたと考えられる。[134]もっとも中世の武士社会のイエも重層した存在で、中田薫が「中世の家督は上代の氏上に相当するもの」と明言したように、夫妻を単位とするイエが家督によって結集せられた集団であった。ただ古代と異なるのは、中世の家督は本家の嫡子が相続するのが一般であり、氏上の継承と家長の継承とが別箇に行われた古代のウヂ―イヘとは明らかに異なっていた[135]。そして中世の中ごろから、惣領制が解体して長子単独相続法が発達してくると、近世的な「イエ」が形成されてくる。

いわゆる日本的な「イエ」制度のもっとも基礎的な特質は、その永続性への希求にあったといわれるが、村武精一は、「イエ」の永続性を希求する根底には、祖先崇拝の在り方と深く関連した「ヤシキ地」への執着・保持とそれへの崇敬の観念が強く規制していたことを指摘している[136]。村武によれば「ヤシキ」は単なる居住や家庭的諸機能を充足する地域空間として存在するばかりでなく、あるいは家産の一部としての土地・家屋というばかりでなく、先祖そのものという呪的・霊的空間を構成していた。このような村武による「イエ」観念に内包された「ヤシキ」イデオロギーの発掘は、日本的な「イエ」が、古代の「イヘ」と「ヤケ」との統合のうえに成立するという前述の見通しを支証するであろう。古代のヤカツ神も祖霊と何らかの関連があったと想定されるが(Ⅱ章六節)、ヤカツ神はイヘノ神を媒介として屋敷神につながっていった可能性がある。ところでヤシキの永続性はヤシキ地の固定化を前提とするが、ヤシキ地は集落のあり方とも密接に関連していた。歴史地理学の研究成果によれば、畿内では院政期のころから集村化が進み、中世～近世の集落の母胎が出来てくるといわれる[137]。したがってヤシキの永続性を内包するイエの観念の成立にとって、院政期はここでもまた一つの重要な画期となっている。

日本的なイエの重要な特質は、その永続性とともに単独継承性にあったが、一つのヤケは分割できないというヤケの単独継承の原理は、イエの単独継承の原理のなかに流れ込んでいる。また日本の社会の基底にあった双系的な社会組織は、婿養子によるイエの継承を容易とし、日本的なイエ制度をうみだす基盤となった[138]。

注

（1）「氏」の一般的な性格については、直木孝次郎「古代日本の氏」（『古代史講座』6 学生社、一九六二年）参照。

（2）関晃「天武朝の氏族政策」（『歴史』五〇輯、一九七七年）。平野邦雄「「甲子宣」の意義」（井上光貞博士還暦記念会編『古代史論叢』上巻、吉川弘文館、一九七八年）。

（3）平野邦雄「八世紀「帰化氏族」の族的構成」（竹内理三博士古稀記念会編『続律令国家と貴族社会』吉川弘文館、一九七八年）。

（4）高群逸枝『母系制の研究』（理論社、一九六六年）。なお江守五夫「古代女性史に関する問題」（『家族史研究』第二集、大月書店、一九八〇年）は、母姓を継いだ例として高群があげた史料は、地方に赴いた中央貴族の男と地方豪族の女との間の子など、いずれも特殊な例である、と高群説を批判するが、これらの改姓史料は、母姓から父姓に変えることによって利益がある場合にだけ残されるので、母姓のままでいても特に不利益にならない場合には改姓が申請されなかったであろうことにも注目する必要がある。また江守は大化元年八月詔（『日本書紀』）の「男女の法」（「良男良女共所レ生子、配二其父一。若良男、娶レ婢所レ生子、配二其母一。若良女、嫁レ奴所レ生子、配二其父一。若両家奴婢所レ生子、配二其母一」）を基本的には「身分違いの婚姻より生じた子の身分の確定を図ったもの」ととらえるが、最初に良民相互間の「良男良女共所レ生子、配二其父一」がわざわざ規定されていることについて、「子の所属が問題になることが当時決して少なくなかった」とする関晃「鐘匱の制と男女の法」（東北史学会『歴史』三四号）の説を支持されるのであれば、母姓を継ぐこともあり得たと考えた方が自然ではなかろうか。

（5）和歌森太郎『国史における協同体の研究』上巻、帝国書院、一九四七年。

（6）座談会「家族――その比較にみるアジアと日本」（『世界』一九七二年九月号）における中根千枝発言。

（7）中田薫「我古典の「部」及び「県」に就て」（『法制史論集』三巻上、岩波書店、一九四四年）。

（8）津田左右吉「上代の部の研究」（『津田左右吉全集』第三巻、岩波書店、一九六三年）。

（9）竹内理三「氏長者」（『律令制と貴族政権』第Ⅱ部、御茶の水書房、一九五八年）。

(10) 継嗣令継嗣条。なお神祇令2〜9条には、四時の公的諸祭が列挙されているが、そのなかの「三枝祭」について、『令集解』の令釈は、「大神氏宗定而祭、不レ定者不レ祭、即大神族類之神也」と注する。すなわち「大神氏の氏上(氏宗)が定められて祭るが、定められていないときは祭らない」というのであり、「大神族類」が氏上をはなれては実体がなかったことをはっきりしめしている。大神氏の氏上の任命記事は『続日本紀』慶雲四年九月条にみえ、『続日本紀』には大神氏のほか麻績・服部・大倭・太の五氏についてのみその氏上の任命記事がみえるが、これらの氏上はいずれも朝廷の公的祭祀をつかさどるために任命されたものなので、『続日本紀』に記録されたと考えられる。したがって『続日本紀』の氏上任命記事から、他の「氏」においては「氏上」が定められていなかったとはいえない。たしかに大宝令の施行によって、官人の出身法における氏上及び氏の機能は、蔭位や位子の制にとってかわられるが、氏上の機能そのものは存続していたと考えられる。例えば『続日本紀』大宝二年九月条に「詔、甲子年定二氏上一時、所レ不レ載氏、今被レ賜レ姓者、自二伊美吉一以上、並悉令レ申」とあるのは、氏の代表者が申上することを前提としているし、『続日本紀』天平宝字元年六月条には、「制、勅五条、諸氏長等、或不レ預二公事一、恣集二己族一、自今以後、不レ得二更然一」とあり、氏長が氏の武力の統率者となっている。

(11) 「自律的」「自主的」の概念については、マックス・ウェーバーの用語を継承した石母田正『日本の古代国家』(岩波書店、一九七一年)第三章参照。

(12) 石母田正『日本の古代国家』(前掲)。

(13) 平野邦雄「いわゆる「古代王朝論」について」(『国史学』一〇三号、一九七七年)。

(14) ただし、継体朝ごろから、天皇一族の内婚化の傾向が強まるが(後述参照)、それは王権の確立をめざす動きの一つのあらわれと考えられる。

(15) 関晃「推古朝政治の性格」(『東北大学日本文化研究所研究報告』第三集、一九六七年)。

(16) マナ(mana)という語は多様な意味で用いられるが、ここではポリネシアの首長制におけるマナの意味で用いる。ポリネシアのマナは、呪術的な霊威をさし、その源泉は祖神・始祖にあると考えられていた。祖神から系譜上の位置がもっとも近い最高首長がもっとも大量で強いマナを受け、そのマナが他に転移しないように、首長はさまざまなタブーでつつまれていた

（石川栄吉『南太平洋――民族学的研究』角川書店、一九七九年、参照）。古代日本語の「たま（魂）」は、おそらくポリネシアのマナに類似したものと考えられ、また「祖の名」の「な」という言葉も、類似した呪術的霊威をになっていた可能性が強い。

(17) 折口信夫「大嘗祭の本義」（『古代研究』Ⅲ 民俗学篇3 角川書店、一九七五年）。

(18) この歌は日並皇子尊（草壁皇子）の殯宮で柿本人麻呂が歌ったもので、直接に天皇に関するものではない。しかし「日並皇子」という呼称が示すように、草壁は天皇に準ずると考えられていた。

(19) 江戸時代の史料ではあるが、『本朝通鑑』の編輯日記である『国史館日録』の寛文七年六月十二日条に「出雲大社神人来談。（中略）毎世国造疾。則未レ死時。家督出在二別社一。続二神火一。而父死而子代為二国造一。其族不レ哭二前国造一。唯賀二新国造一。子不レ会二父葬一。而無二一日潔斎一。自二相続日一喫レ魚如レ常。盖以二六十余代国造一。擬二天穂日命永存而不一レ死也」とある。ここには当然近世的な観念も色濃く混っているが、なお古代族長のマナの継承の観念が生きていると考えられる。

(20) 阿部武彦「古事記の氏族系譜」（『古事記大成』四、平凡社、一九五六年）。

(21) 義江明子「古代の氏と家について」（『日本史の研究』一一七号、山川出版社、一九八二年）。

(22) 阿部武彦「古代族長継承の問題について」（『北大史学』二号、一九五四年）。井上光貞「カモ県主の研究」（『日本古代国家の研究』岩波書店、一九六五年）。

(23) 津田左右吉「上代の部の研究」（前掲注8）。

(24) 中田薫「祖名相続再考」（前掲『法制史論集』三巻）。中田が祖名をウヂ名に引きつけて考えたのは、祖先の名前をそのまま子孫の名前につけるという慣習がないことにこだわったからであった。ところが中田は同時に、ウヂ名はそれほど古く溯らないことにも気がついていたので、「祖名を継ぐ」ことが、(イ)祖先の名前を口から口へと語り継ぐことを意味した段階から、(ロ)ウヂ名を継承する段階へと変っていった、という仮説を出した。しかし「祖名を継ぐ」とは単に〝語り継ぐ〟ことをさしたのだろうか。「名を継ぐ」ことが「名を負ふ」とも表現されていることは、〝語り継ぐ〟だけでない、もっと深い関係を示唆していると思われる。中田は祖名を呼称としての個人名に引きつけて考えたが、祖名の継承の中核にあったのは、一族の神祖・始祖の呪術的霊威の継承だったのではなかろうか。

(25) 溝口睦子『日本古代氏族系譜の成立』(学習院学術研究叢書、一九八二年)。

(26) 網野善彦「中世における婚姻関係の一考察」(『地方史研究』一〇七号、一九七〇年)。なお、同『東と西の語る日本の歴史』(そしえて文庫、一九八二年)参照。

(27) 大林太良「古代の婚姻」(『古代の日本』2 角川書店、一九七一年)。

(28) 平野邦雄「八世紀「帰化氏族」の族的構成」(竹内理三博士古稀記念会編『続律令国家と貴族社会』吉川弘文館、一九七八年)。

(29) 『日本書紀』雄略九年七月条には田辺史伯孫が、自分の娘がお産をしたので、聟の古市郡の書首加竜の家へ行く話をのせる(田辺史・書首は共に帰化系氏族)。なお先述の『隋書』倭国伝のもとになる資料を提供したのは、おそらく外交にたずさわった帰化系氏族であったことも考慮する必要があろう。

(30) 例えば、『令集解』の喪葬令服紀条の古記によれば、父の兄弟である「伯叔」と、母の兄弟である「舅」は、いずれも「ヲヂ」と呼ばれており、父の姉妹である「姑」と母の姉妹である「姨」(大宝令は従母)は、いずれも「ヲバ」と呼ばれている。このようなヲヂ・ヲバの用法は現代まで一貫した日本語の用法であるが、ここには父系と母系との区別はみられない。漢字では唐令にならって父系と母系を峻別しながら、日本語では区別がなかったのである。また儀制令でも中国の用法にならって兄弟の子を「姪」(大宝令は兄弟子か)、姉妹の子を「甥」と明確に区別しているが、日本語では兄弟の子と姉妹の子とを区別しないで、いずれも男子をヲヒ、女子をメヒと呼んでいたらしい。ところが、おそらく八世紀以前に、姪をメヒ、甥をヲヒとする訓読法が生じたために、種々の混乱が生じてきた。例えば戸籍・計帳においても、大宝二(七〇二)年に作られた美濃国戸籍では、兄弟の子、姉妹の子を問わず、男子を甥、女子を姪と日本語的に表記しているが、天平期以後の籍帳では、兄弟の子のうち男子を姪、女子を姪女、姉妹の子のうち男子を甥、女子を甥女、という律令的な用法に変えている。しかし籍帳以外では先の日本語的用法が根強く残り、種々の混乱を生じながらもしだいに一般化していった。このような混乱は、本来中国とは親族名称の体系を異にしながら、漢字を用いて親族関係を表記したために生じたものである。布村一夫「正倉院籍帳における親族呼称」(『歴史学研究』二一二号)、青木洋子「甥姪覚書」(『国文目白』三号)参照。

(31)　G・P・マードック『社会構造』(内藤莞爾監訳、新泉社、一九七八年)。
(32)　もっとも、王族や貴族層では——とくに双系的な性格が強い社会では——始祖からの血縁の濃度を保つために、近親婚の傾向が強くなると考えられているので、異父兄弟姉妹の間の婚姻が一般的であったとはいえないかも知れないが、インセスト・タブーとはされていなかったであろう。
(33)　明石一紀「日本古代家族研究序説」(『歴史評論』三四七号、一九七九年)。
(34)　中田薫「日本古代親族考」(前掲『法制史論集』第三巻上)。牧野巽「日支親等制の比較」(『支那家族研究』生活社、一九四四年)。
(35)　滋賀秀三『中国家族法の原理』創文社、一九六七年。
(36)　梅村恵子「律令における女性名称」(人間文化研究会『女性と文化』白馬出版、一九七九年)。ただし、唐律令における「婦人」の語義については、滋賀秀三「唐律令における「婦人」の語義」(『国家学会雑誌』九三巻五号)参照。
(37)　高塩博「名例律婦人有官位条について」(『皇学館論叢』一二巻三号)。
(38)　関口裕子「日本古代の家族形態と女性の地位」(『家族史研究』2　大月書店、一九八〇年)。
(39)　江守五夫「母系制と妻問婚」(『国文学解釈と鑑賞』二五巻一四号)、同『母権と父権』(弘文堂、一九七三年、七六頁)。本章の婚姻についての記述は、基本的には江守の学説に依拠しているが、ただ江守が訪婚から夫方居住のみに移行すると考えている点には——後述するように——従えない。なお鷲見等曜「日本古代の婚姻について」(『岐阜経済大学論集』一四巻二号)、同「平安時代の婚姻」(同、八巻四号。ともに『前近代日本の家族の構造』弘文堂、一九八三年、に収録)は、日本古代の親族組織は双系的な性格が強く、婚姻居住も夫方居住と妻方居住が併存するルーズなものとみている。
(40)　「コトサカノ婢」の解釈は、吉田晶『日本古代村落史序説』(塙書房、一九八〇年)第二章による。
(41)　旧中国における婚姻は、一般に定婚(婚約)と成婚(女を迎える儀式)の二段階を経て完結し、中国律令の規定もそれを前提としている。日本律令もそのような枠組みをそのまま継承しているが、『令義解』の注釈ですら、本文で述べるように、令文の主旨と違う解釈をしているのは、日本古代の婚姻の実態を反映したものであろう。

(42) 高群逸枝『招婿婚の研究』一（理論社、一九六六年）七章三節。

(43) 石尾芳久『古代の法と大王と神話』（木鐸社、一九七七年）第二「大王」。このような観点から天皇系譜を分析した興味深い論考として、河内祥輔「王位継承法試論」（『日本古代史論考』吉川弘文館、一九八〇年）がある。

(44) 伊東すみ子「奈良時代の婚姻についての一考察」（『国家学会雑誌』七二巻五号・七三巻一号）。江守五夫、前掲注39論著。ただし伊東が訪婚の期間を平均約一〇年と推定したのは、籍帳の記載をそのまま根拠にしているので疑問があり、訪婚の期間はもっと短かった――あるいは長子の出生のころまでか――と推測される。律令的編戸の時点から年代が下るにしたがって籍帳の擬制化がすすみ、婚姻にともなう移籍の率が低下したと推定されるからである。平田耿二「古代籍帳に現れた農民の婚姻形態について」（『史学雑誌』七四編一一号）参照。

(45) 西村汎子「『今昔物語』における婚姻形態と婚姻関係」（『歴史評論』三三五号）。

(46) 財産が個人的に保持されるのが一般的であり、また分割相続が一般的であったことは、正倉院文書や東南院文書にみえる墾田や奴婢の所有形態から推測される。なお関口裕子「古代における日本と中国の所有・家族形態の相違について――女子所有権を中心として――」（『日本女性史』第一巻、東京大学出版会、一九八二年）参照。

(47) 高群逸枝『招婿婚の研究』（前掲）。関口裕子「日本古代の豪貴族層における家族の特質について(上)」（『原始古代社会研究』5 校倉書房、一九七九年）。

(48) 関口裕子「日本古代の家族形態の特質について」（『お茶の水女子大学女性文化資料館報』三号）。

(49) クランやキンドレッドの概念については、社会人類学者の間でも激しい論争があるが、私にはその問題に深入りする能力がないので、ここでは基礎的な ancester-oriented, ego-oriented という概念から出発し、また「団体」(corporate group)であるかどうか、という問題にも深入りしないことにしたい。ただ私の意図としては、(1)組織的な親族集団、あるいは親族団体の研究と、(2)自己《エゴ》の社会的観点からみた親族紐帯の研究、「この二つのタイプの関係体系（システム＝リファランス）、すなわち親族団体と自己《エゴ》の親族紐帯は、親族現象の分析にとって――対立的でなく――相補的なアプローチの仕方である」とするW・E・ミッチェルの考え方に学びたい。村武精一編・小川正恭他訳『家族と親族』（未来社、一九八一年）参照。

(50)　同じ戸の戸口の間で、別々に墾田が私有され、また墾田売買すら行われているのは、単に「戸」の擬制的性格を示すものではなく、その背後には小家族の集合体の構造があったと考えられる。

(51)　Paul Kirchhoff, "The Principles of Clanship in Human Society", in M. H. Fried, ed., "Readings in Anthropology", vol. II, T. Y. Cromwell, 1959.　なおキルヒホフの理論によって日本古代のウヂをクランとして分析した研究として、村上泰亮・公文俊平・佐藤誠三郎『文明としてのイエ社会』(中央公論社、一九七九年)がある。

(52)　小家族の集合体を「家族共同体」とよぶことが適切かどうかは、私にはまだよく解らない。というのは、そのような集合体を「家族」ととらえることは「家族」の定義とも深くかかわっているが、「家族」の定義を明確にするだけの準備が私にはまだないからである。また「世帯共同体」という用語も使われているが、一般に「村落共同体」「家族共同体」が「村落」「家族」そのものを一つの共同体とするのに対して、「世帯共同体」は複数の「世帯」が集合して形成している共同体の意味と考えられるので、本稿では用語の混乱を避けるために用いないことにしたい。

(53)　火の神を産んだときのやけどがもとで黄泉《よみ》の国へ行ったイザナミは、夫のイザナキが訪ねてきたとき、「悔しきかも、速《と》く来《こ》ずて。吾《あ》は黄泉戸喫《よもつへぐひ》しつ」となげく。すなわち、黄泉国のかまどで炊いた食物を食べてしまったので、黄泉国のものになってしまったという。

(54)　八賀晋「古代における水田の開発」(『日本史研究』九六号)。都出比呂志「農具鉄器化の二つの画期」(『考古学研究』一三巻三号)。

(55)　中林伸浩「東南アジア首長制の構造」(『思想』五三五号、一九六九年)。

(56)　中林伸浩、前掲論文(注55)。

(57)　石川栄吉「タヒチ首長国の構造」(『歴史学研究』四六三号、一九七八年)。

(58)　『続日本紀』天平勝宝元年四月の詔には、「天日嗣高御《あまつひつぎたかみ》座《くら》の業《わざ》と坐事《ますこと》は、進《すすみ》ては挂　畏《かけまくもかしこき》天皇《すめらが》大御《おほみ》名《な》を受賜《うけたまは》り、退《しりぞき》ては婆《は》婆《は》大御《おほみ》祖《おや》の御名《みな》を蒙《かがふり》てし」とあり、聖武天皇が皇位についたのは、父である文武天皇の「大御名」と、母である宮子の「御名」をうけてであるという。ここにいう「名」をうけるとは、文武天皇と宮子の実際の名前を受けたというのではなく、「名」が負っているマナをうけついだ意と推測されるが、ここにも父と母との双方から受け継ぐという双系的な思想があらわれている。このような双系的なイデオロギーは、(イ)人間を人間たらしめる「気」は父からのみ継承するとする中国の父系制の観念や、(ロ)人間は母から生れ、父は単に子の生れる通路をあけるにすぎないとするトロブリアンド島の母系制の観念と対比すると、その特色が明確になる。なお、義江明子「古代の氏と家について」(『日本史の研究』一一七号、山川出版社、一九八二年)参照。

(59) 高群逸枝『母系制の研究』(理論社、一九六六年)。洞富雄『日本母権制社会の成立』(淡路書房、一九五七年)。

(60) 本章一節で言及した藤原仲麻呂も、「藤原恵美」のウヂ名を得ると同時に、「恵美家印」を得ている。なお七節参照。

(61) 岩橋小彌太「宅司考」(『上代官職制度の研究』吉川弘文館、一九六二年)。渡辺直彦『日本上代官位制度の基礎的研究』(吉川弘文館、一九七二年)。

(62) 河音能平「日本令における戸主と家長」(『中世封建制成立史論』東京大学出版会、一九七一年)。

(63) 『日本霊異記』中巻一五話は、本文に掲げた上巻一〇話とほとんど同じ説話であり、異なる点は「父」が「母」になっている点だけである。ところがこの中巻一五話と極めて類似した説話が中国の『冥報記』四四話にみえるので、中巻一五話はそれを藍本とした可能性も強い。中国の説話では父についての上巻一〇話のような説話は見当らないらしいが、父といえども子の同意なく家産を第三者に勝手に与えることは制限されていたので(滋賀秀三、前掲注35)、同じような話があった可能性は否定できない。ただその場合でも『霊異記』のように「子の物を偸《ぬす》み用ゐ」とは意識されなかったと思われるので、やはり『霊異記』には日本の実態が反映しているとみて間違いないだろう。

(64) 関口裕子「日本古代の豪貴族層における家族の特質について(上)」(原始古代社会研究会編『原始古代社会研究』5 校倉書房、一九七九年)。

(65) 森田悌「古代の家産について」(『続日本紀研究』一九〇号)。

(66) 木村徳国『古代建築のイメージ』日本放送出版協会、一九七九年、第二章。

(67) 坂本太郎「古代における雑色人の意義について」(『日本古代史の基礎的研究』下、東京大学出版会、一九六四年)。

(68) 河音能平「日本令における戸主と家長」(前掲注62)。

(69)　関口裕子「律令国家における嫡庶子制について」(『日本史研究』一〇五号)。早川庄八「戸籍(養老五年下総国)」(彌永貞三編『書の日本史』第一巻、平凡社、一九七五年)。
(70)　吉田晶『日本古代村落史序説』塙書房、一九八〇年。
(71)　関和彦「律令里制の実態的研究」(『共立女子第二高等学校研究論集』第三号、一九八〇年)は、宍禾郡比治里の故地の実地調査によって、この里の構成を具体的に再現している。
(72)　武藤直「日本古代の村落形態に関する一考察」(『史林』五二巻六号)。なお八木充「奈良時代の村について」(『続日本紀研究』七巻九号)は、奈良時代の史料にみえる村には、まだ里に編入されていない未編里集落が多かったとするが、未編里集落の存在をいささか過大に評価しているように思われる。
(73)　金田章裕「奈良・平安期の村落形態について」(『史林』五四巻三号)。ただし金田が立論の根拠とした史料は広義の庄園史料に属するものなので――既に金田によって注意されているように――当時の社会のなかでも流動性の高い部分があらわれやすいことに留意したい。本文後述参照。
(74)　清水三男『日本中世の村落』(日本評論社、一九四二年)第四章。岸俊男「律令制の社会機構」(『日本古代籍帳の研究』塙書房、一九七三年)。
(75)　彌永貞三『奈良時代の貴族と農民』至文堂、一九五六年。
(76)　山田英雄「律令制成立期の地方問題」(『古代の日本』9　角川書店、一九七一年)。なお奈良時代の庄園絵図にみえる村は、一般に庄域内には百姓家を含まないのに村と呼ばれていることが注目される。
(77)　岸俊男「東大寺領越前庄園の復原と口分田耕営の実態」(『日本古代籍帳の研究』前掲注74)。以下、坂井郡についての記述は、岸の論考に依拠している。
(78)　彌永貞三、前掲書(注75)。以下、道守村についての記述は、彌永の論考に依拠している。
(79)　岸俊男「家・戸・保」(『日本古代籍帳の研究』前掲)。
(80)　中野栄夫「近江国愛智荘故地における開発と灌漑」(『地方史研究』一三八号)は、愛智荘地方の「統一条里」地域の間に存在する「古条里」地域の水田については、売買の券文が残されていないという注目すべき事実を発掘している。
(81) 吉田晶『日本古代社会構成史論』(塙書房、一九六八年)二章三節。
(82) 石母田正『日本の古代国家』岩波書店、一九七一年。
(83) 石母田正『日本の古代国家』(前掲)。
(84) 関根真隆『奈良朝食生活の研究』吉川弘文館、一九六九年。
(85) 芝田清吾『日本古代家畜史の研究』(東京電機大学出版局、一九六九年)。関根真隆、前掲書。
(86) 直木孝次郎「万葉集と農耕」(『奈良時代史の諸問題』塙書房、一九六八年)。畑井弘『律令・荘園体制と農民の研究』(吉川弘文館、一九八一年)。
(87) 直木孝次郎「奈良時代における浮浪について」(『奈良時代史の諸問題』前掲)。
(88) 八賀晋「古代における水田の開発」(『日本史研究』九六号)。都出比呂志「農具鉄器化の二つの画期」(『考古学研究』一三巻三号)。
(89) 彌永貞三、前掲書(注75)三章。
(90) 戸田芳実「中世初期農業の一特質」(『日本領主制成立史の研究』岩波書店、一九六七年)。
(91) 義江彰夫「儀制令春時祭田条の一考察」(井上光貞博士還暦記念会編『古代史論叢』中巻、吉川弘文館、一九七八年)。
(92) 吉田晶『日本古代村落史序説』塙書房、一九八〇年。
(93) 奥田真啓「荘園前村落の構造について」(『史学雑誌』五八編三号)。関和彦「古代神祇信仰の国家的編成」(『民衆史研究』一〇号)。
(94) 『出雲国風土記』や『皇太神宮儀式帳』は、神祇官の神名帳に載っている神社(のちの式内社)と、神名帳にない神社とを区別して記載するが、後者も国庁に登録(ないし公認)された神社のみで、領域内のすべての社を記載したものではないと思われる。
(95) 直木孝次郎「森と社と宮」(大阪市立大学難波宮址研究会『難波宮址の研究』研究予察報告第二)。

(96) 菊地康明・門脇禎二「古代の文化創造と民衆」(『日本民衆の歴史』1　三省堂、一九七四年)。
(97) 湯浅泰雄『神々の誕生』以文社、一九七二年。
(98) 吉村武彦「初期庄園にみる労働力編成について」(『原始古代社会研究』1　校倉書房、一九七四年)。
(99) 『日本古典文学大系　風土記』(岩波書店、一九五八年)四五頁頭注。
(100) 早川庄八「律令制と天皇」(『史学雑誌』八五編三号)。
(101) 吉田晶『日本古代村落史序説』(前掲)。
(102) 彌永貞三「御野国加毛郡半布里戸籍の故地について」(『地方史研究』五六・五七合併号)。門脇禎二『日本古代共同体の研究』(東京大学出版会、一九六〇年)第二章。なお、古代の用水の包括的な研究としては、亀田隆之『日本古代用水史の研究』(吉川弘文館、一九七三年)。
(103) 岡田隆夫「和泉国大鳥郷における開発と展開」(『日本社会経済史研究　古代中世編』吉川弘文館、一九六七年)。
(104) 服部昌之「条里制研究の課題と展望」(『人文地理』二五巻二号)。
(105) 吉田晶「日本古代首長制に関する若干の問題」(『日本史研究』一八七号、一九七八年)。
(106) 落合重信『条里制』吉川弘文館、一九六七年。
(107) 坂本太郎「家人の系譜」(『日本古代史の基礎的研究』下、制度篇、東京大学出版会、一九六四年)。
(108) 彌永貞三「大化以前の大土地所有」(『日本経済史大系』1　東京大学出版会、一九六五年)。
(109) 吉村武彦、前掲(注98)論文。
(110) 吉田晶「佃経営に関する二・三の問題」(『魚澄先生古稀記念国史学論叢』魚澄先生古稀記念会、一九五九年)、同『日本古代社会構成史論』(前掲注81)三章五節。
(111) 関口裕子「律令国家における嫡庶子制について」(前掲注69)。
(112) オホヤケが朝廷を指す場合があったのと同じように、ミカドは朝廷をさす語であった。
(113) 義江明子「日本令の嫡子について」(『史学雑誌』八九編八号、一九八〇年)。

(114) 高明士『日本古代学校教育的興衰与中国的関係』学海出版社、一九七七年。
(115) 律令制における「姓」は「某部」「某人」なども含んでいた。石母田正「古代の身分秩序」(『日本古代国家論』第一部、岩波書店、一九七三年)参照。
(116) 熊谷公男「治部省の成立」(『史学雑誌』八八編四号、一九七九年)。ただし熊谷が大宝令制下における「氏上制」は神祭をつかさどる特殊のウヂについてのみ存在したとする点には従えない。たしかに官人の出身母体であることにウヂのもっとも重要な機能があったと考えられるが、ウヂの機能をそこに限定することはできないからである(注10参照)。
(117) 関晃「律令貴族論」(『岩波講座日本歴史』3 岩波書店、一九七六年)。青木和夫「律令国家の権力構造」(同上所収)。
(118) 滋賀秀三「承重について」(『国家学会雑誌』七一巻八号、一九五七年)。
(119) 井上光貞「古代の皇太子」(『日本古代国家の研究』岩波書店、一九六五年)。田中嗣人「「大兄制」管見」(『続日本紀研究』一七八号、一九七七年)。
(120) 磯貝正義『郡司及び采女制度の研究』(吉川弘文館、一九七八年)第一編第三章。
(121) 野村忠夫『律令官人制の研究』(吉川弘文館、一九六七年)第二篇第一章。
(122) 磯貝正義『郡司及び采女制度の研究』(前掲)第一編第二章。
(123) 中田薫「養老戸令応分条の研究」(『法制史論集』第一巻、岩波書店、一九二六年)、同「唐宋時代の家族共産制」(同上、第三巻下、一九四三年)。滋賀秀三、前掲書(注35)。
(124) 義江明子「「妻家所得奴婢」の性格」(『日本歴史』三八二号)、同「日本古代奴婢所有の性格」(『日本史研究』二〇九号)。
(125) 村上泰亮・公文俊平・佐藤誠三郎『文明としてのイエ社会』(前掲注51)第七章第三節。
(126) 野村忠夫『律令官人制の研究』(前掲注121)第二篇第一章第二節。
(127) 蔭位制にともなう養子の規定とともに、功封にともなう養子の規定も、同じ太政官処分として出された(「功臣封応レ伝レ子、若無レ子勿レ伝。但養二兄弟子一為レ子者聴レ伝。其伝レ封之人亦無レ子、聴下更立二養子一転授上之、其計二世葉一同二正子一。但以二嫡孫一為レ継、不レ得レ伝レ封」『続日本紀』大宝元年七月条)。功封の等級に応じて相伝できる「世葉」(世代数)を定めた令制の功封制度も、おそらく大宝令に始まると推定され、「世業」は父子継承の反復回数にほかならないので、ここにも父子継承を基礎とする考え方がみられる。
(128) 佐藤進一「公家法の特質とその背景」(『日本思想大系　中世政治社会思想』下巻、岩波書店、一九八一年)、同『日本の中世国家』(岩波書店、一九八三年)。
(129) 義江彰夫「日本における中世世界の成立」(『中世史講座』第一巻、学生社、一九八二年)。
(130) 佐藤進一『日本の中世国家』(前掲)。
(131) 大隅和雄「愚管抄における「家」の観念」(『季刊日本思想史』1)。
(132) 関口裕子「日本古代の婚姻形態について」(『歴史評論』三一一号)。
(133) 井上光貞「カモ県主の研究」(『日本古代国家の研究』前掲注22所収)、薗田香融「岩橋千塚と紀国造」(『岩橋千塚』一九六七年)。
(134) 石井進『中世武士団』(小学館、一九七四年)、同「中世社会論」(『岩波講座日本歴史』8　岩波書店、一九七六年)。大山喬平「中世社会のイエと百姓」(『日本中世農村史の研究』岩波書店、一九七八年)。
(135) 阿部武彦「古代族長継承の問題について」(『北大史学』二号、一九五四年)。
(136) 村武精一『家族の社会人類学』弘文堂、一九七三年。
(137) 金田章裕「奈良・平安期の村落形態について」(前掲注73)。
(138) 江守五夫「父権制社会における似而非《母権制》的現象」(『歴史評論』三七一号、一九八一年)は、近世の婿養子を母系制的な要素とする説を鋭く批判し、異姓養子も父—子の血縁が擬制されるので、父系制の一形態とみるべきことを強調される。たしかに〝婚姻が養子縁組的性質を有する〟のは、日本の婚姻制度の大きな特質であるが、江守が引用した寛文三年の諸士法度も、宝永七年(江守論文が享保二年として引用する武家諸法度は宝永七年のものか)の武家諸法度も、異姓の養子を認めるのは、婿養子か、母系または女系でつながる外族の場合だけであり、古代社会以来の双系的な原理が生きつづけている。

〔補記〕

本章のうち、一節は新しく書き下し、二〜五節は一部分に「律令制と村落」(『岩波講座日本歴史』3 岩波書店、一九七六年)の一章2〜5節を利用しているが、全面的に構成を変え、新稿の部分が多い。六〜七節は「日本古代の嫡子制と「家」」(『山梨大学教育学部研究報告』三十二号、一九八一年)を収録しているが、七節は大幅に書き変えた〔補記その二、参照〕。なお本章の一部は「ウヂとイヘ」(『新編日本史研究入門』東京大学出版会、一九八二年)として発表しているが、訂正した部分も多い。

前稿「律令制と村落」をもっとも大きく書き変えた点は、家族や集落の問題を氏族(広義)の問題をも含めて総合的に解明しようとしたことで、その契機になったのは、前稿執筆後、総合女性史研究会において村武精一氏の教示を得ることができ、また女性史総合研究会において発表する機会をあたえられ、石川栄吉・江守五夫両氏の教示を得ることができたことであった。佐藤誠三郎氏が、キルヒホフの論文(注51参照)のコピーを送って下さったのも、強い刺激となった。また高群逸枝の学説の批判的継承を進めている関口裕子氏、嫡子制とウヂとの関係に新しい光をあてた義江明子氏、社会人類学の分析方法を日本古代史研究に本格的に取り入れた明石一紀氏からは、度々の討論を通じて、多くの示唆を得ることができた。また大林太良氏、末成道男氏、田中真砂子氏、中林伸浩氏、原ひろ子氏からも貴重な御教示を得た。また平野邦雄氏の帰化系氏族についての最近の研究(注3参照)からも多くを学んだ。

本章を執筆する過程で、前記の女性史総合研究会をはじめ、法制史学会東京部会、東京大学東洋文化研究所の東アジア研究部会、続日本紀注解研究会等において報告の機会をあたえられ、多くの方々から貴重なご批判・ご教示をうけることができ、私自身の考え方も少しずつ変化してきた。本章はその成果を自分なりにまとめたものであるが、社会人類学の概念を用いた部分には、初歩的な誤りを犯しているのではないかとおそれている。ただ私の意図としては、日本古代のウヂを、世界の諸民族の氏族(広義)との比較のなかに正しく位置づけることが、日本の古代社会の研究にとっては、不可欠の作業であり、そのためには多少の冒険も避けられないと考えている。社会人類学の成果の恣意的な摘み食いにならないために、ぜひ厳しいご批判を得て、今後の研究の出発点としたいと願っている。

〔補記　その二〕

本章の成稿後、史学会第八〇回大会で「日本古代の家をめぐって」と題する報告をする機会をあたえられ（その要旨は『史学雑誌』九一編一二号に掲載）、その準備の過程で、加藤晃・義江彰夫両氏から種々のご教示をいただいた。加藤氏からは中田薫「祖名相続再考」（注24参照）に対する疑問を提起され、その疑問点を解明するために、溝口睦子『日本古代氏族系譜の成立』（注25参照）の成果を参照して、中田説の修正を試みた（一節）。また義江氏からは中世的な「イエ」の形成過程を、貴族層におけるイエの形成と、在地領主層におけるイエの形成との二つの側面から——もちろん両者には共通する要素が多いが——捉える必要性を示唆され、七節を大幅に修正した。

〔補記　その三〕

前稿「日本古代の嫡子制と「家」」のなかの武智麻呂と房前についての記述に誤りがあることを、松原弘宣氏からご教示いただき（『史学雑誌』九二編五号、五二頁）、本章六節の該当箇所を訂正した。

〔二刷に際して〕

拙稿「古代社会における「ウヂ」」（『日本の社会史』第6巻、岩波書店、一九八八年）は、本章（Ⅲ）の内容を訂正・補足している。

Ⅳ　編戸制・班田制の構造的特質

一　編戸制の構造的特質

日本古代の支配層は、唐律令を体系的に継受する以前に、すでに朝鮮の諸国から様々な統治技術を学んでいたが、自らの体系的な法典を作ろうとしたときに手本としたのは、唐の律令であった。しかしいうまでもなく、日本の社会の現実は唐律令の対象としている社会とは――発展段階においても構造においても――著しく異なっていた。日本の律令制定者がこの難問をどのように解決しようとしたかを、この節では編戸制を素材に、次節では班田制をめぐって検討してみたい。

唐の戸令においては、自然集落である坊・村と、人為的な行政区画である郷・里が重層しており、宮崎市定の研究によれば、左図のような二重構造をなしていた[1]。例えばある家は、都市の場合には「某坊」に属すると同時に「某郷某里」に属し、農村の場合には「某村」に属すると同時に「某郷某里」に属していた。そして「坊」が中国古代に普遍的に行われた「里」制の延長であり、もっとも本源的な制度であったのに対して、「村」は漢代以降になって発達してきたものであった。坊・村の自然集落と重複して行われた「郷―里」の制は、名称こそ漢代の郷里に似ているが、実際は別のもので、郷―里―保の制度は、保(五戸)を二〇倍して里

自然区分	邑居	……坊――隣
	田野	……村――隣
人為区分	邑居・田野	…郷―里―保

（一〇〇戸）、里を五倍して郷（五〇〇戸）とするという、単位集団の積み上げ方式による軍隊的組織原理を、行政制度に準用したものと推定されている。

このような唐令における自然集落と人為的な行政区画との二重構造に対して、日本の戸令は、人為的な行政区画だけに一元化し、自然集落としての「村」の制度は公法的には採用せず、「隣」の制度も戸令では採用していない。[2] また「坊」も唐令のように郷―里と重複した自然集落としての坊ではなく、日本令では里に並列する行政区画としたと推定される。事実平城京や平安京には「坊」制のみ施行され、「里」制は施行されていないが、それは戸令の条文の比較からも確認できる。すなわち唐令における里正と坊正の職掌は（『唐令拾遺』戸令一）、

里正……按比戸口、課植農桑、検察非違、催駈賦役。

坊正……坊門管鑰、督察姦非。

と明確に区別されているが、日本令の里長と坊令の職掌は（戸令為里条）、

里長……検校戸口、課殖農桑、禁察非違、催駈賦役。

坊令……検校戸口、督察姧非、催駈賦徭。

とあり、日本令の坊令の職掌には、里正や里長と同じ「検校戸口」（大宝令では「按検戸口」）、「催駈賦徭」という職掌が含まれている。これは、「坊」の「検校戸口」は里長ではなく坊令が行い、坊と里とが重層していないことを示すものであろう。事実、天平五年の右京計帳手実には、作成の責任者たる坊令の署名が記されており（『寧楽遺文』上、一三五頁以下）、実際にも坊令が「戸口を検校」していたことを示している。したがって日本の坊は、里と重層する自然区画ではなく、里と並列する人為区画であった。それは日本の律令国家が、「京―条―坊」を「国―郡―里」と並立する行政区画としたことにともなうもので、[3] 日本の古代の都市が、きわめて政治的な色彩の強かったこととも照応

するのである。

日本の戸令は、唐令における自然区分（自然聚落）と人為区分（行政組織）との二重構造のうち、自然区分である坊・村・隣については積極的な規定を設けず、人為組織としての坊・里・保に一元化している。さきの唐令の図式と比較すれば、左図のように図示できるだろう。もちろん日本の律令時代にも、「村」と呼ばれた集落が存在していたことは事実であり、「村」が行政の上で事実上認められていたことも確かである。[4] また事実上の「隣」の関係も存在したに違いない。絶戸（継承者がいなくなった戸）の財産を、「親戚」がない場合には「官」が検校するという唐令の規定（『唐令拾遺』喪葬令二二）を、日本令は「親」族がいない場合には「四隣五保」が検校することに改めているが（喪葬令身喪戸絶条）、検校の主体を「村」とも「五保」だけともしていないことが注目される。「村」はおそらくそのような機能を果す団体ではなく、また「五保」も独自にそのような機能を果すことができる組織とは考えられていなかったのであろう。[5] 日本律令が「五保」でなく「四隣五保」と表現したのは、現実に機能していた地縁的な関係を示すには、それ以外に適切な表現方法がなかったからではなかろうか。このように戸財産の処分のような私法的な問題には里―保の行政区分だけでは対処できなかったが、戸令の制度としては、あくまでも里―保の人為区分に単一化しているところに、日本の編戸制の大きな特色があった。なおこのような日本の編戸制の特質は、ある面では、北魏の三長制に類似している。それは、次節で検討する日本の班田制が北魏の均田制と類似する面のあったこととも、照応するように思われる。「五家立㆓一隣長㆒、五隣立㆓一里長㆒、五里立㆓一党長㆒」（『魏書』食貨志）という北魏の三長制は、保伍（三長制の「隣」は先の宮崎説の図式の「保」にあたることは明白であろう）を積み上げる方式の行政組織であり、宮崎説でいう人為区分であることは明白である。しかも北朝では、南朝と異なり、自然区分

である村が史料にあらわれることが少なく、人為区分に一元化されているようにもみられ、この点で日本の編戸制と類似していることは確かである。しかし北魏の郷村制に関する史料のなかには、村が公法上の制度として機能していたと推定できる史料もあるので、(6) 人為区分が優越していたとはいえ、自然区分と人為区分の二重構造は北魏にも存在しており、日本の編戸制とは質的に異なっていた。

日本令が自然集落に公法的な地位を与えなかったのは、おそらく古代の日本の社会には、律令体制を支える基礎的な単位となるような村落共同体が存在していなかったことと関連があるだろう(7)（Ⅲ章四節）。このように日本令では、本来は軍隊の制度に由来するものと想定されている一定戸数の積み上げ方式による行政区画だけに一元化しており、しかも——唐令とは異なり——国郡の制度と軍団の制度とを一本化していたので、日本の編戸制は軍団組織とより密着して構想された可能性が強い。(8) また律令政府が一戸の平均課丁数を四丁と想定していたことは、位禄や封戸の計算基準、調の絹・絁の丈量単位などから想定されるが、(9) 兵士の点兵率も、浄御原令・大宝令を通じて四分の一（四丁のうち一人を兵士）であったと推定されるので、(10) 両者から一戸＝四丁＝一兵士の基準が浮び上がってくる。このように

（一戸）	（五戸）	（五〇戸）	
戸	——保	——里	……里長＝五〇戸長
↕	↕	↕	
兵士	——伍	——隊	……隊正＝五〇長
（一人）	（五人）	（五〇人）	

日本の編戸制の背後には、一戸から一人の兵士を出すという基準ないし慣行が想定されるので、上図のように、戸—保—里の行政組織と、兵士—伍—隊の軍団組織とが密接に対応することになる。(11) 戸—保—里の行政組織が、軍団組織と同じ原理で構想されたことは、日本の編戸制に一定戸数の固定化という軍隊組織的な性格を附与したのではないかと想定され、五〇戸＝一里の戸数を固定化したのは、そのもっとも端的なあらわれとみられる。ではこのような五〇戸で一里を構成する「戸」は、当時の「家」とどのような関係にあったのだろうか。

日本の戸令の「凡そ戸主にはみな家長を以てせよ」という規定は、唐令と全く同じであるが、唐令では家長をもってそのまま戸主とする原則であり、家長とは同居共財の家における尊長(尊属の最年長者)であった。尊長とは元来相対的な概念であったが、同居共財の家という限られた範囲内において、誰からみても尊長にあたるものと言えば、おのずから一人に限られることになる。したがって家長とは誰かが就任すべき職位を意味する言葉ではなく、家があればおのずから家長がきまり、それをそのまま行政上の戸主にする、というのが唐令の主旨であった。(12)

しかし唐令と同じこの条文を注釈した『令集解』の明法家の諸説は、戸内に伯叔等の尊長がいても嫡子を戸主とするとし(「義解」)、また嫡子が定まっていない場合の処置を問題にしている(「古記」)。Ⅲ章三節で説明したように、この「嫡子」は養老五(七二一)年の造籍式によって、戸主の地位を継承する責任者としてあらかじめ指定された子をさすと推定され、戸主が死亡等によって不在となったときに課役を納入する責任を負うものであったが、養老五年の造籍式がわざわざ戸主の地位の継承責任者としての嫡子を定めることにしたのは、戸主が死亡等によって不在となったときに、誰が次の戸主になるかについて明白な社会通念が存在しなかったこと、次の家長が確定しがたい状況にあったことを想定させる。もちろん前章で検討したように、少なくとも首長ないし富豪クラスには、家長とよばれるものが明らかに存在していたが、家長の地位は血統だけでなく、多分に個人的資質によって獲得されたものだったので、家長が死亡したときに誰が次の家長になるかも、実力に依存する部分が大きかったと想定される。古代の日本の家長は――中国とは逆に――誰かが就任すべき職位を意味する言葉であり、新しい家長によって家は再組織され、構成員も変動した可能性が想定される。中国のように家があればおのずから家長がきまるのではなく、逆に家長によって組織され、統率された集団が家であった。したがって戸主が死亡等によっていなくなったとき、その戸の当面の課役納入責任者をあらかじめ定めておく必要があったと想定される。(13)第二に、すでに前章で検討したように、集落の人々が等しく家長とみとめうるような社会的存在が、庶民レベルにまで一般的に存在していたかどうかは疑わしい。編戸の際に、首長ないし豪族クラスでは、家長を戸主に、家長が統率する家口を戸口として戸を編成したと想定され、残存戸籍にみえる肥君猪手の戸(戸口数一二四人)のような大きな戸は、このようにしてできたのであろう(14)。また畿内のような先進地域の上層農民の場合にも、このような編戸が可能であったかも知れない。しかし畿内でも中下層農民の場合や、東国のような後進地域の一般農民の場合には、同じように家長を戸主にして戸を編成できたかどうかは疑わしい。もっとも夫婦と子供を核とする小家族が単独に存在することは稀で、一般には小家族が複数集まった集合体をなしていたと想定され、そこには対外的にその集合体(何らかの共同体)を代表する人物が存在していたと想定される。しかしその代表者は――一般に中下層農民においては――変動し易い存在ではなかったろうか。またその代表者がその共同体をどのように代表していたか――換言すればその共同体のあり方――も重要な問題で、一般にはその構成員が容易に変動することができるような、ゆるやかな集合体であったと想定される。もちろんその集合体を構成する小家族が財産を共有することはほとんどあり得なかったであろう(15)。したがって、小家族の集合体の規模が多様に分布していたとしても、政治的に再編成することがそれほど難しくなかったのではなかろうか。養老五年の下総国戸籍には、奴婢や寄口がほとんど含まれていず、二～三の小家族がほぼ対等な関係で結合して戸を構成していたと推測されるが、そのなかには小家族の集合体を再編成して構成されたものもたくさん含まれていたのであろう。その編成の仕方は、小家族の集合体を対外的に代表し得るような有力者をまず戸の編成責任者(すなわち戸主)に指定し、その組織した集団を戸に編成するという形で行われたのではなかろうか(16)。さきに日本の編戸制は五〇戸＝一里の戸数を固定化したと述べたが、より実態に即していえば、五〇戸主＝一里の戸主数を固定したというべきかも知れない。

中国の「戸」は「家」をそのまま一戸として把握するのが原則であったから、同居共財の「家」が分割されて複数の「家」が生ずれば、自動的に戸も複数になる原則であった。このような体制の下では、百戸を一里とし、五百戸を一郷とする制度も、戸数を厳密に固定することはありえなかっただろう。事実、唐の開元年間の一郷の戸数も、四〇〇～六〇〇戸の間に分散している(17)。しかし同時に、郷の戸数の平均がほぼ五〇〇戸であるのは、郷・里が戸数の変動――それは基本的には家の数の変動であるが――によって、再編成されたことを暗示している。これに対して日本の編戸制は「家」を基礎としたのではなく、「戸主」を基礎としていた。したがって「一戸之内縦有二十家一、以レ戸為レ限、不レ計二家多少一」(戸令五家条の古記)というのが戸の実態であり、なかには三位以上の貴族の公的な「家」を複数含んだ「戸」すら存在していた(18)。

古代の家の構造と編戸の実態を以上のように仮定すれば、戸の構成が造籍のたびに大きく変動していること――とくに寄口が流動する度合が高かったこと(19)――や、国郡司が標準戸に近づけるための戸の再編成を容易に行うことができた理由(20)が、よく理解できる。しかしこのような仮説だけでは残存する戸籍の戸口数の分布が――相当に幅はあるものの――ほぼ二〇人前後にあつまっているのは何故か、という疑問には十分に答えることができない。律令政府が想定した平均課丁数＝四丁の戸は、ほぼ二〇人前後の戸口数となるが(21)、小家族の集合体の一般的な家口数もほぼ二〇人前後であったかどうか、私は多分に懐疑的である。豪族層の家長によって編成された戸が大きな規模になることは先述したが、一般庶民層の小家族の集合体の規模は、残存戸籍の戸の規模の多様性よりも、はるかに多様であったと想定される。それでは律令政府が想定した平均課丁数四丁の戸は、どのようにして設定されたのであろうか。もとよりその解答を的確に示し得るような史料はまだ発見されていないが、畿内先進地域には平地住居に住み、課丁四人ほどをそのなかに含む、上層農民の「家族の集合体」が存在していた可能性がある。その中心になったのは家長(とその家族)であり、家長とその「家」に組織された構成員との間には、萌芽的な支配―従属関係を内包していた可能性も想定される。[22] 律令官人は身近にあったそのような上層農民の「家」を望ましい支配の単位として想定したのではなかろうか。[23] そのような「家」のイメージは、平安時代の田堵に近似する面もあるように思われ、あるいは律令官人は田堵の萌芽となるような畿内の先進的な上層農民を、望ましい戸のモデルとして先取りしたのかも知れない。

二　班田制の構造的特質[24]

日本の編戸制が、中国の編戸制がもっていた自然区分と人為区分の二つの側面のうち、人為区分の側面しか継受しなかったのと同じように、日本の班田制も、中国の均田制がもっていた限田制的要素（田地を調査して帳簿に登録し、田地を占有する面積を規制しようとする体制）と屯田制的要素（公田とか官田を一定規準で人民に割りつけて耕作させる体制）との二つの側面のうち、後者の屯田制的要素だけを継受した。まず最初にその関係を簡単に説明しておきたい。[25]

中国の均田制｛限田制的要素
　　　　　　｛屯田制的要素→日本の班田制

中国の北魏の田令の体系では、一般民戸は桑田と露田を班給されることになっていたが、露田としては正田のほかに倍田を班給されていた。そしてこの倍田が、世襲田である桑田と、還受される露田とを有機的に調節し、還受の盈縮——過不足——を調節する機能を果していた。したがって、北魏の均田法では農民の保有地を、桑田や倍田の分に算えて給田体制に形式的に組み込むことができたのであり、農民の小規模な開墾田も、桑田や倍田として処理されたと推測される。[26] 北魏の均田法においてこのような重要な機能を果した「倍田」は、北斉になると正田に吸収される。ところが、一見形式的な換算にすぎないようにみえるこの改正によって、「応受田額」（田令によって班給すべき田積）の性格に質的な変化が起った。すなわち北魏の露田のなかの正田の応受田額（男夫四〇畝・婦人二〇畝）は、実際に班給しようとした目標額であったのに対して、北斉の露田の応受田額（男夫八〇畝・婦人四〇畝）は、倍田の機能を吸収することによって、占田の限度額に転化したと推測されるのである。隋唐の口分田の応受田額も、この北斉の露田の応受田額をそのまま継承した占田限度額であった。しかも墾田と関連の深い永業田（桑田）と、還受される口分田（露田）との間には、やはり有機的な連関が保たれていたので、農民の小規模な開墾田は、已受田（応受田に対する語。実際の受田）のなかに吸収できる仕組みになっていた。例えば父と男子二人が受田資格をもつ家は、父子おのおの一〇〇畝（永業田二〇畝と口分田八〇畝）、合計三〇〇畝がこの家の応受田額（このほかに園宅地）となるが、実際にはせいぜい半分の一五〇畝ぐらいしか受田していない場合が多かったと推測されている。したがってこの家が小規模な開墾をしたとしても、一般には応受田額を超えることはほとんどなく、開墾田は已受田のなかに編入されたと推測される（すべての土地は王土なので、自分で開墾した田も受田である）。またこの家で父が死亡したとしても、兄弟あわせて二〇〇畝がこの家の応受田額となるので、おそらく已受田額が応受田額を超えることはなく、亡父の口分田を還す必要は一般には生じないであろう。母が健在であれば、寡婦の口分田三〇畝がこの家の応受田額に加えられるので、ますます応受田額を超える可能性は少なくなる。このように唐の田令の応受田額は、一般には超えるはずのない占田限度額であり、しかも人口の割に田地の寛《ひろ》い寛郷においては、申告さえすれば応受田額を超えて開墾することも許されていた。[27] そもそも農民に一〇〇畝の田を給することは、井田法以来の中国の伝統的な理念であり、理想であった。農民

	〔男夫〕		〔婦人〕
北魏…	桑田20畝＝	露田（倍田40・正田40）	露田（倍田20・正田20）
北斉…	桑田20＝	露田80	露田40
隋唐…	永業田20＝	口分田80	（廃止）←

がみな一〇〇畝の田をもつことができれば、この世は聖人・君子の世となる。したがって均田法はあきらかにフィクションを内包しており、フィクションを媒介とすることによって現実により有効に機能することができたと思われる。しかしこのような法の機能の仕方は、日本の班田法には存在しなかった。日本の班田法は、現実にそのまま適用することを意図して作られている。

日本の田令では、中国の田令における口分田と永業田の二重構造を採用せず、墾田と関連の深い永業田の規定を切り棄て、口分田の規定だけとした。しかも口分田の男は二段、女はその三分の二という班給額は、実際に班給しようとした目標額と推定される。したがってこの口分田の応受田額は、北魏の均田法における露田のなかの正田の性格と類似しているが、北魏の均田法における倍田や桑田に対応するような制度は日本の班田法にはなかったので、日本の班田制は北魏の均田制とも異質な制度であった。

日本の班田制が崩壊する端緒としていつもあげられるのは、天平十五(七四三)年の墾田永年私財法であるが、唐の均田法では、日本の墾田永年私財法に相当する内容を、実質的にはすでに内包していた。すなわち墾田永年私財法では、位階に応じて墾田地の占定面積に制限を付していたが、このうち有位者の墾田についての規定は、唐の官人永業田の規定に類似している。唐の官人永業田も荒地を開墾する原則であり、「百姓に妨げのない場所で、無主の荒地を申請して開墾した田は収公されないが、官人身分に応じて面積に制限が付されている」という点では、唐の官人永業田の規定と日本の墾田永年私財法とは、実質的には全く同じであった。墾田永年私財法では、庶人にも一〇町という制限を付して墾田の世襲を認めていたが、唐の均田法が小規模な開墾田をそのまま已受田のなかに包摂できる仕組みになっていたことは、さきに考察したとおりである。したがって唐の田令の体系が、日本の墾田永年私財法の内容を実質的に包含するものであったことは、官人〜庶人を通じて、全体として確認される。このように日本の班田法は、墾田を民戸の已受田に組み込む仕組みを欠いており、熟田を集中的・固定的に把握する体制であった。日本で班田制の施行後間もなく三世一身法や墾田永年私財法が展開し、「墾田」が位田や口分田などと並列する一つの地種として制度化されてくる一つの要因は、このような日本の班田制の構造的な特質にあったと考えられる。

日本の班田法では、未墾地だけでなく園地・宅地もほとんど規制の枠外に放置されていた。[28] 中国の田令における園宅地の班給基準としては、北魏以来若干の変化はあるが、戸口数に応じて班給額を定める規定が歴朝存在していた。これに対して日本令では「凡そ園地を給ふは、地の多少に随ひて均しく給へ。若し戸絶えなば、公に還せ」という漠然とした規定しかなく、宅地については班給規定すらなかった。日本令が園地と宅地をこのように区別したのは、調の原料となる桑漆を園地に植えることにしたために、園地には班給規定をおく必要が生じたのであろう。[29] 中国の戸籍では、園宅地も口分田・永業田と全く同じ形式で「応受」「已受」の対象とされているが、日本では——京の宅地を除き——園地や宅地が文書の上だけにせよ収授の対象となっていたかどうかは疑わしく、少なくとも園地・宅地の収授の実例は知られていない。各戸の受田予定額を記したと推定される大宝二(七〇二)年西海道戸籍においても、そこに記されているのは口分田の面積だけであった。

現実の宅地の存在形態(及びその土地に対する居住者の権利)はおそらく多様であったと想定され、ヤケとして成立していた宅地については、私的所有に近い権利が成立していたと考えられるが、未だはっきりしたヤケを形成していなかった庶民層においては、その宅地に対する権利は非常に弱かったと想定される(Ⅱ章参照)。しかし日本の班田制が熟田(具体的には水田)を集中的に規制する体制であり、宅地を規制の枠外に放置していたことは、宅を中心にして自立的な経営の単位が成立してくる一つの重要な要因となったと想定される。[30]

水田が律令国家の強力な規制下におかれた背後には、水田を造成するために必要な灌漑施設の開設と維持が、在地首長に統率された共同体的労働に依存する面が大きく、個々の農民の水田に対する権利が非常に弱かったという状況があった(Ⅲ章五節)。墾田永年私財法によって保証されるようになった墾田の田主権にしても、三年間耕作しなければ失ってしまう不安定な権利にすぎなかった。田地の永売も債権的な性格が強く、不動産質的な機能をもっていた。[31] 屯田制的な性格の強い日本の班田制は、このような農民の水田に対する権利の弱さを前提としていた。また日本の班田制が水田だけを集中的に規制するという構造的特質をもって成立したことは、中世・近世の国制にも影響を及ぼし、「水田は古代から近世にいたるまで、一貫して制度的・政治的地種」となった。[32] もちろん農耕は生業の一部であり、水稲耕作はその農耕の一部にすぎなかった。庶民の生活にとっては、水田は専ら「ハレ」の世界に関わる地種であったと推定されているが、その淵源もまた律令の班田制にあった。

これまで日本の班田制の特色として常に問題にされてきたのは女子給田制と六年以上給田制である。中国の北朝の女子給田制が、既婚婦人に限られ、夫婦を単位とする給田であったことは、夫婦を核とする小家族が中国社会の基礎的な単位となっていたことと関連している。ところが八世紀前後の日本には、夫婦の成立自体が漸次的なものであり(Ⅲ章二節)、夫婦を核とする小家族が事実上成立しても、もっと大きな集団のなかに包摂されていて自立性は弱かった。このような情況のなかでは、夫婦を単位とした給田制は適合的でなく、また成年男子だけに給田する制も、女性が自分の生れた集団と終生深いかかわりをもち、また女子の財産権が大きかった古代の日本には、やはり適合的でなかったと思われる。六年以上の男女すべてに給田する日本の班田制は、個々の家が自立していない族制的な社会を前提として構想されたものかも知れない。ただ戸籍を男系で作成し、口分田を戸単位に班給したことは、女子の結婚によって——実際の生活形態とは関係なく制度上は——口分田の移動をもたらすことになり、戸籍が擬制化する一つの要因になったと推測される。

三　編戸制・班田制の展開過程

一・二節で考察した軍団的な組織原理による編戸制や、屯田制的な性格の強い班田制は、浄御原令によって一応の骨格が定められ、浄御原令から大宝令施行初期に一つの体制として成立したと考えられる。しかしこの体制がほぼ全国的に成立する大宝令施行の際には、すでに基本的な骨組みに変化が生じていた。一つは、一戸から一兵士を徴発するという原則は、大宝令施行の際にはすでに放棄されていた可能性が強い。というのは、大宝令の位禄の量が一戸三丁分で計算されているのは、平均的な一戸が三丁と兵士一人(兵士は徭役免除)で構成されることを前提としていたと想定されるのに対して、大宝元年格は一戸四丁の割合で位禄の量を計算し直し、兵士の徴発を計算に入れていないからである。(33) もう一つの重要な変化は、五戸の組織である「保」が、地域的な単位に変質し始めたことである。すなわち浄御原令制下の造籍式によって造られたと推定される大宝二(七〇二)年の美濃国戸籍には、五保の記載が厳密に行われているのに対して、大宝令施行以後の造籍式による大宝二年西海道戸籍やその後の戸籍には、五保の記載がほとんどみられないのは、保の地域化と関連があると思われる。(34) したがって一節で推定した日本の編戸制の基本的な構想は、おそらく浄御原令施行時の政策理念であって、大宝令施行とともにすでに部分的には修正されていたと想定される。とはいえ、五〇戸(五〇戸主)＝一里の枠の固定化にみられるような、日本の編戸制の基本的な性格は、大宝令施行以後にも継承されている。班田制においても、浄御原令の班田法は年齢を問わず男女すべてに給田する規定であった可能性があるが、大宝令では六年以上の給田制に修正している。(35) しかしこの場合にも、熟田を集中的・固定的に把握するという日本の班田法の基本的性格には変化がなかったと思われる。

Ⅲ章で考察したように、八世紀前後の社会はきわめて流動的であり、水田も開墾と荒廃を繰り返す不安定な状態にあった。このような状況のなかで、五〇戸＝一里の枠を固定した編戸制を施行し、熟田だけを捉えて収授する班田制を施行すれば、当然現実とのギャップがしだいに拡大してくる。もちろん六年目毎の造籍や班田の際に部分的には歪みが調整されたと推測されるが、大勢においては、本貫を離れた浮浪人(36)や、田籍に登録されない開墾田が広範に出現してきたと想定される。とくに和銅年間には平城遷都にともなう徭役の徴発が急増したので、それに抵抗する逃亡も激発し、このような歪みが急速に拡大したと推定される。

霊亀元(七一五)年の郷里制は、従来の里を郷と改称し、郷のなかを二、三の里に分割したが、それに対応して戸(郷戸)のなかも二、三の房戸に分割した。そして同時に従来の里や戸の構成を再編する試みに着手した。この改革は——郷里という名称からも伺われるように——日本の編戸制を唐制を手本に再編しようとしたもので、房戸を設定したのも、中国的な小家族を支配の基礎的単位にしようと企図したものと推察される。

郷里制の施行と同じ霊亀元年の五月、諸国の朝集使に「天下の百姓、多く本貫を背き、他郷に流宕して課役を規避す。其の浮浪逗留して三月以上を経たる者は、即ち土断して調庸を輸さしむること当国の法に随へよ」(『続日本紀』)と勅したのも、郷里制と一連の政策であり、浮浪人を厳しく追跡して調庸を徴収する方針を打ち出したのであった(37)。戸令の規定では、逃亡してから六年経った逃亡者は計帳から除くことになっているが、残存する天平時代の計帳をみると、この霊亀元年に完了するはずの造籍から除帳を中止し、逃亡者をそのまま計帳に載せている(38)。なかには逃亡年・逃亡先まで記しながら、計帳にはそのまま載せているものもあるので、浮浪人はあくまで本貫で把握しておこうとする意図が察せられる(39)。なお浮浪人を捉えた現地の国郡司は、浮浪人から調庸を徴収することにしたが、本貫の地でも調は徴収されていたので懲罰的に重複して徴収することにしたのであろう。養老四(七二〇)年には、六年以上逃亡していた戸口が本貫に還った場合には、一年間賦役を全免するという恩典までつけて、本貫への帰還をうながしている。そして翌養老五年の造籍に際しては、新しい造籍式を制定して、編戸制の全面的な再編成に乗り出した。戸の継承責任者としての嫡子を定めたのもこの造籍式であった。また浮浪人に対しては、本貫に帰ることを欲する者は本貫まで確実に逓送することにしたが、本貫のない浮浪人は現地で公民籍に編附することにした。このように浮浪人を本貫の地に送り返すか、当処の公民籍に編附して、公民の枠内に吸収しようとするのが、この時期の一連の浮浪人対策の基調であり、次にのべる墾田の対策にも共通した性格がみられる。

日本の班田制は、百姓の小規模な開墾田をそのまま已受田のなかに含みこめるような仕組みにはなっていなかったので（二節）、そのような小規模な開墾田は年とともに増加し、相当広範に存在していたと想定される。これらの墾田は、法的には田主権が公認されないまま放置されていた可能性が強いが、その対策として養老七（七二三）年に出されたのが三世一身法であった。三世一身法は水田の開墾を奨励するために、国郡司による恣意的な収公から開墾者の権利を保護するという勧農政策であったが、同時に、三世・一身後に墾田を収公することを制度化したものでもあった。[40]すなわち三世一身法は――浮浪人を公民の枠内に吸収しようとする一連の浮浪人対策と同じように――（広義の）公田からはみ出た墾田を公田の枠内に吸収しようとする政策であったとみることもできる。もちろんこのことは、開墾奨励策という三世一身法のもつもう一つの側面を否定するものではない。

ところでこの和銅～養老（七〇八～七二三）のころには、全国的に大規模な条里制開発が進められていたらしい。もちろん条里制そのものの起源が大宝以前に遡ることは間違いないが、すでに施されていた条里制地割の再編成をも含めて、統一的な企画による条里制地割が全国的に施行され始めるのは、和銅～養老のころであった可能性が強い。例えば、畿内においても、奈良盆地に現存する条里遺構は和銅三（七一〇）年の平城遷都以後に、既存の条里制地割を再編成して設定されたものと推測されており、[41] また美濃国においても、その中心地域に残存する大規模な条里制地割は、席田《むしろだ》郡が新設された霊亀元(七一五)年以後ではなかったかと推測されている。[42] そしてこの条里制地割の施工は、単に既存の耕地を再区画するだけでなく、同時に既存の耕地の間に存在した未墾地の開発でもあったと想定されるので、このころ全国的に大規模な条里制開発が行われた可能性が強い。国郡司が公粮を支給して百姓を一〇日間徴発し、百万町の良田を開墾しようという養老六(七二二)年のいわゆる百万町開墾計画は、陸田の制と密接な関連があったと想定されているが、[43] あるいは条里制開発の一環として施行されたのではなかろうか。大規模な条里制開発によって造り出された開墾田のうちには、用水の関係で水田にできない陸田が、広範に存在していたと想定される。和銅〜養老年間に、これまで班田制の対象外にあった陸田への関心が高まり、百姓に陸田を班給して麦や粟などの雑穀を栽培させ、そこから地子を取ろうという政策がうち出される背景には、このような大規模な条里制開墾が想定される。百万町開墾計画の翌年に出された三世一身法が旧溝池による開墾を問題としているのも、公功による条里制地割・水路の施工と、その地割内での私功による開墾とが重層していた当時の開発の実態を反映するものかも知れない。

さきの三世一身法が施行された養老七(七二三)年は班田の年にあたっていたが、次の班年にあたる天平元(七二九)年の三月には、この年の冬から始まる班田収授に備えて、「口分田を班《わか》つに、令に依りて収授すれば、事において便ならず。請ふ、悉くに収りて更に班たむ」という官奏が裁許された(『続日本紀』)。田令によって収授するのが不便だというのは、おそらく班田が、死亡等による退田と、受田年齢に達したことによる新規受田とについてだけ行われていたために、同一戸の口分田の散在が激しくなったことを指すと推測される。[44] そこですべての田を一旦収公し、全面的に班給し直そうというのである。しかしこのような大規模な再編成をすれば、王臣家等の有力者が上田を独占してしまうことが当然予想されたので、同年十一月に京畿の班田司を任命した際には、位田等の改易(他の田と易《か》えること)

には厳しい基準を設けなければならなかった。「王臣家、国郡司、及び殷富百姓等、或いは下田を以て上田に相ひ易へ、或いは便を以て不便に相ひ換ふ。此の如き類は処に触れてあり」(『続日本紀』延暦十年五月条)というのが、当時の一般的な状況であり、だからこそ班田制や条里制の施行に在地豪族の積極的な協力を得ることができたのであろう。農業技術の水準が低い古代には、水田の面積よりもむしろ質が大きな問題であったと思われるので、全面的な割り換えを企画した天平元年の班田は、大きな緊張関係をはらんでいたと推察される。この班田が果してどこまで実行されたかは解らないが、摂津国に派遣された班田司の史生、丈部竜麻呂は、その過労と心労もあってか、班田の仕事を終えないで自殺している[45](『万葉集』巻三、四四三)。

このように霊亀～養老年間に始まった編戸制・班田制の再編・強化の一連の努力は、天平初年まで続くが、天平八(七三六)年のころから大規模な政策の転換が始まりかけた。まず同年二月には、本貫に還る浮浪人をこれまでのように逓送することを止め、ただ連絡の文書だけを持たせて勝手に還らせることにした。また本貫に還らない浮浪人を当処の公民籍に編附するのを停め、直ちに名簿(おそらく「浮浪人帳」)に登録することに改めた(『類聚三代格』天平八年二月勅)。かつて霊亀～養老年間には、浮浪人を本貫に還すことに努力し、それが出来ない場合でも浮浪人を公民と同じ戸籍に編附しようとしたが、ここに至って、本貫に送り還す熱意もさめ、浮浪人を公民籍に編附することを放棄して公民とは別枠の浮浪人の身分のまま把握することにしたのである。つづいて天平十一(七三九)年には、農民から兵士を徴発するという、編戸制の中核となる政策を一時停止し、同年末から翌十二年六月の間には、霊亀元(七一五)年に制定した郷里制を廃止し、郷制に移行する[46]。郷里制の廃止は、同時に郷戸・房戸制の廃止でもあり、中国的な小家族を支配の基礎的単位にしようとする試みは失敗する。それとともに、五〇戸＝一里制や一戸内の課丁数を均等化しようとする政策も断念された可能性が強く[47]、郷は、戸の集団からしだいに地域の単位に変質していったと推測される[48]。

そして天平十五(七四三)年には墾田永年私財法が出された。三世一身法の段階では、墾田を一定期間後に収公することになっていたが、永年私財法では、墾田の収公を放棄し、口分田などの(広義の)公田とは別枠の永年私財田として、そのまま把握することにしたのである。それは浮浪人を公民籍に附けるのを放棄した天平八(七三六)年の改革と同じ性格の改革であった。墾田永年私財法は、三世一身法で明確にされた墾田収公政策を破棄するという大転換を行うが、同時に三世一身法では制限のなかった墾田地の占定面積に、律令官人制上の身分に応じた制限額を設定し、既存の位田・口分田等の階層的秩序を、墾田をも含めて再編成しようとしたのであった。このような墾田永年私財法が、隋唐の官人永業田の規定と酷似していたことは、二節で検証したところであり、墾田を已受田のなかに組み込む仕組みを欠如していた班田制にとって、永年私財法はまさに構造的な転換をもたらすものであった。永年私財法は、日本の班田制に欠けていた限田制的な要素を補完するものともみられ、日本の班田制がうまく把握できなかった未墾地と新墾田を弾力的に規制できる体制を生み出したのである。たしかに墾田は、収授の対象にならないという点では班田制の原則に反する面があるが、開墾予定地の占定手続きやその有効期間(三年)が明確にされ、開墾された田は輸租田として田図に登録されたのであるから、田地に対する支配体制としては必ずしも後退していない。また墾田地占定の許可権を握っていたのは、中央から派遣された国司であったから、永年私財法は中央の貴族や寺院が地方に墾田を開発してゆくのを容易にし、大局的にみれば、地方の社会のなかに中央の支配層の力が浸透してゆく、大きなきっかけとなった。そしてなによりも永年私財法は、日本全体の水田の面積を増大させる重要な契機になったと推測されている(49)。

天武～持統朝に企図された日本的な編戸制・班田制は、このようにして天平中期に放棄された。律令政府は基本的な政策転換を行い、新しい体制に移行しはじめる。ではこのような転換の動因となったものは何であろうか。天平年間に日本を襲った天然痘の大流行が国土の荒廃をもたらし、それが墾田永年私財法の重要な要因となった可能性がまず想定され、永年私財法は何よりも耕地拡大政策として施行されたと考えられる。(50)天平八年に浮浪人の公民籍への編附を停めた直接の理由が班田の不足にあったと推定されることも、(51)耕地の荒廃と関係がありそうである。また編戸制・班田制を僅か半世紀で破綻させた原動力が、浮浪・逃亡を主とする人民の抵抗にあったことも間違いないだろう。朝廷が大仏造営に対する地方豪族の協力を得るために、墾田永年私財法を利用した可能性もある。(52)おそらく様々な要因や意図が複合してこれらの政策が出されたのであろうが、その前提となっていたのは、日本の編戸制・班田制が一種の軍国体制であり、本来長期間持続することが困難な構造的特質をもっていたことにあると考えられる。

ところで天平中期に行われた大規模な政策転換は、そのまま定着して存続したのではなかった。天平八(七三六)年の浮浪人の編附の停止(浮浪人身分の成立)は、宝亀十一(七八〇)年には逆転して養老五(七二一)年の制に戻り(『続日本紀』)、天平八年格が定着するのは延暦四(七八五)年であった(『類聚三代格』)。また天平十一(七三九)年の諸国兵士の一時停止の場合には、早くも天平十八年に諸国の兵士の差点が復活され(『続日本紀』)、延暦十一(七九二)年になって辺境を除く諸国の兵士が最終的に廃止された。(53)天平十五(七四三)年の墾田永年私財法にしても、天平神護元(七六五)年に一度廃止され(『続日本紀』)、宝亀三(七七二)年に復活して定着する。ただ天平十五年の永年私財法は官人身分による墾田地面積の制限規定をともなっていたが、この墾田地面積の制限規定は、宝亀三年格または弘仁格編纂時(八二〇年)までに廃止され、永年私財法の性格に重要な変質をもたらした(Ⅴ章一節参照)。この結果、墾田地の占定面積が官人身分によって制限を受けなくなり、大規模な墾田地の占定が可能な体制ができあがった。

このように天平中期の政策転換は、その後半世紀ほどの紆余曲折を経て、宝亀から延暦年間にかけて定着してくる。しかしそのころから、さらに根底的な転換が始まろうとしていた。すなわち天平中期の改革では公民のほかに浮浪人という身分を設定したが、延暦年間には土人(公民)と浪人(浮浪人)を区別しない政策があらわれ始め、やがて貞観〜元慶年間には公営田や官田の営田預人も土人・浪人を問わないようになった[54]。本来公民と土着した浮浪人とを別の身分としておく実質的な意義は、浮浪人には口分田を班給しないで課役を徴収するという点にあったが、平安時代になると口分田の班給がしだいに行われなくなるので、公民と浮浪人とを区別しておく意味はしだいに消失していったとみられる。九世紀の三〇年代のころから急速に解体しはじめた造籍や班田の制は、延喜の諸改革を経て十世紀には崩壊した[55]。

四　編戸制・班田制の歴史的性格

中国の編戸制	自然区分 人為区分→日本の編戸制
中国の均田制	限田制的要素 屯田制的要素→日本の班田制

一〜二節で検証したように、日本の編戸制は、北朝・隋唐の編戸制がもっている二つの側面のうち、人為区分の側面だけを継承したものであり、日本の班田制は、北朝・隋唐の均田制がもっている二つの要素のうち、屯田制的要素だけを継承したものであった。ところが新羅の編戸制や班田制には、そのような特質は見出されない。もっとも、新羅の編戸制や班田制の実態は、史料的な制約によって、はっきり捉えることが難しいが、正倉院から発見された新羅の民政文書の断簡(八一五年作成)によれば、新羅では京や県の下に村があり、村は自然村落をそのまま捉えたもので、中国律令的な郷里制は採用されていなかったと推定されている[56]。すなわち村は八〜十五の孔烟(ほぼ戸に該当するか)からなり、孔烟は平均一〇・五人(奴婢を含む平均)、九・九人(良口のみの平均)からなっていた。A村の口数が特に多いのは、この村に「村主」がいたためと推定されている。烟や口の詳細な移動記載などから考えても、この孔烟は、

ほぼ実態的な家族をそのまま捉えたものと推定されている。このように新羅の律令体制は、実態的な孔烟によって構成される自然村落を、そのまま郡県制による行政支配の単位としていた可能性が強い。もっとも禄邑と推定されているこの僅か四つの村についての文書断簡の示す事実が、新羅の国制としてどこまで一般化できるかは、なお慎重に検討しなければならない問題であろう。しかし新羅の法幢軍団がやはり自然村落を基盤にしていたことや(57)、新羅の国制が古い社会組織を基盤にしている面が大きいという一般的な傾向を考慮すると、新羅は中国律令的な郷里制を――少なくとも一般的には――採用しなかった可能性が強いのではなかろうか。新羅は唐の律令の諸制度(たとえばこの文書の場合、三年毎の戸口調査・丁中制・九等戸制・職分田制など)をうけいれたが、唐の郷里制はとり入れず、自然村落をそのまま支配の対象とした点で、日本とは著しい対照を示しているのである。

またこの文書では、村ごとに畓(水田)・田・麻田の合計額が記され、畓・田についてはその内訳が、「官謨畓(田)・内視令畓」と「烟受有畓(田)」とに分けて記されている。「官謨畓(田)・内視令畓」は中国の公廨田・職分田的な性格のものと推測され、これと対比される「烟受有畓(田)」は中国の民田・私田的なものと推測される(58)。ところがこの烟受有畓(田)は、戸数・丁数・口数などのいずれとも相関関係がなく、烟受有畓(田)が、何らかの一定基準で班給されたものとは考えられない。たしかに『三国史記』巻八、聖徳王二一年(七二二)八月条には、「始給㆓百姓丁田㆒」とあるので、何らかの給田がある時期に行われた可能性は強いが、定期的な収授が行われていたかどうかは疑わしい。新羅は中国的な王土思想を継受しており、それが実際にも機能していたことは金石文にもあらわれているので(Ⅰ章五節参照)、こ

表Ⅳ-1　新羅の村・孔烟の構成

村	孔烟	口	平均	奴婢	良口	良口平均
A	11	147	13.4	9	138	12.5
B	15	125	8.3	7	118	7.9
C	8	72	9.0	0	72	9.0
D	10	118	11.8	12	106	10.6
計	44	462	10.5	28	434	9.9

(武田幸男「新羅の村落支配」により作成)

の文書の「烟受有田」の「受」も、授受という現実の行為と直接に結びつけて考える必要はないであろう。中国的な王土思想のもとにおいては――収授の有無とかかわりなく――民田は烟受有畓(田)と観念されたのではなかろうか[59]。したがってこの文書の「烟受有田」から「個別自然村落基準による収授」を想定する必要はなく[60]、新羅では日本の班田制のような田制は施行されなかったと考えられる。

このように日本の編戸制・班田制の特質は、朝鮮諸国(具体的に解るのは新羅)の国制の影響の下に形成されたものではなく、日本の律令官人が主体的・選択的に形成したものと想定される。編戸制・班田制にあらわれたこのような日本と新羅との差異は、同じく中国律令制を手本としながらも、体系的律令法典を編纂した日本と、編纂しなかった新羅との差異に(I章参照)、ほぼ対応している。そしてこのような特質をもった日本の編戸制・班田制を律令官人が構想する際に、直接の資料としたのは、中国律令であったと考えられるが、中国律令だけでなく中国の古典をも参照していた可能性が強い。

日本の律令制定者が手本とした中国律令には、編戸制における人為区分の側面、班田制における屯田制的要素が、その規定の表面に強くあらわれていたので、日本の律令編纂者が、その側面に強く魅せられた可能性はたしかに想定される。しかし唐戸令の自然区分と人為区分の二重構造の規定を日本戸令が人為区分に一元化したように、日本令編纂者は明らかに主体的選択を行っている。では何故そのような選択を行ったのか、その理由の第一には、もちろん中国律令が対象とした社会と当時の日本の社会との異質性についての認識があったと考えられるが、それだけではあのような特異な編戸制・班田制を構想した理由を十分には説明できない。

先述したように日本の編戸制・班田制は、北魏の制に類似していたが、北魏をはじめとする南北朝時代の中国の国制が朝鮮諸国に継受され、それが律令国家以前の日本の国制に影響を与えていたことは、さまざまな側面から明らかにされている。たとえばいま問題にしている編戸制に関連する丁中制（公法上の権利・義務のあり方に年齢によって差等をつけるために、年齢を区分する制度）についても、日本令の「次丁」の制は南北朝時代の中国の制を朝鮮経由で継受していた可能性が強い(61)。したがって、編戸制・班田制の日本的な特質も、北魏などの制度が朝鮮諸国を媒介として継受された結果である可能性を、考慮しなければならない。しかし先述したような新羅の国制のあり方を考えると、その可能性は薄いのではなかろうか。また、日本の律令制定者が、唐令よりも北魏令を重視したとは考え難い。とすると、やはり中国律令の背後にあった中国の古典の思想的影響を無視できないことになる。本来中国の辺境民族であった北魏の拓跋《たくばつ》族が、『周礼』などの古典にその国制の規範を求めたように、東海の小帝国たらんとした日本の古代貴族も、中国の古典に建設すべき国家の規範を求めた可能性がある。例えば『周礼』地官、大司徒・小司徒によれば、

〔地方行政〕	比（五家）―	門（二五家）―	族（一〇〇家）―	党（五〇〇家）―	州（二、五〇〇家）―	郷（一二、五〇〇家）
	↔	↔	↔	↔	↔	↔
〔軍　政〕	伍（五人）―	両（二五人）―	卒（一〇〇人）―	旅（五〇〇人）―	師（二、五〇〇人）―	軍（一二、五〇〇人）

というように、地方行政制度は軍隊の組織と完全に対応して組織されている。一節で検証した日本の編戸制と軍団制との対応は、日本律令制定者たちが『周礼』を学んでいたと仮定するとき、むしろ自然な構想と感じられる。もとより日本律令制定者が『周礼』を学んでいたという直接的な証拠はないが、中大兄皇子が南淵請安から「周孔之教」を学び（『日本書紀』皇極三年正月条）、僧旻が群公子に『周易』を講じた（『家伝』）と伝えられていることや、学令に規定された大学の教科書のなかに『周礼』が含まれていることからも、その可能性は十分存在したであろう(62)。

　また日本の班田制は、条里制という全国的に画一化された土地制の施行と密接に関連していたが、条里制も中国の古典の井田法をもとにして構想された可能性が強い。すなわち、現存する条里制的土地制の遺構は「町」と「段」の区画であって「里」の区画はみとめられない。また岸俊男が推論したように、条里坪の呼称の一般的な使用は天平以

後である可能性が強い。(63)これらの事実によれば「里」は「町」とは無関係に後から定められたもののように思われるが、条里の「里」がもし大宝令施行後に定められたものとすると、大宝令の度地法(高麗尺五尺一歩・三百歩一里、すなわち高麗尺一五〇〇尺=唐大尺一八〇〇尺)による一里が条里の里の一辺の長さ(高麗尺一八〇〇尺=唐大尺二一六〇尺)と食い違っていることが説明できなくなる。(64)この疑問は、条里の里は大宝令施行以前の高麗尺六尺一歩制の度地法を基礎としており、「町」は「里」を前提として定められた、と仮定するときに解決できるのではなかろうか。中国の井田法では、一里(六尺一歩・三百歩一里)四方を一井として、その一辺を三等分した全体の九分の一(一〇〇畝)を一家の耕地とした。一家または一夫婦の耕地を一〇〇畝=一頃とするのは、井田法を源流とする伝統的な思想で、その影響は唐代の均田法にまで及んでいる。(65)それに対して日本の条里制では、一里(高麗尺六尺一歩・三百歩一里)四方一辺を六等分し、全体の三十六分の一を一町としている。なぜ一里四方を九等分でなく三十六等分したかは明らかでないが――あるいは日常的な農耕の単位となっていた小家族の耕地面積(一町は夫婦と男女の子四人の口分田額に相当)が念頭にあったのかも知れない――日本の条里制が中国古典の井田法を念頭において構想されたことは間違いないであろう。このように日本の編戸制・班田制の特質は、北魏の国制と同じように、中国の古典を規範として構想された可能性が強いのである。

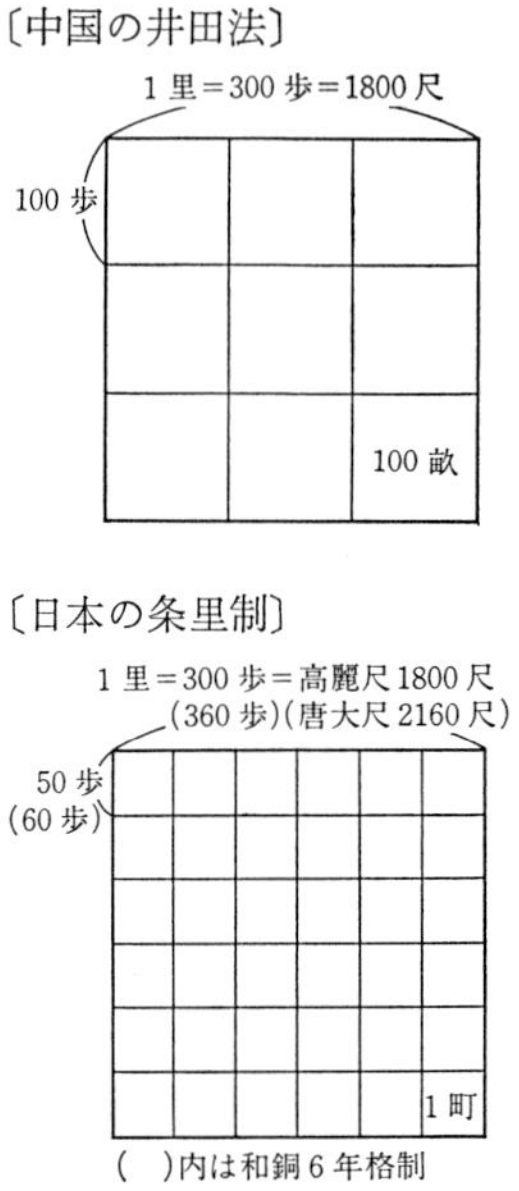

図Ⅳ-1

ところで編戸制における人為区分、均田制における屯田制的要素を強く打ち出していた北朝〜隋唐の律令制の前提には、人民を戸籍につけて賦役を徴収し、田地を田簿につけて租税を徴収するという国制が基礎とされていた。そしてこのような国制は、おそらく秦漢時代には一応成立していたと想定される。大局的にみれば北朝〜隋唐的な国制は、そのような秦漢的な国制を前提として成立していたと推測されるのである。ところが日本で律令体制が形成される直前の段階——すなわち七世紀の前半の日本——には、人民を戸籍に付け、田地を田簿に登録し、それらによって賦役や租税を徴収するという秦漢的国制の基礎的な部分が、まだほとんど成立していなかった。そのような国制の形成がやっと始まったばかりの段階で、一挙に人民を一定戸数ごとに編戸し、一定基準で田地を収授するという、北朝〜隋唐的な国制の一面を抽出した律令体制の形成へと突き進んでいった。したがって、そこに形成された国制は、制度の表面的な類似とは裏腹に、北朝〜隋唐的な国制とは極めて異質なものであった可能性が強い。

日本の班田制は、北魏の露田の正田の部分にあたる口分田だけを制度化し、限田制的な要素が稀薄であることは先述したが、このような日本の班田制は、表面的には、公田・官田を民に貸与した屯田制にもっとも類似している。しかし、いうまでもなく、日本の班田制は、中国的な屯田制とも異質なものであった。そのことをもっともよく示しているのは、日本の口分田に課せられた「租」の性格である。中国の均田制における「租」が、地代的な性格をもっていることは、宮崎市定の強調したところで、均田制における「租」は、魏の屯田制及びそれを継承した晋の課田制における租の基本的な性格を受け継いでいるとされる。(66) そして、租のこのような地代的な性格は、魏晋以後だけでなく秦漢時代にも溯りうるのではなかろうか(この問題は時代区分の論争にもかかわる大問題で、とても門外漢の私には手に負えないが、ここでは日本の田租との対比という大雑把な議論としてお恕しいただきたい)。すなわち漢代の田租は——たしかに低率ではあるが——既に個人ではなく田主が負担していたので、田租は生産税ではなく地代的な性格をもつものであったと推測されるのである。(67) そしてこのことが、おそらく後述する秦漢的な王土思想とも関連するのであろう。ところが日本の律令時代の田租は、田主ではなく佃人が負担していた。[68]このような田租の在り方は、日本の律令田租が、「土地からの収穫物の一部を初穂として首長に貢納する慣行から発生した」原田租の性格を濃厚に保持していたことと関係があるだろう。[69]日本の田租は、秦漢よりも古い段階、すなわち宮崎市定が「同じ血族の団体が共同の祖の祭を行い、且つ其の族制を保つ為の経済的な基礎をなすもの」[70]とした、中国の原初的な租の段階に近いように思われるのである。天皇は在地首長と同様に「豊饒をもたらし、その生産力を体現する特殊な霊威をもつ存在であり」[71]、穀霊の司祭者であると同時に、穀霊そのものであった。天皇は、在地首長の祭祀を統轄し、穀霊の祭祀の統轄者として、あるいは穀霊神そのものとして、熟田の耕作者から田租が貢納されたのではなかろうか。日本の班田制が熟田だけを捉えようとしたのも、このような田租の特質と照応するであろう。日本の班田制は、北朝～隋唐の均田制との表面的な類似とは裏腹に、その実体は、むしろ秦漢よりも古い段階に比定できそうな「首長制」を基盤としていたと推測されるのである。

編戸制も班田制と同じような基盤に立っていた。たしかに日本でも、八世紀前後には、定期的に籍帳が作成され、そこには「率土黔庶、皆有二籍書一」(『唐律疏議』戸婚律脱戸条)という秦漢以来の伝統的な国制と同視できそうな面がある。しかし戸籍が僅かの期間で全く形骸化してしまうのは、そのような秦漢的国制の基礎的な部分が、日本の律令体制では結局実体をもたない表皮にすぎなかったことを示していよう。そして日本の戸籍でむしろ注目されるのは、戸籍が定姓や氏姓秩序の台帳としての、日本独自の機能を併せもっていたことである。[72]石母田正はこの後者の側面を重視し、天皇からカバネナを与えられた良人・化内之人を「王民」と定義し、「王民制」という日本に特徴的な体制を構想した。[73]「王民制」は、「公民制」という外皮に包まれた実体を構成していたのである。「王民制」は、日本古代王権のマギッシュで未開的な性格に対応する体制であり、このような「未開的性格を春秋戦国において脱却した中国古代王権が、その支配の正統性を基礎づけるために、儒家や法家の諸説にみられるように、国家を日本のように自然的あるいは神授的なものではなく、人為的な組織あるいは先王の業績とみる思想をはやくから発展させ、マギッシュな性格をともなう血統と世襲の原理以外のもの、一般的にいえば礼の秩序をふくむ王道政治に関する諸思想を展開せざるを得なかったのは当然であろう[(74)]」。そしてこの王道政治の一つの中心的な思想が、いわゆる王土王臣思想ではなかろうか。一般に王土王臣思想の典拠とされる『詩経』小雅の「北山」の詩にある「溥天の下、王土にあらざるは莫く、率土の浜、王臣にあらざるは莫し」という句は、――平中苓次によれば[(75)]――その詩における本来の意味は、国王に仕える臣が、「王の土地は広く、王の臣は許多ある」のに、己れ独り王事に奔走させられ征行に馳駆せしめられている、と役使の不公平を訴えたものであった。この詩句が、「すべての土地は王の所有であり、すべての人民は王に隷属している」というような後世的な意味に用いられるようになったのが何時からなのか、私にはよく解らないが、少なくとも秦漢の国制が――すなわち先述したような、すべての田地を田簿に登録し、すべての人民を戸籍に付け、それらによって租税や賦役を徴収するという秦漢的国制の基礎的な部分が――そのような二次的な王土王臣思想によって支えられていたことは間違いないだろう。そしてこのような秦漢的な王土王臣思想は、おそらく濱口重国が開元の統治法の背後に見出した理念――「唐朝の支配の下にある国土、すなわち山河・湖沼・土地等々から地下資源に至る尽くが天子の所有に属すると同時に、そこに棲息している人間は勿論、虫獣・鳥禽・魚貝・草木の類まで、その総べてが天子の広大なる恩沢によって生を全うしているという観念」と基本的には同じものではなかろうか[(76)]。

それではこのような王土王臣思想は、果して日本の律令時代にも機能していたのであろうか。たしかに推古朝の十七条憲法や大化の詔をはじめ、律令時代の詔勅官符等のなかには、類似した思想がみとめられ、日本の律令国家がそのような理念を建前として構成されていることは事実である。しかし既述のような国制の実体的部分の本質を考えると、そのような思想が国制を基礎づける理念としてどのように機能していたかが問題である。もとより本稿でその問題を全面的に検討する余裕も能力もないが、ここでは律令——律令国家の建前の宣言である律令——の一条についての、律令官人の理解の仕方を具体例として、この問題に一つのトレンチを入れてみたい。

養老令の田令官位解免条は、官人が解免や除名されたときの給田の処置についての規定であるが、手本とした唐令該当条に非常に近かった大宝令文を、養老令は、当時の官人の論理に従って文意を明瞭にするために、修正したと推定される。しかも興味深いことに、養老令によって修正されたこれらの箇所については、いずれも『令集解』の古記が言及しており、その一つに、

古記云、其除名者、依ニ口分例一給。謂、口分不レ追、但不レ在ニ更加給之例一。

(唐　令)	其除名者、依口分例給
(大宝令)	其除名者、依口分例給
(養老令)	其除名者、依口分例

とある。すなわち、大宝令文(唐令と同じ)のように、「其除名者、依ニ口分例一給」とあると、更に口分を加給するという誤解を生じかねない。そこで古記は「謂、口分不レ追」と注釈したのであり、養老令は誤解を避けて「給」の字を削除してしまったのである。唐令における「依ニ口分例一給」の意味も、古記の「口分不レ追」と同じであったはずである。[77] すべての土地を天子のものとみる王土思想の下にあっては、当然「不追」も「給」であった。唐代の戸籍においては、「買田」も「已受田」として取扱われているが、[78] このような「受田」の観念も、王土思想を背景におくと、きわめて自然な観念であったことが理解できる。しかし、律令の規定を具体的な行為と密着させて理解した日本古代の官人にとっては、「不追」と「給」とは異なる概念であった。そこには、王土王臣というフィクションが機能していた痕跡は認められない。日本の律令国家は、そのようなフィクションによってではなく、もっと自然的・即物的・呪術的な神話や儀礼によって支えられていたのであろうか。河音能平はそのような日本の律令国家の王土思想を「アンジッヒ

な支配思想」として捉え、それに対して院政期の王土思想を「フュアジッヒな支配思想」として位置づけたが、[79] 秦漢帝国を支えた王土王臣思想に対応するのは、後者の院政期の王土思想であろう。[80]

日本で律令体制が形成される時点では、まだ農民家族の「私田」は成立していなかったと推測され、また小家族の「家」も自立した存在ではなかったと想定される。その点だけを比較すれば、多分、中国の秦漢時代の段階にも達していなかったであろう。日本的な編戸制・班田制が成立しえたのは、このような社会経済的な発展段階を前提としていたからであり、族制的・首長制的な社会構造を基盤としていたからと考えられる。しかしそれはあくまでも前提条件であって、日本の律令制が形成される直接的な要因は、緊迫した国際情勢に対処するための軍国体制を、早急に形成することにあったと推測されている。ただ同じような状況の下で中国律令の諸制度を継受した新羅の国制が、日本の編戸制・班田制と著しく異なっていることは、日本の律令体制の特質を明らかにする上で、貴重な視角を提供している。もっとも、日本的な編戸制・班田制の特質は、ほぼ壬申の乱以後に形成されたもので、大化～天智朝の国制は五十戸＝一里の編戸制や、一定基準で収授する班田制とは異なる体制であった。その点では、大化～天智朝の国制は新羅の国制に類似していた可能性が強い。[81] 新羅の民政文書の「計烟」が、九等戸による戸単位の賦役を徴収するためのものであったと推定されていることも、大化の戸調制との親近性を推測させる。しかしこのような大化～天智朝の国制の内的矛盾の展開として日本の律令制の特質が形成されたものとは、どうも私には考え難い。日本の律令制の特質は、天武～持統朝の官人達が、政治的・主体的に、そして多分に理想を追って、選びとった政策ではなかろうか。日本の律令制がどのようにして形成されてくるかという問題は、国際的な政治情勢、国内的な矛盾のあり方とともに、大唐帝国の辺境にあった日本の古代貴族が、どのような未来像を画きえたかという、思想史上の問題でもあった。

注

（1） 宮崎市定「中国における村制の成立」（『東洋史研究』一八巻四号）、同「漢代の里制と唐代の坊制」（『東洋史研究』二一巻三号）。以下、唐戸令の分析は宮崎の研究に依拠している。

（2） 唐令における隣と保との関係について、宮崎市定は「隣とは読んで字の如く、相互のトナリアイの関係である。これに対して保とは、五軒ずつの固定した一組であり、いわば人為的な区分である」と説明する（「四家を隣と為す」『アジア史研究 第四』東洋史研究会、一九六四年）。

（3） 岸俊男「日本における「京」の成立」（『東アジア世界における日本古代史講座』6 学生社、一九八二年）。

（4） 例えば平城宮木簡に「但馬国養父郡老左郷赤米五斗〈村長語部広麻呂〉〈天平勝宝七歳五月〉」（奈良国立文化財研究所『平城宮木簡 二』二七一五号）。

（5） この喪葬令身喪戸絶条については、石母田正「奈良時代の村落に関する一資料——絶戸遺産の一考察——」（『経済史研究』二九巻五号）が、日唐令の間の差異を手懸りとして、重要な問題を提起しており、本稿も石母田論文に依拠している。ただし石母田がこの条と戸令戸逃走条とを直接リンクさせて解釈している点は、若干の留保を要する。戸令戸逃走条は「五保」に「租調代輸」の責任を課することに中心があったので、この条とは若干主旨が異なる。

（6） 例えば、『魏書』六六、李崇伝には、李崇が孝文帝の時代に兗州刺史となったときのこととして、

兗土旧多二劫盗一、崇乃村置二一楼一、楼懸二一鼓一、盗発之処、双槌乱撃、四面諸村始聞者、撾レ鼓一遍、次復聞者、以レ二為レ節、次後聞者、以レ三為レ節、各撃二数千槌一、諸村聞レ鼓、皆守二要路一。……諸州置レ楼懸レ鼓、自レ崇始也。

とあり、また『北史』三一、高祐伝には、太和年間に西兗州刺史となった高祐が、「乃県立二講学一、党立二教学一、村立二小学一」ことを請うたことが記されている。宮川尚志「六朝時代の村について」（『六朝史研究 政治・社会篇』日本学術振興会、一九五六年）参照。

（7）　石母田正「古代村落の二つの問題」（『歴史学研究』一一巻八・九号）。なお、石尾芳久「古代社会と天皇制」（『古代の法と大王と神話』木鐸社、一九七七年）には、「日本令における一元化の問題については、まず、行政村落を補完しうるような性格を有する自然村落として制度上位置づけられるような権力関心の期待にそう村落が存在しなかったという点を考察しなければならないのであり、それを一般的な村落共同体の不存在として概括してしまうことはできないのである」（同書一二九頁）という、石母田説（およびそれを踏襲した吉田の旧稿）に対する的確な批判がみられる。本稿はこの批判によって旧稿に加筆している。

（8）　浦田（義江）明子「編戸制の意義」（『史学雑誌』八一編二号）。

（9）　鬼頭清明「位禄の支給額についての覚書」（『続日本紀研究』一二六号）。早川庄八「律令「租税」制に関する二、三の問題」（『古代の日本』9　角川書店、一九七一年）。

（10）　養老軍防令には兵士は「毎㆓三丁㆒取㆓二丁㆒」との規定があり、唐の府兵制度は三分の一の点兵率であったので、日本令の本意も三分の一の点兵率であったと考えることもできる。ところが、令文のなかには「毎㆓四丁㆒給㆓断丁一人㆒」（賦役令斐陀国条）のような表現もあり（四丁と断丁一人の意）、大宝二年の美濃国戸籍の戸口集計部分にも「正丁三 兵士一 少丁二 小子三 并九」という形式で正丁と兵士を並列しているので、先の養老令文も正丁三人に対して兵士一人（点兵率四分の一）と解されていた可能性がある。『日本書紀』持統三年閏八月条に「其兵士者、毎㆓於一国㆒四分而点㆓其一㆒、令㆑習㆓武事㆒」とあり、また『続日本紀』天平四年八月条に「四道兵士者、依㆑令差点、満㆓四分之一㆒」とあるのも、一国の兵士のうちの四分の一を選ぶ意と解するよりも、四丁のうち一人を兵士に差点する意と端的に解した方がよいと思う。

（11）　石尾芳久「日唐軍防令の比較研究」（『日本古代法の研究』法律文化社、一九五九年）。直木孝次郎「軍団の兵数と配備の範囲について」（『続日本紀研究』七巻八号）、同「一戸一兵士の原則と点兵率」（『日本歴史』一七五号）。

（12）　滋賀秀三『中国家族法の原理』（創文社、一九六七年）。もっとも、行政の実務においては、戸主が死亡したとき、誰がその「戸」を継承したかが追跡されているが（唐代の籍帳には「代父承戸」とか「代兄承戸」という注記がみられる）、家長を戸主とするという原則は生きていたと考えられる。

（13）　残存籍帳にみえる戸主の地位は、兄弟相続されたと推定される例が多いので（南部昇「古代籍帳よりみた兄弟相続」『史学雑誌』七九編一一号)、死亡戸主の嫡子(承継戸主)が次の造籍時にそのまま戸主とされたかどうかはわからない。また家長が死亡すれば家室に実権が移った場合も多いと想定されるが、その場合にも戸籍上の戸主には男子があてられたらしい(井上光貞「古代の女帝」『日本古代国家の研究』岩波書店、一九六五年)。

(14) 戸口数の大きな戸が出現する一つの契機として大化〜天智朝に行われた戸調制(一戸一兵士制を含む)の影響も想定すべきかも知れないが、具体的に考察できる史料は残存しない。

(15) 岸俊男「古代後期の社会機構」(『新日本史講座』十三回配本、中央公論社、一九五二年)は、同一郷戸内で戸主と戸口との間に、墾田の売買が行われている事実を指摘しているが、編戸によって生じた特殊な現象ではなく、小家族の集合体の財産関係の実態を示すものと考えられる。なお森田悌「古代の家産について」(『続日本紀研究』一九〇号)参照。

(16) 青木和夫司会『シンポジウム日本歴史 律令国家論』(学生社、一九七二年)一八五頁の青木発言。早川庄八『日本の歴史4 律令国家』(小学館、一九七四年)。

(17) 中村治兵衛「唐代の郷」(『鈴木俊教授還暦記念東洋史論叢』三陽社、一九六四年)。したがって五十戸=一里で編戸した余りの戸からなる「余戸」の制は、日本の編戸制の特質であったと推定されている。曾我部静雄『中国および古代日本における郷村形態の変遷』(吉川弘文館、一九六三年)四〇五頁以下参照。

(18) 『貞信公記』(藤原忠平の日記)天慶八年十一月二十六日条には「以レ予可レ為二戸主一事、仰在レ別、忠仁公之例也」とある。このとき忠平は関白太政大臣、従一位で藤原氏の氏長者でもあったが、この日までは、「戸主」でなく、同年九月五日薨じた兄仲平(左大臣、正二位)の四十九日忌を十月二十二日にすませたあと、仲平のあとを継いで戸主となったと推定される。このことが「忠仁公之例也」といわれたのは、忠仁公(藤原良房)の兄長良が斉衡三年七月三日に薨じた(ときに権中納言、従二位)あとを継いで良房が戸主となったことを指すのであろう(このとき良房は右大臣、正二位、おそらくは氏長者)。すなわち戸主の地位は氏長者とは別で、弟が氏長者でも兄が戸主となっていたことを示している。戸主の地位を継承する直前には長良・良房・仲平・忠平は、それぞれいずれも三位以上であったので、令制の「家」を各自もっていたはずであるが、「戸」としては一戸のなかに含まれていたのである。なお『貞信公記』の記事は、橋本義彦氏から教示された。

(19)　吉田晶『日本古代社会構成史論』(塙書房、一九六八年)二章。明石一紀「日本における里制と編戸制の特質」(歴史学研究別冊『民族と国家』一九七七年十一月)。
(20)　安良城盛昭「班田農民の存在形態と古代籍帳の分析方法」(『歴史学における理論と実証』第Ⅰ部、御茶の水書房、一九六九年)。
(21)　沢田吾一『奈良朝時代民政経済の数的研究』冨山房、一九二七年。
(22)　畿内の籍帳の郷戸の構成や房戸の規模が、下総国戸籍に比べて多様であることも(明石一紀「房戸制の構造と課役制」『続日本紀研究』一九〇・一九一号)、そのような階層分化を反映している可能性が強い。
(23)　塩沢君夫『古代専制国家の構造(増補版)』(御茶の水書房、一九六二年)五章一節。
(24)　本節はⅤ章「墾田永年私財法の基礎的研究」でおこなった考証を前提にして書かれている。
(25)　限田制的要素と屯田制的要素との二元的な視角を設定するという構想は、もっぱら宮崎市定の「晋武帝の戸調式に就て」(『アジア史研究　第一』東洋史研究会、一九五七年)に依拠している。すなわち宮崎によれば、晋の武帝の戸調式における「占田」は「限田」の意味であり、「課田」は魏の「屯田」を継承したものであった。晋の課田制が魏の屯田制(民屯)を継承したことについては、西嶋定生「魏の屯田制」(『中国経済史研究』東京大学出版会、一九六六年)が宮崎説を補強している。
(26)　堀敏一『均田制の研究』(岩波書店、一九七五年)四章。池田温「均田制」(『古代史講座』8　学生社、一九六三年)。
(27)　西村元佑『中国経済史研究』東洋史研究会、一九六八年。
(28)　彌永貞三「律令制的土地所有」(前『岩波講座日本歴史』古代3　岩波書店、一九六二年)。
(29)　吉村武彦「律令国家と土地所有」(『大系日本国家史』1　東京大学出版会、一九七五年)。ただし公畠を園地の系統のものとみる点には同意できない。
(30)　戸田芳実「律令制下の「宅」の変動」(『日本領主制成立史の研究』岩波書店、一九六七年)。
(31)　菊地康明『日本古代土地所有の研究』(東京大学出版会、一九六九年)。なお菊地が明らかにした日本古代の土地所有の性格と、日本の班田制とが、どのような内的連関をもっていたのか、さらに深く究明する必要があるが、それは今後の課題としたい。

(32) 網野善彦「忘れられた歴史」(『世界』一九七八年十二月号)。

(33) 鬼頭清明、前掲(注9)論文によれば、浄御原令では直位(大宝令の四・五位相当)以上に支給されていた封戸を、大宝令で三位以上に限定したのにともない、四・五位には「封戸の代給物」として位禄を支給することにしたが、この四・五位の位禄の数量は、一戸正丁三人分の比率で計算されていた。ところが大宝令施行と同時に出された大宝元年格では、一戸正丁四人分の比率に修正し、現実に位禄の支給を始めた慶雲二(七〇五)年には、この一戸正丁四人分の基準を封戸にも適用することにした。ところでこの一戸＝四丁の計算が兵士を徴発しない戸を基準にしていたことは慶雲二年格に「以二四丁一准二一戸一也。兵士等類不レ在二点例一」とあることから推定される。時野谷滋「食封制と公民制」(竹内理三博士還暦記念会編『律令国家と貴族社会』吉川弘文館、一九六九年)参照。

(34) 天平十(七三八)年頃に成立した古記も、「一戸の内の人、他保に至りて家有らば、便りを量りて他保に割き入るるのみ」(『令集解』戸令五家条)と注し、保の地域性を重視している。

(35) 虎尾俊哉『班田収授法の研究』(吉川弘文館、一九六一年)第一編。

(36) 律令では浮浪と逃亡を厳密に区別し、本貫の地を離れても賦役を納めるものを浮浪、納めないものを逃亡としたが、実際には両者を混用している史料が多いので、本稿でも区別しなかった。

(37) 鎌田元一「律令国家の浮逃対策」(『赤松俊秀教授退官記念国史論集』一九七二年)はこの法令を鋭く分析し、後述の養老五年の制との対立面に注目し、天平八年二月勅との共通性を指摘する。この点では本稿の視角と若干異なるが、鎌田の指摘する事実は本稿の視角と必ずしも矛盾しないと思う。

(38) 原島礼二『日本古代社会の構造』(未来社、一九六八年)七章2節。長山泰孝「奈良時代の浮浪と京畿計帳」(『史林』五〇巻四号)。

(39) 養老元(七一七)年五月に大計帳の式を七道諸国に頒布した(『続日本紀』)のは、計帳歴名の京進を命じたものと推測され(鎌田元一「計帳制度試論」『史林』五五巻五号)、浮浪人対策とも深い関連が想定される。

(40)　律令では口分田は私田とされており、墾田永年私財法の施行後に口分田を含めた公田の観念が一般化してくる(Ⅰ章五節参照)。本稿ではこの後者の公田を「(広義の)公田」と呼ぶことにしたい。虎尾俊哉「律令時代の公田について」(『法制史研究』一四号)参照。
(41)　岸俊男「古代地割制の基本的視点」(『古代の日本』9　角川書店、一九七一年)。
(42)　八賀晋・玉井力「条里」(『岐阜県史　通史編　古代』一九七一年)。
(43)　彌永貞三『日本古代社会経済史研究』(岩波書店、一九八〇年)Ⅲ章補注八。
(44)　宮本救「律令制的土地制度」(『体系日本史叢書6　土地制度史Ⅰ』山川出版社、一九七三年)。
(45)　川崎庸之「大伴三中の歌」(『記紀万葉の世界』御茶の水書房、一九五二年)。
(46)　岸俊男「古代村落と郷里制」(『日本古代籍帳の研究』塙書房、一九七三年)。
(47)　中野栄夫『律令制社会解体過程の研究』(塙書房、一九七九年)第一部第一章。関口裕子「日本古代家族の規定的血縁紐帯について」(井上光貞博士還暦記念会編『古代史論叢』中巻、吉川弘文館、一九七八年)。
(48)　高重進『古代・中世の耕地と村落』(大明堂、一九七五年)は、勘籍文書(Ⅲ章四節参照)における所貫郷が天平十二年以後には変化していないことに注目している。ただし里(郷)は本来境域をもっていたと高重が考えている点には同意できない。
(49)　竹内理三「国土の開発」(『古代の日本』1　角川書店、一九七一年)。
(50)　彌永貞三「八世紀の日本」(『日本と世界の歴史』5　学習研究社、一九七〇年)、同『日本古代社会経済史研究』(前掲注43)Ⅲ章補注八。
(51)　鎌田元一「律令国家の浮逃対策」(前掲注37)。
(52)　井上薫『行基』吉川弘文館、一九五九年。
(53)　ただし一国単位で国司が徴発する諸国兵士の制については、戸田芳実「国衙軍制の形成過程」(日本史研究会史料研究部会編『中世の権力と民衆』創元社、一九七〇年)参照。
(54)　戸田芳実『日本領主制成立史の研究』(前掲注30)第一章。

(55) 平田耿二「平安時代の戸籍について」(豊田武教授還暦記念会編『日本古代・中世史の地方的展開』吉川弘文館、一九七三年)。虎尾俊哉『班田収授法の研究』(前掲注35)。
(56) 野村忠夫「正倉院より発見された新羅の民政文書について」(『史学雑誌』六二編四号)。旗田巍「新羅の村落」(『歴史学研究』二二六・二二七号)。武田幸男「新羅の村落支配」(『朝鮮学報』八一輯)。
(57) 井上秀雄「新羅兵制考」(『朝鮮学報』一一・一二輯)。
(58) 旗田前掲(注56)論文。李佑成「新羅時代の王土思想と公田」(『趙明基博士華甲記念仏教史学論叢』所収)。
(59) 王土思想と「受田」との関係については、鈴木俊「燉煌発見唐代戸籍と均田制」(『史学雑誌』四七編七号)参照。
(60) 旗田前掲(注56)論文は、新羅は中国的な均田制を継受しなかったと推定したが、「烟受有畓(田)」の「受」という文字をそのまま実態化して理解したために、「「受」という文字は、国家から受けるという意味であろうが、実際に受けたことがあったとしても、それは古い時代のことであったであろう」(旗田前掲論文(下)一九頁、傍点吉田)という苦しい解釈をせねばならなかった。というのは、旗田は、烟受有畓(田)の起源を、この文書から(旗田の推定年代によれば)三十数年前の「始給百姓丁田」に求めたために、文書の烟受有畓(田)が一定基準で班給されていないことと、この『三国史記』の記事との関係を、どのようにつけるかに苦慮したからである。この点を批判したのが崔吉成で、崔はこの文書の時点でも実際に収授が行われていたと仮定し、各村に共通する一定基準ではなく、「個別自然村落的基準」で収授が行われたと推測したが(崔吉成「新羅における自然村落制的均田制」『歴史学研究』二三七号)、崔の仮説を支証する根拠を見つけることができるかどうか、私には疑問に思われる。しかしそれ以前の問題として、旗田・崔の両氏ともに、烟受有畓(田)の「受」を実態化し、授受という実際の行為と結びつけたことが正しいかどうかが、まず問われねばならないだろう。
(61) 『日本思想大系 律令』(岩波書店、一九七六年)戸令補注6a
(62) 彌永貞三「条里制の諸問題」(『日本古代社会経済史研究』前掲注43)。
(63) 岸俊男「班田図と条里制」(『日本古代籍帳の研究』前掲注46)。
(64) 高麗尺一尺は唐大尺の約一・二尺にあたる。奈良時代に用いられた唐大尺一尺は約三〇センチメートル。

(65)　堀敏一『均田制の研究』(前掲注26)一章。
(66)　宮崎市定「晋武帝の戸調式に就て」(『アジア史研究　第一』前掲注25)。
(67)　平中苓次「漢代の田租と災害によるその減免」(『中国古代の田制と税法』東洋史研究会、一九六一年)。
(68)　彌永貞三「律令制的土地所有」(前掲注28)。石母田正『日本の古代国家』(岩波書店、一九七一年)。菊地康明『日本古代土地所有の研究』(前掲注31)五八頁以下。
(69)　石母田正『日本の古代国家』(前掲注68)二九八頁。早川庄八「律令「租税」制に関する二、三の問題」(『古代の日本9』角川書店、一九七一年)参照。
(70)　宮崎市定「古代中国賦税制度」(『アジア史研究　第一』前掲注25)。
(71)　石母田正『日本の古代国家』(前掲)。
(72)　井上光貞「庚午年籍と対氏族策」(『日本古代史の諸問題』思索社、一九四九年)。
(73)　石母田正「古代の身分秩序」(『古代史講座7』学生社、一九六三年)、同『日本の古代国家』(前掲)第二章第二節参照。
(74)　石母田正「古代の身分秩序」(前掲)二八七頁。
(75)　平中苓次「王土思想の考察」(『中国古代の田制と税法』前掲注67)。
(76)　濱口重国「唐の白直と雑徭と諸々の特定の役務」(『史学雑誌』七八編二号)。なお濱口重国「唐王朝の賤人制度」(『日本学士院月報』二二巻六号)参照。
(77)　残存する唐代戸籍の応受田額によれば、勲官にともなう永業田(すなわち勲田)を支給すべき人にも、口分田を支給することになっていたので(仁井田陞『唐宋法律文書の研究』東方文化学院東京研究所、一九三七年、一五章六節)、官爵を有する者も、口分田はすべて庶人と同様に支給する原則であったことが知られる。したがって唐令に「其除名者、依二口分例一給」とあるのも、実質的には口分田は取り上げないことを意味していたのである。
(78)　仁井田陞『唐宋法律文書の研究』(前掲)七八八頁。鈴木俊「燉煌発見唐代戸籍と均田制」(『史学雑誌』四七編七号)にも、王土思想と受田の関係について、同様の見解が述べられている。なお仁井田は、王土思想が機能していた例として、本文に紹介した買田＝「已受田」（「応受田」とあるのは仁井田の錯覚ないしは誤植であろう）の外に、「唐初、農民の土地を直接収授する手続を省略し、従来の土地の占有を継続することを許したものと考えられるが、なお口分・永業を給すると称し（給田・授田）、或は口分・永業の別が戸籍面から取除かれた唐末の大順年籍、及び宋代の戸籍に「受田」なる名称の下に、一戸の所有地が掲げてある」（前掲書七八九頁）という二つの例をあげている。

(79) 河音能平「王土思想と神仏習合」（『岩波講座日本歴史』4　岩波書店、一九七六年）。

(80) 石井進「院政時代」（『講座日本史』2　東京大学出版会、一九七〇年）。

(81) 虎尾俊哉「正倉院蔵新羅国民政文書にみえる「計烟」の算出法について」（『歴史』第四五輯）。

〔補記〕

本章は、主として旧稿「律令制と村落」（『岩波講座日本歴史』3　岩波書店、一九七六年）の「二　編戸制・班田制の展開過程」と、旧稿「公地公民について」（坂本太郎博士古稀記念会編『続日本古代史論集』中巻、吉川弘文館、一九七二年）の「四　公田公民制と律令国家」とからなるが、「公地公民について」の「二　公田制の特質」「三　公民制の特質」も部分的に利用しており、また旧稿「町代制と条里制」（『山梨大学歴史学論集』一二集）も一部利用している。全体にわたり訂正や追補を相当に加えているが、特に論旨に影響するのは、次の点である。一節「編戸制の構造的特質」については、石尾芳久『古代の法と大王と神話』（注7参照）一三六頁の批判によって、律令制と自然集落との関係を再考し、また石母田正「奈良時代の村落に関する一資料」（『経済史研究』二九巻五号）の再評価を試みた。またⅡ章・Ⅲ章の考察を前提として、イへやヤケとの関連も加筆・修正した。また小家族の集合体と「戸」との関係についても、旧稿を修正して「戸」の実体的な側面を評価したが、同時に橋本義彦氏の教示によって、三位以上の貴族の公的な「家」を複数含むような形式的な「戸」の存在を示して、「戸」の擬制的な側面にも注目した。二節「班田制の構造的特質」においては、「熟田と未墾地との有機的連関」というあいまいな表現を、伊藤循「日本古代における私的土地所有形成の特質」（『日本史研究』二二五号、一九八一年）の旧稿に対する批判によって改め、また、網野善彦「忘れられた歴史」（『世界』一九七八年一二月号）が指摘する水田の特質が、日本的な班田制の特質とも密接な関連をもっていることに言及した。三節「編戸制・班田制の展開過程」においては、旧稿が「三世一身法・墾田永年私財法の基本的性格を見失っている、両者は陸田制とともに、耕地拡大政策の一環として位置付けることが基本である」とする彌永貞三氏の旧稿に対する批判（『日本古代社会経済史研究』Ⅲ章補注八、岩波書店、一九八〇年）によって旧稿を改め、三世一身法・墾田永年私財法が耕地拡大政策の一環として制定されたことを明確にした。ただ三世一身法によって大宝令の田令荒廃条に欠落していた収公規定が明確にされ、墾田永年私財法によって田地に対する律令国家の支配体制が強化された、という基本的な考え方には変更がない。なお百万町開墾計画と条里制との関係についても、陸田制と百万町開墾計画との関連を重視する彌永氏の新しい見解（前掲）によって旧稿を書き改めた。また中野栄夫・関口裕子両氏の研究（注47参照）によって、郷里制廃止の意味がより明確となった。四節「編戸制・班田制の歴史的性格」については、唐代史研究会の一九七九年七月のシンポジウムにおける池田雄一氏の報告「中国古代の自然村」から貴重な示唆を受け、また河音能平「王土思想と神仏習合」（『岩波講座日本歴史』4　岩波書店、一九七六年）によって、日本の律令国家の王土思想の歴史的性格をより明確にすることができた。

〔補記　その二〕

本章の校正中に、岸俊男「日本における「京」の成立」（注3参照）に接して、日本令の「坊」の特質が明確となったので、一節に加筆した。

V 墾田永年私財法の基礎的研究

一 墾田永年私財法の変質

はじめに

天平十五(七四三)年五月廿七日に出されたいわゆる墾田永年私財法に言及した著書や論文は枚挙にいとまがない。しかしすべての議論の出発点となる墾田永年私財法のテキストについては、『続日本紀』『類聚三代格』『令集解』の三書の記載が三者三様に異なるにもかかわらず、丸山忠綱「墾田永世私財法について」(『法制史学』一三号)を除いては(補記参照)、その理由が十分に検討されておらず、一般には『令集解』に記載するものが最も詳しいとされているだけである。(1) しかし『令集解』所収の格が果して最も原形に近かったかどうかは疑わしい。そこでまず最初に三つのテキストの関係を検討し、それを手懸りとして墾田永年私財法の性格を、限田法という側面から再検討しようというのが、この拙い小論の意図である。

1 墾田永年私財法のテキスト

墾田永年私財法のテキストとして最も有名な『続日本紀』天平十五年五月乙丑条には、

詔曰、〔A〕如聞、墾田依二養老七年格一、限満之後、依レ例収授。由レ是、農夫怠倦、開地後荒（ママ）。自今以後、任為二私財一、無レ論二三世一身一、咸悉永年莫レ取。〔B〕其親王一品及一位五百町、二品及二位四百町、三品四品及三位三百町、四位二百町、五位百町、六位已下八位已上五十町、初位已下至二于庶人一十町。但郡司者、大領少領三十町、主政主帳十町。若有三先給地過二多兹限一、便即還レ公。姧作隠欺、科罪如レ法。〔C〕国司在任之日、墾田一依二前格一。

とある。すなわちこの詔は、〔A〕墾田を私財として永年収公しないことを宣言した部分、〔B〕品位階により墾田地の占定面積に制限を付し、郡司の墾田地の占定面積に特例を設けた部分、〔C〕国司在任中の墾田について規定した部分、の三つからなる。ところが『類聚三代格』には、この『続日本紀』とは若干異なる次のような勅を載せている。

勅、〔A〕墾田拠二養老七年格一、限満之後、依レ例収獲（ママ）。由レ是、農夫怠倦、開地復荒。自今以後、任為二私財一、無レ論二三世一身一、悉咸永年莫レ取。〔C〕其国司在任之日、墾田一依二前格一。〔D〕但人為レ開レ田占レ地者、先就レ国申請、然後開レ之。不レ得三因レ兹占二請百姓有レ妨之地一。若受レ地之後、至二于三年一、本主不レ開者、聴二他人開墾一。

右の勅を載せる『類聚三代格』は、弘仁・貞観・延喜の三代の格を類聚したもので、この勅も本来は『弘仁格』に収録されていたものである（『弘仁格抄』の民部中に「勅　天平十五年五月廿七日」とみえる）。弘仁・貞観・延喜の三代の『格』は、『類聚三代格』に編輯される際に若干字句が修正された例もあるが、格旨に関係するような変更は加えられなかったと推定されるので、[2] この勅も『弘仁格』に収録されていたときとほとんど同文と考えてよい。

続日本紀・ABC
弘仁格・A　CD

この『弘仁格』の勅と先の『続日本紀』に載せるものとを比較すると、一部の字句の異同を除けば、〔A〕の部分は共通であるのに、〔B〕の部分は『続日本紀』にはあるが『弘仁格』にはなく、〔C〕の部分は共通であるが、〔D〕の部分は『弘仁格』にはあるが『続日本紀』にはない。〔D〕の部分は開墾の手続やその手続の有効期間を示したいわば手続的規定であるから、国史である『続日本紀』がこのような手続規定を載せなかったのは十分納得できるが、〔B〕部分のようにその施行が当然大きな影響をもつと思われる規定が『弘仁格』に収められていないのは何故であろうか。しかしこの問題に深入りする前に、『令集解』に収録する天平十五年格には〔A〕〔B〕〔C〕〔D〕の四つの部分がすべて含まれていることについて、あらかじめ検討しておかねばならない。というのは、もし『令集解』所収格が天平十五年格の正しいテキストであるとすれば、『類聚三代格』所収格はたまたま〔B〕部分が脱落したにすぎない、ということになるかも知れないからである。そこでいささか繁雑ではあるが、『令集解』の田令荒廃条に載せる格文をまず引用することにする。

勅、〔A〕如聞、墾田縁㆓養老七年格㆒、限満之後、依㆑例収授。由㆑是、農夫怠倦、開地復荒。自今以後、任為㆓私財㆒、无㆑論㆓三世一身㆒、悉咸永年莫㆑取。〔C〕其国司在任之（日脱カ）、墾田一依㆓前格㆒。〔D〕但人為㆑開㆑田占㆑地者、先就㆑国申請、然後開㆑之。不㆑得㆔因㆑兹占㆓請百姓有㆑妨之地㆒。若受㆑地之後、至㆓三年㆒、本主不㆑開者、聴㆓他人開墾㆒。〔B〕其親王一品及一位五百町、二品及二位四百町、三品四品及三位三百町、四位二百町、五位一百町、六位以下八位以上五十町、初位以下至㆓于庶人㆒十町。但郡司者、大領少領卅町、主政主帳十町。若有㆔先給地数過㆓多兹限㆒、便即還公。姧作隠欺、以㆑法科㆑罪。〔C〕国司在任之日、墾田一依㆓前格㆒。

この格文の配列〔ACDBC〕をみて直ぐ気がつくのは、〔C〕部分の重複であるが、なぜこのような重複が生じたのであろうか。それを探るために、まず『令集解』に引用されている格の一般的な性格を考察しておこう。

『令集解』における格の引用の仕方を調べてみると、引用格文は次の三つの形態に分けられる。

(イ)　『令集解』に引かれた令釈・古記などの諸説のなかに引用されているもの。

(ロ)　令釈・古記などの諸説を引用したあとで、『令集解』の編者が『弘仁格』から引用したもの。(3)

(ハ)　『令集解』の成立後に追筆されたもの。(4)

(イ)の『令集解』の諸説に引用された格文は、一般に格の全文ではなく注釈に関係のある部分だけが引用されているのに対して、(ロ)は『弘仁格』の格文を――該当令条に関係のない部分だけを除いて――忠実に引用している(したがって一つの格がその都度関係のない部分だけを除いて数ヵ条に重複して引用されている場合も多い)。

さてこのような『令集解』所引格の一般的な性格を念頭において、問題の天平十五年格を収録している『令集解』田令荒廃条に立ち帰ってみると、「替解之日還公」という令文の次に割注で古記の文章が次のように引用されている。

古記云、替解日還レ官収授。謂百姓墾者、待二正身亡一、即収授。唯初墾六年内亡者、三班収授也。公給二熟田一、尚須二六年之後一収授。況加二私功一未レ得二実哉。挙レ軽明レ重義。其租者、初耕明年始輸也。開元式第二巻云、其開二荒地一、経二二年一収レ熟、然後准レ例。養老七年格云、其依二旧溝一墾者、給二其一身一也。新作二堤防一墾者、給伝二三世一也。国司不レ合。天平十五年五月廿七日格。（以下前掲）

ここに引用された養老七年格は、先の分類で言えば(イ)に属するもので、古記の筆者が養老七年格のうち注釈に関係する要旨だけを引用したものと考えられる。これに対して天平十五年五月廿七日格は、先の分類に従えば(ロ)に属するもので、『令集解』の編者が『弘仁格』から忠実に引用したものではないかと推測される。このような予想をもって問題の天平十五年格を再読してみると、〔ACDBC〕のうち前半の〔ACD〕は、一部の字句の異同を除き『弘仁格』所収格と同文であることに気がつく。すなわち『令集解』の編者は、『弘仁格』のなかから田令荒廃条に関係の深い天平十五年格を全文引用したのである。では残る〔BC〕はどうか。この部分は一部の字句の異同を除き、『続日本紀』に載せる格文の〔BC〕部分と同文である。とすれば、この部分は『令集解』成立後、『続日本紀』(またはその系統の史書、

続日本紀・	A			BC
弘仁格・	A	CD		
令集解・	A	CD	BC	

例えば『類聚国史』など）と『令集解』所引格とを比較した後人が、『令集解』所引格に欠けている部分（すなわち『弘仁格』所収格に欠けている部分）を『続日本紀』（またはその系統の史書）によって補ったものではなかろうか。ところが――我々にとって幸いなことに――『続日本紀』（またはその系統の史書）から筆写する際、〔B〕部分だけでなく既に『弘仁格』所収格に含まれている〔C〕部分もいっしょに写してしまったために、そのような作為の過程が暴露されることになったのである。

さて以上のいささか繁雑な考証によって、『令集解』に引用されている天平十五年格は、『弘仁格』所収格のあとに『続日本紀』所収格の一部分が付加されたものであることが明らかになった。したがって我々に伝えられた天平十五

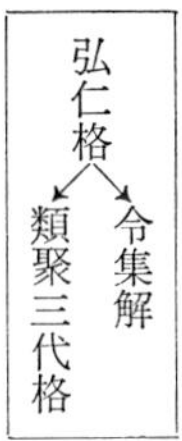

年格のテキストとしては、㈠『続日本紀』所載のものと、㈡『弘仁格』から『類聚三代格』及び『令集解』が収録したもの、との二つになるが、㈡の『類聚三代格』と『令集解』はお互に独立して編纂されたものであるから、『類聚三代格』と『令集解』がそれぞれ直接『弘仁格』から天平十五年格を引用したことは間違いない。したがって、この両書に引用された天平十五年格が共に〔B〕部分を欠如していることは、本来の『弘仁格』所収格にも〔B〕部分がなかったことを強く立証することになる。

ではなぜ『弘仁格』所収の天平十五年格には重要な〔B〕部分が欠如しているのであろうか。『弘仁格抄』（『弘仁格』の各条を抄出した目録）には天平十五年五月廿七日勅は一カ条しか載せていないので、〔B〕部分だけが独立して一つの格をなしていたとは考えられない（天平十五年格の内容からもそのようなことはまずありえない）。また『弘仁格』の編纂者がみた天平十五年格の案文にはたまたま〔B〕部分がそっくり欠如していたということも、よほど偶然的な事情を考えない限りまず起り得ないことであるし、万一そうであったとしても、「年代浸遠、京都屢遷、諸司文案多或堕失、雖レ加二探索一猶有レ未レ備」（弘仁格式序）という『弘仁格』編纂者の深刻な嘆きに耳を傾けるならば、『弘仁格』の

編纂者が『続日本紀』に明記されている〔B〕部分を知らなかったとはとても考えられないであろう。とすると、〔B〕部分は『弘仁格』の編纂者によって削除されたことになるが、墾田永年私財法にとって非常に重要な〔B〕部分を、『弘仁格』の編纂者はなぜ削除したのだろうか。

2 『格』の編纂方針

弘仁・貞観・延喜の三代の『格』の編纂に際しては、個々の詔勅官符等の署名部分をまず一括して削り、官符の場合には充所も削り、また格の主旨とは直接関係のない部分も削って、格文を簡潔にすることもあった[5]。しかし格の骨子に関係のある部分は原則としてその格の出されたときのままである、というのが従来一般に漠然と考えられている『格』の編纂方針である。しかし果してそうであろうか。『格』の編纂は過去の歴史を明らかにすることが目的ではなく、編纂時における有効法を明示するのが目的であったことはいうまでもなく、弘仁格式序に「若屢有㆓改張㆒向背各異者、略㆑前存㆑後以省㆓重出㆒」とあるのも、そのような『格』の編纂の基本的な性格を明示したものであろう。その点で、過去の歴史を明らかにするという使命をもつ六国史とは、基本的性格を異にするのである。したがって『格』の編纂時点で既に無効になっている詔勅官符等を収録しないのは当然であるが、一つの法令のなかでも、『格』の編纂時に有効法として存続している部分と既に無効となっている部分とが併存しているような場合には、既に無効となっている部分を削除することがあったのではなかろうか。議論よりも実例について考えてみよう。

〔例一〕 和銅元年三月廿二日勅

『続日本紀』	『類聚三代格』
勅、大宰府帥大弐、并三関及尾張守等、始給㆓傔仗㆒。	勅、給㆓傔仗㆒者、大宰帥八人、大弐四人。其事力及料

其員、帥八人、大弐及尾張守四人、三関国守二人。其 ── 田幷考選、並准ニ史生例一。

考選事力及公廨田、並准ニ史生一。

右の勅で大宰帥等に給された傔仗は、軍事的に重要な地点の地方官に身辺護衛のために給されたもので、『続日本紀』によれば、このとき大宰府の帥と大弐、三関国の国守、及び尾張守に給せられている。尾張国(と近江国)はこのころ三関国に準ずる扱いをうけていたらしい(『続日本紀』和銅元年五月庚戌・同二年九月己卯条参照)。ところが『弘仁格』では(『令集解』所引の弘仁格も『類聚三代格』所収の弘仁格と同文)、三関国守と尾張守は記載されていない。これは延暦八年七月十四日勅(『類聚三代格』『続日本紀』)によって三関が停廃されたのに伴い、関国守(及びそれに準ずる尾張国守)に給せられていた傔仗も自動的に廃止されたことによるものであろう。あるいは三関停廃以前に既に傔仗は廃止されていたのかも知れないが(特に尾張国守の傔仗についてはその可能性が強い)、いずれにしても、延暦八年以後には、三関国守及び尾張国守の傔仗は廃止されていたことは間違いない。したがって『弘仁格』の編纂者は、和銅元年勅からこの不要な部分を削って『弘仁格』に編入したのであろう。

〔例二〕　養老六年八月廿九日官奏

この官奏は国司が公事によって京に向かうとき駅馬の乗用を許可する国の範囲を改定したものだが、『類聚三代格』所収の格では「唯伊賀・近江・丹波等三国、不レ在ニ給レ駅之例一」としている。ところが『続日本紀』の同日条では、「但伊賀・近江・丹波・紀伊四国、不レ在ニ茲限一」と紀伊を含めた四カ国を駅馬の乗用を許さない国としており、また延暦年間前半に成立したと推定される令釈もこの格を引いて「伊賀・近江・丹波・紀伊等四国、不レ在ニ給レ駅之例一」(『令集解』公式令朝集使条)と『続日本紀』と同じなので、少なくとも延暦年間前半頃までは、紀伊の国司には駅馬の乗用が許されなかったと推測される。ところが奈良から平安へ都が遷されると、「此国(紀伊)去ニ奈良京一三日行程、今平安京更去二一日半一、惣四日半程」（大同二年九月十六日官符）となるので、この大同二年官符によって、紀伊国の正税帳使・大帳使・朝集帳使の三使には駅馬の乗用を許すことになった。そこで『弘仁格』の編纂者は、養老六年官奏のなかの駅馬の乗用を許さない四カ国から紀伊を削って三カ国に改め『弘仁格』に収録したと推定される。

〔例三〕　天平元年八月五日勅

『続日本紀』の同日条には「五世王嫡子已上、娶二孫王一生二男女一者、入二皇親之限一。自余依二慶雲三年格一」とあり、『類聚三代格』及び『令集解』に引用された『弘仁格』も主文は全く同文であるが、末尾の「自余依慶雲三年格」の部分だけがない(6)。これは延暦十七年閏五月廿三日勅（『類聚三代格』）によって慶雲三年格が廃止されたために、『弘仁格』編纂者が「自余依慶雲三年格」の部分を削除したものと推定される。

〔例四〕　天平宝字四年八月七日勅　（、印は内容が相違する部分。△印は修辞的な文言なので、『弘仁格』では省略したと推定される部分）

『続日本紀』

勅、大隅薩摩壱岐対馬多褹等司、身居二辺要一、稍苦二飢寒一。挙乏二官稲一、曾不レ得レ利。欲レ運二私物一、路険難レ通。於レ理商量、良須二矜愍一。宜下割二大宰所管諸国地子一各給上。守一万束、掾七千五百束、目五千束、史生二千五百束。以資二遠戍一、稍慰二羈情一。

『類聚三代格』

勅、対馬多褹二島等司、身居二辺要一、稍苦二飢寒一。挙乏二官稲一、曾不レ得レ利。宜下割二大宰所部諸国地子一各給上。守一万束、掾七千五百束、目五千束、史生二千五百束。其大隅薩摩壱岐別有二公廨一、不レ給二地子一。

右の勅は、西海道の辺境の諸国司に対する待遇を示したもので、『続日本紀』によれば大隅・薩摩・壱岐・対馬・多褹の五国司に対して地子を支給することになっている。しかし『類聚三代格』所収の「弘仁格」では、地子が給せられるのは対馬・多褹の二国司だけで、大隅・薩摩・壱岐の三国司には公廨があるので地子を給しないと明記しており、明らかに『続日本紀』の内容とは矛盾している。どうしてこうした矛盾が生じたのだろうか。確定的な解答はできないが、私は次のような事情を想定している。すなわち、天平十七年十一月に公廨稲が設置されたとき、大隅・薩摩の二国(ともに中国)は四万束(中国の基準は二十万束)、壱岐嶋(下国)は一万束(下国の基準は十万束)の公廨稲が設置されることになった(なお対馬・多褹の両国には公廨稲は設置されなかった)(『続日本紀』『延暦交替式』)。しかし、公廨稲を設置された大隅・薩摩・壱岐の三国も基準額にははるかに及ばず、一般の国のように国司の収入源とはならなかったので、公廨稲を設置されなかった対馬・多褹と共に、大宰府管内の地子を支給して公廨稲に代る収入としたのであろう。ところが『弘仁主税式』をみると、大隅・薩摩の公廨稲は(四万束から)六万束に、壱岐の公廨稲は(一万束から)五万束に増加したことが知られる。とくに壱岐では、正税一万五千束に対して公廨五万束と、正税・公廨同額という通例から著しく乖離しているが、これは公廨稲からの国司の収入を確保するためにとられた特別な処置に違いない。このような公廨稲の増加が天平〜弘仁間の何時起ったかは分らないが、この公廨稲の増加に伴って、大隅・薩摩・壱岐の三国司に対する地子の支給が停止されたのであろう。したがって『弘仁格』の編纂者は、天平宝字四年勅の地子支給の範囲から、大隅・薩摩・壱岐の三国司を削除し、さらに念のため削除した理由を勅の後に付加したのであろう(なお『弘仁主税式』でも対馬・多褹両嶋には公廨稲は設置されておらず、『弘仁格』の内容と照応している)。

〔例五〕　大同三年正月廿日詔

官司の統合、官員の減省を定めたこの格は『類聚三代格』の虫損のために欠失部分が多く、また『日本後紀』の該当条も欠巻部分に当るため、先の二例のような的確な比較は難しいが、『弘仁格』の復原結果と『類聚国史』との比較によれば、次のような事実が明らかとなる(詳しくは「類聚三代格」『国史大系書目解題』上巻、吉川弘文館、一九七一年、参照)。すなわち、国史では「縫部采女二司併二縫殿寮一」(『類聚国史』)とあるが、『弘仁格』では「縫部司併二縫殿寮一」として「采女二」の三字を削除している(国史大系本『類聚三代格』がこの三字を補ったのは誤り)。これは、大同三年に采女司も縫部司とともに一旦は縫殿寮に併合されるが、采女司は弘仁三年に再び設置された(『日本後紀』『類聚国史』)ので、『弘仁格』の編纂者は、既に無意味となった采女司併合の記事を大同三年詔から削除して『弘仁格』に収録したのである。

〔例六〕 元慶六年四月十一日官符

元慶三年に畿内五カ国に設定されたいわゆる元慶官田四〇〇〇町は、元慶五年十一月廿五日官符(『類聚三代格』)によれば、そのうち一、二三五町余が四十九司の要劇料・番上粮の財源に充てるために分割された(官符には各官司毎の田積と所在国が詳記されている)。ところが翌元慶六年四月十一日官符(『類聚三代格』)には、

太政官符

改二給諸司要劇并番上粮一事

太政官　中務省　監物　大学寮　民部省　宮内省　大炊寮

已上七司以レ米給

大舎人寮　内蔵寮　図書寮　縫殿寮　内匠寮　式部省　治部省　雅楽寮　玄蕃寮　諸陵寮

兵部省　隼人司　刑部省　判　事　囚獄司　大蔵省　織部司　大膳職　木工寮　主殿寮

掃部寮　正親司　内膳司　造酒司　主水司　采女司　弾正台　左京職　東市司　右京職

西市司　左近衛府　右近衛府　左衛門府　右衛門府　左兵衛府　右兵衛府　左馬寮　右馬寮

已上卅九司以二官田一給

（以下省略）

というように、四十九司ではなく三十九司に官田を支給したことを記しているが、本来の元慶六年四月官符には前年の元慶五年十一月官符と同一の四十九司が記されていたはずであることは、大塚徳郎が明解に論証したところである。(7)以下大塚の論証の大筋を簡単に紹介すると、元慶五年官符の四十九司のうち、(イ)内薬司・散位寮・造兵司・鼓吹司・園池司・主油司・左兵庫・右兵庫、(ロ)太皇太后宮職・皇太后宮職の計十司を除く三十九司は、元慶六年官符の三十九司と完全に一致するが、この(イ)(ロ)の十司は元慶六年官符には載せられていない。しかし、元慶五年官符の四十九司に対する官田の分割は官符の通りに施行された証拠があり、(8)また元慶五年官符による官田の分割が実際には元慶六年になってから実施されたことも推測され（『類聚三代格』元慶九年正月十六日官符）、さらに元慶五年官符のなかには元慶六年正月以後に書き換えられた部分があることも証明される。(9)したがって元慶六年官符は、元慶五年官符による官田分割によって生じた要劇料・番上粮の支給方法の変化を定式化するために制定されたものと考えられるが、このような推定は、（元慶五年官符に載せているが）元慶六年官符にはみえない十司についての次のような事実によってさらに傍証される。すなわち、この十司のうち(イ)の八司は、寛平八年に併合廃止されたもので、その際に要劇番上料田（田積は元慶五年官符と同じ）も回収されている（『類聚三代格』寛平八年九月七日官符）。また(ロ)の二司のうち、皇太后宮職は寛平八年に一旦廃され翌年復活するが、昌泰三年には太皇太后宮職・皇太后宮職ともに廃されている（大塚前掲注7論文参照）。したがって延喜格編纂の際には、(イ)(ロ)の十司の要劇番上料田はいずれも既に廃止されていたものである。大塚は元慶六年官符で十司が削られた理由を、「前述の八司（即ち(イ)）の田が返還され、八司が廃止併合された寛平八年以後で、また、太皇太后宮職と皇太后宮職とが、その機能を一時失った昌泰三年以後において、なんらかの理由で、卌九司が卌九司と誤たれて、その差の十司は、その当時廃止されていたか、または、その機能を失っていた前述の十司があてられたものではないか」（大塚前掲注7論文。（　）内と傍点は吉田）と推定したが、問題の十司が元慶六年官符に記載されていないのは、『延喜格』の編纂者が、これら十司の要劇番上料田が既に廃止されていることに着目して、意識的に削除したものと考えた方が妥当であろう。なお大塚は言及していないが、元慶六年官符の前半の「以レ米給」の部分にも削除の手が加えられているらしい。すなわち、元慶六年官符は「太政官并出納諸司及諸給月料之司」として七司をあげ、これらの諸司には官田を支給せず京庫から米で要劇番上料等を支給することにしているが、本来の元慶六年官符には七司よりも多くの司が列挙されていたと推定される。例えば、主税寮は元慶八年に、主計寮は仁和二年に、いずれも要劇并番上料の京庫支給を停止され官田支給に切り換えられているから（『類聚三代格』元慶八年四月十七日官符・仁和二年八月四日官符）、主税寮・主計寮は「出納諸司」として元慶六年官符の「以レ米給」の諸司の中に記されていたに違いない。また陰陽寮も仁和四年に月料の京庫支給を停止され官田支給に切り換えられているから（『類聚三代格』仁和四年十二月廿五日官符）、陰陽寮も「給月料之司」として元慶六年官符の「以レ米給」の諸司のなかに記されていたに違いない。『延喜格』の編纂者は、これら主税寮・主計寮・陰陽寮等はいずれも『延喜格』編纂時には既に官田が支給されていたので「以レ米給」の諸司から削り、『延喜格』編纂時になお京庫から米を以って支給されていた七司だけを元慶六年官符に残したのである（ただ残念なことに本来の元慶六年官符に「以米給」の諸司が幾つ記されていたかは確定できない）。

さて以上六つの例について、『格』編纂時における内容改正の事実を紹介したが、『格』の編纂がすべて編纂時における有効法という立場で一貫していたとは言えない。たとえば〔例六〕の元慶五年官符の問題の十司も、元慶六年官符と同じように削除してもよかったのに削除されていない。しかしこのような不統一にもかかわらず、『格』編纂時の有効法――それが果してどこまで実効性をもっていたかは問題だが、とにかく法制上の有効法――という立場から内容に改正削除の手が加えられた場合のあることは間違いない。話を本題に戻せば、「1　墾田永年私財法のテキスト」で考証した天平十五年の永年私財法の〔B〕部分も、以上の諸例と同じような編纂時の改正削除と考えられよう。(10) すなわち『弘仁格』編纂者は、〔B〕部分は既に無効となっているものとして天平十五年格から削除したのである。

3　墾田永年私財法の構成

墾田永年私財法は、1で考証したように、少なくとも〔A〕〔B〕〔C〕〔D〕の四つの項からなっているが、『弘仁格』の編纂者は〔B〕項を既に無効となっているものとして削除した。では永年私財法のなかで〔B〕項はどのような位置を占め、どのような意味をもっていたのだろうか、以下〔B〕項を中心に墾田永年私財法の構成を考察してみよう。

墾田永年私財法はまず〔A〕項の冒頭に養老七年格（いわゆる三世一身法）を引き、三世一身の収公期限の廃止を宣言するが、次の〔B〕項では、位階による墾田地占定の制限面積と郡司の墾田地占定の制限面積を示し、「若有三先給地過二多茲限一、便即還レ公。姧作隠欺、科罪如レ法」と令している。養老七年格では「其有下新造二溝池一営二開墾一者上、不レ限二多少一、給伝二三世一。若逐二旧溝池一、給二其一身一」（『続日本紀』）と面積には制限を付していなかったが、永年私財法では面積にまで規制を加えることになったのである。(11) 三世一身法から永年私財法への展開は、収公期限の廃止という側面だけではなく、同時に墾田地占定面積の規制という側面をももっていたのである。それでは問題の〔B〕項の規定は何を基準にしてつくられたのだろうか、それを探る手懸りとして、まずこの格の立案された頃の土地制度を、天平十年頃に成立した大宝令の注釈書「古記」や天平十二年の「遠江国浜名郡輪租帳」を素材にして概観しておこう。

当時の田地はごく大雑把に分類して、不輪租田（無主田）と、輪租田（有主田）、の二つの系列に分けられる。不輪租田（無主田）としては、職田（太政大臣・左右大臣・大納言）・公廨田（在外諸司）・公田（乗田）・神田寺田・駅起田などが、輸租田(有主田)としては、位田・口分田・功田・賜田・郡司職田(その他、郡司職田に類似するものとして国造田・采女田がある)などがあげられ、養老七年格によって、墾田も輸租田として終身または三世にわたる所有が公認された。ところで、職田・公廨田が不輸租田であるのに、郡司職田が輸租田であるのは、郡司には任期がなく在地首長としての性格が強かったためで、輸租田とされているものは、位田・口分田・功田・賜田・墾田など、いずれも終身(またはそれに準ずる)用益が保証されているものである。さてこれらの輸租田のうち、功田や賜田は朝廷が恣意的に与えることができるもので面積の制限はなく、墾田も養老七年格には面積の制限はない。これに対して位田や口分田や郡司職田は、その面積が規定されていた。

永年私財法が立案された頃の土地制度は大体以上のようなものであったが、これを念頭において永年私財法の〔B〕項をみると、その規定が、当時の輸租田(位田・口分田・郡司職田)にほぼ対応して作成されていることに気がつくであろう(次頁対照表参照)。特に――後述するように――郡司の墾田地面積の制限規定の意味は、郡司職田と対照することによってはじめて明確に捉えられるのである。すなわち墾田地制限面積の規定を位田・口分田・郡司職田の規定と比較すると、次のような対応関係がみいだされる。(イ)位階による墾田地制限額は、五位では位田額の約十倍であり、一位では位田額の約六倍である。(ロ)初位～庶人に対する墾田地制限額十町は、戸主に対するものであろう(もし戸口の個々人に対するものとすると、庶人の墾田額が戸全体では非常に多くなり、このような規定自身が無意味なものとなる)[12]。したがって庶人の墾田地制限額を戸の推定平均受田額二～三町(封戸からの標準収入を定めた天平十九年格の平均田租額から推定)と比較すると、墾田地制限額は口分田額の三～五倍となる(口分田は有位者にも与えられるので口分田額を庶人の墾田額とだけ比較するのは厳密ではないが、ここでは大勢論として許容されたい)。(ハ)郡司に対する墾田地制限額は郡司職田の面積のちょうど五倍になっている。なお郡司に対する墾田地制限額と郡司職田との対応関係から、郡司に対する墾田地制限額は位階による墾田地制限額に加算されるものと推定される(例えば外正八位上の大領は、五〇町プラス三〇町計八〇町となる)[13]。

さて(イ)〜(ハ)を通覧すると、墾田地の制限面積は位田・口分田・郡司職田のほぼ五倍前後を目処として、大雑把に定められたものと推測される(四、五位あたりの官人に特に有利になっているのは、ラウンド・ナンバーにするために偶然起ったことなのか、或は三位以上の官人には職田や賜田が多いのを考慮して調整した結果なのか、はっきりしない)。

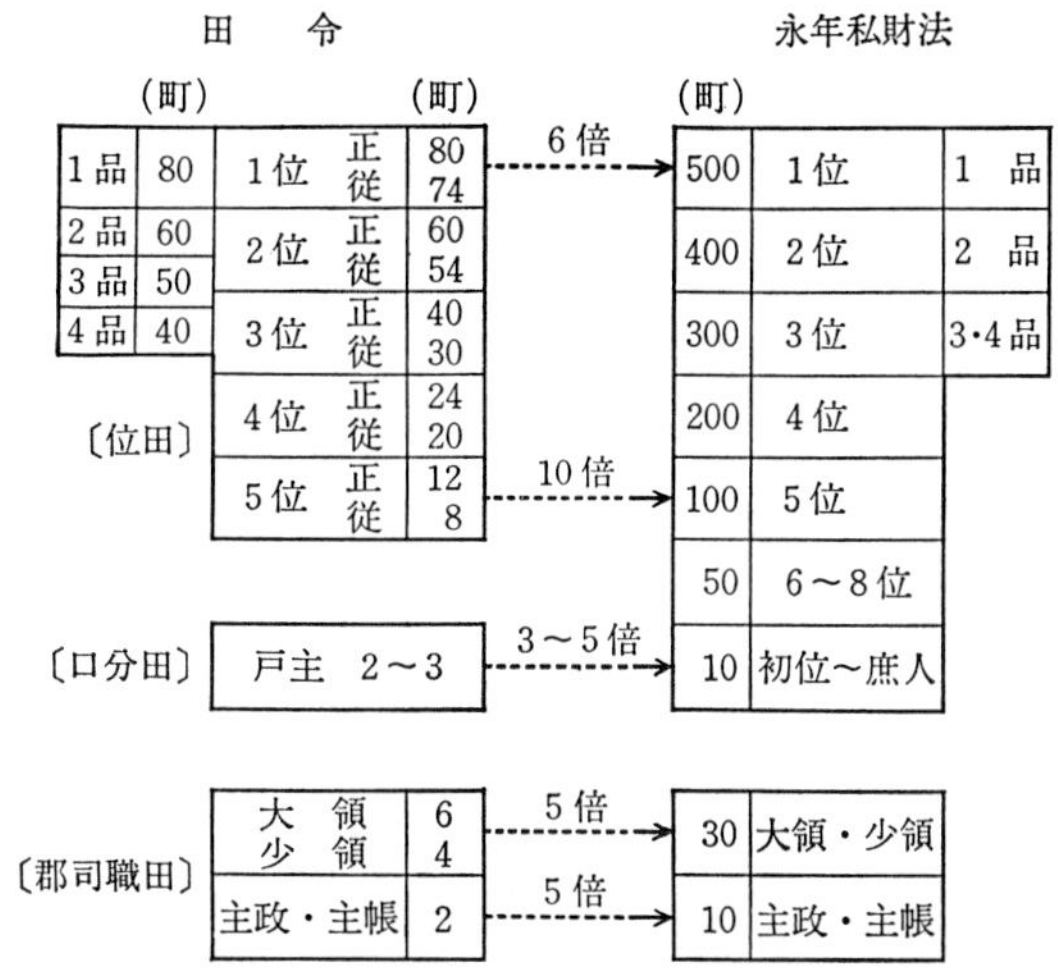

図V-1

ところでここに規定された墾田地の面積は、一見したところ非常に多額であるような印象を受ける。しかしこの墾田地の制限面積を、位田や口分田や郡司職田と単純に面積だけで比較するのは正しくない。というのは、位田や口分田や郡司職田は原則として既開墾田(開田)であるが、永年私財法にいう「墾田」は未墾地を含む——より正確に言えば未墾地そのもの——と考えられるからである。永年私財法の「墾田」が未墾地を当然含むことは、永年私財法の〔D〕項——開墾手続等を規定した部分を読めば明瞭である。すなわち「人為レ開レ田占レ地者。先就レ国申請。然後開之」という手続を経なければ、その墾田に対する権利は認められなかったのである(奈良時代の越前国における実例は「4　墾田地占定の実態」参照。時代は少し下るが弘仁年間の陸奥出羽両国でも、国司が公験のない墾田を収公し(『類聚三代格』弘仁二年正月廿九日官符)ている)。また正規の手続を経て公験を得ても、「若受㆑地之後、至㆓于三年㆒、本主不㆑開者、聴㆓他人開墾㆒」という規定によって、現実に開墾しなければ、その墾田地に対する権利は認められなかった。ところが国司に申請して占定した墾田地を、三年間にすべて開墾するのは容易なことではなかったらしい。時代はいささか下るが、寛平八(八九六)年の官符によれば、「百姓請㆓一町田地㆒、開㆓墾三四段㆒、身貧力微不㆑能㆓悉耕㆒」という状態のところへ「諸院諸宮王臣家、称㆓三年不耕之地㆒、牒㆓送国司㆒、改請㆓件田㆒。国司被㆑拘㆓格文㆒、依㆑請改判」という弊害を生じたので、「百姓請㆓地一町㆒、開㆓闢二段㆒者、雖㆑不㆓悉墾㆒、不㆓更改判㆒」という基準を示した。開田率二割に達すれば既墾田として扱うというのである(『類聚三代格』寛平八年四月二日官符)。これは九世紀後半のことだが、墾田地が広い未墾地を含むことは八世紀も同様で、天平勝宝元(七四九)年に東大寺が越中国に占定した合計五八七町余の墾田地は、十年後の天平宝字三(七五九)年までに一五四町余が開墾されたが、残りの四三三町余は未開のままである(開田率二割六分)。「墾田地者、未開之間、所㆑有草木亦令㆓共採㆒」(『類聚三代格』延暦十七年十二月八日官符)という法令も、墾田地が未墾地を含むことを当然の前提としている。このように、永年私財法の手続によって占定される墾田地は、原則として未墾地であり、したがってその墾田地制限額も、未墾地占定の制限面積を示したものであることは明白であろう。永年私財法の立案者が、墾田地の開田率をどの程度に予想していたかは分らないが、もし開田率二割とすれば、位田・口分田・郡司職田の五倍の墾田地制限面積は、開田に換算すれば従来の位田等とほぼ同面積を許容したことになり、開田率五割とすれば、位田等の約二倍半を許容したことになる。墾田地のなかで開田の占める比率が低く、しかも開田のすべてが見作田とならない農業技術の段階においては、見作田の面積を直接制限することは技術的に困難で、むしろ開墾予定地の占定を制限する方が、より現実的な規制方法であったに違いない。その意味では、永年私財法は、絶えず繰返して発令された山川藪沢占拠禁止令の一環としても位置づけられるのである。既に慶雲三（七〇六）年の詔に「頃者王公諸臣、多占二山沢一、不レ事二耕種一」（『続日本紀』）とあるのも、開墾予定地の無制限な占定を規制しようとしたものであったが、和銅四（七一一）年の詔では「有下応レ墾二開空閑地一者上、宜下経二国司一然後聴中官処分上」（『続日本紀』）と空閑地の占定を許可制にしている。永年私財法は、和銅四年格をさらに発展させ、空閑地占定の面積にまで規制を加えようとしたものであるが、同時に開墾許可権を国司に与えている点も注目される。

ところで大宝令（田令荒廃条）の法意としては空閑地の開墾権が国司に独占されていたという説があるが(14)、この説の当否はともかく（二節2参照）、国司がその地位を利用して未墾地の開発に大きな役割を果していたことは間違いなさそうである。永年私財法が〔C〕項で国司に関する特別規定を設けたのも、このような背景があってのことであろう。ところがこの〔C〕項の「其国司在任之日、墾田一依二前格一」が、実は永年私財法のなかでも最も難解な部分である。かつて中田薫はこの「前格」を天平元年十一月官奏（『続日本紀』）とし、国司在任中の墾田は任期終了とともに収公することを示すものと解したが(15)、時野谷滋は、天平十五年格の冒頭に養老七年格をあげていることと、『令集解』田令荒廃条古記所引の養老七年格に「国司不レ合」とあること（「1　墾田永年私財法のテキスト」引用史料参照）に注目して――実質的には中田説と同じことになるが――「前格」は養老七年格（三世一身法）を指すと主張した(16)。たしかに天平十五年格を素直に読めば、「前格」は養老七年格を指すと解する方が自然である。ところが虎尾俊哉が鋭く指摘したように、天平元年十一月癸巳官奏の「諸国司等前任之日、開二墾水田一者、従二養老七年一以来、不レ論二本加レ功人転買得家一、皆咸還収、便給二土人一。若有下其身未レ得二遷替一者上、依レ常聴レ佃。自余開墾者一依二養老七年格一」（『続日本紀』）という部分を虚心に読めば、養老七年格では国司在任の日の墾田にも三世一身の法が適用されたと解するのが自然であり(17)、古記所引の養老七年格の末尾の「国司不合」は古記の地の文と解した方がよさそうである。ところが、そう解した上で、「其国司在任之日、墾田一依二前格一」の「前格」を養老七年格とすると、天平十五年格では国司在任中の墾田の永年（または三世一身)の私有を認めたことになるが、果してそうであろうか。私はやはり中田説のように、この「前格」は天平元年格を指すと解した方がよいと思う。我々に残された天平十五年格が原文のままであるという保証はないし、たとえ原文のままとしても、当時の人には「前格」と記すだけで何を指すかが分ったのではなかろうか。養老七年格には国司在任中の墾田については何も規定がなかったので、次の班年にあたる天平元年にはじめてその処置を定め、天平十五年格もその規定を踏襲したのであろう。

4　墾田地占定の実態

天平感宝元(天平勝宝元)年四月一日、聖武天皇は盧舎那仏の前殿に北面して陸奥国からの貢金を報告したが、同日に出された詔によって、越前・越中をはじめとする諸国に東大寺の墾田地が占定された。越中国ではこの年五月頃、国守の大伴家持が東大寺から派遣されてきた僧平栄らと協力して(射水郡四カ所・新川郡二カ所の墾田地とともに)礪波郡に伊加流伎野一〇〇町を占定した[18]。それから十一年後の天平宝字三(七五九)年の東大寺開田図(『大日本古文書』東大寺文書之四)によれば、この伊加流伎野の北には橘奈良麻呂の墾田地約一一〇町が[19]、南には利波臣志留志の墾田地(一〇〇町)が占定されており、橘奈良麻呂の墾田地の西には(越中国)国分金光明寺田が、伊加流伎野の西には大原真人麻呂の墾田地が占定されていたことが知られる。

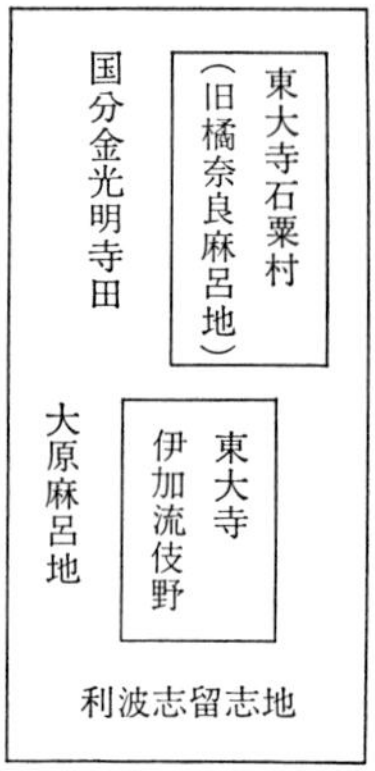

図V-2　天平宝字三年の墾田地(20)

これらの墾田地が占定された時期は、東大寺の伊加流伎野を除き、明白でないが、(越中国)国分金光明寺田が占定されたのは、たぶん天平勝宝元年頃で、東大寺田の占定とそれほど隔らない時期であろう(『続日本紀』天平勝宝元年七月乙巳条参照)。また墾田地の占定が国司の協力なくしては行えない実情を考慮すると、[21]橘奈良麻呂と大原麻呂の墾田地が占定されたのは、越中国守の大伴家持の在任中(天平十八年六月〜天平勝宝三年七月)であった可能性が強い。家持が橘氏と親密な間柄にあったことは著名な事実であるが、特に「守《かみ》」家持の部下には、後に奈良麻呂の乱に参加する「掾《じょう》」大伴池主もいたので、越中国司が奈良麻呂と密接な関係をもっていたことは間違いない。大原麻呂と越中国司との関係は直接には証明できないが、麻呂の近親と推測される大原今城が、家持や池主と親交が深くまた家持の妻の兄弟でもあったことが注目される。[22]次に利波志留志の墾田地は、天平神護三(七六七)年三月に彼が東大寺に献じた墾田地一〇〇町(東大寺の井山庄となる)に相当すると推定されるが、[23]同年十一月の井山村墾田地図(『大日本古文書』東大寺文書之四)によれば、志留志の墾田地一〇〇町が一円地として占定されていたことは疑いない。このような志留志の墾田地占定の方式は、当時の地方豪族の墾田地占定の一般的な方式とは非常に異なっている。例えば越前国坂井郡の大領品治部君広耳が東大寺に寄進した墾田一〇〇町は、坂井郡全体に広く散在しており、[24]また足羽郡の豪族生江臣東人が東大寺に献じた墾田一〇〇町(道守庄の中核となる)は、広耳の墾田に比べればはるかに一円的であったと推定されるが、道守庄の一円化のために大規模な買得・相博が行われているのをみると、[25]志留志の墾田地占定の方式とはやはり異なっていたことが知られる。志留志の墾田地占定の方式は、むしろ先述の東大寺や橘奈良麻呂のような中央貴族の墾田地占定の方式[26]に類似していたと思われるが、地方豪族である志留志がそのような方式をとりえたのは何故であろうか。私はその一つの重要な理由として、天平十九年に志留志が米三千石を盧舎那仏に献上して外従五位下に任ぜられた(『続日本紀』)ことがあげられると思う。永年私財法の墾田地制限面積の規定が実効性をもっていたとすれば、無位であった彼は、この叙位によって一躍一〇〇町の墾田地を占定する権利を得たのである。東大寺と密接な関係をもった彼は、東大寺の墾田地占定の際に、自らの墾田地をもその隣接地に占定したのかも知れない。そしてこの志留志の墾田地の隣には、東大寺と関係の深い石田女王や門部王の墾田

地が占定されていったのである。(27)

さてこのように、天平勝宝元(七四九)年前後にあい次いで、東大寺・国分寺・橘奈良麻呂・大原麻呂・利波志留志らの広大な墾田地が、隣接して一円的に占定されていった背後には、天平十五年格の〔B〕項が、制限額の規定としてよりは、むしろ許容額の規定として機能していた事実を伺うことができるのではなかろうか。(28)永年私財法の〔B〕項が果して制限規定としての実効性をもっていたかどうかは、厳密には証明できないことである。越前国坂井郡の豪族品治部君広耳や、足羽郡の豪族生江臣東人が、東大寺にそれぞれ墾田一〇〇町を寄進したのは、永年私財法の制限面積を超えた部分の収公を脱れるためであった、という先学の鋭い指摘も、(29)〔B〕項の実効性の証明にはなっていないのである。

国司在任中の墾田は任期終了後に収公するという〔C〕項の規定も、〔B〕項と同様にその実効性を直接に証明することはできないが、越前国の目《さくわん》であった上毛野公奥麻呂の戸口(おそらくは妻)田辺来女の墾田地が越前国に占定されているのは、(30)奥麻呂の墾田が任期終了後に収公されるのを脱れるために、戸口(妻)の名で立券したものかも知れない。また越中守をはじめ諸国の国司を歴任した大伴家持が、国司として赴任したことのない越前国(加賀郡)に墾田一百余町をもっていたのも(『本朝文粋』巻二、意見封事)、越中国では収公されるおそれがあるので、越中国の掾《じょう》から越前国の掾に転じた大伴池主に依頼して、越中国に隣接する加賀郡に墾田地を占定したのかも知れない。

このように〔B〕項や〔C〕項の施行状況は間接的な推測しかできないが、開墾の手続やその手続の有効期間を定めた〔D〕項は、その具体的な運用が次のような事例によって断片的ながら推察できる。すなわち、天平感宝(天平勝宝)元年の五月頃、越前国でも東大寺の墾田地が占定されたが、丹生郡椿原村では占定地の中に百姓墾田を含んでいたために複雑な問題が起り、その百姓墾田の田主権は、

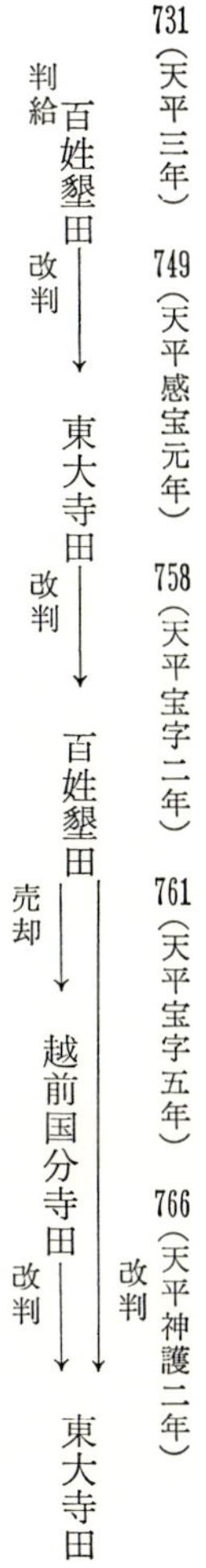

というめまぐるしい変遷をたどる。その経過を天平神護二（七六六）年十月廿一日越前国司解（『大日本古文書』東大寺文書之二）は次のように記している。

件田地、以二去天平三年七月廿六日一、国司（氏名略）判二給丹生郡岡本郷戸主佐味公入麻呂等一已訖。然不レ為二墾開一。是依二天平感宝元年四月一日詔書一、国司（氏名略）以二同年閏五月四日一、占二東大寺田地一已訖。比年之間、寺家墾開成レ田。然後依二入麻呂等訴訟一、以二天平宝字二年八月十七日一、国司（氏名略）偏随二前公験一、復判二給入麻呂等一。仍以二天平宝字三年一、検寺田使（氏名略）論偁「荒野寺家墾開成レ田。何輙給二他人一」者。即入麻呂申云「寺家墾開功力者、以二稲壱仟弐拾弐束一、将二進上一」者。至レ今未レ進、売二入国分金光明寺一、以二天平宝字五年一、付二図田籍一。（中略）今国司等勘覆、入麻呂有二姧端一、前国司判已似レ不レ理。因レ玆、今改為二東大寺田一者。

すなわちこの墾田地は佐味入麻呂らが天平三年七月廿六日付で国判を得て立券したものだが、天平感宝元年に国司は「不為墾開」という理由で東大寺田に改判した。おそらく国司は「若受レ地之後、至二于三年一、本主不レ開者、聴二他人開墾一」という永年私財法の〔D〕項をその根拠として用意していたのであろう。しかし天平三年〜天平感宝元年の十八年の間、果して百姓らは全く占定地を墾開しなかったのであろうか。あるいは前節で言及した寛平八年格（『類聚三代格』）の例のように、占定地の一部しか墾開されていないのを国司は「不開」と判定したのかも知れない。ところが天平宝字二年になると、国司は佐味入麻呂らの訴訟をとりあげ、「前公験」に随って再び入麻呂らの墾田地として改判した。翌天平宝字三年に越前国を訪れた検寺田使は、この改判を一応認めた上で入麻呂らに「寺家墾開功力」の支払いを要求し、入麻呂らもその支払いを一旦は承諾したが結局実行しなかった。仲麻呂政権没落後の天平神護二年、国司は、東大寺が正しい公験を有すること、墾開したのは百姓ではなく寺家であること、百姓が「寺家墾開功力」を寺家に支払わなかったことなどを理由として、再び東大寺田に改判している。

この椿原村では百姓の占定が東大寺の占定より先行しているのだが、逆に東大寺の占定が先行し、その未墾地を百姓が開墾した場合にはどうなったであろうか。

上件田地、依二天平感宝元年四月一日詔書一、国司(氏名略)以二同年閏五月四日一、占二東大寺田地一已訖。然寺家占後、百姓等私治二開寺地一、為二己墾田一。今勘二問百姓一、申云「誤治二寺地一、無二更所レ申、己等所レ治、進二上寺家一」伏弁已訖。(天平神護二年十月廿一日越前国司解、前掲)

天平神護二年、百姓墾田を寺田に改判した国司と検寺田使は、その結末を右のように誇らかに記している。ところがこの時、栗川村にもっていた墾田を寺田に改判された別鷹山の伏弁(『東大寺文書之二』天平神護二年九月十九日越前国足羽郡司解)によれば、鷹山の墾田の場合には事態はそれほど単純ではなかった。すなわちこの墾田地は、天平勝宝元年(天平感宝元年七月に改元)八月に郡判によって鷹山の父豊足に判給されたものだが、その三カ月前の同年五月には既に東大寺の墾田地として正式に占定されていたのである。ところが天平宝字二年になると、国司は先の郡判によって東大寺田から鷹山の墾田に改判している。翌天平宝字三年、越前国を訪れた検寺田使は、この鷹山の墾田を「充レ直買取、而為二寺田一」したが、天平宝字四年の校田使も翌五年の班田国司も、鷹山の墾田と認めている。ところが仲麻呂政権没落後の天平神護二年、「今国司検二勘図幷券文一、寺地占事在レ前、今竹(鷹)山所レ給在レ後。加以二所レ給直一、而所レ進二寺田一、更已名付申事、竹山誤無二更申述所一」という理由で再び寺田に改判されたのである。

墾田の田主権の帰属は、法制的には永年私財法〔D〕項によってきまるはずだが、たとえ〔D〕項が実効性をもっていたとしても、「3　墾田永年私財法の構成」で言及したように、「若受地之後、至于三年、本主不開者、聴他人開墾」の解釈は——とくに東大寺田のように広範囲が一時に占定された場合には——微妙な問題をはらんでおり、結局は在地の政治的な力関係によって左右されたであろう。この椿原村と栗川村の場合にも、天平宝字二年の改判は——既に先学によって指摘されているように——仲麻呂政権による東大寺田圧迫の一つのあらわれであろう。翌天平宝字三年に東大寺から越前国に検寺田使が派遣されてくるのは、このような劣勢の挽回を策したものであろうが、ここで検田使は興味深い政策を打出している。すなわち百姓の正式の占定が寺家の占定より先行している椿原村の場合には、「寺家墾開功力」を百姓に支払わせて占地を放棄し、逆に寺家の占定が百姓の占定に先行している栗川村の場合には、墾開の功を百姓に支払ってまでも占地を確保しようとしているのである。劣勢な立場に追い込められた寺家は、墾開の事実は経済的に清算し、公験の有無に頼ろうとしたのだろうか。しかし検寺田使が打出した取引は百姓によって完全に無視され(椿原村では百姓は功を支払わずに田主権を主張し、栗川村では、百姓は功を受領しながら田主権を主張した)、そして国司も百姓に加担した。仲麻呂政権の没落後、巻返しに出た東大寺は国司と協力し、天平宝字二年の改判を古い公験を根拠にして強引にくつがえしたが、その際、百姓の墾開の有無や、墾開の功の問題にまで言及しなければならない場合があったことは、墾田の田主権の実態を考える上で興味深い事実である。

5　墾田永年私財法の変質

天平十五(七四三)年の永年私財法は、天平神護元(七六五)年に一旦廃止され、「寺先来定地」と「当土百姓一二町」を除いて加墾が禁止されるが(『続日本紀』)、宝亀三(七七二)年には「自今以後、任令二開墾一」と再び加墾が許されることになった(『類聚三代格』宝亀三年十月十四日官符)。この宝亀三年格については、天平十五年格へ完全に復帰したものではなく、天平十五年格の墾田地面積の制限規定(すなわち〔B〕項)はこの宝亀三年格によって廃止された、との説が古くからある。(31) しかしそれは確かな証拠があってのことではなく、ただ『類聚三代格』所収の宝亀三年格に墾田地面積の制限がみえないことや、格文のなかに「任《ほしきまま》に開墾せしむ」とあることなどから漠然と想像されたものにすぎない。数年前、宮城栄昌は「宝亀三年の墾田永代私有令について」(『歴史教育』七巻五号)においてこの点を鋭く批判し、宝亀三年格は墾田地面積の制限規定をも含めて天平十五年格へ完全に復帰したものであると主張した。(32) 宮城の論点は多岐にわたるが、要するに宝亀三年格施行後に天平十五年格が現行法とされていたことを、宝亀三年以後の格によって論証しようとしたのである。以下宮城説の論拠を、その要点だけ紹介してゆこう。

まず天平十五年格の〔A〕項(墾田永年私財を宣言した部分)は、弘仁二年正月廿九日官符(『類聚三代格』)にその法的根拠として引用されているのをあげるまでもなく、宝亀三年以後も有効法であったことは間違いない。〔D〕項(開墾手続等に関する部分)も、弘仁二年二月三日官符(『類聚三代格』)にその法的根拠として全文が引用されており、〔D〕項の中核をなす「三年不耕の原則」は平安中期になっても問題にされているから、宝亀三年以後も有効法であったことは間違いない。次に〔C〕項(国司在任中の墾田に関する部分)(33)はその後の格に直接には引用されていない。例えば延暦三年十一月三日官符(『類聚三代格』)では国司が「広占二林野一」「多営二田園一」ことを禁止し、弘仁三年五月三日官符(『類聚三代格』)では延暦三年格を引用しつつ国司の「買二墾田一幷占二田地一」を禁断しているが、これらの法令と〔C〕項との関係は直接には明らかにできない。しかしこれらの格は、〔C〕項の主旨をさらに徹底させる方向で〔C〕項を修正したものであるから、〔C〕項は延暦三年格や弘仁三年格を媒介として生きつづけたものとも考えられる。最後に問題の〔B〕項(墾田地面積の制限規定)について、宮城は、弘仁二年二月三日官符(『類聚三代格』)に「頃年占請之輩、偏限二四至之内一、不レ論二町段一。是以検二四至一、則渉二于官舎人宅一、勘二町段一則不レ満二四至之内一。(中略)自今以後、占請之地一定二町段一不ㇾ依二四至一」とあるのを引用して、「町段の明示を一そう強化しているのは、開田面積に限度があったことを示している」(前掲論文)と主張したが、これは宮城が引用史料の傍点の部分を「面積を勘検してみると、四至外にもわたっている」(前掲論文)と誤読したために生じた誤解である。ここで問題としている四至と町段との関係は、『続日本紀』慶雲三年三月条に「被ㇾ賜ㇾ地、実止有二一二畝一。由ㇾ是踰ㇾ峯跨ㇾ谷、浪為二境界一」とあるのと同じ性質の事柄と考えられ、この史料は「面積を勘検してみると、四至内を満さない」という意味で、申請した墾田地の面積よりも広い四至を占定するのを禁止するのが目的である。したがってこの格は墾田地面積の制限の有無と直接には関係がない。たとえ一歩譲って宮城のようにこの史料を読んだとしても、それによって〔B〕項の有効性を主張することはできない。〔B〕項が宝亀三年以後有効であったことも、逆に無効であったことも、どちらも立証できる史料は——『弘仁格』以前には——残存していないようである。

さて以上、宮城説の要点を紹介しつつ天平十五年格の各項を検討してきたが、この結果、〔A〕〔D〕の二項が宝亀三年以後も有効法であったことは確実で、〔C〕項も間接的に有効法であった可能性が強いが、問題の〔B〕項についてはどちらとも確定できないことが明らかとなった。私たちにほぼ確実なことは、弘仁格の編纂者が〔B〕項を既に無効なものとして削除したことだけである。

おわりに

墾田永年私財法についてのこれまでの通説は、律令の土地公有制の崩壊過程における最も大きな画期としてこの法を位置づけている。このような通説的な理解は、制度の表面的な変遷だけを問題とする限りでは一応正しい。しかし、律令が大宝令施行の初期ほど徹底的に履行されたという証明の困難な前提を一応棚上げにし、田令の規定を実現させようとする当時の官人の立場に立って考えてみると、詳細な土地台帳なくしては耕地の把握がほとんど不可能なことが、容易に実感されるにちがいない。ところが、当時の最も基本的な土地台帳である「班田図」が整備され且つ全国化したのは、のちにいわゆる四証図の筆頭とされた天平十四年班田図かららしい(34)。もちろんそれ以前にも班田図は作られたであろうが、全国的な規模での耕地の正確な把握は、やっとこの頃になって可能となったのである。このような観点から、文書による行政の発展過程をふり返ってみると、養老元(七一七)年五月に「大計帳・四季帳・六年見丁帳・青苗簿・輸租帳等の式」を七道諸国に頒ち下したのが(『続日本紀』)、一つの重要な段階として注目されるが、同じ月、政府は国司の損田検定がでたらめであるとして、「国郡宜下造二苗簿一日必捨二其虚一、造二租帳一時全取中其実上」という命令を出している(『類聚三代格』)。毎年の耕作の実態を記す青苗簿や、それに基づいて租や地子をとり立てる輸租帳を整備してゆく過程で、田令の規定がどのように実施されているかが、はじめて明確に把握されたのではなかろうか。もちろん青苗簿や輸租帳の前提として何らかの土地台帳は作られていたであろうが、租税の確保の方が土地台帳の整備よりも優先したであろうことを念頭におくと、青苗簿や輸租帳を精密に作らせようという努力を始めてから最初におとずれた班田の年が、養老七年すなわち三世一身法が出された年であることは、極めて示唆的な事実である。養老七年以前に墾田がどのような扱いをうけていたかは明確でないが(35)、墾田の田主権を公認する必要を感じた政府は、田主権の公認と引き換えに墾田収公の時期を「三世一身」と定めたのではなかろうか。ただし養老七年格では国司在任中の墾田の取扱いが明確でなかったので、次の班年にあたる天平元(七二九)年に、国司の墾田は任期終了後に収公することと定め、また口分田の収授が田令の規定通りでは不便なので、この班田の機会に全面的に班給し直すことになった――と言うより、あるいはこの時初めて――個々の民戸の受田を個別的に規制しようとする――本格的な班田が行われたのかも知れない。次の班田は天平七年に行われたらしいが確証はない。その次の班田は、郷里制廃止と関連して一年おくれ、天平十四年に行われることになった。ところで養老七年の三世一身法によって定められた墾田収公が現実に問題となるのは、天平七年の班田が最初である。というのは、墾田は「初墾六年内亡者、三班収授」(『令集解』田令荒廃条古記)という原則があったので、養老七年から六年の間に死亡した者の(旧溝池による)墾田が、天平七年にはじめて収公されることになるのである。(36) しかし墾田収公が実際に大きな問題となり始めたのは天平十四年の班田のころからではなかろうか。天平十四年の班田が恐らくは完了していなかったであろう天平十五年五月に、墾田永年私財法が出されているのをみると、三世一身法による収公はそれほど広範には行われなかった可能性が強い。そして先述したように、この天平十四年の班田から、はじめてほぼ完備した班田図が全国的に作られるようになったのである。「有名な墾田永世私有令が天平十五年五月という時点において発布されたのは、そのころちょうど天平十四年班田図が完成される過程にあったということと関係するかも知れない」(37)という岸俊男の鋭い着眼に導かれて、私は次のような可能性を想定している。すなわち、天平十四年の班田の過程(同時に班田図作成の過程)で、墾田収公の得策でないことを知った為政者は、墾田は永年収公しないという画期的な決断を行ったが、その際、為政者の脳裡を離れなかったのは、養老七年格のように「不限多少」としたのでは、身分(具体的には位階)の低い豪族がこの法を根拠にして大規模な墾田地の占定を行うのではないか、という不安ではなかったろうか。その対策として永年私財法の〔B〕項、すなわち位階による墾田地占定面積の制限規定が立案されたと推測されるのである。この墾田地占定面積の制限規定は、田令による位田等の階層的秩序を、墾田をも含めて再編成しようとするものであるから、墾田永年私財法は田令の全面的否定ではない。「班田収授」は律令制的土地所有制度の重要ではあるが一つの側面にすぎないのである。墾田永年私財法は、たしかに田令の重要な骨組を崩したが、それは同時に、土地に対する支配の深化のなかから生れたものでもあった。しかし墾田地面積の制限規定は現実には未墾地の大規模な占定を促進する方向に機能したらしい。

墾田地面積の制限規定が弘仁年間までになぜ無効とされたのか、私にはよく分らない。しかし、その削除が、墾田永年私財法の性格を――従って古代の土地所有制度の性格を――大きく変えたことだけは間違いないであろう。

二　均田法と墾田永年私財法

はじめに

律令国家の特質の一つを公地公民制とし、公地公民制が解体してゆく画期として墾田永年私財法を位置づけるのが、これまでの通説的な律令国家観であった。しかし日本の班田法の手本となった中国の均田法には、墾田永年私財法に相当する内容が含まれており、日本の班田法と中国の均田法とは質的に大きく異なっていた。本節は墾田永年私財法と中国の均田法との比較を手懸りとして、日本の律令田制の特質を明らかにしようとする試みである。

1　官人永業田と墾田永年私財法

前節の考証によれば、天平十五年五月廿七日勅（いわゆる墾田永年私財法）として私たちが知り得るテキストは、次のように復原される（もちろんこのテキストが原勅の全文であるという保証はないが、ほぼ主要な部分は含まれているであろう）。

勅、〔A〕如聞、墾田拠二養老七年格一、限満之後、依レ例収授。由レ是、農夫怠倦、開地復荒。自レ今以後、任為二私

表 V-1　唐田令の官人永業田

爵	官品	頃	勲	頃
親王		100		
	正一品	60		
郡王	従一品	50		
国公	正二品	40	上柱国	30
郡公	従二品	35	柱国	25
県公	正三品	25	上護軍	20
	従三品	20	護軍	15
侯	正四品	14	上軽車都尉	10
伯	従四品	11	軽車都尉	7
子	正五品	8	上騎都尉	6
男	従五品	5	騎都尉	4
	(六品)		驍・飛騎尉	0.80
	(七品)		雲・武騎尉	0.60

表 V-2　墾田永年私財法

品・位	町
一品・一位	500
二品・二位	400
三・四品・三位	300
四位	200
五位	100
六～八位	50
初位～庶人	10

郡司	町
大領・少領	30
主政・主帳	10

財㆒、無㆑論㆓三世一身㆒、悉咸永年莫㆑取。〔B〕其親王一品及一位五百町、二品及二位四百町、三品四品及三位三百町、四位二百町、五位一百町、六位以下八位以上五十町、初位以下至㆓于庶人㆒十町。但郡司者、大領少領卅町、主政主帳十町。若有㆔先給地数過㆓多茲限㆒、便即還㆑公、姧作隠欺、以㆑法科㆑罪。〔C〕其国司在㆑任之日、墾田一依㆓前格㆒。〔D〕但人為㆑開㆑田占㆑地者、先就㆑国申請、然後開㆑之。不㆑得㆔因㆑茲占㆓請百姓有㆑妨之地㆒。若受㆑地之後、至㆓于三年㆒、本主不㆑開者、聴㆓他人開墾㆒。

この墾田永年私財法は、〔A〕墾田を私財として永年収公しないことを宣言した部分、〔B〕品位階により墾田地の占定面積に制限を付し、郡司の墾田地の占定面積に特例を設けた部分、〔C〕国司在任中の墾田について規定した部分、〔D〕開墾の手続とその手続の有効期間を規定した部分の四つからなるが、いま問題にしたいのは、〔B〕と〔D〕の部分である。まず〔B〕の部分を、唐の田令の官人永業田に関する次の規定と比較してみよう(38)。

(一)　其永業田、〔甲〕親王百頃、職事官正一品六十頃、郡王及職事官従一品各五十頃、国公若職事官正二品各四十頃、郡公若職事官従二品各三十五頃、県公若職事官正三品各二十五頃、職事官従三品二十頃、侯若職事官正四品各十四頃、伯若職事官従四品各十一頃、子若職事官正五品各八頃、男若職事官従五品各五頃。上柱国三十頃、柱国二十五頃、上護軍二十頃、護軍十五頃、上軽車都尉十頃、軽車都尉七頃、上騎都尉六頃、騎都尉四頃、驍騎尉・飛騎尉各八十畝、雲騎尉・武騎尉各六十畝。〔乙〕其散官五品以上、同二職事一給。兼三有官爵及勲一倶応レ給者、唯従レ多不二並給一。若当家口分之外、先有レ地、非二狭郷一者、並即廻受。有レ賸追収、不レ足者更給。（『通典』巻二食貨二、『唐令拾遺』六一七頁）

この条文は、〔甲〕爵・官品・勲官による永業田の面積を定めた部分と、〔乙〕その支給手続を定めた部分とからなるが、〔甲〕の部分を表示すれば表1のようになる。

これを墾田永年私財法の〔B〕の部分（表2）と比較してみよう。永年私財法に郡司の墾田地の規定が附加されているのは、日本の律令における郡司の特殊な性格(39)によるものなので、ここでは一応カッコに入れて考えると、官人身分に応じて面積が規定されている点は、唐田令の官人永業田規定と日本の墾田永年私財法とに共通している。もっとも、その点だけを取り上げるならば、唐の官人永業田規定は、日本の田令の位田の制度（表3）と対比する方がはるかに相応しいのではないか、という反論が直ちになされるであろう。事実日本令では、唐令の官人永業田を位田と書き換えている箇所がある（例、田令応給位田条）。ところが、日本の位田は熟田を支給する原則であったのに対して、(40)唐の官人永業田は必ずしもそうではなかった。それは次の田令の規定によって明らかである。

表 V-3　日本田令の位田

品　・　位	町
一品・正一位	80
従一位	74
二品・正二位	60
従二位	54
三品	50
四品・正三位	40
従三位	34
正四位	24
従四位	20
正五位	12
従五位	8

(二)　所レ給二五品以上一永業田、皆不レ得二狭郷受一。任於二寛郷一隔越射二無主荒地一充。即買二蔭賜田一充者、雖二狭郷一亦聴。其

六品以下永業、即聴下本郷取二還レ公田一充上。願下於二寛郷一取上者亦聴。（『通典』巻二食貨二、『唐令拾遺』六二三頁）

すなわち官人永業田のほとんどを占める五品以上の永業田は（六品以下の永業田はわずかに六品相当の驍騎尉・飛騎尉の各八〇畝、七品相当の雲騎尉・武騎尉の各六〇畝にすぎない）[41]、既墾田を支給されるのではなく、「寛郷にて隔越して無主の荒地を射し充て」開墾することになっていたのである。もちろん五品以上の官人永業田は、先に引載した唐田令㈠〔乙〕の「若当家口分之外、先有レ地、非二狭郷一者、並即廻受」という規定によって、世襲することが事実上は多かったであろうが、世襲田がない場合や規定額に不足する場合には、自ら開墾することになっていたのである。そもそも隋唐の官人永業田は、北斉の河清三年令の墾田永業規定と、晋・南朝の官品占田規定との綜合によって成立したものと推測されているが[42]、このことは、官人永業田が本来は開墾を原則とするものであったことを明白に示している。

私が先に、唐の官人永業田規定と日本の位田規定との対比を避けたのは、前者が無主荒地の開墾許容面積であるのに対して、後者は熟田の班給面積であったからである。そこでもう一度墾田永年私財法の〔D〕の部分を参照すると「但人〔イ〕為レ開レ田占レ地者、先就レ国申請、然後開レ之。〔ロ〕不レ得三因レ兹占二請百姓有レ妨之地一」とあるが、この〔イ〕は先掲の唐田令㈡の「射二無主荒地一充」に、〔ロ〕は「皆不レ得二狭郷受一」に、実質的にはほぼ対応するのである。すなわち「百姓に妨げのない場所で、無主の荒地を申請して開墾した田は、収公されないが、官人身分に応じて面積に制限が付されている」という点では、唐田令の官人永業田の規定と日本の墾田永年私財法とは、実質的には全く同じなのである。しかも唐令の㈠㈡は、ともに開元田令の規定であったことが確認されているので[43]、日本の墾田永年私財法に相当する内容は、唐の田令の体系の中に包摂されていたことが知られる。

唐令の官人永業田	日本令の位田・功田
	墾田永年私財法

もちろん唐令の官人永業田のうち、官品によるものは「位田」として、爵・勲によるものは「功田」として、それぞれ日本令に継受されているが、[44]位田・功田は官人永業田の一つの側面しか継承していない。唐令の官人永業田は、日本令の位田・功田と墾田永年私財法との両者の要素から構成されていたのである。ところで、唐の官人永業田規定と日本の墾田永年私財法との対比で、これまで意識的にふれなかった問題がある。それは永年私財法には「初位以下至㆓庶人㆒十町」というように、庶人に至るまでの墾田許容面積が規定されているのに対して、官人永業田規定には――当然のことながら――庶人についての規定がない、という差異についてである。ところがこの問題も、中国の均田法と日本の班田法との構造的な差異を明らかにすることによって、解決されるのである。次項ではその問題を、北魏の均田法に遡って考えてみたい。

2　均田法・班田法における墾田の扱い

均田制三百年の歴史を通じて、均田法規も時々の条件に対応して更改するが、巨視的にみれば、前期の農業生産を第一義とする具体的な規定から、後期の土地保有の秩序体系に重点をおく抽象的な規定へと変化している。[45]したがって、均田制の中心的な問題である還受についても、北魏の均田法は現実に即した具体的な規定をもっていた。すなわち、

諸男夫十五以上、受㆓露田四十畝㆒、婦人二十畝。奴婢依㆑良。丁牛一頭受田三十畝、限㆓四牛㆒。所㆑授之田、率倍㆑之。三易之田、再㆓倍之㆒。以供㆓耕休及還受之盈縮㆒。（『魏書』食貨志、『通典』巻一食貨一）

という規定によって、露田は、男夫四〇畝・婦人二〇畝の正田の外に、それと同額（または二倍）の「倍田」を与えることになっていた。[46]この倍田は、一面では耕休のための易田の機能も果したが、同時に、不還受田である桑田が規

定面積を超えている場合には倍田の分にあてることができたように(「諸桑田不レ在二還受之限一、但通二入倍田分一」同上)、還受の盈縮をはかる機能をもっていた。(47) 北魏の均田法では農民の保有地を、桑田や倍田分に算えて、給田体制に形式的に組込むこともできたのである。(48) このような体制においては、農民の小規模な開墾田は桑田や倍田として処理されたのではなかろうか。もっとも桑田に対応する麻田は還受田であったので、桑田が不還受田であることを過大視してはならないが、倍田が先述のような重要な機能をもっていたことは軽視できない。

北魏の均田法において、このような重要な機能を果した「倍田」は、北斉の河清三年令になると正田に吸収され、男夫の露田は八〇畝、婦人は四〇畝とされる。ところがこの一見機械的な換算にすぎないようにみえる改正によって、応受田額の機能に質的な変化が起った。すなわち、北魏における露田(正田)の応受田額(男夫四〇畝・婦人二〇畝)は、実際に班給しようとした目標額であったと推測されるのに対して、北斉の露田の応受田額(男夫八〇畝・婦人四〇畝)は、倍田の機能を吸収することによって、占田限度額に転化したのである。もちろんここで問題にしているのは、応受田額の機能の変化であって、還受の有無そのものではない。占田限度額の範囲内で、その土地土地の規準によって還受が行われ得たことは、有名なトゥルファンの事例によっても明らかであろう。なお北斉においては、先の改正と同時に「職事及百姓請墾田者、名為永業田」とされるが、この規定を待つまでもなく、一般農民の保有する田が、倍増された応受田額を超えることは稀であったろうから、この墾田永業規定は、実際には豪族の大規模な開墾に関する規定と考えられ、後の官人永業田規定に連なってゆくのである。

	(男　夫) 畝		(婦　人)
北魏……	桑　田20	(露　田) 倍田40・正田40	(露　田) 倍田20・正田20
	＝		
北斉……	桑　田20	露　田80	露　田40
	＝	＝	←
隋唐……	永業田20	口分田80	(廃　止)

北斉の露田男夫八〇畝・婦人四〇畝のうち、婦人の分

は隋唐になると廃止され、丁男の口分田(旧露田)八〇畝に永業田(旧桑田)二〇畝を加えた一〇〇畝が基準となる。この一〇〇畝という数は、古《いにしえ》の井田法の理念をも担っていたと推測されるが、現実の制度としては、北斉の場合と同様、実際に班給しようとした目標額ではなく、占田限度額であった。そのことは唐戸婚律の占田過限条に、

諸占レ田過レ限者、一畝笞十、十畝加二一等一。過二杖六十一、二十畝加二一等一。罪止徒一年。若於二寛閑之処一者不レ坐。

とあり、その疏議に「王者制レ法、農田百畝、其官人永業準レ品、及老小寡妻、受田各有二等級一。非二寛閑之郷一、不レ得二限外更占一」とあることによって明白であろう(49)。しかもこの制限は「寛閑之処一」には適用されない。それを疏は次のように説明している。「若占二於寛閑之処一不レ坐。謂、計レ口受足以外、仍有二剰田一、務従二墾闢一、庶尽二地利一、故所レ占雖レ多、律不レ与レ罪。仍須二申牒立一レ案。不二申請一而占者、従下応二言上一不二言上一之罪上」。すなわち、開墾地占定の正規の手続を経ていれば、たとえ開墾田が占田限度額を超えていても、寛郷においては処罰されないのである。では占定手続を経た上で開墾した場合、開墾田は一定期間後に収公されるのかどうか、律はその性格上何も語らない。しかし「務従二墾闢一、庶尽二地利一」という伝統的な勧農政策からすれば——開墾田がどのような制度的取扱いを受けたかは後に論ずるが——特殊な場合でない限り収公されなかったと考えてよいだろう(50)。ただ一般庶民の保有田が応受田額を越えることは、ほとんどあり得なかったであろうから、この戸婚律の規定は、「其官人永業準レ品……受田各有二等級一」に重点がおかれ、豪族の大土地所有を抑制する機能を負わされていたのであろう(51)。

中国の均田法では、田地は、桑田と露田、永業田と口分田との二本立になっていたが、「諸地狭之処、有二進丁受田一、而不レ楽レ遷者、則以二其家桑田一、為二正田分一」(『魏書』食貨志)、「丁男給二永業田二十畝・口分田八十畝一……先有二永業一者、通充二口分之数一」(『通典』巻二食貨二、『唐令拾遺』六一一頁)という規定によって、墾田と関連の深い桑田・永業田と、還受田である露田・口分田との間には、有機的な連関が保たれていた。このように民戸の永業田—口分田の制度

も、既墾田と開墾田との間に有機的な連関を保ち、開墾田を自動的に包摂できるような機構になっていたのである。

これに対して日本の田令では、中国における口分田と永業田の二重規定を採用せず、墾田と関連の深い永業田を捨て口分田だけを設けた(52)。しかも口分田の応受田額(男は二段、女はその三分の二)は、実際に班給しようとした目標額と推定される(53)。この口分田の応受田額の性格だけを取り上げれば、北魏の露田(正田)の応受田額が、実際の班給目標額であったことと類似していることになる。たしかに日本の班田制――より広くいえば律令体制――の成立過程は、北魏で均田制や三長制が成立してくる過程と類似しており、七世紀の日本の国制が隋唐以前の南北朝の諸制度を摂取していることも事実である。またそのような系譜的関係なしにも、中国と日本とで、同じような問題と解決の仕方をそれぞれ生み出してくる可能性もある(54)。石母田正が、大化改新期の田制を北魏の計口授田制等と対比して、その歴史的意義を再評価した結果、それを浄御原令以降の班田制と区別して「賦田制」と呼び、この賦田制に唐の均田制とは異なった日本の班田制に特徴的な規定の成立の場をもとめたのは、従来の班田制の研究に新しい転機をもたらすものであった。しかしそれと同時に、北魏の均田制と日本の班田制との間の構造的な差異も、私たちは十分に見極めておかねばならない。先述したように、日本の班田法における口分田の応受田額は、たしかに北魏の露田(正田)の応受田額に類似しているが、北魏の均田制における桑田や倍田に対応するような制度は班田法にはなく、日本の班田制では、既墾田と開墾田との間の有機的な連関が断ち切られていた。そのことは、以下に検討する開墾田に関する法制の面からも傍証されるのである。

日本の田令のなかで、開墾田について積極的に規定した条項は、養老令では田令荒廃条だけである。

〔A〕凡公私田荒廃三年以上、有㆓能借佃者㆒、経㆓官司㆒判借之。雖㆓隔越㆒亦聴。私田三年還㆑主、公田六年還㆑官。限満之日、所㆑借人口分未㆑足者、公田即聴㆑充㆓口分㆒。私田不㆑合。〔B〕其官人於㆓所部界内㆒、有㆓空閑地㆒願㆑佃者、任聴二営種一。替解之日還レ公。

とあるなかの後半の〔B〕の部分が、養老令では唯一の規定である。この条の前半は、荒廃田の借佃に関するものなので――養老令では――空閑地の開墾については、官人の場合についての規定しかなかったことになる。この空閑地について彌永貞三は、大宝令では未墾地に「荒地」と「空閑地」の二種があり、「空閑地」の開墾は「官人」(具体的には国司)にのみ許されていたという、魅力的な仮説を提唱した。[55] しかしこの規定の主旨は、虎尾俊哉の説くように、むしろ国司の空閑地営種を規制したものではなかろうか。[56]

ところでこの田令荒廃条は先述したように、〔A〕荒廃田の借佃に関する前半部分と、〔B〕官人(国司)の空閑地営種に関する後半部分とに分れるが、『令集解』該当条に引く古記が「荒地、謂未熟荒野之地、先熟荒廃者非。唯荒廃之地、有二能借佃者一判借耳」と注釈したのは、前半の借佃に関する部分に関連してであった。[57] そして古記の注釈の一般的な形式からみて、古記の注釈のなかの「荒地」が、大宝令文の一部であることも、ほぼ間違いないであろう。[58] ところが、この「荒地」の二字を含む大宝令文が、どのようなものであったかはまだ明らかにされていない。[59] しかし、前に引用した古記が、「荒地」を「荒廃之地」(田が荒廃した地)と区別して、荒地には借佃に関する規定が適用されない、と述べていることは確かである。この古記の解釈が、大宝令の法意そのままであるかどうかは確認できないが、「荒地」には借佃に関する規定を適用しない、という意味の令文が大宝令に含まれていたと、一応ここでは仮定しておきたい。

ところが養老令は大宝令に存在した荒地に関する規定を、意識的に削除してしまった。大宝令と養老令のいずれが唐令により近かったか、という問題は、いずれか一方に割り切ることのできない複雑な問題である。[60] しかし少なくとも田令官位解免条・賦役令蠲符条・営繕令近大水条のように、唐令に非常に近かった大宝令文を養老令で意識的に改正した条文が存在していることは間違いない。[61] そしていま問題にしている田令荒廃条も、その例に入ると推測される。

日本の田令の荒廃条に対応する条文が唐の田令に存在したことは、古記の引く開元令の逸文によって確認される。(62)それによれば、唐令の該当条は日本令よりも詳細であった可能性が強く、大宝令には存在したが養老令で削除された「主欲二自佃一先尽二其主一」の部分も、唐令に存在した可能性が強い。そして問題の「荒地」に関する規定も、唐田令の該当条に存在していた可能性が濃厚である。「荒地」という語は、先に引用した唐田令の官人永業田の規定のなかにも「射二無主荒地一充」とみえ、古記の引く開元式にも「其開二荒地一経二一年一収レ熟、然後准レ例」(『令集解』田令荒廃条)とあるので、唐の田令の用語として不自然ではない。(63)多分、日本の田令荒廃条に対応する唐の田令の該当条には、荒廃田の借佃に関する規定と、荒地には借佃に関する規定を適用しないという意味の規定とが、存在していたのであろう。なお唐令における「公私田荒廃」も、古記のいう「先熟荒廃」の地で、田簿に熟田として登載されたことのある田地であり、これに対する「荒地」は、田簿に熟田として登載されたことのない地、すなわち古記のいう「未熟荒野之地」であったと推測される。

荒地や荒廃田との関連が予想される唐の用語に「請射」と「借荒」がある。例えば有名な天宝十一載十一月乙丑の詔(『冊府元亀』巻四九五、邦計部、田制)に「王公百官及富豪之家」が恣に呑併を行うさまを記述したなかに、「蔭外請射兼借荒」という語句がみえるが、他の箇所では同じ内容のことを「諸〔請〕射兼借公私荒廃地」と言い換えている。「蔭外請射」とは、いうまでもなく、官人永業田＝蔭田の規定面積(先掲表1参照)以上に「無主の荒地を射し充てる」(先掲唐田令(二)参照)ことであり、「借荒」すなわち「借公私荒廃地」が不法行為にあげられたのは、この詔の他の部分にみえるように、「借荒者皆有二熟田一」——借荒という名目で熟田を侵奪したからであった。このように、「請射」とは無主荒地を申請して占定することであり、「借荒」とは公私荒廃地(すなわち田令の公私田荒廃)を借佃することであった。

ところで先に引用した唐戸婚律の占田過限条の疏には「若占二於寛閑之処一不レ坐、謂計レ口受足、以外仍有二剰田一、務従二墾闢一、庶尽二地利一。故所レ占雖レ多、律不レ与レ罪」とあり、寛郷においては応受田額を超えた開墾をむしろ奨励している。では荒地の占定を無制限に許したかと言えば、勿論そうではない。先の疏の次には「仍須二申牒立一レ案、不二申請一而占者、従下応二言上一不二言上一之罪上」という制限を付して、極端な囲いこみを防止できる仕組みになっている。したがって正規の手続を経て荒地を申請した結果、占定が認められれば、開墾した田はその戸の「已受田」に編入されたのであろう。無主荒地を射し充てる原則であった官人永業田の一種である勲田が、敦煌戸籍等で応受田・已受田の枠内に数えられていることもその傍証となる。

さてこのような唐の田制を念頭において、『魏書』食貨志に引く北魏の田令の規定をみると、

諸土広民稀之処、随二力所一レ及、官借レ民種蒔。後有二来居者一、依レ法封授。

（『魏書』食貨志。『通典』巻一食貨一により訂正）

とあるのが注目される。この規定の次には、「諸地狭之処、有二進丁受田一、而不レ楽レ遷者、則以二其家桑田一、為二正田分一……」という規定が続いているので、この二条は、唐令でいう寛郷と狭郷のそれぞれの場合についての規定であることが知られる。したがってこの「諸土広民稀之処……」の規定が、先の唐戸婚律占田過限条の田制の一つの源流であることが注目されるが、問題は、北魏の場合には応受田額以上の荒地の開墾が、請射（すなわち受田）ではなく借佃の形式で行われ、後に来居する者が有れば収公されることになっていたことである。ところが、北斉の河清三年令（『通典』巻二食貨二）になると、

職事及百姓請墾田者、名為二永業田一。(64)

と規定され、已受田のなかの永業田（世業田）として扱われることになった。従来この規定は、一切の開墾田を無制限に永業田とする主旨であるかの如く解されがちであったが、「名づけて永業田と為す」という規定は、むしろ永業田

に繰り入れる、という意味ではないだろうか。とすれば、河清三年令に規定された他の永業田の規定との関連が当然問題となってくる。しかし、周知の如く北斉の均田法の規定はきわめて不完全な形でしか残されていないので、両者の関連を明確にできないのが残念である。ただ、開墾田はまず永業田に通算する、という北斉令の主旨は、唐の均田法のなかにもそのまま継承されたと推測される。

さて再び日本の田令荒廃条に立ち戻ると、大宝令が唐令から継受した「荒地」に関する規定は――中国における請射と借荒との関係を念頭におくと――〃荒地の開墾には借荒に関する荒廃条の規定を適用しない〃という意味の規定であった可能性が濃厚である。少なくとも残存する史料(古記)からは、それ以上の規定があったという証拠は発見できない。古記が「謂、百姓墾者、待二正身亡一即収授。唯初墾六年内亡者、三班収授也」と述べているなかの「唯初墾六年内亡者、三班収授也」の部分は、虎尾俊哉が指摘しているように(前掲注56)、大宝令の田令六年一班条の規定を墾田に準用したものであり、準用する根拠を、古記は「公給二熟田一、尚須二六年之後一収授。況加二私功一、未レ得レ実哉。挙レ軽明レ重義」と説明している。「挙軽明重」というのは名例律の断罪無正条条の用語で、ある罪に対して直接に適用できる律の条文がないとき、その罪より軽い罪に対する刑罰の規定を、その重い方の罪に適用することをいう。すなわち「熟田を支給する口分田(「軽」)の田主権についての規定は、当然、私功を加えた墾田(「重」)に準用されるべきである」というのが、古記の論理であった。したがって「初墾六年内亡者、三班収授」という部分が大宝令の田令荒廃条の規定でないことは明白である。それでは「百姓墾者、待二正身亡一即収授」の部分はどうか。養老令文「其官人於二所部界内一、有二空閑地一願レ佃者、任聴二営種一。替解之日還レ公」に対応すると考えられる大宝令文に付された古記の注釈「古記云、任聴二営種一。謂、告二同官一知之也」「古記云、替解日還レ官収授、謂、百姓墾者、待二正身亡一即収授……」を、古記の一般的な形式から推定すると、「任聴営種」と「替解日還官収授」の部分は大宝令文からの引用と考えられるが、

「百姓墾者、待二正身亡一即収授」に相当する規定が大宝令文にあったと推定できる根拠は何もない。[65] むしろ「熟田を支給する口分田の田主権についての規定は、当然、私功を加えた墾田に準用されるべきである」という先述の古記の論理からすれば、田令の六年一班条で口分田の死亡収公を規定している以上、墾田についても「待二正身亡一収授」するのが当然であるということになる。したがって古記の注は、大宝令荒廃条には百姓墾田の収公に関する規定がなかったと考えた方が、むしろ自然に理解できよう。

さて話を元へ戻すと、大宝令荒廃条が唐令から継受した「荒地」に関する規定は、先述のように〃荒地の開墾には借荒に関する荒廃条の規定を適用しない〃という意味の規定だけであった可能性が強い。したがって唐の田令の枠組を前提とすれば、この規定は「荒地を開墾した場合には、借荒(借佃)ではなく、請射(すなわち受田)の扱いをする」ことになるはずであった。ところが日本の班田法は、既述したように、実際の班給目標額である口分田の班給額しか制度化していないので、このような荒地の開墾田を自動的に已受田に吸収できるような構造にはなっていなかった。したがってこの大宝田令荒廃条の荒地に関する規定は、現実にはほとんど機能していなかった可能性が強い。養老令が大宝令の一部分を削除した条文には、日本の国制と合致しないために現実には機能していなかった部分を削ったものが多いことも(注61参照)、このような推論の傍証となるだろう。このように日本の班田制では、墾田の田主権についての明確な規定を欠いており、建前としては何時でも収公できるものとされていた可能性が強いが、現実には「私功を加えた墾田」は「熟田を班給した口分田」よりも収公が難しかった可能性が強い。三世一身法や墾田永年私財法は——その制定の直接の動機はおそらく開墾の奨励にあったであろうが——結果的には、そのような律令田制の構造を補う機能も果したと考えられる。先に、日本の墾田永年私財法の規定は、官人庶人を通じて、中国の均田法の体系のなかに実質的には含まれていた、と述べた意味も、以上の説明によって明白になったと思う。

おわりに

墾田永年私財法は、三世一身法で明確にされた墾田収公政策を破棄するという大転換を行うが、同時に三世一身法では制限のなかった墾田地の占定面積に、律令官人制の身分に応じた制限額を設定し、田令に規定された位田等の階層的秩序を、墾田をも含めて再編成しようとした。

たしかに墾田は、永年私財田としては既存の田制と対立するが、開墾予定地の占定手続やその有効期間を明確にしたことは、田地に対する支配体制の深化であり、また開墾された田は輸租田として田図に登録されたのであるから、その面でも田地に対する支配体制は後退していない。しかも開墾予定地の占定面積には位階に応じた制限額を設け、墾田所有を律令官人の身分序列に整序しようとしているのであるから、隋唐律令的な律令体制を基準にすれば、永年私財法はまさに律令体制的な制度であったとも言えるであろう。墾田永年私財法は、日本の班田制に欠如していた要素を補完したものと考えられる。

注

(1) 例、虎尾俊哉「律令時代の墾田法に関する二・三の問題」(弘前大学『人文社会』一五号)。

(2) 拙稿「類聚三代格」(『国史大系書目解題』上巻、吉川弘文館、一九七一年)三五三頁参照。

(3) (ロ)の格文が『弘仁格』から引用されたことは、『類聚三代格』所収の弘仁格と『令集解』所収格の内容が殆ど一致すること、『令集解』が二つ以上の格を『弘仁格抄』の配列順にまとめて引用している例が多いこと、などから推定される。なおこれらの弘仁格が『令集解』編者によって引用されたかどうかは実は明確でないが、本稿の論旨に深い影響はないので、一応『令集解』編者の引用と推定しておく。『令集解』と『弘仁格』との関係については、鬼頭清明「令集解所引格と弘仁格について」(『大和文化研究』一三巻三号)参照。

(4)『弘仁格』編纂後の格で『令集解』に収録されている三つの格(i)弘仁十一年閏正月五日格、(ii)弘仁十二年八月廿九日官奏、(iii)貞観七年三月七日官符)のうち、(ii)(iii)は行間の書込みである。(i)も本来は行間の書込みであった可能性が強い。

(5)例、寛平二年九月十五日官符について、『政事要略』(国史大系本二五五頁)と『類聚三代格』(同三四三頁)を比較すると、『弘仁格』編纂の際にどのように文章を簡潔にしたかが知られる。

(6)『令集解』にはこの天平元年八月五日格が(イ)選叙令35条・(ロ)継嗣令1条・(ハ)禄令11条の三箇所に引かれているが、(ロ)にだけは『続日本紀』と同じように「自余依慶雲三年格」の部分がある。しかし(イ)(ハ)が『弘仁格抄』と同じ順番で延暦十七年閏五月廿三日格・天平元年八月五日格を引用しているのに対して、(ロ)では両格の順番が逆になっており、しかも天平元年格の前には『弘仁格』に収録されなかった慶雲三年二月十六日格を引載しているので、(ロ)の天平元年格は、『令集解』編者が『弘仁格』から引用した格ではなかったと推定される。

(7)大塚徳郎「元慶官田の諸司田化についての二つの問題」(『日本歴史』一八〇号)。

(8)元慶三年に設定された大和国の官田一、二〇〇町から、元慶五年官符によって諸司に分割された四六七町九段二一八歩(この中には元慶六年官符には載せない太皇太后宮職・皇太后宮職のものも含む)を差引くと七三二町一四二歩となるが、これとほとんど同じ七三二町四〇歩が元慶七年三月に直営田から地子田に変更されていること(『三代実録』)によって確かめられる。

(9)元慶五年官符の日付の時点では太皇太后宮職は置かれていない。太皇太后宮職と皇太后宮職が並立するのは元慶六年正月以後である(大塚前掲(注7)論文参照)。

(10)鎌田元一「弘仁格式の撰進と施行について」(大阪歴史学会編『古代国家の形成と展開』吉川弘文館、一九七六年)によれば、『類聚三代格』や『令集解』に引載されている「弘仁格」は、弘仁十一年四月に奏進され、天長七年十一月に施行された「弘仁格」そのものではなく、天長七年以後の改正作業による修訂を加えて承和七年四月に頒行された「改正遺漏紕繆格式」である。したがって天平十五年勅の〔B〕部分が削除された時期も、厳密にいえば承和七年以前としか言えないことになる。ただし弘仁〜承和の墾田政策の全般的なあり方からみて、問題の〔B〕部分が削除されたのは、『弘仁格』の最初の編纂時であった可能性が強く、もしそうでないとしても、それはまさに「遺漏」であって、弘仁十一年以降の制度改正をもり込んだという性格のものではないと考えられる。

(11)　菊地康明「古代の土地売買について」(『史林』四八巻二号)参照。
(12)　墾田が戸口(女性を含む)の名前で立券されている例が沢山あるが、戸口名には必ず戸主名が付されているので、この事実だけから庶人の墾田地制限面積が戸口の個々人に対するものとは言えない。
(13)　このことは、青木和夫『奈良の都』(中央公論社、一九六五年、四四九頁)にも既に指摘されている。なお位階による墾田地の制限面積には内外位による差があったかも知れないが、本稿では一応ないものと仮定しておく。
(14)　彌永貞三「律令制的土地所有」(『岩波講座日本歴史』3　岩波書店、一九六二年)。
(15)　中田薫「日本庄園の系統」(『法制史論集』第二巻、岩波書店、一九三八年)。
(16)　時野谷滋「田令と墾田法」(下)(『歴史教育』四巻六号)。
(17)　虎尾俊哉「律令時代の墾田法に関する二・三の問題」(弘前大学『人文社会』一五号)。
(18)　東大寺の初期庄園の概要については、竹内理三『日本上代寺院経済史の研究』(大岡山書店、一九三四年)参照。
(19)　大治五年三月の「東大寺諸荘文書幷絵図等目録」(『平安遺文』二一五六号)には天平宝字三年の田地注文として「載田九十六町二段二百十六歩」と記すが、田図と照合すると、これは開田の面積らしい。墾田地の総面積は天平神護三年の「越中国司解」(『東大寺文書之二』)の一一二町に近似していたと推測される。
(20)　石粟村と伊加流伎野の位置関係は、田図の条里と四至との間に食い違いがあるが、ここでは彌永・亀田・新井「越中国東大寺領庄園絵図について」(『続日本紀研究』五〇号)の復原に従った。
(21)　彌永貞三『奈良時代の貴族と農民』(至文堂、一九五六年)参照。
(22)　米沢康『越中古代史の研究』(越飛文化研究会、一九六五年)参照。
(23)　彌永・亀田・新井「越中国東大寺領庄園絵図について」(前掲注20)。
(24)　岸俊男「越前国東大寺領庄園の経営」(『日本古代政治史研究』塙書房、一九六六年)。

(25) 彌永前掲書(注21)参照。
(26) 越前国坂井郡にあった大伴宿禰麻呂の墾田一〇〇町(東大寺の桑原庄となる)も、やはり一円的に占定されていたと推測される。
(27) 米沢前掲書(注22)参照。
(28) 天平勝宝元年七月の「定諸寺墾田地限」(『続日本紀』)も、制限的というよりは許容的な意味の方が強かったらしいが(竹内理三「八世紀における大伴的と藤原的」『律令制と貴族政権』I 御茶の水書房、一九五七年)、東大寺の北陸地方の墾田地占定がこれに数カ月先行していることに注目すると、制限的な意味が全くなかったとは言えない。
(29) 例、岸俊男「越前国東大寺領庄園の経営」(前掲注24)、彌永貞三『奈良時代の貴族と農民』(前掲注21)。なお岸は『図説日本文化史大系』3(小学館、一九五六年)においては、慎重に断定を回避している。
(30) 岸俊男「越前国東大寺領庄園の経営」(前掲注24)。
(31) 例、川上多助『日本古代社会史の研究』(河出書房、一九四八年)三一七頁、滝川政次郎『律令時代の農民生活』(乾元社、一九五三年)九一頁。
(32) この宮城説は、阿部真琴他編『入門日本史』(吉川弘文館、一九六四年)などの概説書でも支持されている。
(33) 宮城は〔C〕項を国司在任中の墾田をすべて禁止したものと解した(同氏前掲論文)。通説を覆すに足る証拠を上げるのは難しいのではなかろうか。
(34) 岸俊男「班田図と条里制」(『日本古代籍帳の研究』塙書房、一九七三年)。
(35) 『令集解』の田令荒廃条古記の「百姓墾者、待正身亡、即収授……」が大宝令付属の式に基づくとの説(時野谷滋前掲注16論文)には簡単に同意できないが、大宝令の田令荒廃条は百姓の空閑地開墾を禁止したものではない、との虎尾説(同氏前掲注1論文)に私も賛意を表したい。なお本章二節「均田法と墾田永年私財法」参照。
(36) 『令集解』の田令荒廃条古記の「謂、百姓墾者、待二正身亡一即収授。唯初墾六年内亡者、三班収授也」という注釈は、虎尾俊哉が指摘したように、大宝令の田令六年一班条の口分田初班死亡の場合の規定を準用したものと推定されるが、田中卓は該当条の大宝令文を「凡以二身死一応レ収レ田者、初班従二三班収授一、後年毎レ至二班年一、即収授」と復原した。すなわち、初班から六年以内に死亡した場合に限り、次の班年には収公せず、その次の班年(三班)に収公する、というのである。田令荒廃条の古記は「口分田は熟田を班給されるのに対して、墾田は、私功を加えるのであるから、当然口分田の田主権を保護する規定は、墾田に準用さるべきである」という論理を展開しているが(二節2参照)、実際にも墾田の収公の方が口分田の収公より慎重に行われたのであろう。したがって、養老七年から次の班年(天平元年)までの間に死亡した人の(旧溝池による)墾田は、三班にあたるその次の班年(天平七年)に収公される建前であったと推定される。

なお、既に和銅四年十二月には、「有下応レ墾二開空閑地一者上、宜経二国司一然後聴二官処分一」(『続日本紀』)という詔が出ているので、養老七年の三世一身法以前にも、正式に占定された墾田地が存在したと考えられる。したがって天平七年の班田以前にも、三世一身法による収公があった可能性は否定できないが、和銅四年の詔が対象としたのは、「親王已下、及豪強之家」が他国に大規模な山野を占定することであったので、そのような墾田地に三世一身法が適用されたかどうか、問題が残る。また一般の民戸が、そのような正規の占定手続を経ることは——もしあったとしても——非常に少なかったと推定するのが、自然であろう。

(37)　岸俊男「班田図と条里制」(前掲注34)。

(38)　池田温「唐代均田制をめぐって」(『法制史研究』一四)によれば、仁井田陞『唐令拾遺』の田令の篇には、武徳令・開元七年令の逸文も載せているが、これらの逸文は、すべて原文に忠実な引用ではなくて、一定の省約かきかえを含む取意文であり、開元二十五年令との間に土地法大系自体の実質的改制と目さるべきものは見出されず、現在最もまとまった形で見られる開元二十五年令の諸規定を以て、唐代前期土地法全体を論じて差支えないようである。

(39)　坂本太郎「郡司の非律令的性質」(『日本古代史の基礎的研究』下、東京大学出版会、一九六四年)。

(40)　田令には、位田に熟田(既墾田)を支給するという明文はないが、『続日本紀』天平元年十一月癸巳条、『類聚三代格』延暦九年八月八日官符などは、位田に既墾田が支給されることを前提にしている。

(41)　なお『新唐書』巻五十五食貨志には、本文に引用した開元二十五年令にほぼ類似した官人永業田の規定を載せるが、そのなかに「六品七品二頃五十畝、八品九品二頃」という、開元令とは著しく異なった規定がみえる。しかし本稿で議論しているのは、開元二十五年令の体系であり、開元二十五年令に職事官六〜九品の永業田の規定がなかったことは、諸書の引用がすべて一致していることからまず間違いないので、ここではその問題は取り上げないことにしたい。なお『新唐書』の規定は菊池英夫氏から御教示いただいた。

(42) 堀敏一「北朝の均田法規をめぐる諸問題」(『東洋文化研究紀要』第廿八冊)。西村元佑「北斉均田制度の一問題点」(『中国経済史研究』東洋史研究会、一九六八年)。菊池英夫「南朝田制に関する一考察」(『山梨大学教育学部紀要』第四号)。

(43) 先掲の唐の永業田に関する規定の(一)は、『通典』巻二食貨二田制下に「大唐開元二十五年令」として引用され、『唐会要』巻九十二内外官職田の貞元四年八月勅に「准田令」として引用されている。(二)も『通典』巻二食貨二田制下に「大唐開元二十五年令」として引用されている。田令であることはその内容からみて間違いないだろう。仁井田陞『唐令拾遺』六一八頁・六二三頁参照。

(44) 中田薫「唐令と日本令との比較研究」(『法制史論集』第一巻、岩波書店、一九二六年)。

(45) 池田温「均田制」(『古代史講座』8 学生社、一九六三年)。

(46) 倍田は奴婢や牛の受田にも適用されたが、本稿の論旨とは直接関係がないので、叙述を簡略化するために、以下男夫と婦人だけを問題にする。

(47) 堀敏一「北朝の均田法規をめぐる諸問題」(前掲注42)。

(48) 堀敏一・池田温前掲論文(注42・45)。

(49) 西村元佑「北斉均田制度の一問題点」(前掲注42)。

(50) 戴炎輝『唐律各論』(三民書店、中華民国五四年)もこの条について「至過限之田、是否没官? 律無文、疏亦不言及、宜解為不没官」(同書七六頁)と推測している。なお池田温「敦煌発見唐大暦四年手実残巻について」(『東洋学報』四〇巻二・三号)には、已受田額が田令の規定の応受田額を超えている戸が示されている。この敦煌県懸泉郷は、応受田額からみて、法制上の寛郷であったことは確かだが、本文で推定したようなケースの実例となりうるかどうか、なお検討してみたい。

(51)　有名な天宝十一載十一月乙丑の詔(『冊府元亀』巻四十五、邦計部、田制)には「其王公百官勲蔭等家、応㆑置㆓庄田㆒、不㆑得㆑踰㆓於式令㆒」とあるが、この式令は、戸婚律の疏の「其官人永業準㆑品……受田各有㆓等級㆒」と同じように、田令の官人永業田の規定を指すものであろう(加藤繁「唐の荘園の性質及びその由来に就いて」『支那経済史考証』上巻、東洋文庫、一九五二年、二一九頁)。なお先の「不得踰於式令」は、「式」で句を切って、「式を踰ゆるを得ず」と訓むべきものかも知れないが(前掲『支那経済史考証』上、六九六頁、中嶋敏あとがき参照)、もしそうだとしても、田令の官人永業田に基づいた式と推定してよいだろう。

(52)　日本で永業田を継受しなかった直接的な契機は、永業田には桑・楡・棗を植えるという唐令の規定を、そのまま素朴に受けとり、——実際には、中国の(戸内)永業田には穀物も植えられていたと推定されている——桑・漆を植える土地は「田《た》」(=水田)ではない、と考えたことにあったかも知れない。

(53)　養老七年に「令㆔天下諸国奴婢口分田授㆓十二年已上者㆒」(『続日本紀』同年十一月癸亥条)、延暦十一年に「班㆓京畿百姓田㆒者、男分依㆑令給㆑之、以㆓其余㆒給㆑女。其奴婢者、不㆑在㆓給限㆒」(『類聚国史』一五九、同年十月庚戌条)とされたように、口分田の班給はしだいに課役を負担する丁男に限定されてゆく傾向にあったが(その過程は虎尾俊哉『班田収授法の研究』吉川弘文館、一九六一年)、「男分依㆑令給㆑之」とあるように、男子だけでも田令の口分田の応受田額通りに班給しようとしていることは、田令の応受田額が実際に班給しようとした目標額であったことを、明白に示している。

(54)　石母田正『日本の古代国家』(岩波書店、一九七一年)第四章。

(55)　彌永貞三「律令制的土地所有」(前掲注14)。

(56)　虎尾俊哉「律令時代の墾田法に関する二・三の問題」(弘前大学『人文社会』一五号)。なお吉村武彦はこの彌永説に対して詳細な批判を展開しているので(一九七一年七月十日歴研古代史部会報告)、ここでは詳論を避けることにしたい。

(57)　松原弘宣「『令集解』における大宝令——集解編纂時における古記説の存在形態について——」(『史学雑誌』八三編一一号)によれば、「古記」には大宝令条文全体は弘用されておらず、必要語句のみが抽出して注釈されていたと考えられる。したがって古記説を養老令条文の語句に対応させて配置したのは『令集解』編者の惟宗直本であったと推定され、古記説の置かれた場所を根拠として条文の復原を行うことには、方法的な疑問が提示されている。この田令荒廃条の古記の「荒地」についても、その注釈が『令集解』において配置されている位置だけから、この条の前半部分に関する規定であったとは断定できない。しかし荒地には借佃の規定が適用されないという古記の注釈からみて、前半部分に関連した規定のなかの語句であったことは間違いないであろう。

(58) 時野谷滋「田令と墾田法」(『歴史教育』四巻五・六号)は、「荒地」という語は大宝令に含まれていなかったと解したが、彌永貞三「律令制的土地所有」(前掲注14)や虎尾俊哉「律令時代の墾田法に関する二・三の問題」(前掲注17)の説に従い、大宝令に存在したと考える。

(59) 仁井田陞「中国・日本古代の土地私有制」(『中国法制史研究』土地法取引法、東京大学出版会、一九六〇年)は、国書刊行会本『令集解』のこの部分の古記に「准荒廃地、有能借佃者判借耳」とあるのによって、「しばらく古記を藉りて」「荒地准荒廃之地」の一句を大宝令文として復原した。しかし時野谷が指摘したように(前掲注58論文)、「准」は国書刊行会本の誤りで国史大系本の「唯」が正しいと推定されるので、この復原は成立し難い(仁井田も補注で時野谷説を引用している)。国史大系本によれば、同書の底本にして、諸転写本の中にあって最も金沢文庫本の写本に近いと推定される田中忠三郎氏所蔵金沢文庫本転写一本にも「唯」とあり、また坂本太郎教授の御教示(東京大学大学院における令集解演習)によれば、萩野由之氏旧蔵塙保己一校本写本にも「唯」とある。また三浦周行所蔵校本を底本とした国書刊行会本を、同氏が再度校訂して刊行した三浦・滝川『定本令集解釈義』も「唯」と訂正している。

(60) 滝川政次郎『律令の研究』(刀江書院、一九三一年)は、養老度の改正は日本的色彩を濃厚にしたとするが、石尾芳久『日本古代法の研究』(法律文化社、一九五九年)は滝川説に反対し、唐開元令に依拠する改竄変更が主であったとする。坂本太郎「大宝令と養老令」(岩橋小彌太博士頌寿記念会編『日本史籍論集』上巻、吉川弘文館、一九六九年)は、両者の説を批判的に総合し、養老令には、唐令順応主義による形式的な字句の修正と、格的な修正との二つが共存しているとする。

(61) 賦役令蠲符条の大宝令文の冒頭は「凡任官応免課役」(『令集解』同条古記)とあり、唐令も同文であるが(『唐令拾遺』六八〇頁)、養老令は「任官」の二字を削除している。これは——同条の唐令に「告身」とあるのを、日本令が「位記」と書き変えていることからも推察されるように——唐の官品と日本の位階との違いを考慮して、養老令の編纂者が「任官」の二字を削除したものと推定される。なお田令官位解免条についてはⅣ章四節、営繕令近大水条については滝川政次郎『律令の研究』（前掲注60）五五九頁、をそれぞれ参照。

(62) 古記の引く開元令の引用文がどこまでであるかについて、仁井田陞『唐令拾遺』（東京大学出版会、一九六四年）と、時野谷滋「田令と墾田法」（前掲注58）・虎尾俊哉『班田収授法の研究』（前掲注53）の意見がわかれているが（詳しくは虎尾前掲書五〇一・五〇九頁参照）、いずれにしろ唐令の該当条が日本令より詳細であったことは動かないので、本稿の論旨には影響ない。

(63) 時野谷滋「田令と墾田法」（前掲）。

(64) この規定の史料批判については、西嶋定生「北斉河清三年田令について」（『中国経済史研究』東京大学出版会、一九六六年）参照。

(65) 吉村武彦は、古記の引く大宝令文「替解日還官収授」という句は不自然なので、還官と収授との間に重要な脱文があるのではないか、という疑問を出したが（注56参照）、養老令の「替解之日還レ公」に相当する部分が大宝令で「替解之日還レ官収授」とあったとしても、それほど不自然ではないと思う。「還レ官」という句は、この荒廃条にも「公田六年還レ官」とあるし、「収授」も六年一班条に「若以二身死一応レ退田者、毎レ至二班年一、即従二収授一」とある収授と同じ意味で、ここの「還官収授」も「官に還して収授せよ」の意にほかならない。戸令戸逃走条の養老令文に「其地還レ公」とある部分が、古記の引く大宝令文には「地従二一班収授一」とあるのも参照される。したがってもし脱字があったとしても「還レ官即従二収授一」とか「還レ官以従二収授一」の程度であり、大宝令文の復原に大きく影響することはないと考えられる。

〔補記〕

本章一節「墾田永年私財法の変質」は、旧稿「墾田永世私財法の変質」（宝月圭吾先生還暦記念会編『日本社会経済史研究　古代中世篇』吉川弘文館、一九六七年）を訂正・追補したものである。旧稿の〔追補〕に記したように、旧稿の執筆時には丸山忠綱氏の論文（「墾田永世私財法について」『法制史学』一三号）の存在を知らなかったために、旧稿には丸山氏の論文と重複する部分が多く生じてしまった。とくに丸山氏が指摘された(イ)『令集解』所引の天平十五年格には「国司在任之日、墾田一依前格」の項が、重複していること、(ロ)「天平十五年に貴族層に対し墾田制限高を定めたことが、平安時代九世紀はじめに入ると、ほとんど無意味化していた」ことの二点は、拙稿の主要な論点ともなっている。したがって丸山論文を前提として旧稿を書き直すことも検討したが、論証の展開の仕方が丸山論文と拙稿とでは異なっているために、書き直すといたずらに繁雑になる恐れもあると考えて、旧稿のままとした。いまは亡き丸山氏並びに読者の方々の御諒解をお願いしたい。旧稿を訂正した主な点は、(一)鎌田元一「弘仁格式撰進と施行について」によって、注10を加えたこと、(二)井上光貞「行基年譜、特に天平十三年記の研究」(竹内理三博士還暦記念会編『律令国家と貴族社会』吉川弘文館、一九六九年)によって「5 墾田永年私財法の変質」の三世一身法についての記述を若干修正したこと、(三)三世一身法と墾田永年私財法とを「古記」の「初墾六年内亡者、三班収授」によって直接に結びつけた誤りを訂正したこと、(四)旧稿では律令の「公田」「私田」の語を律令における意味で用いたが、天平時代の史料には律令のままの意味ではほとんど用いられていないので(I章五節)、史料に即した表現に改めたこと、などである。また「2 格の編纂方針」の〔例二〕は旧稿「類聚三代格」(坂本・黒板編『国史大系書目解題』上巻、吉川弘文館、一九七一年)によって補い、〔例三〕は今回新たに書き加えた。なお旧稿では、天平十五年格を「墾田永世私財法」と呼んだが、虎尾俊哉「律令時代の墾田法に関する二・三の問題」(弘前大学『人文社会』一五号)の提言に従って、本稿では「墾田永年私財法」と呼ぶことにしたい。

本章二節「均田法と墾田永年私財法」は、旧稿「公地公民について」のなかの「二 公田制の特質」の主要部分と、「四 公田公民制と律令国家」の一部分とからなる。旧稿発表時に日野開三郎氏と堀敏一氏とから「関東風俗伝」(『通典』巻二食貨二)と唐賦役令義倉条(『唐六典』巻三、倉部郎中員外郎条)の解釈についての誤りを教示されていたので、本稿ではその部分を削除した。堀氏からの教示の一部は、堀敏一『均田制の研究』(岩波書店、一九七五年)四三八頁注25にも拙稿への批判として記されている。なお堀氏の均田制についての一連の研究はこの著書に集大成されているが、本章では旧稿執筆時の引用文献のままとした。なお、松原弘宣「『令集解』における大宝令」に接して、旧稿の一部を加筆修正した(注57参照)。

Ⅵ　律令時代の交易

はじめに

律令時代の交易――物と物（または貨幣）との交換――について調べようとするとき、最初にぶつかる難関は残存史料の稀少なことである。もっとも、個々の交易の事例はある程度明らかにされているが、ほとんどは偏った断片的な事例であるため、そこから当時の交易の全体の姿を構成するのがきわめて困難な状況にある。もちろんこのような史料の稀少と偏在とは古代史研究の諸分野に共通した性格であるが、交易の問題は、対象自体の偶発的・非定型的な性格によって、その困難が倍加されている。したがってこのような状況のもとでは、偏在した史料のなかでも比較的まとまった史料群を取上げ、その個別性の把握を媒介として一般的なものに接近するより仕方がないであろう。選んだのは正倉院文書である。正倉院文書を通じて律令時代の交易の姿を明らかにするのが本稿の課題であるが、選択した史料の年代に制約されて、対象は奈良時代に限定せざるをえなかった。なお一般の読者の方々のために、また個別的な分析の手がかりとして、最初に奈良時代の交易の概観を、これまでの先学の諸業績[1]に若干の私見を加味して略述しておきたい。

一　奈良時代の交易の概観

交易の歴史は古く、その発展の過程も複雑だが、これから取上げようとする奈良時代の交易の形態を、ごくおおざっぱに分類すれば、(イ)地方(とくに地方の市)における交易、(ロ)地方と中央とを結ぶ遠距離交易、(ハ)中央(とくに平城京の東西市)における交易、の三つの分野となる(なお朝鮮・中国との交易はここでは取上げない)。

(イ)　地方(とくに地方の市)における交易

交易が人のたくさん集まる場所と機会に――たとえば歌垣のさいに――多く行われたであろうことは、『風土記』などによって推測されるが、このような自然発生的な市は、奈良時代には、どこの地方にも存在したらしい。ただこころの地方の市は――詳しい史料はないが――まだ分布密度も薄く、開催日も限られていたようである。『日本霊異記』(下巻二七)の説話によれば、備後国葦田郡大山と屋穴国の人が、十二月下旬に、同国深津郡の深津の市(現在の福山市附近)へ――途中、葦田(現在の府中市附近)の竹原で野宿して――正月用品を購入に行き、そこで馬を讃岐国の人に売っている。この深津の市は海路から備後国府へ行く交通路の要点にあったが、他の地方の市も、多くは国府や郡家の近くにあったらしく(2)、この時代の地方の市は、律令国家の地方行政機構と密接な関連をもっていたらしい。たとえば、中央から指示された物品を国衙が正税で購入して進上する交易雑物の制度は、地方の市(とくに国府市)の発展に大きな影響を及ぼしたであろう(3)。

(ロ)　地方と中央とを結ぶ遠距離交易

奈良時代にはすでに遠距離交易が相当活発に行われていた。「商旅」すなわち旅する商人が史料にもしばしば現われ、淳仁廃帝のいる淡路へ多くの人が商人と詐って赴いたという有名な事実も、商人の移動が頻繁に行われていたことを示している。このような遠距離交易の盛況は、民間商人の活躍——たとえば左京の人が大安寺の出挙銭を借りて越前国の敦賀津へ交易に出かけた(『日本霊異記』中巻二四)というような民間商人の活躍——にもよろうが、より基底的な要因は、中央集権的な国家財政の形成にあったと推測される。地方から中央に貢上される物資は奈良時代には厖大な量に達したが、この厖大な物資の移動とその運送に携わった人間の移動とがもたらした経済的影響は、甚大であったと想像される。

　国司が任国内で衣食以外のものを交換するのを禁止し、同時に国司の私物の運京を制限したのは、国司が遠距離交易を行っていた可能性を暗示しているが、[4] このような国司の私物の運京は、調庸等の貢上に便乗して行われやすかったらしい。たとえば、大宰府の調綿を貢上する船に水脚の粮以外の私物を載せてはいけない、という官符が出されている(『類聚三代格』延暦二年三月廿二日官符)。また同じ官符のなかで、調綿の代りに米を輸送して京で綿と交換するのを禁止しているのは、(おそらくは軍事的理由によって)大宰府管内から米が流出するのを防ぐためにとくに出された禁制と思われるので、調庸物を代りの物で運京して交易することは、他の諸国でも行われていたと想像される。相模国の調邸が平城京の東市の傍にあったのもその支証となる。遠距離交易を行っていたのは、国司だけではなかった。「官人・百姓・商旅之徒」が豊前や豊後から難波へ意に任せて往還し擅《ほしいまま》に国物を漕ぐことを禁止したり、大宰府部内からの出米の禁を破って、「官人任レ意運レ米、郡司・百姓寄二言他物一、詐受二過所一(通行証)、往来商賈、相続不レ絶」(『類聚三代格』大同四年正月廿六日官符)という状態であったことから、郡司・百姓・商旅も遠距離交易の担い手だったことが知られる。遠距離交易に要した資金や労力を考えると、かれらは相当な富力と権力との所有者に違いないが、このような階層を探し求めると、地方から献銭して叙位された人たちのことが思い起される。

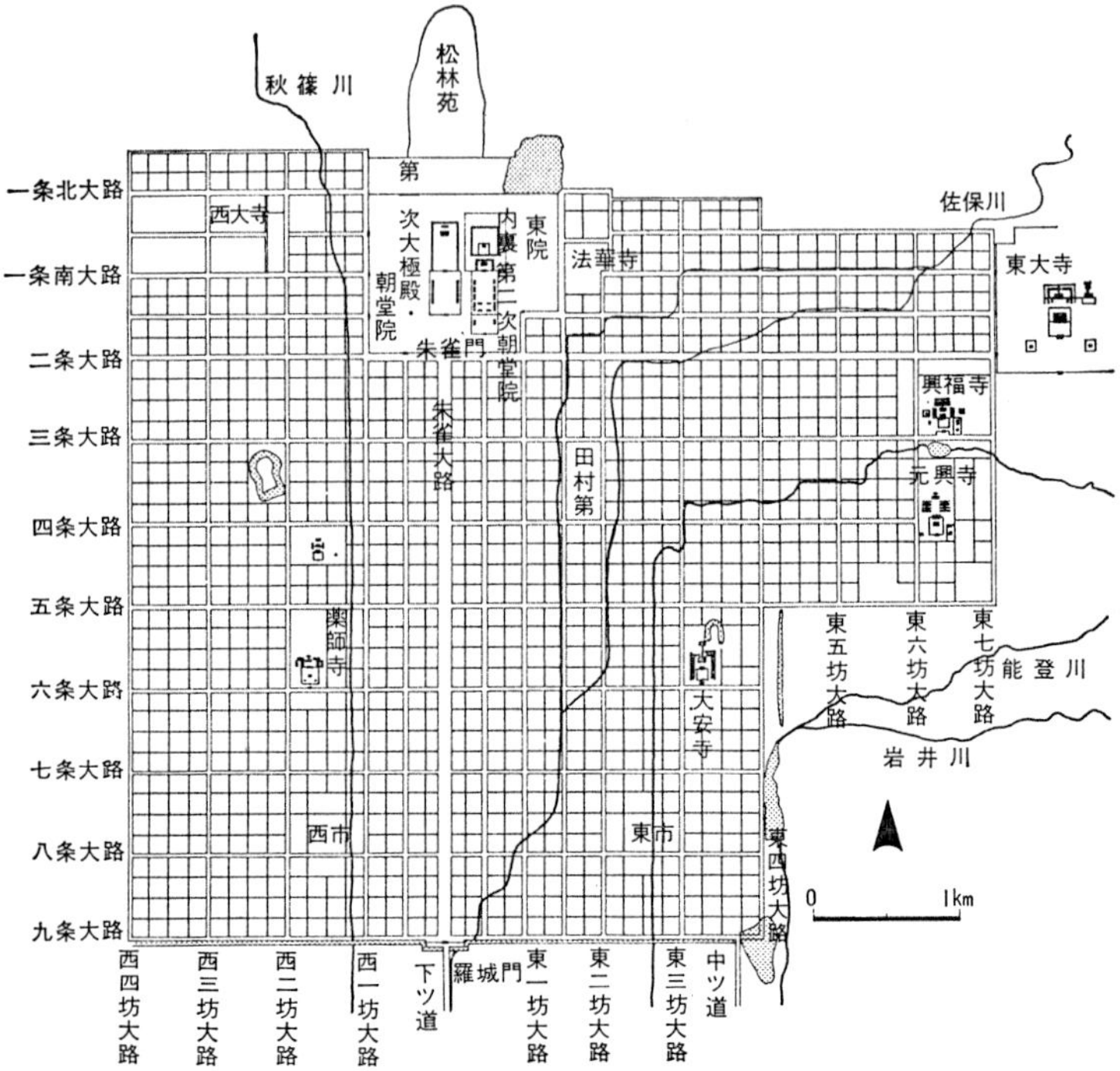

図 VI-1　平城京復元平面図(全日空古代史シンポジウム『古代宮都の世界』より)

銅銭の一般的な流通が畿内とその周辺諸国に限られていたらしいのに、常陸・長門・伊予・讃岐等の豪族が莫大な銭を蓄えていたのは、銅銭の拡散的な流通だけでは説明できない。かれらが銭を得た経路は、中央との遠距離交易に求めるのがもっとも自然である。[5] 五位以上は平城京の東西市に肆《いちくら》(実態はよくわからないが、店屋のようなものか)を出して興販してはいけないという雑令の規定を、神亀五(七二八)年に改正して「外五位」までは肆を出してもよいことにしたのは、献銭して叙位された地方豪族が最高外五位を得ていることとも関連していたと考えられ、かれらの活躍した舞台を想像させる。

(ハ)　中央(とくに平城京の東西市)における交易

平城京の左京の八条三坊・右京八条二坊

には、それぞれ東市と西市とが官設され、東市司と西市司とが管理していた。市司は正《かみ》・佑《じょう》・令史《さくわん》の下に価長五人・物部二〇人が配属され、物価の管理や市廛の秩序の維持等に当っていた。市は貴賤を問わず多くの人々が集まる所だったので、刑罰執行の場としても用いられ、また盗品等の評価にも市司が作成する沽価帳が基準にされるなど、政治的にも重要な機関であった。市内には肆《いちくら》が同種の商品を売る「行」にまとめられていたらしいが、平城京の東西市にどのような「行」があったかはわからない。正倉院文書によって市で購入された物品の実例は知られるが[6]、そのほとんどが造東大寺司写経所の購入物なので、商品の品目には偏りがある(平安京の東西市の「行」名は『延喜式』(巻四二、東西市司)によって知られるが、繊維品と食料品が中心をしめていたらしい)。市の商品がどのようにして供給されたかはほとんどわからない。東西市の主な商品は官の調庸物や封戸の調庸物の剰余払下げ品であったという説が有力であり、またその可能性は強いが、それが一般的であったというたしかな証拠はないらしい[7]。また東西市からの購入品や購入量の実例としてこれまでの研究書にあげられた史料のなかには、東西市以外での購入品が混入していたり、数日間にわたる購入品が一括してある日の購入品とされた場合があるが(四節1で説明)、東西市の商品の量が相当に多かったことは確からしい。

市司は市での時価を考慮して三等の価格を定め、一〇日ごとに市估案を作成して進上することになっていた[8]。また市司は時価にしたがって物価を評定するだけでなく、米価が高騰したさいには京職の米穀を東西市で売却するなど、物価調節の役割も果していた。それでは市司による沽価の設定や物価調節は、実際にはどのように機能していたのだろうか。天平年間にある人が写経所に納めるはずの布を急事のために用い尽してしまったので、代りに銭で納めることになったさい、甚だ貴《たか》いと文句をいいながらも「市估価」に準じて下総布等を銭に換算しているのは、市估の効果の一例として興味深い(『大日本古文書』二四巻五六〇頁、以下『大日本古文書』からの引用は、二四－五六〇、のように省略する)。官衙が物資を購入するときは、市估案の中估価によることになっていたが、造東大寺司の財政運用をみると、市の物価の動きをよく調べており(たとえば東市と西市との価格差も調べている(一五―一二九))、東西市の物価が高い場合には、造東大寺司の庄を利用したり、交易使を派遣したりして、他処から物資を購入しているので(五節2で説明)、市司による物価調節や沽価設定の機能を、過大に評価することはできない。

市司は市の取引の管理だけでなく、みずからも物資の購入に当たっていた。左京職が東市司に物資購入を命じた史料が数通残っているが(例、一―六三二)、より具体的には、(造東大寺司史生と推定される)土師男成が、(おそらくは坤宮官の)購入物の直銭を東市と西市の価長に渡したことが知られる(一四―三四八)。また左京職が東市司に「利銭」をもって物資を購入するよう指示していることから推測すると(一―六四一)、市司はなんらかの利潤獲得行為(出挙か糶糴か)も行っていたらしい。天平宝字三(七五九)年に設置された平準署は、米価の季節変動を利用して糶糴(購入と販売)の利をあげることになったが、その糶糴は東西市でなされたと思われる。左平準署の銭五〇貫が造東大寺司写経所の丈六観世音菩薩を造る費用に充てられているのは、その成果の一端であろう(四―四二一)。

市司の管理下には「市人籍帳」に登録された「市人」という特定の商人がいた。天平十六(七四四)年閏正月、遷都の希望先を官人につづいて市人に諮問したのは、かれらが帝都の経済に大きな力をもっていたためと想像されるが、「市人皆願下以二恭仁京一為上都、但有下願二難波一者一人、願二平城一者一人上」(『続日本紀』)と克明に記録されていることから、市人がある階層以上の有力な商人であったことが知られる。市人には帰化人が多かったとの説があり、たしかに有力な仮説には違いないが、立証するのはなかなか難しい。このような特定の「市人」のほかに、内六位・外五位以下の官人(「官人」を四等官=内長上に限定する用法もあるが、本稿では番上官も含めて用いる)は家人奴婢を遣わし、東西市に肆を出して興販することが許されていたので、下級官人や郡司クラスの豪族が東西市で活躍した可能性も強い。また東西市には肆を出さない振売商人もいたらしいが、平城京における交易は東西市だけに限られず、たとえば造東大寺司の写経所に菜売女がきたり(一七-四一〇)、造東大寺司に胡麻油を売りにきたような例がある(一六-九五)。

東西市の物価が高い場合に、造東大寺司が自らの庄を利用したり交易使を派遣したりして他処から物資を購入していることは前述したが、造東大寺司が交易に利用した庄は、主として畿内の交通の要所(例えば、木津・宇治・勢多・難波など)におかれており、交易使が派遣された範囲も主として畿内諸国であった。おそらく他の官司・官寺や官人家も、造東大寺司と類似した交易活動を行っていたと推定される。(9) このように平城京の官司・官寺や官人家の交易活動は、畿内の流通経済と深いかかわりを持っており、(10) 平城京の経済は畿内地域の経済的機能に大きく依存していた。(11)

さて以上に概観してきた奈良時代の交易において、和銅以後は物品貨幣(稲米・繊維等)と鋳造貨幣(主に銅銭)とが並行して用いられていた。両者がどのような関係にあったかはまだ十分に解明されていないが、㈠中央官司の財政が銭貨建であるのに対して国衙(畿内を含む)の財政が稲米建であること、㈡畿内とその周辺諸国において調を銭納させたこと、㈢蓄銭禁止令の適用範囲から畿内とその周辺諸国が除外されたこと、などから銭貨の流通範囲が想定される。中央官司の交易に物品貨幣が使用されなかったという確証はないが、㈠造東大寺司の購入が中央においてはすべて銭によって行われたらしいこと、(12) ㈡造東大寺司は封戸物等の絁・綿・布・糸等を売却して銭に換えていること(三節2・四節1・五節1で説明)、㈢中央官司の予算書の書式を踏襲したと推定される造東大寺司写経所の予算書において、貨幣部分は銭項目だけであること(四節2で説明)などから、中央官司においては物品貨幣はほとんど使用されなかったと思われる。しかし国衙財政は畿内においても稲米一本建の原則を守っており、貨幣制度は、畿内地方においても、物品貨幣と鋳造貨幣との二重構造であった。(13)

二　正倉院文書の世界

聖武天皇の夫人光明子の邸宅(藤原不比等の旧邸、のちの法華寺)ではいつの頃からか写経事業が継続的にはじめられ、天平元(七二九)年の光明立后とともに、その写経所は皇后宮職写経所となった。一方、国分寺創建の詔から発展して天平十七年八月、奈良の金光明寺の地で大仏造立が開始され、これとほぼ並行して西塔の建立がはじめられ、やや遅れて大仏殿が構築された。天平勝宝四(七五二)年四月の大仏開眼供養の翌年あたりから講堂と東塔の造営がはじめられ、天平宝字年間には、大仏光背・東塔・僧房・諸門等の工事が行われていた。この造営事業を担当した金光明寺造仏所は、天平二十(七四八)年ごろ造東大寺司に発展したが、これらの官司は皇后宮職と密接な関連をもち、先の皇后宮職写経所も造東大寺司写経所に発展して活発な写経事業を行っていた(なお造東大寺司と東大寺とは制度上はまったく別の組織で、財政上もはっきり区別され、たとえば倉庫も「司正倉」と「寺正倉」とがあった)。造東大寺司は長官・次官・判官・主典の四等官をもつ、れっきとした官司で、四等官の下に、事務官としては史生・舎人、技官としては大工・長上工・番上工等を擁し、さらに雑役夫として仕丁を配属していたが、下級官人のなかには中央諸官司から派遣されてきたものが多かった。造東大寺司の下には、造仏所・鋳所・木工所・造瓦所など多数の所があったが、「〇〇所」というのは正式の官制ではなく必要に応じて組織されたもので、その責任者は別当、補佐は案主と呼ばれていた。造東大寺司に属する各所は、月別・季別・年別に告朔を提出して、その所の該当期間の作物・財政・人事配置等を詳細に報告し、また官人の上日数(出勤日数)や行事(仕事の出来高)を報告していた。それはかなりに官僚制的な運営方式であり、官人は一定の上日数がなければ季禄(給与)も考課(勤務評価)も受けられない、という仕組みになっていた。

天平勝宝八(七五六)年、聖武太上天皇が崩御すると、光明皇太后は夫の遺品を大仏に奉献した。遺品はのち双倉、すなわち現在の正倉院宝庫に納められ、その後双倉に納められた諸器物とともに現在に伝わっている。ところで正倉院宝庫には数々の財宝とともに多数の文書(いわゆる正倉院文書)が収蔵されている。これらの文書のなかには明治初年に東大寺の塔頭東南院から献上されたいわゆる東南院文書のように、古くから収納されていた本来の正倉院文書とは性格を異にするものも含まれているが、いまこの東南院文書を除いた本来の正倉院文書を、先学の諸業績に若干の私見を加えてごく大雑把に分類すれば次頁の表1のようになる。分類に当たっては、文書の伝来の契機に注目し、また文書が文書としての機能を否定されて紙質(すなわち反故紙)に還元された場所に注目した[14](なお本章で対象とする時期には、天平勝宝・天平宝字など四字の年号が多いので、年号が頻出する場合には「天平」の二字を省略し、勝宝・宝字などと表わすことにする)。

双倉(現在の正倉院宝庫、以下当時の呼称にしたがう)の沿革を考えると、甲類の収納器物に関連して残存した文書が、もっとも自然に伝来したものといえよう。A(ロ)「双倉以外の関係文書」も、双倉以外の倉に収納されていた器物を双倉に移すとき、関係文書(その関係は必ずしも密接とはいえないが)として一緒に双倉に移されたものが多いと推測される。乙類の写経所政所におかれていた文書は、A「写経所関係文書」と、B「造石山寺所関係文書」とに分れるが、B類の造石山寺所関係文書が写経所の政所におかれた経由はつぎのように考えられる。すなわち保良宮への行幸にともない、天平宝字五(七六一)年末から翌年にかけて近江の石山寺の造営が行われたが、造営を担当した造石山寺所の別当には当時、写経所の別当でもあった造東大寺司の主典《さくわん》、安都宿禰雄足が起用され、案主や領にも写経所の官人が多数動員された(なお写経所も宝字六年二月〜十一月の間は石山寺に移された)。したがって造営工事が完了し、

表VI-1　正倉院文書の構成（①②…㉓は注14参照）

〔表文書〕	〔裏文書・反故文書〕
〔甲〕収納器物に関連して残存した文書	
〔A〕施入・出納・曝涼関係文書	
(イ) 双倉関係文書①	
(i) 勅封倉関係文書……	ナシ
(ii) 綱封倉関係文書……	ナシ
(ロ) 双倉以外の関係文書	
(i) 北倉代関係文書②……	㈠ 造東大寺司政所で反故にされた文書② ㈡ 中央官司で反故にされた文書（国郡未詳戸籍）②
(ii) その他③……	ナシ
〔B〕収納器物附属文書	
(イ) 丹斤量注文……	造東大寺司政所で反故にされた文書（いわゆる丹裏文書）④
(ロ) その他……	その他⑤
〔乙〕写経所政所におかれていた文書	
〔A〕写経所関係文書⑥	
(イ) 写経所（広義）で書かれた文書…… 写経所の事務帳簿 写経所関係者が写経所に提出した文書 写経所から出した文書の案文 写経所から出した文書だが、奥判（返抄）等を得てもどってきた文書 写経所にきた文書の案文	㈠ 写経所政所で反故にされた文書 (1) 〔A〕写経所関係文書のうち、表文書として残存せず裏面を利用された文書 (2) 造東大寺司告朔解案⑧ ㈡ 造東大寺司（金光明寺造物所）政所で反故にされた文書⑨ ㈢ 皇后宮職で反故にされた文書⑩ ㈣ 中央官司で反故にされた文書（戸籍等の公文）⑪
その他⑦	

(ロ)　写経所にきた文書	
(i)　造東大寺司からきた文書……	造東大寺司政所で反故にされた文書⑫
(ii)　皇后宮職(紫微中台・坤宮官)からきた文書……	皇后宮職(紫微中台・坤宮官)で反故にされた文書⑬
(iii)　その他からきた文書……	ナシ
〔B〕　造石山寺所関係文書(石山写経所関係文書を含む)⑭	
(イ)　造石山寺所(広義)で書かれた文書…… 造石山寺所の事務帳簿 造石山寺所の下部機関(山作所等)・関係者が造石山寺所に提出した文書 造石山寺所から出した文書の案文 造石山寺所にきた文書の案文	(一)　造石山寺所で反故にされた文書 (1)　〔B〕造石山寺所関係文書のうち表文書として残存せず裏面を利用された文書 (2)　造東大寺司告朔解案⑧ (3)　但波吉備麻呂計帳手実継文(神亀元年～天平十四年)⑮ (二)　奈良から造石山寺所に持参された文書 (1)　天平末～勝宝四年文書⑯ (2)　越前関係文書(勝宝六年～宝字四年)⑰ (3)　彩色関係文書(勝宝九歳～宝字二年)⑱ (4)　写経関係文書(宝字二年)⑲ (5)　東塔所関係文書(宝字三～四年)⑳ (6)　法華寺阿弥陀浄土院金堂関係文書(宝字四年)㉑ (7)　その他(宝字二～五年)㉒
(ロ)　造石山寺所にきた文書	
(i)　造東大寺司からきた文書……	造東大寺司政所で反故にされた文書㉓
(ii)　その他からきた文書……	ナシ

宝字六(七六二)年十二月に石山から奈良へ引上げた後も、造石山寺所の残務整理は写経所の政所で引続き行われた。[15]
石山寺造営の決算報告書ともいうべき天平宝字六年閏十二月廿九日造石山院所解案(いわゆる秋季告朔)も、実際には

宝字七年六月以後に(三節1で説明)奈良の写経所で書かれたものらしい。このような残務整理のために造石山寺所関係文書は写経所におかれ、写経所関係文書と混合してしまったらしい。[16] ところでこのようにして造石山寺所関係文書を含みこんだ写経所関係文書が、どのようにして双倉に収納されたか、その経由は明確でないが、写経所政所の文書等を収納した造東大寺司の或る倉(その名称・所在は未詳)が破損したため——直接にか他の倉を経由してかは不明だが——それら文書等が、いつの頃か双倉に移されたものと推測される。[17]

さて乙類の写経所政所におかれていた文書群の紙背は、〔A〕写経所関係文書と〔B〕造石山寺所関係文書とでいちじるしく異なっている。写経所関係文書の紙背は、造東大寺司の政所や他の所でも使用されていたと推定されるような性質の文書であるのに対して、[18] 造石山寺所関係文書の紙背は、安都雄足(およびその配下の下道主)と密接な関連をもつ特異な文書群であった。すなわち〔B〕(イ)の下欄の(一)「造石山寺所で反故にされた文書」の大部分は写経所関係文書とほぼ同性質の文書であるが、なかには(2)造東大寺司告朔解案や(3)但波吉備麻呂計帳手実継文のような特異な文書群も含んでいる。(二)「奈良から造石山寺所に持参された文書」のほとんどは反故紙として持参されたものだが、[19] その内容を説明することは、同時に安都雄足の経歴を紹介することにもなる。

天平二十(七四八)年に舎人としてわれわれの視界に現われてから(一〇-二七七)、天平宝字八(七六四)年に仲麻呂派として造東大寺司から追放されるまでの安都雄足の経歴は、ほぼつぎの三つの時期に分けられる。[20]

〔第一期〕(…天平二十年九月〜天平勝宝五年二月…) 舎人として造東大寺司の写経所や大仏殿造営の事務に従事した。

〔第二期〕(…天平勝宝六年閏十月〜天平宝字二年二月…) 越前国の史生として赴任し、東大寺の北陸庄園の経営に当たった。

〔第三期〕（…天平宝字二年六月～天平宝字八年正月…）造東大寺司の主典として写経所・東塔所？・造金堂所（法華寺阿弥陀浄土院）・造石山寺所などの別当の仕事をした。

さて問題の(二)「奈良から造石山寺所に持参された文書」の(1)は、伊勢内宮餝金物用度注文・他田日奉部神護解案・借銭解その他で、雄足との関係を直接には示していないが、ちょうど越前に赴任する前の時期(すなわち第一期)に当たっていることが注目される。[21] (2)は雄足が越前国の史生に在任中(すなわち第二期)の公廨稲関係の史料と、造東大寺司にもどった後(すなわち第三期)に越前から雄足のもとに送られてきた文書。(3)は勝宝九歳から翌宝字二年にかけて行われた大仏殿彩色関係の史料が中心で、雄足が越前に赴任中の第二期のものが含まれているが、この事業には下道主が関与している(四―二六六・二六八・二七二、一三―二三六)。(4)は宝字二(七五八)年の後半に行われた知識大般若経や金剛般若経などの写経関係文書で、写経所の別当はこの年、越前からもどってきた雄足である。(5)は東塔所の用銭注文だが、宝字四～五(七六〇～七六一)年の写経所の財政が東塔所の財政と密接な関係にあったことと、宝字六(七六二)年秋に雄足が東塔所材の漕運や売却を行っていることから(三節1で説明)、雄足はこのころ東塔所の別当であった可能性が強い。(6)は宝字三～四年に行われた法華寺阿弥陀浄土院金堂の造営関係文書だが、その別当は雄足、案主は下道主であった。(7)は宝字二～五年の借銭・

図 VI-2 造営関係略地図

(注) 詳しくは，福山敏男前掲書(注18)の第15図，第18図参照.

造仏・運送その他の特異な文書群で、雄足との関係を直接示す文書もある。

さてこのようにみてくると、奈良から石山に持参された文書は、安都雄足または下道主との密接な関係が予想される。しかも(4)を除けば一般の写経所文書とはまったく異質な文書群であり、(4)のなかにも知識大般若経関係文書のように雄足との密接な関係が予想される特異な文書が多い。したがってこれらの文書を以下便宜上「石山紙背文書」と呼ぶことにするが、裏面が造石山寺所で使用されず白紙であっても、宝字二年八月十一日越前国司牒(四-二八七)や宝字四年三月一日坂田池主等解(四-四一〇)のように、明らかに石山紙背文書(この場合は(2)と(5))と同類の文書は、造石山寺所で使用する予定であったのが使用されずに、造石山寺所の唐櫃のなかに残っていた反故文書と想定されるので、「准石山紙背文書」と呼ぶことにする。これらの文書を石山に持参したのは、おそらく造石山寺所の案主となる下道主であろう。道主は先の法華寺阿弥陀浄土院金堂の造営のさいにも雄足によって起用されており、また石山寺の造営のさいにも、造東大寺司の反対を押切って強引に案主に起用されている。[22] 雄足と道主とは親密な関係にあったらしい。

三　造寺事業の財政運用[23]

1　石山寺の造営と庄と宅

天平宝字五(七六一)年末から翌六年にかけて、近江国の石山寺の造営が行われた。造営を担当したのは造東大寺司の下部機関として設置された造石山寺所であり、同所の財政は造東大寺司の財政の一部分であった。したがって財源のほとんどは造東大寺司からの供給物であったが、造東大寺司から受領した銭・物のほかに、造東大寺司の封戸米の

表 VI-2　造石山寺所の収納物(概算)

	銭	物(銭に換算)	計	%
造東大寺司等からの請物	151 貫	30 貫	181 貫	57
造石山寺所が徴収した封戸米	(銭納)　5 貫	132 貫	137 貫	43
計	156 貫	162 貫	318 貫	100
%	49	51	100	

(注)　福山敏男前掲書第 25 表より作成．ただし，福山は，造営費用の計算のための整理をしたが，ここでは収納物の構成の表示を目的として取捨再整理した．なお請銭額は史料欠損のため，用銭額から逆算した．

一部を造石山寺所が直接に徴収したものがあった。この封戸米は、造東大寺司の近江国愛智郡の宝字五年の庸米（四五・三石）と宝字四年の租米（一二五・五石）で、（当時の物価に換算した）全収納物の約四三％を占めた（表2）。この封戸米の一部（三八・五石）は売却され、その売直と、銭で収納したものとによって（表3）、表4の銭の支出がなされた。購入した食物の約九割は米であったので、銭支出の約三分の一は米の購入費であった。造石山寺所で消費した米（食米から乗米を引いた約二三三石）を銭に換算すると、（石別八〇〇文として）約一八六貫となるが、これは表2の収納物合計（銭に換算して三一八貫）の約六割を占めることになる。量的には米の比重がきわめて重いことが知られるが、財政運用の面でも、米の獲得が焦点となった。あるいは、この年、畿内をはじめ諸国を襲った飢饉と関係があったかも知れない（なお当時の米一石は現在量の約四斗である）。

造営開始直後の山作所の食糧には、長上工の船木宿奈万呂の私米も借用されたが（五－八六）、造石山寺所の食米は、造東大寺司から供給されたものはわずかで、大部分は近江国愛智郡の封戸の庸米と、造石山寺所が購入した米とによって賄われてきた。ところが三月に入ると、造石山寺所の食米は窮乏しはじめ（例、一五－三七八）、中旬には最悪の事態に陥った。三月十三日、造石山寺所は造東大寺司に米一〇〇石を要求し、「若不レ充者、必作手可二停止一之」と強要し

表 VI-3　造石山寺所の収納銭（概算）

	(貫)	%
銭で収納したもの	156	80
封戸米を売却した直	38	20
計	194	100

表 VI-4　造石山寺所の銭の支途（概算）

		(貫)	%
功銭		97	50
購入物	食物	70	36
	材・檜皮・藁	18	9
	信楽板殿	6	3
	雑物	2	1
車賃・駄賃		1	1
計		194	100

（注）　福山敏男前掲書 409 頁の表を組み替えて作成.

たが(一五－一六六)、造東大寺司は、徴収できずに焦げ付いていた宝字四年の愛智郡の封戸租米(約一四九石)の徴収権を造石山寺所に与えたにすぎなかった。造石山寺所は早速、郡司充ての国符をもった使いを愛智郡に派遣したが、[24] 実際に封戸米が少しずつ収納されはじめたのは、約一カ月後の四月下旬からであった。窮した造石山寺所は、他郡の封戸米や愛智郡でも徴収しやすい前年度(すなわち宝字五年)の封戸米の徴収権を造東大寺司に要求したり、[25] 良弁の宣を得て坂田庄の大菩薩料地子米を徴収しようとしたりしたが(五－一四三、一五－二五四・四四〇)、そのいずれもうまくゆかず、三月二十三日、再度造東大寺司に米四〇石を請求し、「米食卒絶、作手停止」と訴えた(一五－一七四)。しかし「造東大寺司には今は米がないから、そちらで購入するか、未進の封戸米を徴収してほしい」というのが、造石山寺所の得た返事であった(五－二四一)。では、造石山寺所はどのようにしてこの窮状を乗り切ったのだろうか。本来ならば酒その他の副食物に充当すべき乗米(共同炊事のさい、支給される米の六%を折留したもの)を主食に流用したのも、米不足からくる窮余の遣り繰り算段であったらしいが[26]——この結果節約されたのは造営全期間で一二石余であった——もちろんそれには限度があった。おそらく相当多量の米がこの頃購入されたと推定されるが(三月下旬の食用帳には買米の注記が目立つ)、借用した米も多量に上ったらしい。たとえば、三月下旬から四月下旬にかけて石山寺三綱所から米二〇石を借用しており(一五－二四八)、勢多庄にあった安都雄足の宅[27]からも多量の米を借用している。

造石山寺所の食用帳は日々の米塩など食糧の支出を記した帳簿[28]だが、そのなかには借米の返済がしばしば記されており、先述の石山寺からの借米に対する返済(四月中旬から十一月下旬の間に、三十四回に分けて返納、一五－二四八～二五〇の内訳には間違いが多い)の記事と並んで、たとえば「(五月)五日、下白米十石、右自二主典所一借請来黒米之替、報納如件、使勝屋主」(一五－四〇三)というように主典である雄足への返米が記されている。造石山寺所の食用帳だけでも表5のように、合計一六石九斗の米が返却されている。表中最後の閏十二月廿九日の返米は、奈良に引き揚げたのち、年度末に当たって雄足との貸借関係を清算したものらしい。また石山写経所も雄足の米を借用したり(一五－四九六)、雄足の米を購入したりしているが(五－二六九)、このような残存史料に明示されたほかにも、非公式に雄足の米を融通したことが当然予想される。このように石山寺三綱所や雄足からの借米によって急場を凌いだであろう造石山寺所は、同時に封戸米の徴収にも全力をあげていた。

表 VI-5　安都雄足への返米

月　日	斗	返　上　先
5・5	＊　100	主　典　所
5・10	＊　1	別　当　家
7・7	1	別　当　殿
7・14	2	別当勢多宅
7・19	5	別　当　宅
閏12・29	＊　60	(別　当)
合　計	169	

(注)　＊印は返米と明記したもの．＊印以外には雄足自身の食米も含まれていた可能性があるが，石山寺造営中の雄足の食米は総計しても1石6斗6升にすぎなかった．

宝字四年分の封戸租米の徴収は、最初から奇妙なことがおこった。造石山寺所の使いが郡司から封戸米を徴収しようとすると、すでにその一部は、造東大寺司の史生麻柄全麻呂が運び去っていたのである(一五－一八二)。従七位下麻柄勝毗(首)登全麻呂は、この宝字六年には造東大寺司の造香山薬師寺所の別当であったが(五－一二八・一九二・三七九)、この封戸米の徴収については造東大寺司の正式の使者ではなかったらしい(五－二四二、二四三参照)。全麻呂は徴収した封戸米を他の用途に流用したのか、四月下旬に米五石五斗の代銭四貫九五〇文を勝毗《(首)》登豊成に付して進上し(一六－三九六、一五－一九六)、七月上旬に米三石を全麻呂の戸口、勝犬甘に付して進上したが(五－二四二)、勝毗登豊成も勝犬甘と同じように全麻呂の一族であった可能性が強い。ところがこれらの進上米はいずれも愛智郡司解を副えて進上され、後者の米三石は、愛智郡司解では依智勝広公に付されている(一六－三九八)。当時の愛智郡大領は依智秦公門守だが、秦氏と勝部とに関する伝承(『日本書紀』雄略十五年)を考慮すると、麻柄勝毗《(首)》登全麻呂も在地の有力者であった可能性が強い。[29]

さて四月下旬から進上されはじめた封戸米は五月上旬までに計三六石五斗が収納されたが、そこで収納は途絶えてしまった。催促状では効果のないのをみてとった造石山寺所は、五月五日、舎人の秦足人を現地に派遣し、足人は以後七月末頃まで愛智郡に留まっていたらしい。[30]足人が米長(米の徴収にあたる雑役人)を帯向したこと、近江国使として滋賀軍団少毅が(封戸米を進上する)愛智郡司解に連署していること、などから――軍団の大少毅は事務的な使いに利用されることもあったが――足人が軍団の力を借りて直接封戸民から租米を徴収した可能性が濃厚である。[31]しかしこのような努力にもかかわらず、七月中旬までに収納されたのは五三石五斗(収納率三六%)に止まり、以後翌宝字七(七六三)年六月まで、延々と徴収の努力がつづけられ、同年六月十五日までに合計一二五石五斗が収納された。

石山寺造営の決算報告書ともいうべき宝字六年閏十二月廿九日付の造石山院所解案(いわゆる秋季告朔[32])は、愛智郡の宝字四年の封戸米を一二五石五斗とするから、この文書は実際には宝字七年六月中旬以後に書かれたものである。石山寺造営は(若干の残務整理は残るが)宝字六年八月上旬に完成するから、それ以後に収納された封戸米は、借米の返済に充てられ、残部は売却されたのであろう(例、閏十二月廿九日に収納された封戸米六石は、造東大寺司が平章して写経所が購入した(一六－一二九))。米が窮乏していた石山寺造営の決算報告に売米が存在するのは、そのような事情によるのである。ところで、決算報告では売米の価銭を加えて銭の収支が合わされているので、[33]帳簿上では造営期間中に銭が不足していたことになるが、石山寺造営末期に銭が不足していたことは他の史料によっても確かめられる。すなわち、造石山寺所の銭用帳は六月下旬ころから下銭（支出する銭）の財源の注記が目立ち、そのなかでもっとも額の多いのが「経所白米売価内借用」であり、「経所仕丁為二雇夫一功内借用」も相当に多い。後者の「経所仕丁為二雇夫一功内借用」というのは、石山写経所の仕丁を造営事業に雇夫として使役した功銭を（支払い分としていちおう別枠にしておいたのを）、支払いを延期して他の用途に流用したものである。[34]前者の「経所白米売価内借用」は、写経所の白米・糯米・小豆・大豆・油等の食料を売却して得た価銭を（五－二八五）、造寺料に借用したもので、現存する銭用帳には欠失部分が多いが、[35]それでも合計一四貫三九九文に達する。これらの借用銭は少しずつ返済されたらしいが、十一月一日にもまだ一〇貫三五六文が残っていた（五－二八五）。

写経所の白米等を売却したのは、単なる剰物の売却ではなく、米価などの季節変動（春高秋低）[36]を利用した売買の操作でもあった。売却した写経所の白米などの数量と売価は表6のごとくだが、このうち糯米・小豆等（五－二八六）と油（一五－四三四）は奈良へ運んで売却したらしい。売却した時期は不明だが、これらの売価銭の運用を示す「米売価銭用帳」の第二札（五－二六六〜二七〇、第一札は現存せず）が八月十日からはじまっていることから、ある程度の見当はつけられる。これらの売価の運用を、十一月一日の時点で整理すると（五－二八五〜二八六）、表7のようになる。買米二七石余のうち、米売価銭用帳の断簡によって八月十二日〜九月廿四日の間に購入された白米八石一斗三升、黒米六石の購入単価が知られるが、その平均は、白米は石別七〇〇文、黒米は石別五九二文であった。購入した白米の石別七〇〇文を先に売却した白米の石別八二九文と比較すると、すでに石別一二九文の利潤が獲得されているが、このような方法だけでなく、さらに積極的な手も打たれていた。八月十日、岡田鋳物師所の王広嶋夫妻に米の購入代金一貫

表 VI-6　売却した米その他

	売　量	売　価	単　価（石別）
	石　合	貫　文	貫　文
白米	35,500	29,440	829
糯米	3,260	2,884	885
小豆	2,820	2,256	800
大豆	3,000	1,875	625
油	373	2,369	6,351
計		38,824	

表 VI-7　米売価の運用

用　　途	支出額	単価（石別）
	貫　文	文
造寺料借用	10,356	
買米27石676合直	18,616	（白米 700）
米購入費先渡し分	8,200	（黒米 320）
小豆　〃	560	280
大豆　〃	260	260
買釜１口直	150	
糯米等の奈良への運駄賃	320	
計	38,462	

六〇〇文が先渡しされたが、これは、十月中に米五石を購入すべき代金であった(五－二六六)。石別にして三二〇文、この米は黒米らしいが(五－三八五～三八六)、それにしても驚くべき安値である。当時白米と黒米とは一～二割の価格差があったので先の白米の売価八二九文の二割引、六六三文と比較すると、半分弱にすぎない。また、八月十五日には橘守金弓に小豆と大豆の購入代金が先渡しされたが、これも十月中に小豆二石と大豆一石を購入すべき代金であった(五－二六七)。石別にして小豆二八〇文、大豆二六〇文、これを先の売価、小豆八〇〇文、大豆六二五文と比較するとその三～四割にすぎない。また八月十六日と九月五日には、勢多庄の領《うながし》、猪名部枚虫に米の購入代金二貫ずつ計四貫が先渡しされ(五－二六七、二六八)、このほかにも二貫六〇〇文の米の購入代金が先渡しされたはずだが、米売価銭用帳が完全でないためその詳細は知りえない。さて閏十二月二日、先に購入代金を先渡しした岡田鋳物師所と勢多庄と橘守金弓の所に、購入物の進上の催促や処置についての使者が奈良から派遣された(一六－一一〇～一一二)。岡田鋳物師所で購入しておいた米は勢多庄に運ばれ、勢多庄で購入しておいた米の一部とともに、翌宝字七(七六三)年の三月初旬に、信楽殿壊運所(信楽にあった藤原豊成の邸宅を壊して石山に運ぶ作業所)に充てられたが(五－四〇〇～四〇一)、小豆・大豆がいつ進上されたかはわから

ない。宝字七年五月廿四日、勢多庄から里(泉木屋所カ)に運ばれていた交易物(黒米三石五斗・小豆五斗・大豆五斗)を雄足が借用したが(一六－三八六)、種類や数量から推して、あるいは先の購入物の一部かも知れない。雄足は「彼代者、来六月卅日以前、本銭准、若米成前必将報納」(一六－三八六)と借用文書に記しているが、「本銭」が先渡しされた購入代金をさすとすれば、雄足が多額の利潤を得たことは間違いない。

さてもう一度、宝字六(七六二)年の石山寺造営の期間に立ち返ろう。石山寺造営のための食米が不足したので、勢多庄にあった雄足の宅から多額の米を借用したことは前述したが、雄足の宅には米だけでなく材木も収納されていたらしい。二月五日、高嶋山作所の勝屋主から購入した椙榑《すぎくれ》二七三材が造石山寺所に送られてきたが、同時に椙榑二〇材が「主典(雄足)宅」に収納された(五－七三、正月五日とあるのは二月五日の誤り)。この断片的な事実は、約半年後、石山寺造営の残材とともに雄足の私材が泉に廻漕された事実と照応すると、急に生気を帯びてくる。石山寺造営が完成に近づいた宝字六年七月下旬、造石山寺所は残材を泉(現在の木津、ここに造東大寺司の泉木屋所があった)に廻漕するために、宇治司所へ桴工の派遣を依頼した。宇治司所の責任者は、山城国宇治郡大国郷に本貫をもつ従八位上宇治連麻呂であったが、前年の宝字五(七六一)年十一月にかれの戸口、矢田部造麻呂の家地が東大寺に売られ宇治院の地となっていること(一五－一二八)などを参照すると、宇治司所は造東大寺司の庄の一つであり、宇治連麻呂はその領であったらしい。この残材廻漕の少し前の七月中旬には、桴工を雇うことや土産の年魚《あゆ》などのことについて麻呂から造石山寺所に手紙が送られているので(五－二五二)、麻呂は雄足と旧知の間柄であったらしい。さて、麻呂の所から造石山寺所に派遣されてきた桴工は、「国懸文」(国衙で定めた運漕費の掲示であろう)にしたがって勢多橋から宇治橋までの榑一〇〇〇材の漕功を黒米一〇俵――したがって雑材一三一五物(准榑一九七三材)の漕功を黒米二〇俵――で請負うという解文を造石山寺所に提出するが、二〇俵を一九俵に値切られ、俵(五斗)別二八〇文に換算して銭で支払われるこ

表 VI-8　廻漕された木材

	材　数	准　榑
石山寺残材	447	837
東塔所材	620	800
別当私材	249	335
計	1,316	1,972

表 VI-9　東塔所榑漕運の会計

	1材につき	600材では
	文	文
(イ)高嶋山での推定購入価格	6	3,600
(ロ)高嶋山―泉津の漕功	8	4,800
(ハ)泉津での売却価格	24	14,400
(ハ)－{(イ)＋(ロ)}	10	6,000

とになった(五－二六一)。ところで、廻漕された材のなかには、造石山寺所の残材のほかに、東塔所の材と別当(雄足)の私材とが入っており(表8)、後二者の運漕費は、造石山寺所からの雄足の借用とされた。これらの雄足の私材が泉でどのように処分されたかは明らかでないが、同時に漕運された東塔所材(柱二〇根・榲榑六〇〇材)のうち、榲榑六〇〇材は泉で売却されたことが知られる(五－二七八)。この榲榑は高嶋山小川津から運ばれてきたものだが、泉津で売却され、その沽直一四貫四〇〇文から漕功四貫八〇〇文を差引いた残り九貫六〇〇文のうち六貫文は、東塔の歩廊を作る様工等の功食料として、東塔所の案主、坂田池主に渡された。これらの榲榑は高嶋山小川津(図2参照)で購入されたものらしいが、高嶋山小川津と泉津との榲榑の価格差はだいたい一対四程度であったと推定されるので、[37] 必要雑費等を考慮外とすれば、この漕運によって約六貫文の利潤があったと想定される(表9)。坂田池主に渡した額と利潤額とがあまりにうまく合致しすぎてかえって本当らしくないが、東塔所の財政運用を掌った雄足が、榲榑の地域間価格差を利用した利潤獲得行為を行ったことはまず間違いないだろう。このような事例を参照すると、雄足の私材も売却を目的として漕運されたように思われる。勢多庄の雄足の宅に榲榑が搬入されたことは先述したが、あるいは勢多庄の雄足の宅は木材等の交易の拠点であったのかも知れない。ところで東塔所材の漕功・沽直等の注文には、「可レ献二主典一、東塔所書」(五－二七八)とか「東塔所書、但為二勘銭一此帳継置耳」(五－二八〇)という追記があり、また雄足私材の漕功注文

にも、「別当私書、但為レ勘将二継置一耳」(五－二七九)という追記がある。漕功が造石山寺所からの借銭となっていたために、たまたまこれらの文書が造石山寺所の文書として残されたのである。とすると、公的文書には現われない雄足の経済活動もそうとう広範に予想しなければならなくなるが、ここでは造石山寺所の文書やその紙背文書によって、雄足の経済活動をもうしばらく追ってみよう。

雄足が越前国史生から造東大寺司主典に転じた後も越前国と密接な関係にあったことは著名な事実であり、[38]たとえば越前国司から雄足に紫絁の購入を依頼してきたり(四－二八七)(准石山紙背文書)、逆に雄足から上京してきた足羽郡の主帳に調布の購入を依頼したりしており(一六－八九・九二)、また越前国の安都宅の米を足羽郡の書生が梶取《かぢとり》に付して送ったこともあった(四－三六六)(石山紙背文書)。石山寺造営中にも、八月から十一月にかけて工広道を越前に派遣している(一五－四七五、一五－四九五)。また雄足は越前だけでなく信濃とも密接な関係があったらしい。越前に下向した工広道に糒料が支給されたのと同じ八月廿三日、雄足の命によって信濃使にも糒料二斗が支給され(一五－四七五)、九月一日にも同じく信濃使に白米一斗が支給されたが(一五－四七八)、石山紙背文書には「自二信濃人一進銭拾貫」についての安都雄足の用銭注文(一六－五七)が残っている。また雄足は諸国に私田を経営していたらしい。雄足が石山に近い田上の田を買ったことは、田上の田直料が造石山寺所の銭用帳から立て替えて支出され(一五－四四四～四四五)、奈良から雄足の送った二貫文が、その直に充てられたことによって知られる(五－二八六)。また雄足が岡田(山背国の恭仁の近くの岡田か、近江国の勢多の近くの岡田か)の田を経営していたことは、「下黒米二斗・塩一升、右借二充主典田作岡田一、附二夷津守乙女一、充遣如レ件」(一五－四一一)という食物用帳の記載や、下道主が「別当佐官(主典)岡田米春得員文一紙」を奈良に送っていること(一六－二四)から推測される。

2 法華寺阿弥陀浄土院金堂の造営と丹波宅

天平宝字三(七五九)年から翌年にかけて、光明皇太后の発願により、法華寺の西南の隅に、阿弥陀浄土院金堂が造営された。この工事は造東大寺司が行ったが、その経費は、造東大寺司から支給された形跡はまったくなく、東大寺、造東大寺司からの借用物は後で同量のものを返却したほど截然と区別されていた。[39] 封戸物も東大寺の封戸物ではなかったらしい。[40]

この造営に要した経費の全貌は、工事の決算報告書ともいうべき宝字四(七六〇)年末の造金堂所解[41]が断簡であるために正確には捉えられないが、処々からの施入物(銭と物品)と封戸物とがその財源で、そのうち施入物と封戸物とを比べると、前者(施入物)のほうが多く、銭と物品とを比べると、後者(物品)のほうが多かったことは間違いない(なお施入物品の大部分は調・庸・租交易物・国交易物等で、なかには施入者の封戸の租庸調も多かったと思われるので、施入物品もその品物は封戸物と大差なかったであろう)。そして施入物(物品)と封戸物との絁糸綿等の大部分は売却して銭に換えられた。その売却方法は、一部分は「院中」(法華寺阿弥陀浄土院のなか、すなわち造営現場)で「平章」(価格を検討)して売却され[42]、他の部分は「丹波宅」に送られ、そこから代価を受けた。その結果得た銭は、前者「院中平章売雑物価」が三〇一貫八七五文、後者「自丹波宅所請」が四〇〇貫文であった(表10)。当時の平城京には官市である東西市があったが、これらの施入物・封戸物を直接東西市に運んで売るという方法がとられていないことが——この造営の購入物がほとんど東西市で購入されなかったこととともに(後述)——まず注目される。すなわち、売却物の半数弱は造営現場である阿弥陀浄土院で平章して売却されているが、このような交易方法がけっして異例でなかったことは、造東大寺司のなかで平章した例が多々あること(例、五ー三〇五、一六ー一二九)によっても知られる。

他の半数強は「丹波宅」に送られ、そこから代価を受けているが、これはどのような交易方法によったのだろうか。その推定に当たってまず興味をひくのは、丹波宅から受取った銭の額が、表11のように整然としたまとまりを示していることである。一般的な交易であれば必ず端数を示すはずなのに、このような整然とした額であるのは、単純に丹波宅で売却したのではなく、丹波宅が売却を請負う――さらに端的にいえば、丹波宅が一定額で購入する――という関係にあったと推測される。そういえば、丹波宅へ送られた物品の種類・数量もよくまとまっているのが注目される。また院中で売却された物品には、物品ごとに直銭と単価が詳細に記述されているのに、丹波宅へ送られた物品には、そのような記述がまったく見出されないのも注目される。丹波宅が造東大寺司の庄(広義)であれば、このような記載形式はまず考えられない。したがって、売却の方式や文書の記載形式からみれば、丹波宅は造東大寺司の機関ではなかったと考えざるをえず、一般に「○○宅」という表記が官人などの宅を意味するのにしたがえば(経巻の貸借に関する正倉院文書や、万葉集に頻出する)、丹波宅もだれかの宅であったと考えるのが自然であろう。しかしそのように断言するのにはまだ問題が残っている。というのは、当時の用語として、庄のことを「三宅《みやけ》」、庄所のことを「三宅所」と記すのは東大寺の北陸庄園に多くみられるので[43]、「○○宅」が造東大寺司の庄である可能性を完全には否定できな

表 VI-10 造金堂所の収納銭

		数量	%
		貫文	
施入銭		947,838	58
雑物売価	丹波宅	400,000	24
	院中	301,875	18
計		1,649,713	100

表 VI-11 丹波宅から請けた銭

	年 月 日	数量(貫)
天平宝字	3・10・19	8
	11・21	12
	12・9	60
	12・14	20
	4・2・24	100
	3・11	100
	4・22	90
	閏4・2	10
計		400

いからである。宝字三(七五九)年五月、越前国足羽郡の下任道守徳太理は足羽郡の某庄の経営について奈良の雄足のもとに手紙を送り(四－三六五)〔石山紙背文書〕、そのなかで大溝を開くことについて「今人遣雖レ見、為レ宅無レ損」と報告しているが、この宅とは東大寺の庄家のことをさすのだろうか。手紙の内容は当事者でないわれわれには難解であるが、この手紙が石山紙背文書であることを念頭におけば、つぎのように解釈するのが自然である。すなわち、この年三月、掾大夫(造東大寺司の判官外従五位下上毛野公真人)[44]がこの庄にきて、道守徳太理・秦広人等と大溝を開くことを相談した。そのさい「佐官田中」にある既設の溝との関係が問題となり、「佐官口宣」を代弁する田使秦広人の意見と検田使上毛野公真人との意見が一度は対立するが結局合意に達した。佐官とは僧綱の佐官平栄ではなく造東大寺司の主典《さくわん》安都雄足をさし[45]、雄足の利害に関して道守徳太理が「(安都)宅の為に損無し」と報告するのがこの手紙の主たる要件であった。当時、足羽郡に「安都宅」があったことは、同月の廿一日、足羽郡の書生が「安都宅去年米」を雄足に送っていることから確かめられる(四－三六六)〔石山紙背文書〕。

では他の宅についても検討してみよう。(一)〔**画師宅**〕 宝字三(七五九)年四月、生江臣息嶋は庄の経営について雄足に手紙を送り(四－三五九)〔石山紙背文書〕、その中で倭画師池守所の稲について報告し、また翌宝字四(七六〇)年三月、画師池守自身が(雄足に)未上稲について報告した文書(四－四一四)〔准石山紙背文書〕も残っているが、年月日未詳の銭注文(二五－三〇二)〔石山紙背文書〕は「自二画師宅一借来銭二貫」の用途を記している。画師宅とは画師池守の宅をさすのであろう。(二)〔**村屋宅**〕 勝宝四(七五二)年六月の高橋連乙麻呂等解(一二－三一一)〔石山紙背文書〕は蒭の納入請負文書だが、文書の奥に「村屋家蒭五十束」との異筆があり、同四年八月十一日(年号欠。『大日本古文書』は宝字とするが勝宝らしい)台和麻呂銭進上文(一四－四四二)〔石山紙背文書〕の奥にも「一貫可レ遣二村屋宅一附馬長又米八俵以十四日已上物進下村屋付馬長」との異筆がある。ところで時代は下るが、天暦四(九五〇)年の「東大寺封戸庄園幷寺用帳」には城下郡に「村屋庄」(『平安遺文』一巻三七八頁)が記されており、宝字二(七五八)年十月に写経所が菁菜六五囲(一囲は二束)を購入し雇車二両と雇駄一四で運送した杜屋《ママ》(一四－九・一五・七一・七四・七八・二二五)も同一地と推定されるので[46]、村屋庄を村屋宅(家)と呼んだ可能性も強い。しかし村屋宅(家)という呼称が石山紙背文書にしかあらわれず、また村屋から生菜を購入したのが、雄足の写経所別当就任直後のこの時と、雄足が別当であった法華寺阿弥陀浄土院金堂造営の時(一六－二八六)との二回だけしか知られていないことを考えると、それが雄足と特別な関係にあった宅である可能性を残している。㈢〔**堝坂宅**〕　宝字三年五月の太諸上解は「堝坂家」に米を宿置したとの報告書であるが(四－三六七)〔石山紙背文書〕、受治した旨を連署した車持果安は年月日欠の解(二五－三五〇)〔石山紙背文書〕で桴を送る費用を報告している。二通の解はいずれも安都雄足に提出されたものらしく、堝坂家と雄足との密接な関係を想像させる。なお宝字七年四月の堝坂宅解(一六－三七三)〔紙背空〕は宿置してある白米の借用を申請した文書だが、この文書も雄足に提出され、准石山紙背文書と同じような経由で残存したものであろう(注16参照)。

　では前にもどって、法華寺阿弥陀浄土院金堂の造営の際に施入物等を売却した丹波宅は、いったい何であろうか。先述したように、売却の方式や文書の記載形式からみれば、造東大寺司の庄のような公的な機関ではないと考えられる。また丹波宅がもし丹波国にあった造東大寺司の庄とすれば、(イ)食物を(この造営の材を切出した)丹波山作所へ運ぶ駄賃、(ロ)木材を山作所から泉津へ運ぶ漕功、(ハ)木材を泉から法華寺へ運ぶ車賃などが、同じ造金堂所解のなかに克明に記録されているのに対して、丹波宅へ施入物を運んだ功賃や丹波宅から銭を運ぶ功賃がまったく記載されていないのは不自然である(もっとも雇夫と仕丁とだけで運んだ可能性も形式的には残されているが、奈良と丹波国との間の運送としては不自然である)。したがってこの点からも丹波宅が造東大寺司の庄であったとは考えられず、丹波宅は官人等の宅であった可能性が強くなるが、いったいそれはだれの宅であろうか。一般に「〇〇宅」と書く場合、

「〇〇」には、(イ)官職名、(ロ)ウヂ名、(ハ)地名、(ニ)それらの複合、などがある。この場合の可能性は(ロ)と(ハ)だが、(ロ)ウヂ名の場合をまず検討してみよう。当時、東西市には隣接して造東大寺司の東西市庄がおかれていたが、その領のなかには丹波某は見出せないから、(47)施入物等を市庄を通じて売却するために丹波宅へ送ったとは考えられない。私の結論を先にいえば、丹波宅は造東大寺司木工所の財政担当者の丹波広成の宅であった可能性が強いと思われる。以下その理由を簡単に説明しよう。先述したように、完成した阿弥陀浄土院の金堂で、光明皇太后の一周忌が行われた半年後の宝字五(七六一)年末から、石山寺の造営が開始されるが、別当に起用された安都雄足は、造営事業の開始に当たってまず必要な山作所の神祭料等の購入を丹波広成に依頼し(四-五二七)、広成自身をも造石山寺所に引き連れようとする。しかし造東大寺司は、広成が「木工所の雑政に預り、毎物を別当」しているから石山に派遣するわけにはゆかない、と丹波広成の木工所における重要性を強調して、雄足の要請を拒否した(四-五二五)。文言に多少の誇張はあるにしても、「毎物別当」と言い切るところなど広成の有能さを想像するに十分で、雄足が石山寺造営の財政担当者として丹波広成を嘱望したのもうなずかれる。ところが広成が写経所に関係したことを示す史料は皆無なので、広成と雄足との関係は写経所以外の仕事のなかで形成されたと考えるのが自然だろう。雄足は東塔所の仕事もしていたが、その関係史料のなかにも丹波広成の名は見出されない。とすればもっとも可能性の強いのは、石山寺造営の前に雄足が別当をしていた法華寺の阿弥陀浄土院金堂の造営のさいであろう。造東大寺司から財政的には独立した造金堂所の財政運用に当たって、その要であった施入物・封戸物等の売却を、雄足が広成に依頼したと考えるのは、きわめて蓋然性の高い推定ではなかろうか。丹波広成の宅を丹波宅と略称したのも、造金堂所解の筆録者が同じ造東大寺司の官人であったことを想起すれば、これまた自然なことと納得される。宝字六(七六二)年秋、曰佐真月ら四人の桴工に石山寺残材の漕運を請負わせたさい(本節1参照)、その桴工の一人の但波清成(浄成とも)を、八月九日の注文(五-

二六五)では但波広成と明らかに誤記している(『大日本古文書』の誤植ではない)ことも、丹波広成の名が、雄足の配下にあったこの注文の筆録者にとって、いかに馴染深いものであったかを示している。

しかし「丹波宅」が丹波広成の宅であったという確証は残念ながらみつからない。丹波を(ハ)地名――国名とは限らない――と結び付ける可能性もまったくないではない。先述した「村屋宅」や「堝坂宅」の村屋や堝坂は地名であった可能性が強いが、雄足の宅の一つを地名を冠して呼んだ例もあるのである。すなわち、宝字七年二月廿日の上馬養状(五-三八八)は、雄足の側近の吉成尊(48)に充てたもので、「進上鳥等、右件物、以㆓月廿一日㆒可㆑用者、乞照㆓此趣㆒、不㆑論㆓昼夜㆒、佐官高屋宅、仍具状謹白」とのべている。文意の明瞭でない点もあるが、佐官、すなわち雄足(注45参照)の宅が高屋にあったこと、その宅と東大寺との間を、つぎの日に入用な鳥を、「昼夜を論ぜず」急いで運んだこと、は明らかである。この「高屋」をどこに比定するかは難問で、可能性としてはいくつかの有力な候補地があげられるが、安都氏の本拠地が河内国にあったと推定されることを考慮すると、河内国古市郡の「高屋」(例、『延喜式』諸陵寮、「古市高屋丘陵」)であった可能性が強い。雄足がもっていた多くの宅を区別するために、その所在地の地名を冠して「高屋宅」と呼んだのである。このように地名を冠した個人の宅の例もあるので、問題の「丹波宅」もウヂ名プラス宅と断定することはできず、丹波宅の実体をつきとめることは、残念ながら管見の史料からは不可能であった。ただ、以上の考証を通じて「〇〇宅」と呼ばれる経済主体が、当時の経済活動の重要な要素であったことは明らかにできたと思う。

造金堂所の施入物・封戸物等が平城京の東西市では売却されず、院中(造営現場)と丹波宅とで売却されたことは、当時の交易の実態、とくに官市の機能を考えるうえで、重要なメルクマールとなる。また売却だけでなく購入の面においても、造金堂所の財政運用は、東西市とはきわめて稀薄な関係しかなかったらしい。造金堂所の東西市からの購

表 VI-12　造金堂所の雇車

地　方	運　物	車　数	賃(文)
泉津	雑材	1,156	97,608
生馬鷹山	垣架・炭	6	568
高倉山	瓦薪	41	1,266
輪東山	炭	16	2,092
登美銭司村	和炭	1	42
泉狛村	鋳形料土	5	450
佐保山	白土・荒砥	11	990
東大寺	借用雑物	21	1,065
河内知識寺	生銅	12	2,400
村屋村	青菜・草	6	467
西市	**米**	**2**	**40**
春日山	礎	*――	36,000
鎌池村	礎	*――	1,080
大坂	白石	*――	160,890
			304,958

(注)　*印は物品1個についての請負運賃のため雇車数は不明(16-284以下から作成).

入物がきわめて少なかったと推定する根拠は、買物の運搬方法にある。写経所の銭用帳には、東西両市からの購入物を運ぶための雇車賃が頻繁に記載されており、東西市からの運搬には――担夫も当然使われたが――雇車を利用するのが一般であった。この阿弥陀浄土院金堂の造営においても雇車が大量に使用されたが(表12)、東西市からの雇車は、わずかに西市での買米一〇石を運ぶ雇車二両(雇車賃にして全体の〇・〇一%)だけであった(なお雇車賃の内訳は全部残っている)。東大寺から東西市への距離よりも、法華寺から東西市への距離の方が近いことや(一節図1参照)、担夫の利用を考慮に入れても、東西市からの購入物が僅少であったことは否定できないだろう。東西市でも売っていた生菜の購入が村屋村や広瀬村で行われ、雇車や雇駄で運ばれていることも(一六-二八六~二八八)、そのような推定を支持している。

四　写経事業の財政運用

1　天平宝字六年の二部般若経書写の財政

宝字六(七六二)年十二月、石山から奈良にもどった写経所では、ただちに大般若経二部千二百巻の書写がはじめられた。その費用は、節部省(大蔵省)から支給された調綿一六、〇四〇屯(およびその包装に使われた租布八〇段・唐櫃三五合)を売却して得た銭で賄われた(この一屯は現在の約一八〇匁)。このときの財政は、後述するように(本節2)、写経財政のなかでも特異な形態であり、また関係史料も比較的豊富に残されているので、すでに先学の業績も多いが、(49) ここでは本稿の主題に関係する側面だけを取上げてゆきたい。

まず最初に調綿の売却の様子をみてゆきたい。売却は十二月二十日から開始され、この日まず合計六、七〇〇屯の売却用の綿が上馬養ら一一人の官人に頒ち下され、以後数日おきに官人たちに対して売却用の綿

表 VI-13　売綿頒布官人別集計

身分	氏　　名	屯 数	備　考
次官	国中公麻呂	1,000	返　却
判官	葛井根道	30	
主典	弥努奥麻呂	100	
〃	安都雄足	600	未決済
史生	川原人成	200	
〃	御杖年継	10	
〃	土師名道	1,400	
案主	上馬養	2,200	
〃	下道主	1,200	
領	杜下月足	2,020	
〃	阿刀乙万呂	16	
蔵人	谷馬甘	2,000	
丹工	漆部枚人	300	
舎人	茨田千足	500	
〃	調呰万呂	120	
豎子	秦虫万呂	400	
〃	飯高息足	320	未決済
——	飯高二郎	100	
——	巨勢若子	200	
——	丹生黒公	149	
——	大友公	100	

(注)　伊東前掲論文の表を若干修正して転載.

が頒ち下された（表13）。売却した価直は早ければ即日、おそくとも一〇日以内に納められるのが普通であった。この間、十二月二十三日には難波への交易使が派遣され、調綿の売却と食料等の購入に従事するが、このような大規模な交易活動は、閏十二月の初旬までに一段落し、同月二日と六日には合計二、〇〇〇屯が政所に下し置かれ、以後案主である上馬養と下道主との責任において売却がつづけられた。これら多数の官人に頒ち下された綿の数量をみると（表13）、きわめて不均衡なことが注目され、これらの綿の売却が職務としてなされただけではなかったと予想される。事実、(イ)頒布された官人が直接購入して（あるいは購入したことにして）代価を支払った例や、(ロ)一定価格で売却を請負った例などが知られる。〔(イ)の例〕下道主が十二月二十日に受けた八〇〇屯は他に売却したが、十二月二十三日に受けた四〇〇屯は道主自身が直接購入したものと推定される（五―三〇三〜三〇四・三〇八、一六―七四〜七五参照）。〔(ロ)の例〕豎子の飯高息足は十二月二十八日に受けた三〇〇屯について翌年二月二十九日、「屯別六五文で売却するようにとのことでしたが、畿外に人を遣わして交易させたところ、使いが能なしだったため、屯別六〇文以下で売却してしまいました。ですから屯別六五文という責任額をせめて六〇文に下げていただきたい。とりあえず一四貫文納めますが、残りは、墾田（の地子）が届いてからお納めします」（一六―三四〇）と雄足に歎願した結果、屯別六五文の責任額が六三文に下げられたらしく、三月三十日に残額の四貫九〇〇文を納めている（一六―七六）〔横田拓実、前掲注49論文の解釈によ る〕。このような事例が一般的であったとはいい切れないが、官人による交易が、多分に請負的な――すなわち危険負担と同時に利潤獲得の可能性をもともなった――関係にあったことが推測され、あるいは商人に対する払下げに類似した場合もあったのではないかと想像される（もちろん飯高息足の例からも知られるように、直接自らの手で売却したのではなく、家人や奴婢等を使って売却させたのであろうが）。

この調綿売却の過程を具体的に追ってゆくと、この売却には、造東大寺司の東西市庄を利用した形跡もみられず、また直接官人が東西市に赴いて売却したという証拠も見出せないことに気がつく。もっとも伊東彌之助は、先の閏十二月二日と六日に上馬養・下道主に下された二、〇〇〇屯のうち一、七四八屯は東西市で売却されたと推定したが[50]、その一部分が東西市で売却された可能性はあっても、政所から多数の官人に少量ずつ売却されているのをみると（「売料

表VI-14　二部般若納帳　閏十二月六日条（一六-一二一）

六日収納		
**調葉薦五〇枚	**麻五斤大	**交易綿一四斤
*木履三二両	*菲五〇両	**黒米二石
紙七、六〇〇張	絁一二〇匹	細布四端
鏁子一具	折鍵六隻	明櫃二合
塩五果	醤一斗一升	酢二斗
末醤五升	柏四〇把	松一〇村
竹箒二隻		
右、附二上馬養・下道主等一買、検納如件		
小麦二石	小豆四石	大豆三石
水麻笥二口	杓二〇柄	瓠二〇口
蓆八〇枚	前薦二一枚	折薦六〇枚
折櫃六〇合	陶埦一〇〇合	塩杯一〇〇口（九〇口）
陶片埦一〇〇口	陶羹杯一〇〇口	陶盤九〇口（一〇〇口）
糯米一石		
右、附二市領伊部子水通・大石阿古万呂等一買進上、依員検納如件		

表VI-15　納帳台帳断簡（一六-一二九）

小麦二石	小豆四石	大豆三石
水麻笥二口	杓二〇柄	瓠二〇口
蓆八〇枚	前薦二一枚	
右、附二市領子水通・阿古万呂等一買、検納如件		
八日収納		
折薦三〇枚	折櫃二〇合	陶埦一〇〇合
陶盤一〇〇口	陶片埦一〇〇口	陶羹杯一〇〇口
陶塩杯九〇口		
右、附二市領子水通・阿古万呂等一買、検納如件		
九日収納		
糯米一石	折櫃四〇合	折薦三〇枚
右、附二大石阿古万呂・伊部子水通等一買、検納如件		
黒米二石	**調葉薦五〇枚**	**麻大五斤**
交易綿一四屯		
右、司中附二道主等一買納如件、但米黒間買		

（注）　九日条の黒米二石以外の物品には，照合のさいと思われる見せ消しがある．

綿幷用度銭下帳」（一六ー七八〜八七）、それも単なる推測に止まることが知られよう。もちろん、史料にあらわれないだけのことで、実際には東西市で売却したものがあったかもしれないが、先述したように、同一日に（あるいは数日間の綿の頒布がまとめて記載されたとしても、数日間に）二一人もの官人に売却用の綿を分け下していることから、調綿の売却が一括して東西市で行われたものでないことだけはたしかである。

つぎに調綿を売却して得た価直をもとにして行われた物資購入の様子をみてみたい。表14は、この写経事業の納帳（収納物を日付順に記載した帳簿）の一節だが、この日の収納物は、奈良時代の東西市で一日のうちにもっとも多量に購入された例としてしばしば引用されてきた。(51) それは、この写経事業の銭用帳（銭の支出を日付順に記した帳簿）の同日条に、「下銭一四六貫二一九文」の内訳を表14の前半の物品ごとに記し、その最後に「三九六文、自二東西市一雑物買運雇車五両往還賃、一八六文、買雑物令二持運一担夫食物直」（一六ー九五）と記していることから、これらの物品が東西市で購入されたとみなしたことによる。すなわち、表14の納帳の前半部は、上馬養・下道主等が閏十二月六日に東西市で購入してきたものであり、後半部は東西市庄の領である伊部子水通・大石阿古万呂らが同日に東西市で購入して進上したものである、というのが、これまでの一般的な解釈であった。しかしこのような解釈は、納帳や銭用帳の性格を吟味しなかったために生じた誤解で、この納帳作成の台帳となったと推定される文書の断簡（表15）によって完全に覆される。すなわち、この断簡によって、納帳では閏十二月六日に納入されたことになっている表14後半部の市庄領からの購入品が、実は某日・八日・九日の三日間にわたって少しずつ納入されていたことがわかり、さらに重要なことには、納帳・銭用帳では六日に東西市で購入されたことになっている表14前半部の調葉薦五〇枚等（**）が、実は造東大寺司のなかで購入されていたことが知られるからである。ところで司中で購入されたこれらの物品（表14**）はいずれも「売料綿幷用度銭下帳」（一六ー七八〜八七）（政所に下しおかれて上馬養・下道主の管理下にあった調綿と雑

表Ⅵ-16　二部般若銭用帳　閏十二月六日条の成立過程

〔売料綿幷用度銭下帳〕		〔銭用帳〕
〔木履・韮・調葉薦 麻・黒米・交易綿〕――		〔調葉薦・麻・交易綿 木履・韮・黒米〕
〔一次解案〕	〔二次解案〕	
紙・絁――	紙・絁――	紙・絁
雇車(三両)**賃**		
細布――	細布――	細布
米――	黒米――	ナシ(七日条に記載)
鏁子・鍵・明櫃――	鏁子・鍵・明櫃―	鏁子・鍵・明櫃
	雇車(**四両**)**賃**	
手束――	ナシ	
白酒・酒――	**担夫食料**	
青菜・炭――	ナシ	
〔松・掃・柏・塩 末醤・醤・酢〕	〔松・竹箒・塩・柏・末醤・醤・酢〕	〔塩・醤・酢・柏・末醤・松・竹箒〕
		雇車(**五両**)**賃**
借銭(四件)――	ナシ	**担夫食料**

用銭などの支出を日付順に記した帳簿)に記載されており、さらに木履・韮(表14＊)もこの帳簿に記載されているのに対して、(表14前半の)紙以下の物品はこの帳簿には記載されていない。これは調葉薦～黒米にいたる物品(表14の＊と＊＊)が雑用銭によって購入されたのに対して、紙～竹箒の物品が別の財源によって購入されたことを暗示している。事実、紙～竹箒の物品の購入については、閏十二月六日付の上馬養・下道主の請用銭幷売綿価解案(一六ー一三二～一三四)が残っており、それによれば、先に政所に下し置かれた調綿一、〇〇〇屯のうちの売綿七〇二屯の価四六貫余と、閏十二月二日に下された買絁料一〇〇貫とによって、銭用帳閏十二月六日条の買紙直以下担夫食物直が支出されているので、少なくともこれらの物品が一括して東西市で購入されたようにみえる。しかしこの解案には、銭用帳・納帳では閏十二月七日条に記載された黒米一〇俵も記されているので、これらの物品も一括して東西市で購入されたかどうかは疑問になる。とくにこの解案

の草案と推定される文書(かりに一次解案とよぶ)(一六－一三四〜一三六)を、解案(かりに二次解案とよぶ)や銭用帳の用銭の配列と比較すると(表16)、雇車賃や担夫食料の記載位置の変化から、これらの物品が幾度かに分割して購入された可能性が浮び上がってくる。また閏十二月四日の上馬養銭用注文(一六－一三二)は、二日に下された買絁料を充てて購入した絁九四匹の購入費の報告なので、購入された絁の合計一二〇匹のうちの九四匹が、閏十二月六日に購入されたものでないことは間違いない(52)。

繁雑な考証となってしまって申訳ないが、以上の考証の結果、銭用帳や納帳のある日付に購入品が列挙され、最後に東西市からの運賃の記載があっても、これらの物品がその日に購入されたとはいえないし、またこれらの物品のすべてが東西市で購入されたともいえないことが明らかになった。銭用帳や納帳では、市庄領を通じての購入と上馬養・下道主を通じての購入とは区別されているが、東西市での購入と造東大寺司内での購入とは区別されていない。換言すれば、購入の責任者がだれであるか、という関心は強い(53)が、購入場所がどこであるか、という関心は稀薄である。ここでは東西市の官市としての地位は重視されていない。

表 VI-17　写経予算の形式

1	経名・巻数
2	紙(経紙・凡紙)
3	布施(布・絁)
4	浄衣(布・絁・綿等)
5	筆・墨
6	綺・軸・帙・橡汁・黄蘗
7	銭(表18参照)
8	人功(経師等の人数と単功)
9	食料
10	食器・雑貨
11	仕丁(人数と使途)

2　写経財政の予算と実態

正倉院文書のなかには、約三〇通(断簡を含む)の写経予算案が残されている。これらの予算案は、写経巻数によって精粗の差があり、また発願者と写経所との関係、写経の行われる季節、その他さまざまな条件によって差異があり、また時代が下るにしたがって詳細になる、という一般的な傾向もある。しかしごく大雑把にその記載形式を概観すると、そのすべてに共通する重要な特色があることに気がつく。そこでまず最初に一般的な記載形式を表示しよう（表17）。⑴経名・巻数にしたがって⑵写紙等の数が定まり、それに応じて⑶布施、⑸筆墨、⑹装幀用品、⑻必要単功などが一定の基準で（たとえば宝字六年には、写紙一〇〇張につき墨一挺、写紙七張につき経師単一人）算出され、⑻単功によって⑼食料が算出される。また写経所の陣容や完成予定日等を勘案して⑻従事する経師等の人数が決められ、それに応じて⑷経師等に支給する浄衣（の材料）が計算され、これに⑽食器・雑貨、⑾仕丁の人数と使途等を適当に加えれば、予算書の大部分はできあがるが、一つ重要な項目が残されている。それは⑺銭の項目である。この項目は――その内訳には若干の変動があるが――各予算書に必ずあらわれる項目で、その内訳として表18の物品の購入費が計上されている（なお筆墨のように大項目と重複して記載されているものと、生菜のように銭の小項目としてのみ記載されるものとがある）。(イ)兎毛筆、(ロ)墨は一般の写経用品、(ハ)鹿毛筆は界線を引く筆、(ニ)狸毛筆は各巻の題字を書く筆、(ホ)木履、(ヘ)菲《わらくつ》は経師等に支給する木と藁の履物、(ト)小明櫃は経師が写した経紙を入れる箱、(チ)薪は炊事と風呂用、(リ)炭は炊事と煖房用、(ヌ)松は篝火用か、(ル)生菜は経師等の食料。これらの物品のうち、(イ)兎毛筆、(ロ)墨、(ル)生菜はほとんどすべての予算に計上されているが、(ニ)狸毛筆は一本あれば一三二巻も書けることになっていたので、ほとんど姿を見せない。このように物品による差異はあるが、これらの物品だけがわざわざ銭で計上されたのは、しかも筆・墨のように重複してまで銭の項目を立てて記載されたのは、当時の官司財政が現物給与の原則――たとえば紙・筆・墨などは図書寮から、布・絁・綿などは大蔵省か

表VI-18　写経予算の銭項目の内訳

イ	兎毛筆
ロ	墨
ハ	鹿毛筆
ニ	狸毛筆
ホ	木履
ヘ	菲
ト	小明櫃
チ	薪
リ	炭
ヌ	松
ル	生菜

ら、米は民部省から、塩・醤などは大膳職から、それぞれ現物で支給されるという原則——をとっていたからであり、銭で支給するのは特定の場合に限定するという原則があったからに違いない。[54] たとえば、すべての費用が銭で支出された先述の宝字六年の二部般若経の財政においても、当初の予算に銭で計上されたのは、(当時の物価で換算した)総予算額の約四%にすぎず、九六%は現物で計上されている。[55] したがって財政の原則が現物給与の体系であったことは動かない。しかし、たとえ交易に依存する部分(すなわち銭の数量)が少額であったとしても、予算が現物と銭との二本建で計上されていることは、見逃しえない重要な事実である。

表 VI-19　二部般若写経の収支決算

		金額	内訳
		貫 文	
収入	内訳	1,021,468	調綿 16,040 屯売直
		11,395	租布 80 段売直
		2,850	唐櫃 19 合売直
	計	1,035,713	
支出	内訳	958,675	予算内支出
		69,538	予算外支出
	計	1,028,213	
残		7,500	

(注)　横田拓実，前掲論文 52 頁の表を転載.

さて以上にのべてきた予算の形式の大綱は、おそらく当時の中央官司の予算の形式を踏襲したものであろう。しかしこのような予算の形式が、写経予算の形式として適合的であったかどうかは疑問である。というのは、写経財政は——造東大寺司の財政そのものについてもいえることだが——当時の中央官司の財政機構の外側にあったために、中央官司の現物支給の体系から外れていたからである。また写経財政、とくにその財源は、その写経の発願者と写経所との関係によってきわめて多様に変化する。予算書通りに現物で支給される場合を一方の端とすれば、他方の端には予算書の物品がすべて銭(または交易して銭に換える物品)に換算して支給される場合が位置する。そして現実の写経財政は、この二つの端の間にさまざまな形で分布している。〔例一〕　天平十七年九月一日勅ではじめられた大般若経一部六百巻の書写の財源は、図書寮から紙一二、六二〇張を、某所から絁一、〇〇〇疋・綿一、〇〇〇屯を、民部省から米四九石一斗二升を、大膳職から塩一石五斗五升余を支給されたが、このうち、絁一〇〇匹・綿六三〇屯を売却して銭一五三貫二〇〇文を得、その銭で布(浄衣用)・凡紙・筆墨・黄蘗・椽子・木履、紙屋を作る木材、前薦・食器・(米塩以外の)食料等を購入している。(56)〔例二〕宝字四～五年、光明皇太后の一周忌のための一切経が書写されたときの財源は、内裏・坤宮官・大膳職・御斎会司・嶋政所・奈良没官所・造寺司等々から種々の物品や銭を受け、油・墨・胡麻油等を購入している。(57)〔例三〕宝字六年末からはじめられた二部般若経の書写の財源はもっとも極端な例で、前項で説明したように、すべての費用が調綿に換算して支給され、調綿を売却して得た銭で全支出が賄われている(表19)。すなわち、調綿等を売却して得た銭によって、当初の予算に計上されていた物品の購入費九五八貫余と、予算に計上されていなかった用途六九貫余が支出されている。この予算に計上されていない用途のなかには、経巻を包む帙、経櫃の敷布、それを載せる足机などの製作材料費のように、当初予算では予定していない用途や、雑食物・雑食器のような副次的な用途もあるが、その他に雇車・雇船・雇夫・雇女の賃銭が二一貫余もある。このうち雇夫の功銭だけでも一五貫四九二文をしめ、予算外支出項目のうち最高の額であり、これを当初予算の銭計上額三九貫三七八文に比べると、その三九％に当る。このような重要な項目が予算の銭項目に計上されていない――功銭が計上されていないのはすべての写経予算に共通した性格である――ことにまず注目されたい。ところで当初の予算(一六－六八)が立案された宝字六年十二月十六日の三日後の十九日には、具体的な請求書(五－二九九～三〇〇)が提出され、そこでは予算書の駈使一六人をすべて雇夫としてその功銭が請求されている(一六人×九〇日×一二文＝一七貫二八〇文)。このように最初から雇夫を使役する予定がありながら、予算にはその功銭が計上されずに仕丁を使役することになっているのは、当時の財政の建前としては、雇夫がおこなうような雑役は仕丁がおこなうことになっていたからである。予算の書式で、⑾仕丁の人数と使途、が最後の項目であったのに対応して、予算外支出の諸項目の最後に雇功銭が記載されているのも、雇夫が仕丁の代替物であったことによるものである。

写経予算の構成は、現物支給と銭による購入との二本建であり、雑役労働力は仕丁であった。現物の比重が圧倒的とはいえ、銭が予算の項目として立てられていることは重要である。しかし雇夫はまだ写経予算には登場していない。写経予算の形式は、中央官司のなかでも事務官庁の予算の形式に近かったのであろうが、写経財政の現実は、既述したように、予算とは相当の乖離があった。それは単に予算の書式の守旧性のみによるものではなく、写経財政の特殊な性格――すなわち中央官司の現物支給体制の外にあること――によるところが大きいだろう。そしてそのような性格は、造東大寺司の財政そのものについてもいえそうである。

五　造東大寺司の財政運用

1　造東大寺司の財政の特質

造東大寺司政所で反故にされ、丹の包紙に利用されたいわゆる丹裹文書(表1の④参照)のなかには、[58] 金光明寺造物所・造東大寺司(以下両者を造東大寺司と略称)の収納銭に関する断簡六片がある[59](Ⓐ二四-三一五~三一六、Ⓑ二四-三一六~三一八、Ⓒ二五-九六~九七、Ⓓ二五-一一二~一一三、Ⓔ二五-六九~七〇、Ⓕ二五-九九~一〇〇)。これらの断簡は、奈良で大仏造立が開始された天平十七(七四五)年から(少なくとも)天平勝宝元(七四九)年頃までに収納された銭を後からまとめて整理・記載した注文の断簡らしい。[60] これらの断簡に記された収納銭は、造東大寺司の該当期間の収納銭の一部分にすぎないと推定されるので、定量的な分析をしてもあまり意味はないが、造東大寺司の財政の特質は、これらの断簡によっても明瞭に捉えられる。

収納銭の大雑把な構成は表20のようになり、(甲)銭で収納した施入銭・知識銭と、(乙)収納物(封戸物・調庸物・知識物等)を売却して得た銭とに大別される。まず(甲)施入銭・知識銭のなかでは、宮廷や寺からの施入銭が大きな部分をしめたが、中央官司や地方官司を通じて知識銭が集められたことも注目され(多分、全官司を通じて行われたろう)、個人としても中衛凡海部高足のように知識銭を集めて進めたものもあった。つぎに(乙)収納物を売却して得た銭では、封戸物と施入調庸物との売直が大きな部分をしめ、人々からの知識物の売直がそれに次いだが、売却された知識物のなかで興味ある一例を紹介してみよう。天平二十(七四八)年二月、外少初位上の大友国麻呂は知識物を進めたことによって外授五位下を授けられたが(『続日本紀』)、かれの知識物は、稲十万束・屋

表 VI-20　種々収納銭注文の内訳

		収入源	概数(貫)
甲	銭で収納したもの(施入銭・知識銭)	宮　廷(恭仁宮・内裏・侍従)	3,000
		中央官司(内膳司・雅楽寮・右衛士府)	
		地方官司(津国・伊予国・大宰府)	
		寺　(甲可寺・金光明寺)	
		僧　尼(良弁大徳・鵤寺僧泰鏡・大尼公)	
		人　々(藤原朝臣古袁波　その他多数)	
乙	収納物を売却して得た銭	封戸物の売直	5,000
		調・庸・租交易物の売直	
		知識物の売直	
		八幡大神奉納米運功(米五俵売直)残	

表 VI-21　大友国麻呂知識物の売却

知識物合計	売却されたもの	得価銭
		貫　文
稲　100,000束	稲　44,712束	674,110
屋　10間	宅地(内訳不明)	10,000
家地　3町		
栗林　2町		
倉　53間	倉　16間	10,750
計		694,860

十間・家地三町・栗林二町・倉五十三間であった(「造寺材木知識記」『東大寺要録』巻二)。ところでこの収納銭注文断簡(E)(F)によれば、大友国麻呂の進めた知識物の一部が表21のように売却され、計六九四貫余が収納された[61]。

つぎに(甲)銭で収納した部分と(乙)収納物を売却して得た部分との比率を調べてみると、前者(甲)が約三〇〇〇貫であるのに対して後者(乙)は約五〇〇〇貫と、後者のほうが多いことが注目される。この比率が造東大寺司の総収納銭の比率にそのまま適用できるとはもちろん考えられないが、施入物や封戸物等を売却して得た部分がそうとう大きかったことはまずたしかであろう。それは、施入銭「五八%」と雑物(施入物・封戸物)売価「四二%」という法華寺阿弥陀浄土院金堂造営のさいの収納銭の構成と近似した形態であったことが予想される[62]。したがって造東大寺司自体も、造金堂所と同じように、施入物や封戸物の売却という問題に直面したはずである。そのさいどのような売却方法がとられたかは不明だが、これまでの諸事例を参照すると、少なくとも、一括して東西市で売却するという方法はとられなかったと推測される。

2　造東大寺司の財政機構

造東大寺司や東大寺は、独自の価格決定を行っていた。天平宝字六年の二部般若経の財政では(前節参照)、絁や布を司裏(造東大寺司のなか)で「平章」(価格を検討)して購入し(五-三〇五)、白米を同じく司裏で「平章」して購入しており(一六-一二九)、また絁を(東大寺)三綱所で「平章」して購入していたが(五-三〇五)、造東大寺司は自らの交易の記録を保存し、それを利用して「平章」を行っていたらしい。すなわち、宝字六年四月、保良宮から鏡の鋳造を命ぜられた造石山寺所は、その費用の見積りのために、白鑞と鉄精の価格の平章を造東大寺司に要請した。それに対して造東大寺司政所は、「白鑞は去年四~五月の間の買価は小一斤一六〇文だが、それ以後は造東大寺司で購入したことがない。鉄精は由来購入したことがないから平章できない」と返答している(五－二四四)。白鑞や鉄精は特殊な商品だからあまり一般化するのは危険だが、他の場合にも造東大寺司が自らの交易の記録を利用して交易物の価格決定を行った可能性が強い。少なくとも東西市の沽価にそのまましたがわなかったことだけはたしかだろう。東西市での購入品と造東大寺司の中での購入品とを無差別に累計するという前節で明らかになった事実も、東西市の価格調整機能を造東大寺司が重視していなかったからこそ可能であったと思われる。

このように造東大寺司が東西市の沽価にも制約されずに独自の交易活動を営みえた理由は、造東大寺司の財政機構にあったと推定される。造東大寺司は、もちろん司内でも交易を行ったが(例、一六－九五)、司外の交易機関として、(甲)処々に散在した(広義の)庄と、(乙)(広義の)交易使、との二つを活用した。

(甲)〔庄の活用〕　勢多庄は石山寺造営のさいに物資調達の拠点として大きな役割を果したが、この時代にもっとも重要な役割を果したのは、泉木屋所と東西市庄であった。泉木屋所(現在の木津)は、諸国から平城京への輸送路の関門に当たり、石山寺や阿弥陀浄土院金堂の造営のさいにも、また写経所の物資調達にも頻繁に利用されていた。名称は木屋所であるが、単に木材だけでなく食料品等の購入にも広く活躍している。東西市庄は、造東大寺司の東西市における出張所である。この庄は、阿弥陀浄土院金堂造営のさいにはほとんど活躍しなかったらしいが、写経所の物資購入には重要な役割を果している。このほかにも、甕原園(恭仁京の附近)を通じて松を購入した例(一六－一二三)や、南北の山守(東大寺付近か)を通じて薪や炭を購入した例(一六－七九)がある。また岡田鋳物師所(恭仁京附近か)を通じて米を購入している(三節1参照)のは、庄の多面的な性格をよく示している。庄を利用した交易活動が物価の季節変動や地域間格差を利用して巧みに行われたことは、造石山寺所の交易活動を通じて既述したところである(三節1参照)。

（乙）〔交易使の派遣〕　庄を通じての交易のほかに、随時に交易使が派遣された。前節1の難波交易使もその例であり、東西市に上馬養や下道主が購入に出かけたのも、距離は短いが東西市庄を通じての購入に対比すると、やはり広義の交易使と考えてよいだろう。また日常的な交易活動は、広く舎人等を通じて行われていたので（一一‐三八六の「交易使」もこのような日常的な交易使らしい）、このような場合もやはり広義の交易使としてここでは扱いたい。

ところで前節1の「納帳」閏十二月六日条で、上馬養・下道主が東西市で購入したと推定される物品（表14の＊と＊＊を除く物品の大部分は東西市で購入されたらしい）と、市庄領が購入した物品とを比較すると、市庄を通じての購入品が安価なものに限られているのに対して、上馬養ら交易使の購入品がより高価なものであることがわかり、交易使が弾力的に利用されていたことが知られる。造東大寺司の交易機構の大きな柱は、庄と交易使との二つからなっていたが、東西市に対しても、東西市庄を通じての交易と、（広義の）交易使との二本建をとっていたのである。東西市の沽価を睨みながら、処々の庄の利用や諸国への交易使の派遣を随時行うことができるという造東大寺司の交易機構こそが、造東大寺司が東西市の沽価からの自由を保ちえた根拠であろう。

さて造東大寺司の財政運用の実態を調べてきた私たちは、官僚制的な財政運用——ここでは官司の公経済と官人の私経済との峻別という点に「官僚制的な」財政運用の特質を求めたいが——の背後に、官人の私経済が生々と機能していたことをみてきた。たとえば三節では造石山寺所の財政運用のなかで、安都雄足の宅を中心とした私経済が生々と機能していたことを紹介したが、それが単に雄足だけの問題でなかったことは、上馬養の米が雄足の米と一緒に石山写経所で購入されている事実や（五‐二六九）、雄足の岡田米についての注文と一緒に造東大寺司の判官葛井根道の米についての注文が、下道主から奈良へ送られていること（一六‐二四）などによって確かめられる。また雄足の私経済の活動が造石山寺所だけに止まらなかったことは、写経所と雄足との間の頻繁な貸借関係（例、一四‐四七〜五二）によって確かめられ、またそれが雄足と写経所との間だけの問題でなかったことは、宝亀年間の写経所の月借銭の財源に、造東大寺司の出挙銭や写経所の雑用銭と並んで、主典の葛井連荒海（当時の写経所別当）の私銭が多数用いられていることによっても確かめられる。[63]

しかし、このように官人の私経済が造東大寺司の財政運用のなかに生きていたとしても、それは必ずしも公私の経済の無原則な混淆を意味しない。司と司人との間の貸借関係が史料にしばしば現れることは、むしろ官僚制的な財政原則が生きていたことを示している。他田水主が丹波山作所からもどってきた仕丁を勘問した経過を（雄足に）報告した啓には（一六―二七六）（石山紙背文書）、丹波山作所の日下部子虫を「何故官物不ㇾ経ㇾ司輙借給」と非難し、また調足万呂を「不ㇾ行二山作所殿一、在二己之家一、進二上文一」と非難しており、[64]ここには官僚制的な原則がハッキリと表明されている。問題は公私混淆という次元にはない。私たちがむしろ問題にしなければならないのは、造東大寺司と取引する経済主体が、商人や一般人ではなく、造東大寺司の官人であったこと、言葉を換えれば、造東大寺司の財政運用の末端は造東大寺司の官人までしか辿《たど》れない、という点である。造東大寺司が民間から物資を購入する場合でも、購入に当たった官人（庄領や交易使）の購入物として扱われ、売却人の名は原則として文書のうえにはあらわれない。[65]この時代にはすでに有力な商人が存在していたが（一節参照）、正倉院文書にはかれらはまったく姿をみせない。それは単に文書の記載形式や官人の請負制としてのみ処理しうる問題ではなく、基本的には、官に対峙できるような民間の経済主体の未成熟――さらに限定していえば、商人階層の未成熟――に起因するものであろう。造東大寺司と取引した経済主体は、民間商人ではなく造東大寺司の官人自体であった。かれらは造東大寺司に対して、一面では官人であり、一面では商人であった。

おわりに

正倉院文書によって明らかにしてきた造東大寺司の財政運用の実態が、当時の経済のなかでどのような位置をしめ、どのような特色をもっていたかを考察して、本章のむすびとしたい。早川庄八「律令財政の構造とその変質」[66]は、中央官司財政の全体的な構造を主として制度面から追求した力作だが、そこで明らかにされた律令財政の原型は、都の経済的機能に基本的には依存しない体制であった。すなわち、必要な物資は、実物として地方から貢上させるのを原則としており、調・庸のほか、雑徭による採集・生産、正税による交易など、多様な方途によって、必要とする品目と数量とを具体的に指定して貢上させた。また高度な手工業製品は、中央官司の直属工房で生産するというのが、基本的な物資の調達方式であった。このような構造は、労働力の徴発方式についてもいえ、必要な技術労働力は官人化(長上工・番上工)または特定身分(品部・雑戸)として固定し、非技術労働力は仕丁として地方から徴発する、というのがその原型であった。大和朝廷の支配下に入った郷里から、立丁と断丁《かしはで》とを一組として差出させ、その生活費を郷土に負担させるという仕丁制度は、郷土の「べ」によって朝廷に仕える「トモ」を資養させる部民制の一形態であり、都の労働力には原則として依存しない制度であった[67]。斐陀国から匠丁と断丁とを組合せて差出させ、その生活費を郷土に負担させた斐陀匠丁の制度も、木工労働力を確保するための仕丁制度の一変形であった。このような体制であったからこそ、都は——経済的には——どこにでも造ることができた。「大君は神にしませば赤駒のはらばふ田井を都となしつ」(『万葉集』四二六〇)とか「大君は神にしませば水鳥のすだく水沼を都となしつ」(『万葉集』四二六一)とか歌われたのは、壬申の乱を勝ち抜いて飛鳥浄御原宮に即位した天武天皇の偉業を称えたものだが、ここには律令財政の原初型がまざまざと描き出されている。

しかし律令財政は、その貢納物のなかに物品貨幣的な調の絁・布や庸布などを多量にふくんでいたので、その財政運用には当然交易が前提とされていた。そしてその交易の中心として設けられたのが京の東西市であった。また労働力の徴発においても、臨時の造営事業などの際には、仕丁や斐陀匠丁だけでは当然不足することが予想されたので、丁匠の雇役制度が賦役令に規定された。和同開珎の鋳造も、律令制の一環としてであり、ほかならぬ平城京自体、律令制の所産であった。

平城京は社会的分業の発展にともなって自生的に生れてきた都市ではなかった。しかしその成立の契機が如何にあれ、平城京の造営にともなって大量の物資と人間が平城の地に集中させられたことは、社会的分業、とくに交易のあり方に大きな影響を及ぼしたに違いない。和同開珎にしても、交換経済の発展の結果もたらされた一般的等価形態として発生したものではなく、経済外的強制力をもって銭貨の組入れを意図したものであったため、銭貨自体の自力的流通力はきわめて微弱であったが(68)、租税の銭納制度や雇役制を媒介として銅銭の流通がいったん開始されれば、銅銭の獲得そのものを目的とした新しい交易の側面が開かれたであろう(69)。

造東大寺司が登場してくるのは、このような情況のなかにおいてであった。その舞台となった天平時代の経済構造を明示するのは難しいが、造東大寺司の財政運用も当然それに制約されたはずだから、造東大寺司の財政運用のなかから天平時代の経済構造をある程度は推測できるはずである。たとえば、造東大寺司が調庸物をいったん銭に換え、その銭で必要物資を購入していることから、当時の銭の浸透度が想像される。また既述した造東大寺司と東西市との関係から、これまで漠然と考えられていたほど東西市が有力な交易機関でなかったことが推測される。しかし、造東大寺司の財政運用が天平時代の経済構造に制約されたと同時に、逆に造東大寺司の財政運用が天平時代の経済構造自体を変える大きな要因となった、という側面も見落してはいけない。というよりむしろ、奈良時代の経済は恭仁・紫香楽遷都や大仏鋳造を契機として新しい段階に入ったとすら言えそうである。品部雑戸制が大仏鋳造を契機として解体しはじめ(70)、立丁と厮丁とを一組とする仕丁制度が天平十七、八年ごろから崩れるのも(71)、このような経済構造の変化の一端であろう。大仏鋳造や伽藍建立にともなう大量な物資と人間の移動が、当時の交易経済に及ぼした影響も甚大であったろう。とくに、封戸物や施入物に依存する造東大寺司の財政は、それらの物品の種類が限られていたために、どうしても交易経済に深く関与せざるをえなかったであろう。その点では造東大寺司の財政は当時の上級貴族家の財政の型に近かったかもしれない。これに対して当時の中央官司の財政は、造東大寺司の財政に比べれば、律令財政の原型からの乖離の度合がより少なかったと想像される。

造東大寺司の財政運用が官人の私経済を基礎として行われたのは、東大寺の北陸庄園の経営が在地豪族を媒介として行われたのと、基本的には同じ構造であった。中央官司の財政運用が、同じように官人の私経済を基盤として行われたという確証はないが、その可能性は濃厚である。当時のイデオロギーも、官人の商業行為に対して寛大であった。隋唐律令制の理念では、官人の商業行為は許すべからざることであったが、日本の律令は、大宝令でいったん継受した士農工商の身分制度を養老令でただちに廃止し、また隋唐律令が官人(流内官)に期待した「工商」とは峻別すべき「士」の身分を、内五位以上に限定した(72)。商業行為に対する儒教的蔑視思想は、日本の律令にはついに定着しなかった。中央集権的な国家の成立にともなう交易経済の展開は、日本では「商人」ではなく官人層によって担われた。一つの社会的な勢力としての商人階層が形成されないような段階で、日本では中央集権的な国家の形成が企てられたのである。

注

（1）　奈良時代の交易についての研究はたくさんあるが、ここでは本稿に関係の深い主な業績だけを紹介する（なおこれらの業績を利用して記述した場合にも、必ずしもその都度注記しなかった）。沢田吾一『奈良朝時代民政経済の数的研究』（冨山房、一九二七年）、西村真次『日本古代経済　交換篇』第二冊（東京堂、一九三三年）、喜田新六「奈良朝に於ける銭貨の価値と流通とに就いて」（『史学雑誌』四四編一号）、伊東彌之助「奈良時代の商業及び商人について」（『三田学会雑誌』四一編五号）、平野邦雄「古代の商品流通」（『大系日本史叢書　流通史1』山川出版社、一九六九年）、栄原永遠男「奈良時代の流通経済」（『史林』五五巻四号）。

（2）　西村真次、前掲書（注1）、三章八節。

（3）　栄原永遠男、前掲論文（注1）。

（4）　沢田吾一、前掲書（注1）、三七章。

（5）　喜田新六、前掲論文（注1）、四三頁以下。

（6）　伊東彌之助、前掲論文（注1）、九頁。

（7）　たとえば喜田新六、前掲論文（注1）で「明らかに東西市で購入した記載」として取上げられた「奉写二部大般若経銭用帳」（『大日本古文書』一六巻九一頁以下）の調絁・調布・庸布・交易綿・細布のうち、調絁・調布は造東大寺司内で平章して購入され（同五巻三〇五頁）、庸布の代りに購入された調布の購入場所は不明、交易綿は調薬薦とともに造東大寺司中で購入されており（同一六巻一三〇頁）、東西市で購入された可能性の強いのは細布だけである（四節1参照）。

（8）　奈良時代に市估案が作られた確証はないが可能性は強い。なお市估案は日本には残存しないが、トルファン文書に残っている。仁井田陞『中国法制史研究　取引法』（東京大学出版会、一九六〇年、第三部一一章三節）、池田温「中国古代市估制度の一考察」（『史学雑誌』七〇編一一号）参照。

（9）　ただし造東大寺司は、律令財政の実物貢納の体制から大きく食み出していたので、交易に関与する度合は、他の官司よりもはるかに深かったと想定される。

(10) 栄原永遠男、前掲論文(注1)は、「東西市を中心にその延長部分が主要交通路によって結合し、中央交易圏を形成し、諸司官人家の財政もこのような流通経済構造に対応して営まれていた」(同論文要約、傍点吉田)という。

(11) 朝廷の手工業生産に重要な役割を果した品部・雑戸も、京内だけでなく畿内諸国に分布していた。なお従来「市人」または市の商品の生産者の実例として珍重されてきた山背国計帳の「紙市戸」(一 - 三三三)は、「紙」の異体字を「紙市」と誤読したもので、実は借品部としての「紙戸」である(『体系日本史叢書 産業史I』山川出版社、一九六四年、二九二頁参照)。

(12) 天平勝宝四(七五二)年六月のいわゆる買新羅物解は、貨幣として綿が使用されているが、この文書は、「天平勝宝四年六月の新羅使入朝に際し、貴顕の家から、購入予定の新羅物の種類・価直を注して大蔵省乃至内蔵寮に報告した文書と考えられる」ので(東野治之「鳥毛立女屛風下貼文書の研究」『正倉院文書と木簡の研究』塙書房、一九七七年)、国内の貨幣制度とは別の次元の問題である。

(13) このような観点から当時の物価変動を分析した優れた研究として、角山幸洋「八世紀中葉の畿内における物価変動」(関西大学大学院『千里山論集』第二号)がある。

(14) 紙質に転化した文書(一次文書)の裏面に新しい文書(二次文書)が書かれれば、前の文書(一次文書)は裏文書・紙背文書などと呼ばれるが、前の文書(一次文書)がそのまま包紙等に用いられれば反故文書と呼ばれる。いずれにしろ伝来の契機とはならなかった文書をここでは「裏文書・反故文書」と呼ぶことにする。ある文書の裏面が白紙のとき、これが伝来すべき表文書であるか、文書を書くつもりで反故にされていた反故文書が使われないでそのまま残ったものか、それとも端や奥に使われたため裏面が白紙のまま糊離れまたは切断されたかを判断するのは難しいが、内容から推定できる場合もある。なお本稿では、正文と同じ書式を備えていても(たとえば自署があっても)、差出所から実質的な充所に渡らなかった文書は案文と呼ぶ。表裏関係の調査は土田直鎮氏の御教導によるところが多い。

表1「正倉院文書の構成」の各項目の該当文書を若干ずつ例示すれば、①福山敏男「東大寺の諸倉と正倉院宝庫」(『美術研究』一六六)参照。②注18参照。③二五附 - 一一六〜一一七。④二五 - 六四〜一六七、五章1参照。⑤華厳経論帙下張文書・鳥

毛立女屏風裏貼文書。⑥福山敏男「奈良朝に於ける写経所に関する研究」(『史学雑誌』四三編一二号)、皆川完一「光明皇后願経五月一日経の書写について」(『日本古代史論集』上巻、吉川弘文館、一九六二年)参照。なお〔乙〕〔A〕(イ)の文書のなかには、造東大寺司政所で書かれたのち写経所政所に移管されたものがあるかも知れない。⑦四－二二五～二二六。⑧注16の〔その一〕参照。⑨九－三一八～三二〇、四－三六八～三七〇。⑩八－二一九、二四－八四～八六。⑪岸俊男「籍帳備考二題」(『国史論集一』京都大学読史会、一九五九年)参照。⑫一三－一五七～一五八、四－五〇～五一。⑬三－一九六～一九七、四－三一。⑭福山敏男『日本建築史の研究』(注15)三一〇頁以下参照。⑮岸俊男「但波吉備麻呂の計帳手実をめぐって」(『史林』四八巻六号)参照。⑯注21参照。⑰岸俊男「越前国東大寺領庄園をめぐる政治的動向」(『古代学』一巻四号)参照。⑱四－三五三～三五八、二三－六二一～六二二。『大日本古文書』が前者を宝字三年、後者を宝亀八年に収めるのは共に誤り。⑲四－三九七～三九八、四－二九三～二九六。⑳四－三六二～三六三、四－三六〇～三六一。㉑福山敏男『日本建築史の研究』(注15)二〇七頁以下参照。㉒四－四二〇～四二五、一四－三四八～三四九。㉓五－二五九。

(15)　福山敏男『日本建築史の研究』(桑名文星堂、一九四三年)三二一頁。

(16)　なお表1は写経所関係以外の文書が正倉院文書として伝来した契機に重点を置いて分類したため、写経所関係文書(紙背文書をふくむ)は一括してしまったが、それらも、いくつかの性質を異にするグループに分れるようである。特に宝字六年末～宝字八年初の間の写経所関係文書は――造石山寺所関係文書(紙背文書を含む)と混交していたためか――安都雄足との関係の強い文書を含んでいる。以下とくに問題となる文書群を三つあげておきたい。**〔その一〕**造東大寺司告朔解案⑧は、宝字六年二月(五－一二五～一三一)・三月(五－一八八～一九五、ただし一九四頁一〇行目と一一行目の間に五－四六五の断簡が入る)・四月(五－一九五～二〇一)・閏十二月(五－三七五～三八三)の計四通が残存するが、このうち二月・三月・四月は石山紙背文書、閏十二月は宝字七年三月の写経所文書の紙背文書である。なお内藤乾吉は三月の解案を安都雄足の筆蹟と推定したが(『正倉院の書蹟』日本経済新聞社、一九六四年、三七頁)、他の三通も雄足の筆蹟らしい。**〔その二〕**安都雄足の側近と推定される吉成に充てられた六通の文書のうち(注48参照)、四通は石山紙背文書、残りの二通は宝字六年閏十二月と同七年五月の写経所文書の紙背文書である。なお吉成は勝宝二年の借銭関係文書にもあらわれるが(注48参照)、宝亀年間の一連の借銭解を除く残存する七通の借銭解（三―三九一・三九五・四〇五・四〇六、四―二六一・二七三・五〇七〜五〇八）がすべて石山紙背文書であることを考えると、宝字八年以前の借銭関係文書は、雄足との関係が深いように思われる。〔**その三**〕三節に引用した宅・家の関係文書は、造石山寺所関係文書・石山紙背文書以外には、宝字七年四月の堝坂宅解（一六―三七三）〔紙背空〕だけであり、この文書も安都雄足との関係が想定される（三節2参照）。

(17) 熊谷公男「正倉院宝物の伝来と東大寺」（『正倉院と東大寺』太陽正倉院シリーズⅢ　平凡社、一九八一年）。

(18) 例えば、中央官司で反故にして払下げられた戸籍等の公文は、写経所だけでなく造東大寺司政所でも――そしておそらく他の所でも――利用されていたことが次の史料によって知られる。すなわち、表1〔甲〕〔A〕(ロ)(i)は、仏具とか高級品を納めた北倉代《くらしろ》の出納関係文書（その内訳は福山敏男「東大寺の諸倉と正倉院宝庫」『美術研究』一六六号、一三〜一四頁参照）だが、その裏文書は、(一)宝字八年四月十四日香山薬師寺三綱牒（五―四八一〜四八二）、(二)国郡未詳戸籍（一―三三三〜三三五）である。(一)は「造寺司務所」（造東大寺司政所）に送られてきたもので、写経所に廻送される内容の文書ではない。(二)は表文書の解三通のうち、竹田真弓解と凡福成解とが一紙に書かれていることから解の継文ではなくどこか一定の場所で書かれたことが知られるが、解の差出人のほとんどが写経所に関係していないこと、これらの解は写経所の仕事とは関係ないこと、および(一)が造東大寺司政所に充てられていること、などの諸事実から、これらの裏文書は造東大寺司政所で利用されたと推定される。なお東野治之「金光明寺写経所における反故文書の利用について」（『正倉院文書と木簡の研究』塙書房、一九七七年）参照。

(19) ただし(二)(6)は単なる反故文書として持参されたものではないらしい（一五―一四四「遺西院公文一巻……間々可写」）。また持参された反故文書のうち使用されないで奈良にもち帰られたものや、奈良に帰ってから使用されたものもあったらしい。

(20) 安都雄足の経歴については、岸俊男「越前国東大寺領庄園をめぐる政治的動向」（『古代学』一巻四号）、同「東大寺造営をめぐる政治的情勢」（『ヒストリア』一五号）参照。

(21) （天平二十年）他田日奉部神護解案（三―一五〇）について内藤乾吉は志斐麻呂の筆蹟と推定したが（『正倉院の書蹟』（前掲注16）三五頁）、同氏もいうように、安都雄足の筆蹟は志斐麻呂の筆蹟と「酷似」している場合のあることが注目される（なおこの文書は石山経所食物下帳（五―二二三〜二二四）の紙背に利用されている。前掲書一〇〇頁が同紙背を『大日本古文書』未収とするのは誤り」。餝金物注文(二五－三六八〜三七一)は、天平十九年度の伊勢内宮の正遷宮に関するものと推定されている(福山敏男『神宮の建築に関する史的調査』造神宮使庁出版、一九四〇年、二八頁参照)。この文書も雄足の筆蹟に近似している。なお(二)(1)の文書⑯としてはこの他に、天平勝宝二年の借銭解四通(三－三九一・三九五・四〇五・四〇六、注16参照)、天平勝宝四年の村屋宅(家)関係文書(三節2参照)があり、いずれも雄足との密接な関係が予想される。

(22)　野村忠夫「谷森本天平古文書」(『古代学』二巻三号)。

(23)　この節で扱う石山寺と法華寺の造営については、福山敏男『日本建築史の研究』(前掲注15)所収の卓越した二論文「奈良時代に於ける石山寺の造営」と「奈良時代に於ける法華寺の造営」に負うところがきわめて多く、同氏の業績によるところも、必ずしもそのつど注記しなかったことを、とくにお断りしておきたい。

(24)　愛智郡の場合には確証がないが、坂田郡の封戸米徴収の場合には明証がある(一五－一八八〜一八九)。

(25)　福山敏男、前掲書(注15)三九五頁。

(26)　彌永貞三「仕丁の研究」(『史学雑誌』六〇編四号)一四頁。

(27)　雄足の宅が勢多にあったことは、別当勢多宅(一五－四二八)という記載や、雄足への返米が勢多庄守に付されていること(一五－四〇四)から知られる。多分、勢多庄内にあったのだろう。

(28)　福山敏男、前掲書(注15)三一三頁参照。

(29)　延暦四年には近江国人従七位下勝首益麻呂が役夫三万六千余人を私粮を給して進めた労により、その父が従五位下を授けられている(『続日本紀』)。

(30)　造石山寺所の上日解は事務官については必ず上日と夕(宿直日数)を記しているが、宝字六年五月と七月の上日解には、秦足人のところだけ夕の記載がない(一五－二二二、五－二五七)。六月の上日解には「上日卅夕廿九」と記すが(一五－二一八)、多分機械的に六月の全日数を上日とし、それから一日減じた数を夕としたのであろう。なお足人は六月四日(一六－三九八)と七月九日(一六－三九九)の愛智郡司解に連署し、七月廿五日の造石山院所解は「米乞使、身不侍」と記す(一五－二三二)。

(31)　この間の経由については、利光三津夫『律令及び令制の研究』(明治書院、一九五九年)一三三頁以下に詳しい。

(32) 福山敏男、前掲書(注15)三一一頁参照。
(33) 厳密にいえば、秋季告朔の首部欠損のために収支が合っていたかどうか未詳だが、当時のこの種の文書では、作為してでも合致させるのが慣例であった。たとえば、福山前掲書、二七九頁注四一参照。
(34) 仕丁を雇夫とすることについては、彌永貞三「仕丁の研究」(前掲注26)一六頁、青木和夫「雇役制の成立」(『史学雑誌』六七編四号、五四頁)参照。なおこの雇功が写経所に支払わるべきものか、それとも仕丁自身に支払わるべきものかは問題があるが、秋季告朔によれば、流用したまま結局どちらにも支払われなかったらしい。というのは、散役の足庭雇夫二六六五人と雇功支給の足庭雇夫二一五三人の差五一二人が経所仕丁の雇役されたものと推定されるからである。
(35) 銭用帳の復原については、福山敏男、前掲書三一三頁参照。なお一五-四五一~四五二(一二行目)の断簡を、福山は石山経所米売価銭用帳とするが、それは造寺用銭用帳の一部で、一五-四五一(一〇行目)と一五-四四六(七行目)との間に入る。
(36) 米価の季節変動については、青木和夫「米価変動表」(『図説日本文化史大系』3 小学館、一九五六年、一三五頁)、村尾次郎『律令財政史の研究』(吉川弘文館、一九六一年)三四六頁参照。
(37) 法華寺阿弥陀浄土院金堂の造営のさいには、高嶋山小川津で九〇〇材、泉津で五四二材の榀榑が購入されたが、その単価は、前者が五文、後者が二〇文であった(一六-二八九)。
(38) 岸俊男「越前国東大寺領庄園をめぐる政治的動向」(前掲注20)参照。
(39) 福山敏男、前掲書、二二五頁。
(40) 天平十九~宝字六年の東大寺の近江国の封戸は、坂田郡五〇戸・愛智郡五〇戸・高嶋郡五〇戸であったが、この造金堂所の受けた封戸物のなかには神崎郡の封戸物が含まれていることによって確認される。おそらく光明皇太后に関係のある封戸であろう。
(41) 福山敏男、前掲書(注15)二〇九頁以下。
(42) 「平章」の語義については、井上薫「平章について」(『続日本紀研究』二巻九号)参照。
(43) 彌永・亀田・新井「越中国東大寺領庄園の絵図について」(『続日本紀研究』五〇号別冊)。

(44)　なお岸俊男は越前国掾とするが(「越前国東大寺領庄園の経営」〈『史林』三五巻二号〉)、このように解したほうが妥当と思う。

(45)　「佐官」は僧綱の佐官だけでなく、広く四等官の大少録・大少疏・主典等の場合にも用いられた。いずれも「サクワン」と読まれたためである。したがって文書の差出人と受取人との関係によっては、単に「佐官」と記しただけで、誰であるかがわかったはずだが、紛らわしい場合には佐官の上にウジ名を付けて「安都佐官」などと記した。しかし「安都佐官」は雄足のほかにもいたので、なお紛らわしい場合には「武部省安都佐官」(四―二九六)というように詳しく書いている。というのは、この場合は雄足が別当在任中の写経所関係文書(しかも石山紙背文書)なので、単に「安都佐官」と書けば雄足と混同してしまうからである。したがって雄足の別当在任中に写経所で書かれた文書、同期間に写経所に充てられた文書、造石山寺所で書かれた文書、造石山寺所に充てられた文書、石山紙背文書のなかで、単に「佐官」と書かれていれば、造東大寺司の主典安都雄足と推定してよい。事実、個々の事例について検討した結果も、雄足として矛盾するものは一つもなかった。『大日本古文書』(一五―三五五・四九五)が佐官に「平栄」と注記するのは誤り。

(46)　竹内理三『日本上代寺院経済史の研究』(大岡山書店、一九三四年)一五三頁。

(47)　勝宝八歳〜宝字六年の市領は、東市領が呉原飯成・大石阿古万呂、西市領が布施足人・伊部子水通と推定される。

(48)　吉成は勝宝二年の借用銭録帳(一一―四二〇)と出銭官人交名(二五―一)に、「好成」(前者)、「吉成」(後者)とみえるほかは、宝字五年十一月〜七年二月の間の啓六通に――うち五通は充所として、残りの一通は文中だが実質的には充所として――現れるだけである。

(イ)(宝字)五・十一・九　額田部筑紫状(一五―一二九)(石山紙背文書)
(ロ)(宝字)六・二・廿八　猪名部枚虫啓(一五―三五五)(　〃　)
(ハ)(宝字)六・三・廿七　鳥取国万呂状(一五―四四一)(　〃　)
(ニ)(宝字)六・七・十七　麻柄全万呂啓(五―二四三)(　〃　)
(ホ)(宝字)六・閏十二・一　鳥取国万呂状(一六―一一〇)(写経所紙背文書)
(ヘ)(宝字)七・二・廿　上馬養状(五―三八八)(　〃　)

(イ)は東西市の和炭の価格差を吉成に報告した文書だが、報告者の額田部筑紫は、別の文書では「自㆑泉米価可㆑返一貫文」を雄足から付されて経所に届けている(一六ー二七七)。(ロ)と(ニ)とは佐官尊・佐官大夫(すなわち雄足)への取次を吉成に依頼した文書。(ハ)と(ホ)は鳥取国万呂から吉成に充てた文書((ハ)は間接)だが、前者は月借銭を払わずに奈良から石山へ逃げた者の捜査依頼、後者は紙の無心の文書。(ヘ)は佐官高屋宅へ(または、から)鳥を運ぶことを吉成に依頼した文書。以上の諸事実から、吉成は雄足の側近であったと推定される。なお松平年一「石山院造営中の小事件に就いて」(『歴史学研究』八巻五号)が、吉成を近江国司もしくは同郡司の一員か、と推定したのは誤り(なお注16の〔その二〕参照)。

(49) 松平年一「官写経所の用度綿売却に関する一考察」(『歴史地理』六二巻六号)。伊東彌之助「奈良時代の商業及び商人について」(前掲注1)。横田拓実「天平宝字六年における造東大寺司写経所の財政」(『史学雑誌』七二編九号)。なお本稿にはその成果を利用することができなかったが、直木孝次郎「難波使杜下月足とその交易」(『難波宮址の研究』第七、一九八一年)は、難波へ派遣された交易使の活動を生々と描いている。

(50) 伊東彌之助、前掲注49論文。伊東がこのような推定をしたのは、「雑物納帳」(一六ー七一〜七三)を閏十二月六日の決算報告書とみたことに起因するが、この帳簿は閏十二月末日の決算報告書とみたほうが妥当である。

(51) 例、喜田新六、前掲(注1)論文、三二頁。

(52) なおこの二部大般若経関係の財政運用のなかで、木簡が帳簿作成の素材として用いられていたことは、東野治之「奈良平安時代の文献に現われた木簡」(『正倉院文書と木簡の研究』塙書房、一九七七年)が明快に論証している。本稿で推定した帳簿作成過程でも木簡が用いられていた可能性が強いが、その問題は後考をまちたい。

(53) もちろん写経所の交易活動の場として東西市がもっとも大きな地位をしめたであろうことまで否定するつもりはない。たとえば「自㆑市買来雑物等納帳」(一三ー三八五)という帳簿が作られた例もある。

(54) 横田拓実、前掲注49論文、四三頁。

(55) この写経事業の予算案(一六ー五九〜六八)の銭の計上額三九貫三七八文を、決算報告書(一六ー三七八〜三八二)の解文内(すなわち予算内)買雑物価九五八貫六七五文で割ると、約四%となる。

(56)　横田拓実、前掲注49論文、四四頁。
(57)　詳細は、井上薫『日本古代の政治と宗教』(吉川弘文館、一九六一年)一七七頁参照。
(58)　丹裹文書が造東大寺司政所で反故にされた文書であることは、造東大寺司本来の仕事について、(a)造東大寺司に充てた文書があること、(b)造東大寺司の解移牒符の草案があること、とくに造東大寺司政所符の草案(二五-一五八)があること、(c)造東大寺司政所に存在していては不自然な文書がないこと、などによって確かめられる。
(59)　(一)AB両断簡は、現在は丹の包紙に利用されていないが、丹裹文書と同類の文書であることは、(イ)裏面に丹斤量注文があること(『大日本古文書』はA断簡の裏面の斤量注文「中一斤大」を記さないが、マイクロフィルムにより確認される)。また朱色をおびていることが報告されている(堀池春峰「金鐘寺私考」『南都仏教』二号)。(ロ)C〜F断簡との記載形式の同一性。(ハ)A断簡の「一千六百九十四貫九百卅文、糸九千九百七十九斤直」の内訳がE断簡に記されていること、などによって認められる。(二)これらの六断簡が――(一)(ハ)の事実から――二つの注文の断簡ではないかとの推定もいちおうは成り立つが、A断簡の該当項目の上に照合○印がないことから、一種類とみることもできる。
(60)　(イ)収納銭の最初はA断簡の天平十七年九月十六日の内裏からの請銭である。(ロ)A断簡の「一千九十四貫八百七文、自甲可寺来」は天平十七年から天平十九年にかけての数度の収納銭を合計したもの。(ハ)EF断簡の大友国麻呂の知識物は天平二十年ごろ施入されたもの(後述)。(ニ)F断簡の右大臣家・大納言藤原家・造宮輔藤原朝臣乙万呂が並存する時期は勝宝元年〜二年であること、などから本文のごとく推定した。したがってA断簡の成立年代についての福山敏男・堀池春峰・直木孝次郎の諸氏の見解(直木孝次郎「天平十七年種々収納銭注文について」『続日本紀研究』三巻四号、参照)は修正を要する。
(61)　断簡EとFとは、中間欠失部分を介して接続することが内容から推定される。宅地の内訳は欠失していて不明。
(62)　なお造石山寺所の収納銭は、銭で受けたもの(八〇％)に対して、封戸米の売直(二〇％)の割合が低いが、造石山寺所の財政は造東大寺司の財政の一部分であったので、造石山寺所が造東大寺司から受けた銭のなかには、造東大寺司が収納物を売却して得た銭が含まれていた可能性を残している。
(63)　例、一九-三〇四。宝亀年間の借銭解の奥には借出や返納についての追筆があるが、その整理から本文の事実が帰納される。ただし、荒海が借出に勘知した場合と荒海の私銭を利用した場合とをよく識別する必要がある。なお、鬼頭清明「八、九世紀における出挙銭の存在形態」(『日本古代都市論序説』法政大学出版局、一九七七年)は、造東大寺司の出挙料が一度官人に請負わされて貸付けられる場合もあったことを明らかにしている。

(64) 松平年一「石山院造営中の小事件に就いて」(前掲注48)参照。
(65) 土地や奴婢のような立券手続を要する売買は別途の問題である。
(66) 早川庄八「律令財政の構造とその変質」(『日本経済史大系』1 東京大学出版会、一九六五年)。
(67) 平野邦雄『大化前代社会組織の研究』吉川弘文館、一九六九年。
(68) 角山幸洋、前掲注13論文、参照。
(69) 青木和夫「平城京」(『日本歴史講座』一巻、東京大学出版会、一九五六年)。
(70) 井上薫『日本古代の政治と宗教』(前掲注57)八七頁以下。なお本書Ⅶ章七節参照。
(71) 彌永貞三「仕丁の研究」(前掲注26)。
(72) 吉田孝「奈良時代の官人と交易」(『日本史の研究』四五)参照。なおその注6で、仁井田陞『唐令拾遺』の字句を修正したのは、仁井田陞『中国法制史研究―法と慣習』(東京大学出版会、一九六四年)一二七頁、『同―取引法』(前掲注8)七九八頁を参照しなかったために生じた誤解なので訂正したい。また他の点でも本稿で修正した部分がある。

〔補記〕

本章は旧稿「律令時代の交易」(『日本経済史大系』1 古代、東京大学出版会、一九六五年六月)を補訂したものである。補訂した主な点は次の如くである。一節では、栄原永遠男「奈良時代の流通経済」(注1参照)の提言した中央交易圏の構想によって加筆した。二節では、正倉院文書の伝来経路についての旧稿の誤りを、熊谷公男氏のご教示により大幅に訂正した。また岸俊男「但波吉備麻呂の計帳手実をめぐって」(注14参照)によって旧稿の誤りを削除・訂正し、鬼頭清明「皇后宮職論」(奈良国立文化財研究所『研究論集』Ⅱ)によって注14のなかの旧稿の誤りを削除した。東野治之「鳥毛立女屏風下貼文書の研究」(注12参照)によって注12に加筆した。内藤乾吉氏の私信による御教示によって、注21のなかの旧稿の誤り(筆蹟に関する)を訂正した。三節では岡藤良敬氏の私信による御教示により旧稿の明白な誤り(例、天平宝字六年七月十九日阿刀宇治麻呂解のなかの「進越」の誤読など)を訂正した。同氏の御教示の内容は、「造石山寺所の請負的雇傭労働力——桴工の場合——」(竹内理三博士古稀記念会編『続律令国家と貴族社会』吉川弘文館、一九七八年)にまとめられており、同論文によって他にも再検討すべき点があるが——正倉院文書についての同氏の総合的な研究(「正倉院文書の世界」「造石山寺所関係文書の復原的研究」、ともに『福岡大学人文論叢』十巻〜十三巻に連載)による再検討とともに——残念ながら今回は果せなかった。旧稿第三節二のなかの「東大寺道守家」は、『東大寺文書四』(東京大学史料編纂所)によれば、「東大寺道守庄」が正しいので、前後の文章とともに訂正した。同じく旧稿第三節二の「佐官高屋宅」についての考証も間違っていたので訂正した。四節では、東野治之「奈良平安時代の文献に現われた木簡」(注52参照)によって注52を加筆した。五節では、鬼頭清明「八、九世紀における出挙銭の存在形態」(注63参照)によって注63に加筆した。なお同論文の拙稿(旧稿)に対する批判によって再検討すべき点があるが、今回は果せなかった。「おわりに」では、律令財政の原則と交易との関係についての旧稿の記述を訂正した。

Ⅶ　雑徭制の展開過程

はじめに

日本における古代国家の成立は――他の諸民族における古代国家の成立と同じように――賦役(広義)の制度化をともなっていたが、日本の古代国家が律令国家として成立したことは、その賦役制度のあり方にも大きな影響を及ぼしている。律令国家の賦役制度の根幹をなした「賦役令」は、いうまでもなく唐の賦役令を手本としてつくられたものであるが、唐賦役令を継受する以前の賦役の体系をも組み入れながら、唐の賦役令の枠組を部分的に組み変えている。しかし律令の他の篇目の場合と同じように、日本の賦役令は、唐の賦役令の体系を完全には組み変えていない。むしろ唐の賦役令の制度は、実現すべき理想と考えられていた可能性が強い。したがって律令時代の賦役の実態は、一面では賦役令の枠組に規制されつつ、もう一面では律令以前の賦役の体系が存続しているという、複雑な様相を呈し、両者の絡み合いのなかに現実の賦役が存在し、展開していった。本章では、賦役制度のなかでも古代的な特色の強い「雑徭」制を主題として、そのような実態を解明する一つのトレンチとしたいが、その前提としてまず唐律令制における「雑徭」について概観しておきたい。

一　唐律令制の「雑徭」

唐の賦役令の最終条は、おそらく雑徭についての規定であったと推定されるが、[1]残念ながら唐賦役令の雑徭条の逸文は発見されていない。唐の雑徭についての最も基礎的な史料は、周知の如く、『白氏六帖事類集』巻二十二征役第七に「充夫式」として引かれた、次のような(開元二十五年)戸部式である。

戸部式。諸正丁充レ夫、四十日免(ママ)、七十日並免レ租、百日已上課役倶免。中男充レ夫、満二四十日已上一、免二戸内地租一、無二他税(ママ)一折二戸一丁一、無レ丁聴三旁折二近親戸内丁一。

この戸部式については、濱口重国の戦前の先駆的な研究によって、[2]㈠「充夫」とは、『唐律疏議』の捕亡律丁夫雑匠在役亡条の疏に「丁謂正役、夫謂雑徭」とあるように、雑徭に差発することを意味し、この戸部式(充夫式)は雑徭の徴発に関する規定であること、㈡雑徭の負担者は正丁と中男であることが、明快に論証されている。また正丁とともに中男が雑徭の負担者であったことから、㈢中男は課役を全く負担しない不課口であるにもかかわらず、雑徭を負担するので、雑徭は課役(租・調・役)に含まれないこと、㈣均田法による受田年齢に達しない十六・十七歳の中男も雑徭を負担したので、雑徭は受田と直接には対応していなかったこと、などの重要な事実も導き出されている。ただ㈤雑徭の義務日数については、四十日の可能性が暗示されているが、戦前の論文では明言が避けられており、戦後それをめぐって濱口を含む多くの研究者の仮説が提起され、まだはっきりとした結論が出されていない。

なお課役には雑徭が含まれなかったとする㈢については、「課役」の「課」を雑徭とみる曾我部静雄の特異な説が対立するが、[3]少なくとも唐の律令格式の「課役」について曾我部説が成立しがたいことは、仁井田陞をはじめ諸先学の批判に尽きていると考えられる。[4] もっとも曾我部が、中国には古来、力役義務の有無をもって士と庶の何よりも大きな相違とする観念が存在し、『周礼』の施舎から唐律令の課役免除に至るまで、士の身分等に対する復除の中心になったのは力役義務の免除であったことを強調したのは、きわめて重要な提言であり、中国の国制史上、雑徭のもつ意義は決して小さくなかった。[5] 雑徭が課役に含まれなかったのは、唐律令が中央財政に属する課役を主に規定していたのに対して、雑徭は直接には中央財政に属さなかったためと推測される。それでは雑徭は唐の賦役の体系のなかで、どのような位置を占め、どのような性格をもっていたのであろうか。この問題を解く手懸りはきわめて限定されており、やはり先掲の充夫式の再検討から出発しなければならない。

充夫式の解読に新しい光を投げかけたのは宮崎市定「唐代賦役制度新考」(『東洋史研究』一四巻四号)である。宮崎は、「諸正丁充夫四十日免」は、次に続く「七十日並免租」「百日已上課役倶免」とならべると、「四十日免」の次に課役(租・調・役)のうちの一目が脱落しており、この式文の原形は、「諸正丁充夫四十日免□、七十日並免租、百日已上課役倶免……」とあった□が伝写の間に脱落したと推定した。課役が租・調・役の三つからなることと、充夫式の文章の三段階の構造からみて、脱字の存在はおそらく間違いなく、私たちの充夫式の研究も、この宮崎の脱字説を基礎にして出発しなければならない。

宮崎説は充夫式の脱字の存在を指摘したのち、次のような推論を展開する。

(イ)「諸正丁充夫四十日免」の次の脱字は「役」である。

(ロ)充夫式は賦役令の歳役の規定と対応し、雑徭二日は、正役一日にあたる。

(ハ)歳役の留役についての規定によれば、租・調はともにそれぞれ役一五日に換算されるので、課役は、租…一五日、調…一五日、役…二〇日、合計五〇日に換算される。

そして宮崎は、(イ)(ロ)(ハ)を前提にして、いわゆる「限満の法」を充夫式に適用し、雑徭の日限を推定したのである。また宮崎説を批判した濱口重国「唐の雑徭の義務日数について」(『秦漢隋唐史の研究』下巻、東京大学出版会、一九六六年)も、宮崎説の(イ)(ロ)(ハ)をそのまま継承して立論の前提とし、次の段階で宮崎説とは異なった着想を提示したのであった。(イ)(ロ)(ハ)はその意味で両説の推論の前提となっている基礎的な部分といえるが、それは果して動かない定説であろうか。

まず(イ)について。充夫式の「諸正丁充夫四十日免□、七十日並免租、百日已上課役倶免」の□に入る可能性があるのは、課役、すなわち租・調・役の三つのうち、租を除いた調と役(庸)のいずれかであることは間違いない。しかしそのいずれであるかは、この式文だけからは確定できないはずである。(6) あえて憶測すれば、一番目の免□が免調であれば、二番目の免租と合せて免課となり、三番目の課役倶免と整合的であるといえよう。『令集解』賦役令春季条の古記の引く唐開元式が「依レ令、春季附者、課役並徴。夏季附者、免レ課従レ役。秋季附者、課役倶免」というように、免課、課役倶免の構成をとっていることも、免□が免調であった可能性を傍証している。このように脱字が調である可能性が十分存するにもかかわらず、宮崎がその可能性を否定することなく、直ちに脱字を「役」としたのは、次の(ロ)と関連させて考えたからであった。

(ロ) 宮崎は充夫式を次の歳役の留役規定と対比して、両者の間に次頁の図1のような対応関係があると想定したのである。

諸丁歳役二十日、……若不レ役者収レ庸……須二留役一者、満二十五日一免レ調、三十日租調倶免……通二正役一並不レ得レ過二五十日一(『唐令拾遺』賦役令四)

すなわち、雑徭四〇日分が正役二〇日分に相当すると仮定すれば、雑徭二日=役一日の率で、調は役一五日分=雑徭三〇日分、租も役一五日分=雑徭三〇日分となり、正役の留役規定と充夫式が見事に対応することになる。もしこ

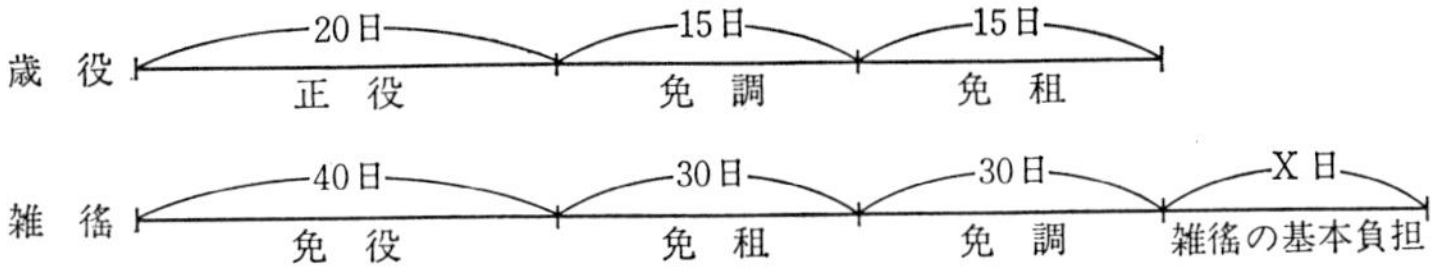

図Ⅶ-1

の両者の対応が正しければ、充夫式の脱字が「役」であることは動かないことになる。しかし充夫式はこのように歳役の留役規定と整然と対応するものであろうか。もう一度充夫式を素直に読み直してみよう。

　諸正丁充レ夫四十日免□、七十日並免レ租、百日已上課役倶免。中男充レ夫満ニ四十日已上一、免ニ戸内地租一……。

　右の文の「正丁充夫……百日已上課役倶免」「中男充夫満四十日已上、免戸内地租」の「已上」の文字は、そのまま素直に読む限り、百日を超えた場合、四十日を超えた場合の規定を考えざるを得ないだろう。もし宮崎説のように七一日から一〇〇日に至る三〇日間の労働に対して調を免除するのであれば、わざわざ「百日已上」と書かないで、歳役の留役規定「満十五日免調、三十日租調倶免」と類似した表記の仕方をしたのではなかろうか。もっとも宮崎は「百日已上」とある已上の意味を、「租庸調の合計五十日分を雑徭に直すと百日であるが、この百日は実は租庸調の代納にすぎないから、百日勤めた後に、まだ本来の雑徭の日数が残るので、この残った雑徭日数が以上の示す意味なのである」（前掲論文七頁）と説明する。すなわち宮崎は図1のように、雑徭四〇日で役(庸)分を、さらに雑徭三〇日で租分を、さらに雑徭三〇日で調分を、それぞれ「代納」したと解するのであり、したがって雑徭百日は租庸調の代納として処理され、その後になお雑徭の義務日数が残るはずである、という論理で「百日已上課役倶免」の「已上」の意味を説明するのである。

　しかし雑徭の基本的義務日数を充当しないで先に残しながら、次々に役(庸)・租・調を雑徭で

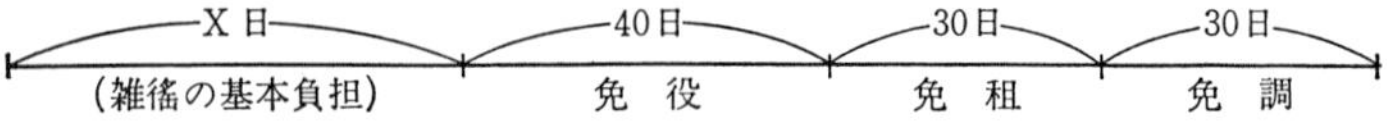

図Ⅶ-2

代納していくというのは、形式論理的にはありうるとしても、律令における課役と雑徭との扱い方を全体としてみると、宮崎説のような考え方は、律令の賦役制度とはなじまないのではなかろうか。たしかに律令には、捕亡律丁夫雑匠在役亡条のように、丁(歳役)と夫(雑徭)とを同じように扱う規定もたくさんあるが、戸婚律応受復除不給条のように、課役の復除を規定通りに行わなかった場合には徒二年を科するが、小徭役(雑徭と雑使)の場合には僅かに笞五十にすぎない、というように課役と雑徭の扱いに著しい差を設けた規定も存在した。宮崎が雑徭二日で役一日にあたるというように、雑徭は課役よりもはるかに軽くみられていたのである。したがって宮崎説のように、雑徭の義務日数を先に延ばして残しながら課役を免除していったと考えることは、課役の確保を第一の目的とし、雑徭を従とする律令の全体的な構成からみて、きわめて不自然に感じられるのである。

濱口が宮崎説に基本的な部分で依存しながらも、充夫式の規定はすべて雑徭の基本的義務日数を超えた場合についての規定であるとしたのは、おそらく宮崎説のこのような欠点を克服しようとしたものであろう。すなわち濱口は充夫式の文意を、

> 正丁を雑徭に役使して規定外に四十日役使すれば、四十日は役二十日に当るから役を免じ、更に三十日役使すれば三十日は租に当るから租を免じ、更に三十日役使すれば調に当るから調も免じ結局課役(租・調・役)全免となす。また中男を雑徭の規定外役使すること四十日に及べば、中男は雑徭だけで租・調・役の義務を負っていないから、代りに戸内の地租を免ずることにし、地租がない時には戸内の一丁の賦役の何日かと折し、その義務を持つ丁男も居ない時には、近親の戸内の丁男の賦役と折することにする。

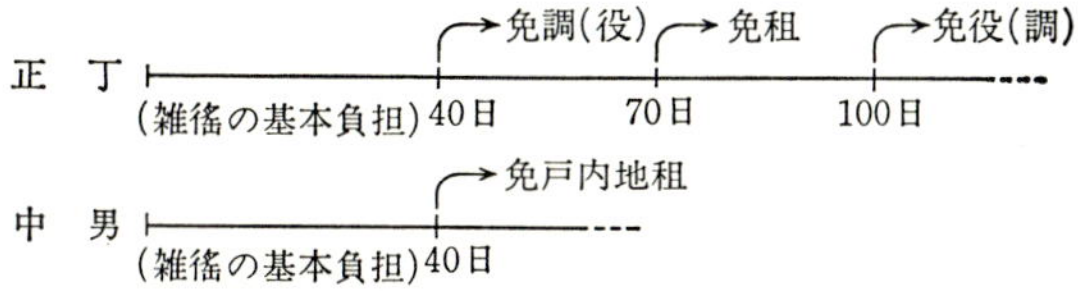

図Ⅶ-3

という意に解したのである(図2参照)。たしかにこのように考えれば、宮崎説の弱点は、一応克服されよう。しかし、もし充夫式が濱口説のような規定であるならば、何故「百日已上課役倶免」とか「満四十日已上、免戸内地租……」というように「已上」を附する必要があるのだろうか。濱口説によれば充夫式も歳役の留役と同じ免除の方式であるから、歳役の留役規定「満十五日免調、三十日租調倶免」と同じように「(満)百日課役倶免」「満四十日、免戸内地租……」と規定した方がふさわしいのではなかろうか。このような無理な解釈をしないで、充夫式をそのまま素直に読むことはできないものだろうか。私は——宮崎説によって充夫式の「四十日免」の次に欠字を想定するだけで——次のような簡明な読み方が可能であると考える。

正丁を雑徭に使役することが、四十日を超えた場合には□(おそらく調、または役)を免除し、七十日を超えた場合には租も免除し、百日を超えた場合には課役をすべて免除する。中男を雑徭に使役して四十日を超えた場合には、(中男は課役を負担していないので)戸内の地租を免ずる。もし地租がない場合には戸内の一丁の課役(の何日か)を折し、その義務を持つ丁男がいない場合には、近親の戸内の丁男の課役を折することにする。

すなわち「正丁充夫四十日免□」を宮崎・濱口説のように四十日の労働に対応する免除と解するのでなく、四十日を超えた労働に対応する免除と解するのである(図3参照)。とすると、次に「七十日並免租」とあるので、「四十日免□」は、四十日を超えて七十日に至るまでの超過労働に対応する免除と解される。このように解すれば、「百日已上課役倶免」も、百日を超えた労働に対応する免除として無理なく読むことができるのである。中男の場合には、四十日を超えた労働に対しての免除となる。充夫式の主旨をこのように解することができるとすれば、雑徭の義務日数は、正丁も中男も四十日以内であり、もし止むを得ず四十日以上使役する場合には、正丁は四十日以上になると□(調または役)を、七十日以上になると□と租を、百日以上になると課役を全免し、中男は四十日以上になると戸内の地租、または戸内ないし近親の丁男の課役を折免したことになる。

なお歳役の義務日数が二十日と定められ、就役が二十日に達しない場合にはその日数分を庸で納めることになっていたのに対して、雑徭には未就労分についての物納制度がなかった。[7] このことは雑徭日数が「四十日以内」と規定されていたとする先の推定を傍証することになり、雑徭は就役日数がそれ以下であっても構わない主旨であったと解されるのである。唐令を手本とした日本の賦役令の条文が、歳役については唐令と同じように、「凡正丁歳役十日、若須レ収レ庸者、布二丈六尺、一日二尺六寸……」と規定しながら、雑徭については、「凡令条外雑徭者、毎レ人均使、惣不レ得レ過二六十日一」というように不定数で規定しているのも、おそらく唐令の雑徭条が四十日以内という不定数で規定されていたのを継承したものであろう。

ところで正丁の雑徭の基本的義務日数を四十日以内(三十九日まで)とする点では、宮崎説も同じである。すなわち雑徭の三十九日までは無償で徴発されるという点では、私説は宮崎説を踏襲している。ところが、宮崎説では雑徭日数が四十日になったとたんに、宮崎説のいわゆる「限満の法」(物事がある限度に達すると始めてそれに応じた効果が現れるが、その限度に及ばない数量は無視されたり、許容されたりするという規定)によって、雑徭四十日は役(庸)の代納とみなされ、雑徭の義務日数は先に延ばされることになるのである。しかも、租調庸を雑徭百日で代納したあとに残る雑徭日数は、「既に力役二十日を夫役四十日で代納した後であるから、恐らく三十日以内であろう。即ち全部を通算すれば丁男は年間、雑徭として最大限百三十日以内、百二十九日迄を使役することができる」と説かれるが、すぐ続けて「更にこの百三十日以内は、実は百二十日であったかと思われる」と、断定が避けられている。宮崎説が雑徭の最大日限を確定できなかったのは、充夫式の「百日已上課役倶免」「満四十日已上、免戸内地租」という規定からすれば当然のことで、充夫式によれば、雑徭を止むなく四十日以上徴発する場合の限度は明示されていないのである。ここに「通ニ正役一並不レ得レ過ニ五十日一」という歳役とは異なった雑徭の特質がはっきりとうかがわれる。宮崎説のいわゆる「限満の法」は、枉役――裁判官が誤って無実の人に徒刑を加えて労役にあてた場合に、その日数に応じて課役を免除するという名例律の規定にも用いられており、唐律令の重要な原則であった。充夫式の規定も宮崎説とは異なった形でこの限満の法が適用されているのではなかろうか。すなわち、雑徭の徴発は四十日以内とする原則であったが、もし止むを得ず四十日を超えて使役する場合には、四十日という限度を超えたことによって□(調または役)を免除し、七十日という限度を超えると□と租とを免除し、百日という限度を超えると課役を全免するというのが、充夫式の主旨ではなかろうか。したがって、雑徭三十日が租・調おのおのに相当し、雑徭四十日が役二十日に大体相当するとしても、百日以上の限度が明示されていないことは、そのような換算が一応のめどにすぎなかったことを示していよう。

ところで充夫式の規定はすべて雑徭の基本的義務日数を超過した就労部分についての規定であると解する濱口説によれば、充夫式には雑徭の基本的義務日数については全くふれていないことになる。そこで濱口説は、宮崎説と同じように、雑徭二日＝役一日、課役(租調役)＝役五〇日＝雑徭一〇〇日、に換算されるという前提に立って、免番銭から雑徭の基本的義務日数を次のように推定したのである。㈠白直などの免番銭(上番しないときに納める銭)二五〇〇文は、白直などが免ぜられた租・調・役・雑徭の四目の評価額に相当する。㈡太常音声人の免番銭日別三三・三三……文は門夫の閑月の免番銭日別一六・六六……のちょうど二倍となり、歳役一日＝雑徭二日の換算率と同じである。㈢

従って太常音声人と門夫の労役をそれぞれ歳役と雑徭とに相当するものと仮定すれば、白直などの免番銭二五〇〇文÷日別三三・三三……文＝七五日、となり、七五日から租（役一五日分）、調（役一五日分）、庸（役二〇日分）計五〇日を差し引くと、残る雑徭は役二五日分、即ち五〇日と計算されることになる。濱口説は僅少な史料から精緻に組み立てられた仮説であるが、唐代の賦役制度について私見とは基本的な見解の相違がある。その理由の一部は既に述べてきたが、課役と雑徭との関係を中心にして以下に簡単に補足しておきたい。

二　唐代賦役制度再考

まず宮崎・濱口両説に共通する前提として、唐の賦役令の体系では、課丁の基本的な負担である課役、即ち租調庸が力役一本に換算され、その換算基準を示すのが賦役令の歳役条（の留役についての規定）であった、という基本的な考え方がある。しかし賦役令歳役条は、そのような一般的な基準を示したものであろうか。たしかにこの条は、名例律の枉役の規定に利用されているが、枉役は特殊な事例であり、しかも枉役された被害者には不利な割合でしかこの条が利用されていない（例えば枉役五十日で一年分の課役が全免され、枉役一年で二年分の課役が全免されるが、五十一日以上一年未満の枉役に対しては、何ら補償はされていない）(8)。また日野開三郎が詳細に検討したように、歳役条の規定そのものが、留役させられた丁に不利な条件でしか租調を免除していない(9)。留役の場合の租調の免除は、まさに濱口の説いたように「報償」（より正確には天子の「恩恵」）であり、代価ではないのである。正役二十日に対する庸は、庸の語義からも推定されるように、労役を物納負担に換算したものと考えられるが、留役の場合の租調の免除には、庸とは異なった考え方が存在したと推定されるのである。したがって正役の庸と、留役に対する恩恵としての調・租の免除とを同じように扱い、課役(租調庸)は正役と留役との合計五十日に換算されるという考え方は、唐代の観念とは異なっていたのではなかろうか。とくに雑徭の場合には、義務日数も四十日以内と不定数であり、一般的な物納制も成立していなかったので、物納負担との間に、等価的な換算関係が確立していたとは考えられない。

もっとも、雑徭の変役ともみられる色役に充てられた中男が、就労しない場合に納める免番銭は、結果的にはその中男の負担する雑徭を物納(銭納)したとみることもできる。[10] しかしいわゆる免番銭が、免除された課役ないし雑徭に完全に対応するものであったかどうかが、まず問われねばならない。免番銭は、宮崎も強調したように、本来その額が一定していなかったのであり、銭額が定められても「不得過…文」というように、不定量の最高限度だけが規定されたにすぎない。白直・門夫等の種々の特定の役務(いわゆる色役)は、官の必要に応じて人民を差し充て、それぞれの役務に適した上番形態をとらせ、その役務の質と量とを勘案して免除する賦役の種目を定めたと推測される。したがってそれらの役務が雑徭の変役的なものとしても、それらの役務の労働日数から雑徭日数を直接に導き出すことは出来ないのではなかろうか。同じ中男でありながら、執衣、都水監三津の守橋丁、門夫は、それぞれ一二〇日、九〇日、五〇日の上番で雑徭を免除される。それぞれの労働形態が異なる以上、上番日数も異なるのが当然であろう。濱口は先の雑徭の義務日数の計算において、門夫の一日の労働を雑徭一日に相当すると仮定したが、既に堀敏一も疑問を出しているように、[11] なぜ門夫の労働だけがそのまま雑徭に相当するのか、その必然性がよく理解できない。雑徭の義務日数を五〇日とする濱口説は、租・調・役(庸)・雑徭の一律的な換算関係を前提とする点からも、また特定の役務だけを歳役または雑徭に相当すると仮定する点からも、疑問がある。

唐の賦役制度の体系は、中央財政に直属する課役を中心にして組み立てられており、一定量の課役を確保することが、その制度の最大の目的であった。歳役について未就労日数分を庸で徴収する建前であったのも、そのような原則の現れであろう。しかし唐の賦役令は、官吏が人民から賦役を徴収する規準を定めたものであって、人民が負う賦役の限度を定めたものではない。そもそも開元の統治法には、濱口の説いたように[12]、「唐朝の支配下にある国土、すなわち山河・湖沼・土地等々から地下資源に至る尽くが天子の所有に属すると同時に、そこに棲息している人間は勿論、虫獣・鳥禽・魚貝・草木の類まで、その総べてが天子の広大なる恩沢によって生を全うしているという観念が存在したのである」「かくして国民は、各自の能力に応じて天子に何がしかの奉仕をなすべき義務あるものとなる」。一般の人民は、天子の土地で働いて獲た果実および労働力そのものをもって奉仕すべきものとされ、そこには負担額の限度という観念は本来存在していなかったと考えられる。もちろんそれは天子と人民との関係であって、官吏が不法にまたは不当に人民から賦役を徴発することは、厳しくいましめられていた。

唐の賦役の中心となった課役のうち、租調庸の物納負担はいちおう負担額が定められていたが、役については、必要に応じて留役させる規定であった。留役者に対して免除された租調が、代償ではなくて天子の恩恵であったことは先述したところである。しかし歳役には、留役を含めて五十日という限度が附されており、課役は全体として一定限度の枠がはめられていた。そしてこのような課役の体系を補完するものが雑徭であった。雑徭はそれぞれの地域で使役される労役であったが、本来四十日以内という不定数の負担であり、また官の必要から止むを得ず使役する場合には百日を超えることもありうる不定量の労役であった。もちろん民を使役する日数は少ないのが理想とされていたことはいうまでもないが、唐の賦役の体系を弾力的に補完していたのが、物納負担ではなくて徭役労働であったことは、唐の賦役制度の本質を考えるうえで、見逃しえない重要な特質である。

唐王朝の厖大な機構を支えてゆくには、様々な形で労働力を組織する必要があった。その形態は多様であったが、それらの特定の労働力では不足が生じた場合には、雑徭を充てて補完することになっていた。例えば、開元二十五年

の倉部格には、

蒲州塩池、令三州司監二当租分一、与二有力之家一営種之。……若陂渠穿穴、所レ須功力、先以二営種之家人丁一充。若破壊過多、量レ力不レ済者、聴レ役二随近人夫一。（『通典』巻一〇食貨一〇塩鉄）

というように、蒲州の塩池の陂渠の修理が、営種の家の人丁のみでは不足した場合に、随近の人夫を充てている。人夫とあるから、おそらく雑徭であろう。また開元二十五年の水部式には、

竜首涇堰、五門六門昇原等堰、令二随近県官専知検校一。仍堰別各於二州県一、差二中男廿人匠十二人一、分番看守、開閉節水。所レ有損壊、随即修理。如破多人少、任レ県申レ州、差レ夫相助。（ペリオ文書二五〇七号）

とあるように、長安に近い竜首涇堰等が損壊した場合、堰ごとに分番看守していた中男二十人と匠十二人だけでは修理できなくなると、州県を通じて差夫、即ち雑徭を徴発することになっていた(13)。このように雑徭は、緊急に労働力そのものが必要になったときの予備労働力としての機能も果していたのであり、先の充夫式が雑徭の徴発日数に上限を設定していなかったのも、このような雑徭の機能と深いかかわりがあったと考えられる。雑徭は唐の賦役制度の体系のなかに精緻に組み込まれていたのであり、その体系をささえる機能を果していたのである。もちろん以上に概観したのは、唐の律令格式の体系であって、開元年間の現実の社会にそのような体系がそのまま機能していたかどうかは別の次元の問題である。宮崎・濱口の両氏は唐代の社会の現実に精通していたために、充夫式をそれ自体としてではなく、現実に引きつけて解釈してしまった、そのためにかえって充夫式の正しい解釈への道が閉されたように私には考えられる(14)。

三　日本における雑徭の継受

日本の律令制定者は唐の賦役令を手本として自らの賦役令を編纂したが、律令以前の賦役の体系を組み入れながら、賦役令の体系に大きな修正を加えている。いま本稿の主題に直接関連する点だけに注目すると、まず賦役の中心をなす「課役」の内容が、唐令と日本令とで大きく異なっていたことがあげられる。一節で言及したように、唐の律令における課役は、租と調と役(庸)をさし、雑徭は含まなかった[15]。ところが日本令の課役には原則として、㈠租が含まれず、㈡雑徭が含まれた。もっとも、㈠日本令のなかにも課役が租を含む規定もあるが(賦役令水旱条)、これは唐令の条文をそのまま継受したために生じた例外的な混乱であって、原則として課役には租は含まれなかった。また㈡日本令でも大宝令では免課役で雑徭が免ぜられない場合があったので(賦役令斐陀国条)、大宝令制定者は——おそらく唐令の影響で——課役には雑徭が含まれないと考えていた可能性もある。ところが養老令の制定者が、賦役令斐陀国条の大宝令文「斐陀国課役俱免」をわざわざ「斐陀国庸調俱免」と書き変えたのは、雑徭は免除しないことを明示するためであったと推定されるので、養老令の課役には雑徭を含むことを前提としていた可能性が強い[16]。唐名例律26条の疏に「侍丁依レ令免レ役、唯輸二調及租一」とあるのを、対応する養老律の疏が「侍丁依レ令免二徭役一、唯輸レ調」と書き変えたのも、唐律令の課役が役と調と租とからなっていたのに対して、養老律令の課役が徭役(雑徭と役)と調とからなっていたことを示している。このように大宝律令ではなお若干問題が残されているが、養老律令では課役には原則として㈠租が含まれず、㈡雑徭が含まれていた。賦役令の骨格をなす「課役」にこのような大きな修正がなされた理由は、律令制以前の負担体系を継承したためと考えられる。

まず「租」の源流となったタチカラは、神に捧げる初穂から共同体首長への貢納物に転化したものと推測されているが、[17] 令制の租はまだ租税としての性格が稀薄であり、積極的な財政機能も果していなかった。[18] その規定も賦役令ではなく田令のなかに、田積規定の注として簡単に記されているだけである。また田租の負担者は――苗簿式や実例によれば――田主ではなく佃人（耕作人）であり、作付面積に応じて負担した（上田で収穫稲の約三％）。令制の田租が課役から除外されたのは、このような田租の基本的な性格によるものであり、その背景には、水稲耕作の生産力の低さと不安定さがあったと想定される。

日本令の課役を構成した調・役（庸）・雑徭は、主としてミツギ・エダチ（チカラシロ）・ミユキを継承していた。まず「調」は令制以前のミツギを主体とし、ニヘをもそのなかに包摂していったが、奈良時代にも、ニヘは調に吸収し尽されずに存続していた。[19]「役」は令制以前のエダチの制を継承している。古代の日本では、中央に徴発して造宮・造寺など朝廷の土木工事に従事させる臨時の力役をエダチと呼んでいた。このエダチは、浄御原令では「役」として制度化されていたが、実役で徴発しない場合に代納物（庸）を納めさせる制度は未だ伴なっていなかったらしい。一方おそらく大化前代から、仕丁（ツカヘノヨホロ）を朝廷に上番させる制度があったが、仕丁を差し出した郷土の集落が、仕丁の資養物としてチカラシロを負担した。チカラシロのシロは「―のためのもの」という意味で、チカラシロとは「チカラのために用いるもの」の意であったらしい。このチカラシロは漢字では「庸」字で表記されたが、チカラシロに対して本来は労働力の対価を意味する「庸」の字をあてたのは、㈠唐代には歳役を庸で納めるのが一般化していたこと、㈡歳役の実役に徴発されない人が納める唐制の「庸」が、仕丁に差点されないで郷土に残っている人の出すチカラシロと形態が類似していたこと、㈢エダチ制はすべて実役徴発であり、代納制が存在しなかったことなどによると推定される。[20] したがって浄御原令施行期の庸は、おそらく仕丁の庸であり、役は実役のみで代納制を伴なわなかった可能性が強い。ところが大宝令では、歳役はすべて庸で収めることとし、必要な労働力は雇役として徴発することにしたと推定される。[21] なお慶雲三年二月格(『類聚三代格』)は、歳役と異なる身役の制「凡百姓身役十日以上免レ庸、廿日以上庸調倶免。役日雖レ多、不レ得レ過ニ卅日一。其役廿日乃給ニ公粮一……」を定めたが、これはかつてのエダチの制が、庸調免除を伴なう身役制として部分的に復活したものとみられる。養老令は唐令の歳役条にならい、歳役を主、庸を従とする規定としたが、実態にはほとんど変化をもたらさなかったらしい。このように日本律令の役(庸)の制は、ツカヘノヨホロ(仕丁)とエダチ(役)の二つの系譜を引き、エダチ(役)と仕丁のチカラシロ(庸)とを結合した形で制度化された。その際、役と庸とは唐の歳役条にあてはめることができたが、仕丁は唐の賦役令の体系から食み出していたので、唐賦役令の最終条にあったと推定される雑徭条のあとに附加されることになったと考えられる。[22]

唐賦役令の雑徭に比定されたのは「ミユキ」である。『日本書紀』の古訓では「雑徭」は「クサグサノミユキ」と訓まれていたが、「クサグサノミユキ」の「クサグサ」が唐令から継受した法制用語「雑徭」の「雑」という漢字の意味から附された訓であることは容易に想定され、「ミユキ」と呼ばれた労役がその実体であったと推定される。「ミユキ」の語義については、身征《ミユキ》・身行《ミユキ》とする説が古くからあり、[23] 近年刊行された『時代別国語大辞典 上代編』(三省堂、一九六七年)の「みゆき」の項にも「(考)ミユキノエという語もあるところから、ミユキは身《ミ》-行《ユキ》で、特に肉体を提供して行なう役《エ》をいったものか」と説明されている。しかしここに傍証としてあげられた「ミユキノエ」という語は、おそらく持統五年十月乙巳紀の「徭役《ミユキエ》」(国史大系本による)という傍訓を指すと思われるが、この傍訓は「徭」を「ミユキ」、「役」を「エ」と訓んだだけのことで「ミユキとエ(ダチ)」の意味なので、「ミユキノエ」という語が用いられた証拠にはならないと思うが如何であろうか。なお「ミユキ」がもし「身行」であったとすれば「ミ」は乙類の音であったことになるが、残念ながら力役を意味するミユキの「ミ」の音が、甲類・乙類いずれであったかを決められる史料は残存していないようである。従ってミユキを「身行」とする説はあくまで一つの推測であって、他の解釈の余地もまだ残されている。

ミユキについてのもう一つの説は、ミユキの「ミ」を甲類の音とする説で、『日本古典文学大系　日本書紀』(岩波書店、一九六五年)の注釈では「ミは敬語の接頭辞、ユキは行、尊貴の場所に行って働く意」(下巻四七九頁注二七)とする。[24]たしかにミユキのミは甲類の音である敬語の接頭辞と解する方が自然なように思われる。しかしミがユキという行為の主体に対する敬語でなく、「尊貴の場所に行って」というように、ユキの目的地に対する敬語のように解するのは少し無理ではないだろうか。やはり薗田香融のように「徭」字の古訓(ミユキ)から考えて、雑徭の起源を行幸奉仕役に求められるのではないか[25]」(傍点吉田)と考えた方が自然だろう。薗田はミユキという訓の類似のほかに、所在において奉仕するという性格が雑徭の起源としてふさわしいという傍証もあげている。もちろん力役を意味するミユキが天皇の御行から転化した語であるという確かな証拠は何もないが、私も薗田の仮説を支持し、この仮説の有効性を検討してみたい。

天子の巡行、すなわち「行幸」に対応する日本語は「ミユキ」であった。ミユキのミは敬語の接頭語、ユキは行クの名詞形である。ユキは、「吾行《ワガユキ》者《ハ》久《ヒサニ》者《ハ》不有《アラジ》」(『万葉集』巻三、三三五)の行《ユキ》と同じで、この行《ユキ》に敬語のミが附いたミユキという語は、本来は天皇の巡行をさしたと想定されるが、天皇以外にもしだいに拡大されていったと推測される。例えば「大伴御行《ミユキ》」という名前も、もしミユキが天皇の場合だけに限定して用いられていたとしたら、存在しえなかったであろう。したがって『大日本国語辞典』(冨山房、一九二八年)が「みゆき」の項を㈠行くことの敬語、㈡天子の外出し給ふこと、と二つに分けて説明したのは当然だと思われるが、『大日本国語辞典』が㈠の例としてあげた「君之《キミガ》三行者《ミユキハ》、今西応有《イマニシアルベシ》」(『万葉集』巻九、一七四九)については『万葉集』の主な注釈書はみな天皇のミユキと解しているようであり、ミユキが天皇(及びそれに準ずる上皇・女院)以外の一般の貴族について用いられたことの確かな例をあげることは出来ない。しかしその可能性のあったことは、後の議論と密接に関連するので記憶に留めておきたい。

ところで都から天皇のミユキがあれば、地方の豪族や農民は、その一行の荷物を運んだり、馬の世話をしたり、警衛に従ったり、道を修理したり、橋をかけたり、行宮を造ったり、御贄を差上げたり、という様々な役務を負担することになったろう。農民たちは、その地方の豪族が「ミユキだからあつまれ」と村々を触れ歩くのを聞いて、労役に駆り出されることもあったろう。そのような事が度重なるうちに、やがて巡行そのものを意味したミユキが、それにともなう労役を指す言葉に転化したとしても、それは自然な成り行きではないだろうか。本来一区画の施設そのものを意味した「ミヤケ」が、政治的・経済的な組織を意味する多様な意味をもつ言葉に転化したのも[26]、その類例としてあげることができる。

天皇のミユキ以外にも、大和朝廷の発展にともなって、しだいに天皇のミコトモチが各地に派遣されるようになる。ミコトモチは、まさに天皇の御言《ミコト》を受けて地方に派遣されたのであり、天皇の名において、地方の政治をおこなった。しかも彼等は臨時に短期間派遣されることが多かった。ミコトモチが地方に赴任するのが果して地方の人々によってミユキと呼ばれたかどうかは明確でないが、先述したように、ミユキという言葉自体は必ずしも天皇に限定されなかった可能性がある。国司などが部内から強制的に食物を提供させた場合の罰則を定めた職制律の監臨強取猪鹿条において、大宝律は唐律にない「贄亦准此」(自発的な贄の提供を受けた場合には罪に問わない)という規定を加えた可能性が強いが[27]、本来神や天皇に捧げるものであった「贄」が、国司に対しても捧げられていることが注目される。このような事例を参照すると、たとえミコトモチの巡行そのものはミユキと呼ばれなかったとしても、「大君のみこと畏み」赴任した彼らが、天皇の名において徴発する労役を、地方の人たちが「ミユキ」と呼んだとしても不思議はない。

ミユキは、やがてミコトモチによって課せられる労役を指す言葉に転化していったのであろう。ミユキは都からやってきた高貴な人によって課せられた、地域社会の外から課せられた労役であったのではなかろうか。そしてこのようなミユキの性格は、ミユキの系譜を引く「雑徭」にも受け継がれていったと推測される。

これまで「雑徭」については、地方的な力役であるという漠然としたイメージが常識化しているが、雑徭の具体的な内容を調べてみると、奈良時代においても、意外なほど朝廷との関係から生ずる労役の多いのに気がつく。雑徭の具体的な内容を考える際に、何時でもまず取り上げられるのは、『令集解』賦役令雑徭条の古記であり、古記は力役に関係する大宝令の諸条を「不在雑徭之限」（雑徭日数に入らないもの）と「充雑徭」（雑徭日数を充てるもの）の二類に分けて詳細に説明している。しかしこの古記説の史料的性格については、なお未解決の多くの問題が残されているので、古記がいかなる基準で令条内の諸条を「不在雑徭之限」と「充雑徭」の二類に分けたかの問題は五節で言及することにして、ここでは古記が令条以外で雑徭を充てるとした力役に注目してみよう。

但臨時将ㇾ有ㇾ事、仮令、作二新池隄及倉庫他界路橋一、御贄獦贄送、公使上下逓送従馬等類、皆是充二雑徭一也。

令条に挙げられていないこれらの力役は、当時の行事を反映している可能性が強いが、その内容を順次見てゆくと、まず最初に「作新池隄及倉庫他界路橋」とある。池隄や倉庫や路橋を作ること自体はもちろん大和朝廷と関係なく地方でも独自に行われていたのであろうが、奈良時代には朝廷から派遣された国司らの指導の下に、新しく池隄や倉庫や路橋が盛んに作られている。なかでも注目されるのは、「他界路橋」とある点で、この「他界」については「隣国との堺」とする説[28]と、「他郡」とする説[29]とがあるが、営繕令の「凡津橋道路、毎ㇾ年起二九月半一、当界修理……」という条文と、それに附された――史料の性格には若干問題があるが――朱説の「当界修理、謂当郡也」（『令集解』該当条）という注釈とによって、「他界」は「他郡」（というより、より正確には「郡外」）であった可能性が強いと思う。「当界官司」が路上の病人を保護するという唐令の規定(『唐令拾遺』戸令三七)を、日本令(戸令鰥寡条)が「当界郡司」と書き変えていることや、捕亡令追捕罪人条の「其当界有二軍団一」について令義解が「謂、当郡之内、有二軍団一者也」と注釈していることなどから、日本令の「当界」は一般には「当郡」と解されていた可能性が強いと考えられる。したがって先の「他界」も「他郡」であった可能性が強いと思うが、しかしそのいずれにせよ、路橋一般ではなく「他界路橋」を作る場合にだけ「充雑徭」とするのは、雑徭が本来は地域社会の外から課せられたものであるという本質を、明確に示している。次の「御贄猳贄送」は、御贄猳贄を「送」る労役だけを指すのではなく、「御贄猳贄」を採取することも含んでいただろう。というのは、記紀の贄に関する説話からも推測されるように、贄は本来採取した集団が天皇に捧げることに重要な意味があったと思われるのであり、また贄と密接な関連のある中男作物が雑徭を充てて採取されたことから、贄も雑徭を充てて採取された可能性が強いからである。(31)そして天皇のミユキの際には当然贄が進上されたし(例、『日本書紀』持統六年五月庚午条)、また贄の起源説話のなかには、ミユキと関連づけられているものが多い(例、『肥前国風土記』松浦郡条)。さらにその次の「公使上下逓送従馬」などは、まさにミユキそのものである。なお古記は、令条内ではあるが雑徭を充てて役すとする諸条の末に、わざわざ令条ではない和銅五年五月十六日格を付け加えているが、その内容は、国司の向下京や遷代の際に支給する馬夫(海路の場合は水手)の数を定めたもので、これもまた本来のミユキと深いかかわりをもつものであった。(32)このように、古記の成立した天平時代においても、雑徭を充てる力役にはミユキの系譜に属するものが大きな比重を占めていた。

さて以上に考察してきた日本の雑徭の特質を、唐の雑徭と比較してみると、唐の雑徭が中央財政に直結する課役(租・調・役)とは異なり、地方官の管轄下にあったことが注目される。すなわち、『新唐書』百官志下には、州の官吏の一種として戸曹司戸参軍事をあげ、その職掌を、掌戸籍・計帳・道路・過所・蠲符・雑徭・逋負・良賤・芻藁・逆旅・婚姻・田訟・旌別孝悌と記しており、[33]県においては司戸佐が雑徭徴発を管轄したと推測される。ところが雑徭は中央官の職掌を記した史料には全く姿をみせない。このように、歳役が中央政府の直接管轄する力役であるのに対して、雑徭は地方官の管轄下にある力役であったと考えられる。ただし歳役は必ずしも京畿で徴発されるとは限らず、[34]歳役と雑徭との分化は、中央政府が直接管轄する土木工事に郷土から離れて赴役させる労役と、地方官の管轄下にあってその地域の人々を使役する労役との差にあったのだろう。雑徭が歳役よりも軽く扱われた理由の一つは、郷土を離れるかどうかという点にあったと推測される。ともあれここでは、唐の雑徭が、中央政府の直接の管轄下にはない地方的な労役で、中央財政(広義)に直接には属していなかったことに注目しておきたい。

それに対して、日本の雑徭は、本来地方豪族が朝廷とは関係なく地域社会で徴発していた労役とは別の系列のもので、中央から天皇またはそのミコトモチが、地方に巡行してきたときに徴発される労役(ミユキ)の系譜を引くものであったらしい。大宝令施行にともなう国司の権限の拡大によって、雑徭の性格もしだいに変化していったと想定されるが、地域社会ではなく中央政府のための労役であるという基本的な性格は、奈良時代の雑徭にも色濃く残存していた。日本律令の雑徭が——唐律令の雑徭とは異なり——調・役(庸)とともに「課役」に含まれたのは、日本の雑徭がミユキの系譜を引く中央財政(広義)的な性格が強い労役であったことによるものであろう。賦役令の体系の中核にある「課役」の内容が、唐令と日本令とで大きく異なったのは、律令法継受以前の日本の賦役の体系が、換骨奪胎しながら、律令の賦役制度のなかに継承されたためであった。

四　浄御原令と雑徭

「雑徭」の制度を唐令から継受したのは、浄御原令においてであった可能性が強いが、明確な証拠はない。浄御原令施行の数年前にあたる天武朝末年の朱鳥元(六八六)年七月壬寅紀(『日本書紀』)には、「半二減天下之調一、仍悉免二徭役一」とあるが、「徭役」という言葉は古くから中国の正史などに一般的な徭役労働の意味で多く使われているので、養老令の通例に従って「歳役と雑徭」という限定的な意味で使用されたと考える必要は必ずしもない。しかし『日本書紀』には、これ以前に調役、課役あるいは役を免ずるという表記はみえるが、徭役を免ずるという表記はこのときはじめて現れてくるので、(35)浄御原令の編纂が進められていた天武朝の後半には、雑徭制が試行されていた可能性もある。ただ「雑徭」の初見が浄御原令施行後の持統六(六九二)年五月庚午紀(『日本書紀』)であること、兵士役と歳役との制度的分離が浄御原令においてである可能性が強いこと、(36)そして「雑徭」の制度そのものが賦役令の体系を前提としていた可能性が強いこと(注1参照)などを綜合して考えると、雑徭の明確な制度化は、体系的な法典としての「令」がはじめて編纂された浄御原令においてであったと推定される。

浄御原令の「雑徭」は、形式的には唐賦役令の雑徭を継受したものと想定されるが、前節で考察したように、その実質には古来のミユキの労役があてられたと推定される。そこでもし雑徭の実質がミユキの系譜を引くものであったとすれば、その原型ともいうべき天皇の行幸の際に徴発された労役は、浄御原令施行以後は当然雑徭とみなされたはずだが、実際にはどうだったろうか。

持統六年三月、天皇は中納言大三輪朝臣高市麻呂の諫めを振り切って伊勢に行幸したが、この行幸の際に徴発された人々に対しては、次のような復除が行われた(引用史料はすべて『日本書紀』)。

(イ) 三月壬午(十七日)、賜二所過神郡、及伊賀・伊勢・志摩国造等冠位一、并免二今年調役一。復免下供奉騎士・諸司荷丁・造二行宮一丁、今年調役上。[37]

(ロ) 三月甲午(二十九日)、詔、免下近江・美濃・尾張・参河・遠江等国供奉騎士戸、及諸国荷丁・造二行宮一丁、今年調役上。

(ハ) 四月庚子(五日)、除下四畿内百姓、為二荷丁一者、今年調役上。

(ニ) 五月庚午(六日)、御二阿胡行宮一時、進レ贄者紀伊国牟婁郡人、阿古志海部河瀬麻呂等、兄弟三戸、服二十年調役雑徭一。復免二挟抄八人、今年調役一。

ここにあげられた行幸にともなう諸労役は、騎士による供奉警護・荷物の運搬・行宮の造営・贄の進上・挟抄《カヂトリ》などであるが、この他にも実際には様々な労役が課せられたに違いない。そして先の仮説によれば、これらの労役こそが雑徭の最も原初的な形態であったことになるが、前掲の史料は、これらの労役が雑徭とみなされたことを、直接には示していない。しかし、(ニ)の贄を進めた河瀬麻呂ら兄弟三戸に対する復除の外は、すべて「調役」の免除であって、雑徭を免除していないことが注目される。このことは、逆にこれらの労役が——その他の雑多な労役とともに——雑徭とみなされていたことを、間接的に示していないだろうか。奈良時代の行幸の際の復除の例をみても、行幸にともなう労役に従事した人々に対して雑徭を復除した例はない。[38] では何故(ニ)の河瀬麻呂ら兄弟三戸に対してだけ、調役と共に雑徭の復除が行われたのだろうか。その理由は次のように考えられる。すなわち、彼らに対しては「今年」だけでなく「十年」間の復除が行われたので、来年以降の雑徭も免除することを示すために特に雑徭について明記したのであろう[39]、と。もし彼らに対する復除も今年だけのものであったとしたら、彼らはすでに雑徭に徴発されてしまったのだから、雑徭の復除は記されなかっただろうと考えられる。このように解すれば、河瀬麻呂ら兄弟三戸に対してだけ「雑徭」の復除が記されていることは、このミユキに徴発された人々の労役が雑徭とみなされたことを示す有力な傍証となる。

浄御原令施行期の雑徭に関する史料は、さきの㈡の外に次の二条があり、これらもまた復除に関するものである(ホは『日本書紀』、(ヘ)は『続日本紀』)。

(ホ) 持統八年三月己亥、詔曰、(中略)醴泉涌二於近江国益須郡都賀山一。(中略)原二除益須郡今年調役雑徭一。

(ヘ) 文武元年八月庚辰、詔曰、(中略)仍免二今年田租雑徭幷庸之半一、又始レ自二今年一三箇年、不レ収二大税之利一。

この二例は、さきの㈡が特定の三戸に対するものであるのに対して、(ホ)は一郡、(ヘ)は全国の今年の雑徭を免除してしまうものである点が注目される。国中諸事すべて雑徭となす、と考える平安初期の明法家の解釈に従えば、一郡または全国に対して雑徭をすべて一年間免除してしまうことは、とても考えられない出来事ではないか。また平安初期まで下らなくても、『令集解』の賦役令斐陀国条で古記がわざわざ斐陀国の「課役」は免除するが雑徭は免除しないと断り、養老令の立法者が意識してこの条の「課役」を「庸調」と書き換えたのも、斐陀国といえども国務の遂行のためには雑徭を免除してはいけない、と考えたからではないだろうか[40]。このような想定の下に雑徭の復除例を編年的に整理してみると、次頁の表の如くなり、大宝令施行とともに一郡以上の行政地域に対する雑徭の復除は全く姿を消すが、しかし意外なことに、そのような一郡以上の行政地域に対する雑徭復除は、弘仁十三(八二二)年になると再びあらわれ、以後しばしば行われるようになる[41]。ではなぜ弘仁十三年以後には一郡以上の行政地域に対する雑徭復除が可能であったのか、という問題をまず解明しておこう。この問に答えてくれるのが弘仁十三年閏九月廿日官符(『類聚三代格』)である。

すなわちこの官符によれば、同年七月廿八日の詔で「免二天下百姓徭[42]一」と雑徭を全免したが[43]、これは大宝令施行以

表VII-1 雑徭・徭役復除表

年月日	内容	種類	出典	備考
朱鳥元・七・壬寅	(徭役)	(◬)	書紀	
持統五・十・乙巳	(徭役)	(○)	〃	浄御原令施行（持統・三・六・庚戌）
〃六・五・庚午	雑徭	○	〃	
〃八・三・己亥	雑徭	◬	〃	
文武元・八・庚辰	雑徭	◬	続紀	大宝令施行（大宝元・六・己酉）
和銅二・八・辛亥	雑徭	○	〃	
養老元・十一・八	徭役	○	続紀 集解	
〃二・四・癸酉	雑徭	○	続紀	
〃二・四・廿八	雑徭	○	集解	
〃四・三・十七	雑徭	○	〃	
神亀四・二・壬子	雑徭	○	続紀	
天平元・二・壬午	雑徭	○	〃	
〃六・四・甲寅	雑徭	○	〃	
〃七・五・戊寅	徭	○	〃	
〃八・正・廿	徭役	○	集解	
天平宝字六・二・辛酉	雑徭	○	続紀	
宝亀二・閏三・壬寅	雑徭	○	〃	
〃三・三・丙申	徭	○	〃	
〃三・十二・壬子	徭	○	〃	
延暦二・六・辛亥	徭	○	続紀	
大同元・八・甲子	徭	○	後紀	
弘仁十三・七・廿八	徭	◬	三代格	弘仁十三・閏九・廿格
承和三・十一・庚辰	雑徭	○	続後紀	
〃八・三・己亥	雑徭	△	〃	
嘉祥元・六・庚子	徭役*	△	〃	
〃四・正・十六	徭	○	三代格	
仁寿三・四・丙戌	徭	△	文実	
〃三・十・癸酉	徭役	◬	〃	
斉衡元・十一・辛亥	徭	◬	〃	
天安元・二・己丑	徭*役、徭	△	〃	
〃二・十一・七	徭	△	三実	
貞観六・九・十四	徭	○	要略	
〃十六・十・廿三	徭	◬	三実	
元慶元・二・四	徭	△	〃	
〃元・四・十六	徭役*	△	〃	
寛平三・十一・八	徭役*	△	要略	
延喜十五・十・廿六	徭	△	紀略	
康保二・十一・廿五	徭	△	〃	

（凡例）○特定の個人又は戸に対する復除。
◬一郡以上の行政地域に対する全面的復除。
△一郡以上の行政地域に対する部分的（雑徭日数の一部の）復除。

備考 ㋑雑徭日数の制度的変化及び丁中制の変化は除いた。
㋺徭＝雑徭については注43参照。
㋩*印は徭役＝雑徭を確認しうるもの、なお徭役の意味の変化については注43参照。

後はじめて行われた一郡以上の行政地域に対する雑徭復除であり、再び浄御原令施行期におけるような状態に帰った。しかし復活した雑徭復除は、これまで雑徭として行われてきた実役のすべてを免除したのではなく、「事不レ得レ已可レ従ニ公役ニ者給レ食」と指令し、同時に公粮を支給する徭丁の範囲と数とを詳細に公定したにすぎなかったのである。そして弘仁十三年以後しばしば行われた雑徭復除に際しては、この官符が臨時格として適用されたと推定される。(44)

ではこのような形の雑徭復除を浄御原令施行期にも想定できるだろうか。たしかに力役負担者に公粮を支給することは古くから行われていたであろう。(45)しかし公粮支給の一般的な展開過程や当時の正税の管理方式などを考えると、浄御原令施行期に弘仁十三年の場合のような対策を講じて雑徭復除をおこなったとはとても考えられない。とすれば浄御原令施行期の雑徭は、一郡以上の行政地域に対する一年間の雑徭復除をおこなっても、地方行政には、原則として差支えがないような性格のものではなかったろうか。斐陀国の場合に養老令撰修者や古記がはらったような考慮を――一年間の復除と永続的な制度とを同一には論じられないとしても、質的には同じような考慮を――はらう必要のないような制度ではなかったろうか。もっとも薗田香融は、前掲史料(ヘ)の「免ニ今年田租雑徭幷庸之半ニ」の文末の「半」は、田租・雑徭・庸のすべてにかかるので雑徭は全免されていないとして、大宝令制とほとんど相似た雑徭制の存在を推測した。(46)私はたとえ薗田説のように(ヘ)は雑徭の半免にすぎないとしても、(ホ)は一郡とはいえ一年間の雑徭を全免しているのだから、そこに大宝令制下との重要な差異を見るのだが、(ヘ)についても薗田説は成立困難と思われるので、次にその理由を説明したい。

まず薗田説のように、田租・雑徭・庸のすべての「半」だとすると、(1)田租・(2)雑徭・(3)庸という配列順序が気になるが、これは我々が大宝令や養老令の賦役令の体系を暗黙の前提にしているのだから、あまり問題にならない。そこでやはり地道に、(ヘ)を収録する『続日本紀』の修辞法を調べてみると、まず類似した例として(紀伊国)「勿レ収ニ当年租調并正税利、唯武漏郡本利並免」(大宝元年九月戊申条)があげられる。正税の「本・利」すべてではなくその「利」だけを免除したこの例は(ヘ)と似ているが、「利」が「租調」にかからないことは明白なので、傍証としては弱い。そこで「免…并…半」という例を探すと、「免二諸道健児儲士選士、田租并雑徭之半一」(天平六年四月甲寅条)とあるのが(ヘ)に類似している。この条は、先の薗田の読み方を適用すれば、田租と雑徭のおのおの半分を免ずることになるはずである。またこの格は天平宝字六年二月辛酉条にも引用されており、「除二其身田租及雑徭之半一」と記されているので、やはり薗田説のように読むこともできそうにみえる。しかしこの天平六年の格を施行するために諸国に出された民部省符の移送を、出雲国計会帳は次のように記録している(『大日本古文書』一巻五八九頁)。

(六月)四日移民部省下符弐道　一、調緋糸加進上状
一、健児正身田租免并雑徭減半状

ここには復除の内容が明確に要約されており、「半」が田租に及ばないことは明白である。(47)『続日本紀』の筆者は、「田租并雑徭之半」と書けば当然その内容は明らかなものと考えて取意文を作成したのであろう。このような類例を参照すると、先の(ヘ)の史料についても、薗田説のように読むことは難しいだろう。しかし、先述したように、たとえ薗田説が成立したとしても、(ホ)のように何故一郡全体の雑徭全免が可能であったかは、大きな問題として残る。

大宝令施行以後、弘仁十三年までの間、一郡以上の地域に対する雑徭の復除が全くみられないのは、この期間において、〔A〕雑徭の徴発が国司に委ねられていたと推測されること、〔B〕雑徭がその地域の〃まつりごと〃に不可欠なものであったと推測されること、の二点を考えると、むしろ当然なことと納得される。これに対して浄御原令施行期に一郡以上の地域に対する雑徭の復除がみられるのは、浄御原令の雑徭が、大宝令施行以後の雑徭とは質的に異なっていたことを示すものであろう。この問題は、かつて狩野久が〔A〕の問題をめぐって論じたが、(48)私は狩野説を継承しつつ、この問題を解く鍵を次の二つの点に求めたい。

その一つは、浄御原令の雑徭は評造など地方豪族が徴発する地域社会の自生的な労役とは別系統のもので、ミユキの系譜を直接に引く労役であったと想定されることであり、もう一つは、国司の職務や権限が浄御原令制下ではまだ大宝令制下ほど大きくなかったと推定されることである。そしてこの両者は相互に密接な関連をもっていたと推測される。

雑徭は地方豪族が朝廷とは関係なく地域社会で徴発していた労役とは別の系列のもので、先述したように、中央から天皇またはそのミコトモチが地方に巡行してきたときに徴発される労役――ミユキ――の系譜を引くものであったらしい。やがて浄御原令の施行される頃には、クニノミコトモチは赴任先に常駐するようになったと推測されるが、彼らの職務と権限はまだそれほど大きくはなかったようである。(49) したがって、国司が地方行政のために必要とした労役もそれほど多くはなかったと推測され、地域社会の日常的な政治や生業は、国造や評造やその他の地方豪族の支配下にあり、そこで必要とされる労役も雑徭とは無関係のものであったろう。ところが大宝令施行とともに国司の職務と権限は大幅に拡大し、その行政のためにも雑徭は重要な位置を占めてきた。もちろん実際に雑徭を徴発するには郡司を媒介としなくては不可能であったろうが、これまで評造などが国司と関係なく徴発してきた労役も、今度は国司の命令――それは溯れば天皇の命令でもあった――によって徴発されることになったのだから、郡司の支配権――殊に郡内の他の豪族に対する支配権――も、それにともなって強化されたに違いない。(50) ともあれ大宝令の施行によってミユキの系譜を引く雑徭の内容が、大きく変貌したことは間違いないだろう。

しかし大宝令施行による国司の職務や権限の拡大は――法規上はともかく現実には――一挙には実現しなかったらしい。国司の支配権は徐々に下部に浸透していったと考えるのが自然であろう。そして、それにともなって雑徭の内容も、しだいに拡大されていったのではなかろうか。古記の成立した天平期はまさにそのような過渡期であった。

五　天平時代の雑徭

天平十年頃に成立したと推定される大宝令の注釈書「古記」は、賦役令雑徭条について、他の条にはあまりみられない詳細な注釈をおこなっている。すなわち『令集解』の賦役令雑徭条は、

凡令条之外雑徭者、毎レ人均使。惣不レ得レ過二六十日一。

という養老令文(大宝令文もおそらく同文)に、「令条外」の意味についての諸注釈を引用しているが、令義解(令釈・跡記も同趣旨)が、

其正丁次丁歳役日数、在二於玉条一、皆立二明文一。即至二雑徭一、不レ入二此限一、故称レ外而起之。凡調庸之外、国中諸事、不レ論二大小一、総為二雑徭一。

と簡潔・明快に注釈しているのに対して、古記は「問、令条外、未レ知、外字之意」と設問し、答として大宝令文を十四条列挙し、「以上諸条、皆此令条之内、不レ在二雑徭之限一」と断定するが、

但臨時将レ有レ事、仮令、作二新池隄及倉庫他界路橋一、御贄猲贄送、公使上下逓送従馬等類、皆是充二雑徭一也。

と但書を付け、さらに「又有下令条内充二雑徭一役処上也」として以下に令文八条と格一条を掲げ、「以上諸条、並是充二雑徭一耳」と結んでいる。ここでは便宜上、古記が「不レ在二雑徭之限一」とする令条内の力役十四条を、古記が掲げる順序にA_1〜A_{14}とし、これに対して「充二雑徭一」とする令条内の力役八条と格一条とを一括して、B_1〜B_9とする(A_1〜A_{14}、B_1〜B_9の力役の内容については注51参照)。また臨時の差役で古記が雑徭を充てるとする令条に規定されていない力役群(先掲史料参照)を一括してC類と呼ぼう(なお、古記はA類について「不レ在二雑徭之限一」とは言うが、「不レ在二雑徭一」

とは言っていないことにも注目しておきたい)。古記が雑徭日数のうちに入れないとするA類のなかには、津橋道路・堤防・渠堰の修理($A_9A_{10}A_{11}A_{14}$)が含まれているが、古記が雑徭を充てるとするC類のなかに「作新池隄及倉庫他界路橋」をあげたのも、A類のこれらの力役を念頭においていたのであろう(52)。A類のなかの津橋道路・堤防・渠堰の修理が、六〇日にものぼる雑徭日数のなかにもし入らないとすれば、公民の労役負担の限度は実質的には六〇日を越えることも制度上はあり得ることになる。そして古記から約半世紀後の延暦年間に成立したと推定される令釈が、

或説「修二理隄防一営二造官舎一、如レ斯之類、載二在令条一、依レ文称レ外、明知非レ徭」者非。何者若レ此之類、不レ入二雑徭一、々々之文、属二在何事一、所謂酷吏深レ文、豈唯刑獄乎。(『令集解』賦役令雑徭条)

と痛烈に非難し、酷吏とまで誹謗した「或説」こそ、この古記説を指していたのではなかろうか。少なくとも古記の内容は、令釈の非難した或説と実質的には同じであった。『令集解』のなかでも、このような激しい対立は他にほとんど例をみない。古記の成立後、約半世紀も経た延暦年間において、令釈が声を大にして古記説(ないしはそれに準ずる説)を罵倒しなければならなかったのは、古記の説がそのころの明法家にまだ影響力をもっていたからではなかろうか。例えば、令釈の少しあとに成立したと推定される穴記は、賦役令車牛人力条の労役について、「但徭折不之状、合レ案二下雑徭条古私記一也」(雑徭を折いて充てるかどうかは、下条の雑徭条の古記――穴記の引用する「古私記」は「古記」をさす――を参照せよ)というように、ある労役が雑徭日数のうちに入るかどうかの基準を、古記の注釈に求めているのである。

それではこの特異な古記の注釈は、単なる机上の空論であったのだろうか。岸俊男は、古記の注釈は力役負担の主体が令条に明確に規定されているかどうかを規準にして机上で区分したものにすぎず、雑徭の実態とは関係ない空論であるとする(53)。たしかに現在の私たちの眼で令文を素直に読むかぎり、「凡令条外雑徭者、毎レ人均使。惣不レ得レ過二

六十日二」の「令条外」という語句は、なによりもまず次の「毎人均使」にかかると解するのが自然であり、令条のなかに徴発の仕方についての具体的規定のない一般的な雑徭は、特定の人に偏らないようにせよ、というのが本来の(おそらく母法である唐令における)意味であった可能性が強く、岸説もそのような「正当な」令文の読み方に立脚していると思われる。しかし古記が果して力役負担の主体に着目して前述のような分類をしたかどうかは疑問が残り、長山泰孝の主張するように、古記は力役の内容(仕事の種類)によって分類した可能性が強いと考えられる。[54] そして古記の分類がそのまま天平時代の実態ではなかった可能性が強いとしても、古記の分類は古記の筆者の判断だけでなされたものではなかったと考えられる。それは東野治之が指摘しているように[55]、古記の分類が「請辞」という太政官処分を一つの拠り処としていた可能性が強いからである。

　賦役令の斐陀国条は、斐陀国から匠丁を上番させる規定であり、その大宝令文は、

凡斐陀国、課役倶免。毎レ里点二匠丁十人一、毎二四丁一給二廝一人一。一年一替。余丁輸レ米、充二匠丁食一。正丁六斗、次丁三斗、少丁一斗五升。

とあり、里ごとに十丁(匠丁八人・廝丁二人)が京に上番し、国に残った丁は上番者の食料米を負担し、その代りに斐陀国全体の課役を全免する規定であった。この大宝令文の「課役倶免」に雑徭免除が含まれないことは、古記が「問、雑徭免不。答、不レ免」と注釈し、養老令が「課役倶免」を「庸調倶免」と書き替えたことから確認されるが、古記はさらに次のような問答を加えている。

問、充二雑役一免二課役一之色、米免不。
答、可レ免也。上二匠丁一年不レ輸故也。請辞曰、運二調庸春税一之類不レ云也。但作二新池堤及倉、他処路橋一之類者、充二雑徭一。

この問答の意味は、雑役に充てられて課役を免ぜられたものは、米を免ぜられるかどうか、という問に対して、免ずべきである。匠丁として上番する年は米を輸さないからである、と答え、さらに「請辞」を引用して、調庸春税を運ぶの類は免除しない。ただし新しく池堤・倉・他処路橋を作るの類は、雑徭を充てる、と補足的な説明を加えたのである。「充二雑役一免二課役一之色」とは、賦役令舎人史生条に「凡舎人・史生・伴部・使部・兵衛・衛士・仕丁・防人・帳内・資人・事力・駅長・烽長……並免課役」とあるのをさすが、この場合の「免課役」は調庸とともに雑徭の免除もふくんでいた(『日本思想大系 律令』岩波書店、一九七六年、賦役令補注19a)。したがって雑役に充てられて課役を免除されたものは、庸調免除と関連する米の負担は当然免除され、また一般の雑徭も免除されることになるが、そこで雑徭(日数)に含まれる力役の範囲が当然問題となってくる。古記が「請辞」を引用したのは、まさにその問題に関連して雑徭の範囲を示すためであったと考えられる。すなわち「請辞」によれば、「運二調庸春税一之類」は――雑徭日数には入らないので――雑徭を免除されたものも負担することになるが、「作二新池堤及倉、他処路橋一之類」は雑徭を充てるので、雑役に充てられて雑徭を免除されたものは負担しなくてもよいことになるのである。

この請辞の内容は、雑徭条の古記の分類のうち、舂米運京・調庸運脚(A_1A_2)は雑徭の限りでないとし、また「作新池隄及倉庫他界路橋」(C類)は雑徭を充てるとする部分と一致し、古記が請辞を念頭において雑徭条の分類をおこなった可能性が強くなる。[56]『令集解』に引用された請辞(請事・起請)がすべて古記に(一例は令釈にも)引用されていること[57]も、古記の注釈が請辞を念頭においていたと想定する傍証になろう。請辞(請事)のなかには養老三年の諸国按察使の上請に対する官判(太政官処分)もみられるので(『令集解』賦役令水旱条古記)、この斐陀国条の請辞も、諸国の国政を見わたした按察使などの上請によった可能性が強いだろう。少なくとも斐陀国だけに関するものでなかったことは、斐陀国では免除されているはずの調庸の運脚が問題とされていることからも確かめられる。しかし『令集解』の古記に引用された請辞の多くは、大宝令施行初期に、律令の細かな施行上の問題を解決するために定められたものであったため、奈良時代中期にはすでに意義を失なっているものがあり（例、選叙令贈官条の古記所引の起請辞は早くも神亀五年三月に、禄令給季禄条の古記所引の請事書は天平宝字五年二月に、それぞれ意義をもたなくなっている(58)）、問題の斐陀国条の請辞も、神護景雲二年二月廿日の太政官符（『類聚三代格』）に引く諸国百姓の上言に、

運二春米一者、元来差レ徭、人別給レ粮、而自二天平勝宝八歳一以来、徭分輸レ馬令レ運。

とあるのが実態であれば、請辞及び雑徭条古記とは食違っていたことになる。また、すでに古記説の末には、春米運京が雑徭の限りでないとする点では請辞や古記の分類と一致するが、古記説とは著しく異なり、むしろ令釈や義解に近い注釈が、「一云」として引用されている。

一云、除二十日役一以外、皆充二雑徭一、〔此為レ長〕(59)但運二調庸春米一、幷須レ修二治渠堰一者、先役二用レ水之処一者等、並不レ在二雑徭之限一也。

したがって古記の分類が請辞のような施行細則に多少の拠り処はもっていたとしても、けっして安定した注釈とはいえなかったことが知られる。古記がこのような不安定な注釈を長々と詳しくおこなったのは、むしろ雑徭の実態が流動的で不安定なものであったからではなかろうか。雑徭は本来地方の豪族がその地域社会の必要に応じて徴発していた労役とは別の系列のものであったこと、ところが、大宝令施行にともなう国司の権限や行政の範囲の拡大に応じてしだいに雑徭を充てられる労役の範囲が拡大してきたこと、この二つの側面が交差するところに天平時代の雑徭の複雑さが生じてきたのではなかろうか。天平時代は国造以来の地方豪族の世界が、国司を中心とする律令政治のなかに組み込まれてゆく重要な画期であったが、雑徭の問題についても、地方豪族が独自に徴発してきた労役が、雑徭のなかに組み込まれてゆく過渡期であったと想定される。律令国家の建前からすれば、「除二十日役一外、皆為二雑徭一」（古

記所引「一云」)、「調庸之外、国中諸事、不レ論ニ大小一、総為ニ雑徭一」(『令義解』)というのが天平時代の国政の目標であったはずだが、古記は国政の実態から眼をそらすことができなかったために、却って雑徭条古記のような混乱に陥ってしまったのではなかろうか(60)。この時代の雑徭の内容が如何に可塑的なものであったかは、雑徭日数六十日を――何らの対応措置も必要とすることなく(後述)――一挙に半減することができたことからも(『続日本紀』天平勝宝九歳八月条)、容易に想定することができる。

ところで国司の雑徭徴発は、石母田正が的確に指摘しているように、在地首長層の人民に対する人格的支配=隷属関係を前提としており、郡司の雑徭徴発の権力も、在地首長層の伝統的な権力を制度化したものにすぎなかった(61)。国司の「雑徭」徴発は、在地首長層が共同体を代表して徴発してきた労役から派生してきた二次的な労役にすぎなかったのである。ただし石母田が、そのような労役の奴隷制的な性格を示す根拠として、雑徭に公粮が支給されたことをあげたことについては、実証的に疑問がある。石母田が根拠としたのは『令集解』の雑令取水漑田条の朱説であるが、この朱説のいうのは、用水の家による渠堰の修治には雑徭を充てず、官食を給しない、ということだけであって、一般的に雑徭に官食が給されたかどうかは、この史料からは何とも言えない。少なくとも天平時代に雑徭に対する一般的な公粮支給が行われていなかったことは、天平時代の正税帳の分析からほぼ確認できるのである。すなわち、地方の国における一般的な力役(雑徭とは限らない)の負担者(62)に対する功・粮支給の例を、郡稲や国儲が正税に混合された天平六年以降の正税帳から拾うと(「6尾張」は天平六年度尾張国正税帳を示す。以下同じ)、

(イ) 運雑物向京担夫(給粮)　6尾張・8薩摩・9但馬・10淡路
(ロ) 運交易雑物向京担夫(給傭)　10駿河
(ハ) 修理堤防□(不明)　6尾張

(ニ)　改造神社(給傭食)　10周防
(ホ)　錦綾羅織生(給食)　6尾張・10駿河
(ヘ)　番匠(給粮)　6尾張・9但馬
(ト)　造貢上雑物工(給功)　10筑後

の七種類に大別されるが、このうち、雑用部分の使途が完全に復原できる天平九年度の但馬国正税帳に記載されているのは、(イ)の運雑物向京担夫と、(ヘ)の番匠とに対する給粮だけであり、しかも天平九年の但馬国に特有な条件は見当らないから、天平時代の諸国で毎年経常的に支出されていたのは、多く見積っても(イ)と(ヘ)のみであったと推定され、雑徭に対する給粮が、少なくとも、一般的には行われていなかったことが確認される。但馬以外の諸国における功や粮(や酒糟等)の支給は、その国に特有なものか、或は臨時に行われたものであろう。もちろん雑徭を充てた特定の労役に対して公粮を支給することはあった。例えば天平宝字三年には大宰府に対して「船者宜給二公糧一以二雑徭一造」と命じている(『続日本紀』)。そしてこの場合、「雑徭を以て造れ」というだけでなく「公糧を給して」とわざわざ附言しているのは、雑徭に対する公粮の支給が一般的でなかったからであろう。

しかしこれまでに明らかにできたのは、国郡の正税から公粮が支給されていないことだけであって、雑徭に徴発された個々の役夫が食糧を自弁していたかどうかは、別箇の問題である。雑徭の徴発が在地首長層の人格的支配=隷属の関係を基礎としており、また雑徭が共同体の共同労働と不可分の関係にあったことを考えると、共同体を代表する在地首長層のクラから食糧が支給された可能性は、完全には否定できない。したがって、雑徭に食糧が支給されたとする石母田説は、実証的な論証手続きにおいては失敗しているが、理論的にはなお一つの仮説として生きている。現在公刊されている史料からこの問題に決着をつけることは非常に難しいと思われるが、木簡などの新史料によって、もしこの問題が解決されれば、律令制と在地首長制との関係を解明する重要な手懸りとなるであろう。

六　徭帳の成立をめぐって

雑徭は調庸とともに課役(養老令における課役)を構成したが、令条に「惣不レ得レ過二六十日一」と規定されていたように、本来非常額的な労役であり、またミユキの系譜を引くことからも推察されるように、はじめは臨時的な性格の強い労役であった。もちろん朝廷は国司の雑徭徴発に関心をもち、前節で引用した「請辞」のような施行細則も定めていたが、調庸の徴収の内容が文書によって詳細に中央に報告されたのに対して、雑徭徴発の内容を文書によって定期的に中央に報告する制度は、奈良時代には存在していなかったと推定される。地方から中央に上申された文書を詳細に記録した天平六年度の出雲国計会帳をはじめとして、奈良時代の残存史料のなかには、雑徭に関する報告文書は見当らない(63)。また『令集解』の営繕令近大水条の穴記は、堤防の修理に「応レ役二五百人以上一者、且役且申」という令文に関連して、

問、此条、徭夫而申由何。答、為二役人員多一所レ申是。(中略)

問、軍防令城隍条、役訖申レ官、此条亦申。未レ知、申二徭夫一由何。答、此是為二人数多事及城隍事等一申耳。本意、不レ謂レ為レ徭。凡天下徭夫除二両条所一レ云之外、皆不レ申レ官也。

というように、執拗に徭夫であるのに太政官に報告する理由を問題とし、徭夫は官に申さないのが原則であると強調している。この問答はおそらく、調庸の徴収に関する事項が太政官に上申されていたことを念頭におき(例、慶雲三年九月勅に「凡田有二水旱虫霜一不熟之処、応レ免二調庸一者……五十戸以上申二太政官一。……」『類聚三代格』)、雑徭について

は太政官に上申しないのが原則であることを強調したものであろう。したがって定期的に文書によって報告させる制度の有無とは若干問題が異なるが、しかし雑徭徴発の内容を文書によって毎年報告する制度がもし確立していたとすれば、穴記のような断定的な問答はなされなかったように思われる。『令集解』に引かれている「穴記」は幾人かの手を経て長い年月の間に成立したものらしいが(64)、先の問答は延暦期に近いころに書かれた古い部分に属した可能性が強いと考えられるので、奈良時代には雑徭徴発の内容を文書として報告する制度が存在しなかったと推定する一つの傍証となろう。もちろん雑徭徴発の結果を文書によって毎年中央に報告する制度が存在しなかったとしても、朝廷が国司の雑徭徴発について全く放任していたわけではない。例えば天平勝宝九歳(七五七)八月、政権を掌握した藤原仲麻呂は、雑徭日数の限度六十日を三十日に半減したが、その理由を「頃年之間、国郡司等不レ存二法意一、必満二役使一、平民之苦、略由二於此一」と述べている(『続日本紀』)。この改革はその後(おそらくは仲麻呂の没落とともに)旧に復し(65)、延暦十四(七九五)年閏七月には再び雑徭日数の限度が六十日から三十日に半減されるが(『類聚三代格』)、この両度の半減に際しては、後の貞観四(八六二)年三月、畿内の雑徭日数を三十日から十日に削減した際に、田租の増徴分で「例役」の不足分を雇役しようとした(『三代実録』)ような対策は取られていない。そのような対策なしに雑徭日数の限度を一挙に半減できたのは、雑徭を充てる労役の内容がきわめて可塑的であり、未だ「例役」化した部分が少なく、それに比して雑徭日数の限度が過大であったためと想定される。

延暦十四年の雑徭日数の半減は、公民負担の軽減と国司に対する統制の強化を企てた一連の民政改革の一環として行われるが、このような桓武朝の地方政策の基本線は、平城朝にも継承され、大同三(八〇八)年八月には(『日本後紀』)、

令三諸国進二徭帳一、為二諸国雑徭差役各殊一也。

と徭帳の上申が諸国に命ぜられた。周知の如く大同年間には観察使がめざましい活躍をし、この期間に出された民政

策の大多数は観察使の解(上奏)に基づくものであり、特にこの年二月には「臨時差科繁多、徭丁数少」との理由で畿内諸国の事力が観察使の奏によって停止されており(『類聚三代格』大同三年二月官符)、また先引史料によれば徭帳を造進させる理由として「諸国の雑徭の差役が各々殊《こと》なる」ことがあげられているので、一国だけでなく一道全体にわたって国政を観察する立場にあった観察使の存在が浮び上がってくる。おそらく徭帳の造進も観察使の上奏によって立案されたものであろう。

ところで「徭帳」は『交替式』にも『延喜式』にも見えず、時代は下るが『政事要略』(巻五七)の四度公文の枝文の目録にもみえないので、徭帳の造進制度は経常的な制度としては確立しなかった可能性が強い。しかしこの時だけの臨時の制度でなかったことは、弘仁十四(八二三)年の公営田設定の際に「徭帳」が利用されていることと(『類聚三代格』弘仁十四年二月廿一日太政官奏)、この徭帳の系譜を引くと思われる「徭散帳」が延喜・延長年間につくられていることによって確かめられる(『政事要略』延喜二年十一月宣旨、延長四年五月官符)。「徭散帳」の「散」という字は正倉院文書にもよく用いられており、「散」とか「散役」とか記した次に、労働力の種類(例、仕丁・木工・雇夫など)や仕事の内容(例、斲・紙打・柴採・板屋作など)を詳細に列挙している。『延喜式』(巻四一、弾正台)に、大営造があるとき「役夫散帳幷人数」を所司から報告させて弾正台の役人が非違を糺弾するとあるのも、同じような内容をさしているのであろう。ただしこの場合の役夫散帳が仕事の予定を記したものと推定されるのに対して、雑徭の徴発は一般に国府に留められた計帳(歴名)を利用して行われていることと[66]、前年度の雑徭徴発の結果が徭散帳によって勘査されていることから(『政事要略』延喜二年十一月宣旨)、「徭散帳」は「計帳」を利用して行われた雑徭徴発の結果を整理して作成されたものと推定される。延長四(九二六)年に徭散帳の造進を命ずる理由を「諸国徭人雑散有レ限、而立用之数、彼此不レ同。至二于差充一、非レ無二事疑一」と述べているのが、大同三年に徭帳の造進を命じたのと実質的に同じであるのも、徭散帳が徭帳と同じもの、おそらくは徭帳の別名であったことを推測させる。徭帳・徭散帳は「雑徭に徴発した徭丁数やその仕事の内訳を記した文書」と考えられるが、その内容をさらに具体的に推定する手懸りとなるのは、徭散帳が弘仁十三年格によって勘査されていることである。すなわち延喜二年に至るまで、主計寮は諸国から上申された徭散帳を「依二弘仁十三年閏九月廿日格一、許二可レ許之色一、返勘申」という形で勘査してきたが（『政事要略』延喜二年十一月宣旨）、この「弘仁十三年閏九月廿日格」こそは、雑徭制度の大きな転換として四節でもとりあげた、雑徭全免にともなう給粮について規定した格であった。

弘仁十三（八二二）年七月、おそらくはこの年に激しく襲った旱害のためであろう、天下百姓の（この年の）雑徭は全免されることになり、やむを得ず公役に従うものには、正税から一人一日あたり一升の米を支給することになった。しかし諸国から上申されてきた公役の内容を検べると、「或不レ可レ役而濫言、或可レ役而漏不レ言、彼此参差、多言二人数一、事乖二公平一、理不レ可レ然」という状態であったので、あらためて使役すべき徭丁の種類と人数とを公定した。その内容を列挙したのが弘仁十三年閏九月廿日官符（『類聚三代格』）であり、弘仁以後しばしば行われた一郡以上の行政地域に対する雑徭復除に際しては、この官符が臨時格として適用されたと推定され（四節参照）、さらには諸国から上申する徭散帳の勘査にも利用されるようになったのであった。この官符は当時の朝廷がどのような労役を国務の遂行にとって不可欠と考えたかを示す貴重な史料であるが、国史大系本の校訂には若干疑点があるので、前田育徳会尊経閣所蔵の『類聚三代格』の写本によって再校した徭丁列挙部分を引用すれば、次のようになる。(67)

……………………（紙継目）………

〔甲〕　四度使雑掌廝丁　朝集使四人　自余三使各二人
　　大帳税帳所書手　大国十八人　上国十六人　中国十四人　下国十二人

造国料紙丁大国六十人　上国五十人　中国四十人　下国三十人　造筆丁国別二人　造墨丁国別一人
装潢丁大国六人　上国五人　中国四人　下国三人　造函幷札丁大国六人　上国五人　中国四人　下国二人
造年料器仗長国別一人　同丁大国百廾人　上国九十人　中国六十人　下国卅人
国駈使大国三百廾人　上国二百六十人　中国二百人　下国百五十人
収納穀穎正倉官舎院守院別十二人
採黒葛丁国別二人　不貢御贄国不在此限
事力毎一人斵丁四人
郡書生大郡八人　上郡六人　中郡四人　下郡三人　毎郡案主二人　鎰取二人
税長正倉官舎院別三人
徴税丁郷別二人　調長二人　服長郷別一人
庸長郷別一人　庸米長郷別一人
駈使大郡十五人　上郡十二人　中郡十人　下郡八人
厨長一人　駈使五十人　器作二人　造紙丁二人
採松丁一人　炭焼丁一人　採藁丁二人　葺丁三人
駅伝使鋪設丁郡幷駅家別四人　伝馬長郡別一人
　右諸国言上参差不同、仍折中所定如件。
……………………（紙継目）……………

〔乙〕

修理官舎正倉溝池堰堤等事

調綾師并生及造筏等丁不貢綾国不在此限
進官雑物綱丁并持丁
国司交替并貢調使国郡司送丁及持公文丁
伝使厨人并駅子及伝馬丁渡子等
採甘葛汁蜜及猪膏等丁不進官国不在此限
　右可役之丁、或本自有格、或臨事可処。仍不載人数。宜商量行之。

徭丁の内訳は、(甲)人数を定めた前半部と、(乙)人数を定めない後半部に分れるが、(甲)の人数の単位は、原則として一人あたり三〇日（当時の雑徭日数）使役される徭丁数であり、常時上番している徭丁数ではないと推定される。というのは、「収納穀頴正倉官舎院守」を「院別十二人」と定めたのは、一二人の院守が一名ずつ交替に雑徭日数分だけ上番することにより（三〇日×一二人＝三六〇日）、一年間の常時の上番が確保されるようにしたと推定されるからである。すなわちこの官符の主旨は、（徭丁の人数）×（三〇日）×（一升）の正税支出を認めることに主眼があった。したがって、厨長と厨人、伝馬長と伝馬丁の如く、上下関係に立つ両者が一括して徭丁とされたり、官人身分に近い郡書生・案主や、さらには現に他人を駈使していた鎰取までが（『大日本古文書』四巻四二九頁）、徭丁とされている。しかし事力の断丁（カシハデ）が四人とされているのは、正税支出の単位としてだけでは説明できない。本来のカシハデであったなら、一人の事力（国司に支給される雑役人）に対して四人ものカシハデが必要だとはとても考えられないからである。その背後には色役（雑役）の雑徭化という、律令の労役体系の変化があったと想定される。

七　雑徭制の変質

律令制的な統治機構は、官人層の下に多種多様な職務を色役(雑役)として組織することによって運営され(例、事力・駅子・牧子など)、これらの特定の職務に就いたものには、その代償として賦役の全部もしくは一部が免除されていた。しかしこのような色役制度は、天平時代には早くも変質し始め、雑徭の一種として扱われるように変っていったが、(68)その最初の契機となったのは東大寺の造営であった。天平勝宝三(七五一)年、色役の特殊な形態ともいえる雑戸の一種、馬飼は、おそらくは大仏造営への積極的な協力を目的として、雑戸の身分から解放され、雑徭として上番させられることになった。(69)平安初期になると、種々の色役の上番日数を、雑徭日数を基準にして均等化しようとする改制が進み、その一環として、徭丁に還元することが難しい特定の色役負担者に対して、徭丁を副丁(厮丁・資丁)として給与する制度が発達した。例えば前節の弘仁十三年格で問題となった事力についてみると、弘仁十(八一九)年に、衛士・仕丁に準じて事力にも副丁四人を給与することになったが(『政事要略』)、この副丁が徭丁にほかならなかったことは、副丁四人を六人に増加した貞観十(八六八)年の民部省符(『政事要略』)のなかに、増員を要請した出雲国の次のような上申書が引用されていることからも明白である。「百姓の雑徭は貞観六年に三十日から二十日に減少されたのに、事力だけは依然として三百六十日駈使され、しかも立丁(事力にあてられた本人)の調分二十日・庸分十日・徭分二十日と、副丁四人の徭分八十日を加えても(合計百三十日にしかならず)、一年には二百三十日不足する。これは、雑徭減少の格の主旨にも違い、不公平である。だから副丁の数を増加してほしい」。この出雲国の上申書によって、雑徭日数が三分の二に減少されたのに応じて、事力の副丁数は四人から六人へ、二分の三倍されることになった。

このように副丁は、立丁に対して雑徭日数分の養物を負担する丁にほかならず、前節の弘仁十三年格の徭丁のなかに事力の断丁四人があげられていたのも、本来のカシハデではなくて、副丁としての徭丁にほかならなかったのである。

色役の雑徭化と副丁制のゆきついた形は、氷室で働く徭丁についての延喜式(主水司)の規定にみることができる。大宝令の施行細則である官員令別記によれば、氷戸は品部として調と雑徭とを免除されていたが、延喜式の段階では、すべて徭丁とされている。しかも一般の徭丁を管理する立場にある長《をさ》・執鑰《かぎとり》・守野山《のやまもり》らの色役人も、その副丁(長の副丁が六人半、執鑰・守野山の副丁が各五人)の数を加えて延徭丁数に換算され、見役徭丁と機械的に総計されている。ここに、色役の雑徭化と副丁制との完成された結合形態を見ることができる。(70)

ではこのような雑徭(徭丁)への均一化はどのような意図のもとに行われたのであろうか。関係史料のなかにしばしば建前として強調されているのは、特定の色役負担者が一般公民よりも重い負担を負うのを避けて、負担を均等化することであったが、おそらくそれよりも大きな要因は、調庸の一定量を確保することであったと推測される。例えば畿内諸国では大同三(八〇八)年に国司に給う事力を停止したが、天長二(八二五)年にその復活を申請した河内国の解は「但以レ徭均使、不レ損二貢賦一」とわざわざことわっている(『類聚三代格』天長二年閏七月官符)。事力の復活を申請するのに「雑徭を充てて均使するので貢賦を損しない」とことわったのは、事力は賦役令によって課役を免除されていたから、事力を復活すれば、当然、貢賦(具体的には調、この場合は畿内だから庸はない)を減少することになるが、調の減少は太政官の最も嫌うところだったので、そのために事力の復活が拒否されるかも知れないと予想して、調を減少しなくてもすむように「徭を以て均使」することにしたのであろう。天長十年、因幡国が同じく事力に雑徭を充てるために上請した解にも「停レ差二調丁一、駈二使徭人一」とあるが(『続日本後紀』天長十年六月条)、ここにいう「調丁」とは調(あるいは調庸)を負担する丁を意味し、雑徭を充てることによって調丁の減少が防がれているのである。調庸丁の数を確保することは当時の政府の最大関心事であり、雑徭はそのための手段として操作された可能性が強い。

雑徭は調庸だけでなく正税とも密接な関係があった。例えば貞観六(八六四)年正月、雑徭日数を三十日から二十日に減少することを宣告した太政官符は、雑徭日数の減少によって起りやすい弊害を「或牧宰《(国司)》等偏称二徭民不レ足、好用二功粮一。論二之政途一、豈云二良吏一」と警告し、雑徭日数の減少によって予想される雇役――正税からの功粮支給――の増加を防ごうとしている(『類聚三代格』貞観六年正月官符)。また貞観七年に、牧場の格《かこい》を修造するために「停レ請二料稲一、以二牧内浪人徭一、随二破損一修造」と命じているのも(『類聚三代格』貞観十八年正月官符)、正税を確保するために、正税からの功粮の支給を停止して、浪人の雑徭を充てることにしたのであった。

このように、雑徭は、正税から功粮を支給する雇役と、相互に補足しあう関係にあったが、国内の諸施設の修理のために、正税とは別に特定の修理料稲を設置することもおこなわれた。[71] その重要な契機となったのは、弘仁十四(八二三)年の公営田制であった。すなわち公営田制を立案した太政官奏は、修理池溝官舎料を設置する理由を、

右百姓減少、破壊弥多。計二算徭帳一、毎国無レ余。今商量置二件料一、将充二役夫功食一。其料亦可レ用二穫稲一。

と述べており(『類聚三代格』弘仁十四年二月官奏)、「徭帳」を計算してみると、どの国も修理池溝官舎のための徭丁の余りがないので、穫稲の一部を割いて雇役しようというのであった。この官奏は、前節で検討した「徭帳」が実際の政策立案にどのように利用されたかを示す史料としても興味深い。公営田は西海道諸国に施行されたものであったが、同じ弘仁十四年、越前と加賀において、官舎の修理料を臨時に正税から支出することが許され、その分は正税を出挙して補塡することになった(『類聚三代格』弘仁十四年五月官符)。この制度は他の諸国の修理官舎にも適用されることになったが、毎年一定量を出挙してその利を修理料に充てる制度――いわゆる雑稲出挙制――は、官舎修理料については成立しなかったと推定される。これに対して池溝修理料の方は、天長初年に経常的な出挙制として確立した(『貞観交

替式』天長三年七月官符)。このように修理官舎料と修理池溝料とは異なった形で制度化されたので、国司の交替の際にも、官舎の少破は雑徭を充てて修理するのに対して、池堰の少破は例料を以て修理することとされた(『政事要略』巻五四・五五)。弘仁〜天長期に修理料稲出挙制が急激に拡大し、制度化されたのは(72)、雑稲の分離によって正税を確保し、その雑稲出挙の利によって雑徭の不足分を雇役しようとしたのであったが、雑稲出挙制の中心が修理池溝(池堰)料にあったことは、郡司による雑徭徴発によっては、もはや池溝(池堰)の維持が困難になった状況が生じていたことを示しているのではなかろうか。国司が修理料稲を支出して労働力を編成し直すことによって、はじめて池溝の維持が可能となったのであろう。中央政府は雑徭の機能に見切りをつけ始めた。平安初期に雑徭は調庸や正税と並ぶ一つの税目として中央政府に把握されるが、同時に調庸や正税を確保するための手段として操作され、しだいに形骸化していったのである。延喜二(九〇二)年、「徭散帳」の勘査方法は、

　諸国所レ中徭散帳、除レ進二官下一之外、惣二計国料一、乃為二三分一、返二其可レ許二分一之事。

と変更された(『政事要略』延喜二年十一月宣旨)。この改革の具体的な内容は明らかでないが、これまで弘仁十三年格によって個々の労役の内訳まで勘査してきたのを(前節参照)、今後は「官下」(中央の太政官)に進める分を除いた残りの「国料」を惣計して、その三分の二を許すことに変更している。中央の官人にとって、雑徭の果すべき個々の機能は、もはや大きな問題ではなくなっている。

最後に、国司の雑徭徴発権が分割されてゆく契機について一瞥《いちべつ》しておきたい。律令の建前としては、国司は原則としてすべての地域(ないし集団)に対して雑徭を徴発する権利があり、封戸や神戸の民も当然雑徭を負担した。まず封戸については、賦役令封戸条が封戸主に給する賦役の種類や数量を規定したなかに「雑徭」は入っておらず、同条の

穴記も「雑徭公役耳」と明言している。封戸主給物についてのその後の格にも雑徭は全く姿をみせず、天暦四(九五〇)年の東大寺封戸庄園幷寺用帳(『平安遺文』一巻二五七号)にも、資課(物納)に転化した仕丁は記されているが、雑徭(徭分)は全く記されていない。封戸の雑徭が国司の管轄下にあるという建前は、少なくとも平安中期までは貫かれていたらしい。また神戸についても、神祇令神戸条の供物のなかに、「雑徭」は見えず、讃説(『令集解』職員令神祇官条)が「但雑徭者役二公事一耳」と断言しているとおりであるが、それに続けて讃説が「於レ今有レ格、役二掃レ社等一」と附言している格とは、弘仁二(八一一)年九月廿三日官符(『類聚三代格』)の「諸国神戸例多二課丁一、供神之外、不レ赴二公役一、宜役二其身一、修二理神社一」をさす。しかし神戸の労役を現実に誰が徴発するかは、在地の権力のあり方とかかわっていた。承和十四(八四七)年、尾張国熱田神社は先の弘仁二年格を根拠として、「神戸百姓、須レ仕二一向神事一。而当郡司等、或差二往還逓送之役一、昼夜追役」と郡司等の非法を訴え(『平安遺文』一巻八三号)、昌泰三(九〇〇)年にも同じような訴えを繰り返している(『平安遺文』一巻一八四号)。このように熱田神社は神戸の労役の徴発権を確保していないが、伊勢神宮は、神郡の労役の徴発権を平安初期には掌握していた。すなわち弘仁八年、多気・度会の両神郡の雑務を国司から大神宮に移管することを求めた伊勢国の解は、その理由の一つを、

夫修二理溝池一者、必用二民徭一。而国司不レ役二神郡一、亦不レ行二刑罰一。無レ便之状、一同二神社之条一。

と説明している。伊勢国司が神郡の雑徭を徴発しえないのは、先述の弘仁二年格によるものであろうが、修理料物があっても修営できないのは、その前年(弘仁七年)に神郡に対する国司の刑罰権を停止したことに起因しており、「既停二刑罰一、民無二怖畏一。縦《たとひ》有二料物一、難レ可二修営一」という結果を生じたのであった(『類聚三代格』弘仁八年十二月官符)。神戸に対する労役徴発権を確立できなかった熱田神社が、先の承和十四年の解のなかで、神戸百姓に対して「差二往還逓送之役一、昼夜追役」と並んで「不レ論二斎限一、強二行刑罰一」を郡司等の濫行として訴えていることも注目される。

まさに刑罰をテコとする人格的な支配こそが労役徴発の前提だったのであり、国司の雑徭徴発権がまず神戸・神郡で失われてゆくのは、宗教的な権威によって国司の刑罰権が制約されたことと深くかかわっていたことが知られる。

注

(1) 唐の賦役令を手本として作られた日本の賦役令の配列(具体的にわかるのは養老令の配列)をみると、中央力役の中核であった仕丁の規定と、仕丁制の一変形である斐陀匠丁の規定とが、雑徭条のあとの最末尾に附されている。仕丁と斐陀匠丁は、ともに部民制の系譜を引く固有法的な色彩の強い力役であって、少なくとも唐賦役令には比定できる力役の規定がなかったために、賦役令の最末尾に附されたと考えられる。したがって唐賦役令の最終条は、日本令の雑徭条に相当する条文であった可能性が強い。

(2) 濱口重国「唐に於ける両税法以前の徭役労働」(『東洋学報』二〇巻四号・二一巻一号)、「唐に於ける雑徭の開始年齢」(『東洋学報』二三巻一号)、「唐に於ける雑徭の義務年限」(『歴史学研究』八巻五号)。ともに同『秦漢隋唐史の研究』(東京大学出版会、一九六六年)上巻所収。

(3) 曾我部静雄『均田法とその税役制度』講談社、一九五三年。

(4) 例、仁井田陞「唐律令上の課役制度」(『史学雑誌』五六編三号)。

(5) 例えば唐賦役令「除名未叙人、免レ役輸レ庸、並不レ在ニ雑徭及点防之限一」(『唐令拾遺』賦役令二三)は、元の有官有爵者で現在は除名未叙である上、蔭がないために庶民と同じく課役を荷う羽目になっているものでも、実際に徭役労働(兵役を含む)に駆り出すことだけは免除するという規定であり、力役義務の無いことをもって士の身分の基本的標識とする観念を、もっとも明瞭に現している。濱口重国「唐の律令上の課役なる語に関連して」(『宇野哲人先生白寿祝賀記念東洋学論叢』一九七四年)参照。

(6) 池田温氏の示唆による。本稿の出発点は同氏の着想に依拠している。

(7) 濱口重国「唐の白直と雑徭と諸々の特定の役務」(『史学雑誌』七八編二号)。
(8) 宮崎市定「唐代賦役制度新考」(『東洋史研究』一四巻四号)。濱口重国「唐法上の賦役に関連して」(山梨大学『歴史学論集』一六集)。
(9) 日野開三郎『唐代租調庸の研究 1色額篇』一九七四年。
(10) ここにいう「色役」とは、一般に雑役・番役などとも通称されるもので、丁男・中男・残疾あるいは勲官などが、一定期間、特定の職務・労役に就き、その代償として賦役の全部もしくは一部を免除される力役の形態をさす。具体的には、門夫・烽子・牧子・渡子・津家水手・駅子・防閤・庶僕・邑士・白直・執衣など。
(11) 堀敏一「均田制と租庸調制の展開」(『岩波講座世界歴史』5 岩波書店、一九七〇年)。堀は濱口説を批判して、「太常音声人という賤民の特殊な労働と、正丁の正役という質のちがった労働を同視して、太常音声人一日=正役一日という仮説の上にたち、門夫二日=雑徭二日という等式をみちびきだしているところに問題がある」と指摘している。なお石田勇作「唐府兵負担考」(『上智史学』二四号)は、都水監三津の守橋丁に充てられた中男の上番日数は、九〇日ではなく三四日であるとする。水部式の規定はそのように解することができるかも知れないが、もしそうだとしても、本稿の論旨には抵触しないと考える。
(12) 濱口重国「唐の白直と雑徭と諸々の特定の役務」(前掲注7)。
(13) 仁井田陞「敦煌発見唐水部式の研究」(『中国法制史研究』法と習慣 法と道徳、東京大学出版会、一九六四年)。吉田孝「日唐律令における雑徭の比較」(『歴史学研究』二六四号)。
(14) 開元年間の中国の社会は、唐の律令の原則から既に大きく乖離していた可能性が強い。したがって律令を補う格式も、一方では現実への適合を意図しつつも、律令の枠組に制約されていたと想定されるので、そのまま現実に適合的であったとは言えないであろう。例えば濱口は、免番銭制度の背景には労働力の対価という社会通念が存在していたと考えているようである。たしかに免番銭自体はそのような社会通念をもとにして計算されたのかも知れないが、賦役令歳役条や充夫式も同じ考え方で規定されていたとはいえないのではなかろうか。
(15) ただし律令は重きを挙げて軽きに及ぶという表現形式をとったので、一般には「免課役」と記して雑徭まで免除することが多かった。例えば有位者やその家族が「免課役」とされた場合、当然雑徭まで免除されることは、士族身分と徭役労働との関係についての中国社会の伝統的な通念によって明白であったと考えられる。

(16) 青木和夫「雇役制の成立」(『史学雑誌』六七編三・四号)。

(17) 石母田正『日本の古代国家』(岩波書店、一九七一年)。早川庄八「律令「租税」制に関する二、三の問題」(『古代の日本』9 研究資料、角川書店、一九七一年)。

(18) 青木和夫「律令財政」(前『岩波講座日本歴史』3 岩波書店、一九七六年)。

(19) 直木孝次郎「贄に関する二、三の考察」(『律令国家と貴族社会』吉川弘文館、一九六九年)。鬼頭清明「御贄に関する一考察」(『続律令国家と貴族社会』吉川弘文館、一九七八年)。

(20) 石上英一「日本古代における調庸制の特質」(歴史学研究会大会報告『歴史における民族と民主主義』一九七三年)。

(21) 青木和夫「雇役制の成立」(前掲注16)。

(22) 注1参照。

(23) 例えば『日本書紀通証』は、朱鳥元年七月壬寅紀の「徭役」の古訓「ミユキ」を「身征」と解釈し、この通証の説は——「征」と「行」との違いはあっても、基本的には——『日本書紀通釈』などの注釈書や『大言海』などの辞書に継承されている。

(24) 小学館『日本国語大辞典』(一九七五年)の「みゆき」の項も、「(「身行き」で、身体を使ってする労役の意とも、「御行」で、貴人のもとへ行く意ともいわれる) 尊貴な場所で働くこと。役夫(えきふ)として働くこと」と説明する。

(25) 薗田香融「律令財政成立史序説」(『古代史講座』5 学生社、一九六二年)。

(26) 彌永貞三「大化以前の大土地所有」(『日本経済史大系』1 東京大学出版会、一九六五年)。

(27) 早川庄八「「供給」をタテマツリモノとよむこと」(『月刊百科』二一〇、一九八〇年)。

(28) 直木孝次郎「贄に関する二、三の考察」(前掲注19)。

(29) 狩野久「律令制収奪と人民」(『日本史研究』九七)。

(30) 直木説は、『令集解』考課令殊功異行条の古記に「殊功、謂、笠大夫作二伎蘇道一、増二封戸一、須芳郡主帳作二須芳山嶺道一、

授二正八位一之類也」とある美濃と信濃の間の山道の実例とうまく合致する点に大きな魅力がある。直木も、「路橋が国内にある場合は、所在の郡の責任において修理するが、国の堺にある場合は、国が雑徭を使って作ったのであろう」(直木前掲論文「贄に関する二、三の考察」注9参照。傍点吉田)と推定するので、実質的には狩野説と大差ない。

(31) 勝浦令子「律令制下贄貢納の変遷」(『日本歴史』三五二号)。

(32) この格には「其郡司向京、関二公事一者、並給二馬夫一」との附加規定があるが、文字通り「公事」に関する場合だけであり、国司の指揮下にあるわけだから、本文の推定の妨げにはならない。

(33) 地方官の職掌については、『六典』『旧唐書』『新唐書』『通典』等に見え、その内容はおのおの多少異なっている。戸曹司戸参軍事の職掌に雑徭が見えるのは『新唐書』だけであるが、列挙された職掌内容から判断して、戸参軍事が雑徭を掌ったことは間違いないと思う。雑徭が『新唐書』の職掌にしかみえないのは、雑徭が軽視されていた一つのあらわれであろう。なお『新唐書』の職掌内容が他書と異なっているのは、景竜三年に初置され、唐隆元年に一旦省かれ、上元二年に復置された田曹司田参軍事の存在と関連しており、本稿の論証には支障とならない。

(34) 養老令の賦役令丁匠赴役条には「凡丁匠赴レ役者、皆具造レ簿。丁匠未レ到前三日、預送二簿太政官一分配。其外配者、便送二配処一。皆以レ近及レ遠。依レ名分配。作具自備」とあり、このなかの「外配」とは京畿外に丁匠を配する意と推定されるが、おそらくこの条文は唐賦役令を継承したものであろう。なお古記が「其外配者、便送二配所一。謂、西方之民、便配二造難波宮司一也」と注釈したのは、天平時代の行事を念頭においた解釈と想定され(青木和夫「雇役制の成立」前掲注16)、令文の本意とは異なっていた可能性が強い。古記がこのような注釈を行ったのは、日本のエダチやその系譜を引く歳役・雇役が、ほとんど京畿で使役されていたことと関係があるだろう。

(35) 長山泰孝「歳役制の成立」(『律令負担体系の成立』塙書房、一九七六年)。

(36) 長山泰孝「歳役制の成立」(前掲)。

(37) (イ)の「諸司荷丁」の「司」は、(ロ)(ハ)を参照すると「国」であった可能性が強いが(『日本古典文学大系 日本書紀』下、岩波書店、一九六五年、五一四頁頭注)、たとえ司であったとしても「供奉騎士」「造行宮丁」はやはり「伊賀伊勢志摩国」で動員されたと考えられる(上掲頭注参照)。

(38)『続日本紀』和銅二年八月辛亥条に「車駕幸二平城宮一、免二従レ駕京畿兵衛戸雑徭一」とあるが、兵衛は賦役令舎人史生条に「免課役」とあり、既に雑徭も免除されている。戸の「雑徭」が免除されたのは、あるいは「従駕」が本来は雑徭であると意識されたためかも知れない。

(39) 史料(ニ)に「服二十年調役雑徭一」とあるのは注38と同じように戸を復除の単位としているからではないか、という疑問を持たれる方があるかも知れないので、若干説明を加えておきたい。注38の「従駕京畿兵衛」と「阿古志海部河瀬麻呂等兄弟」とでは、前者が雑徭を負担しない身分であるのに対して、後者は雑徭の負担者である点に、決定的な差異がある。行幸に対しても、前者は兵衛個人が従駕したのに対して、おそらく後者は兄弟三戸が海部の一小集団として贄の進上に活躍したのであろう。また単に「戸」とある点だけならば、史料(ロ)にも「供奉騎士戸」とあるので、特に史料(ニ)に雑徭が加えられた理由とはならない。

(40) 青木和夫「雇役制の成立」(前掲注16)六頁。

(41) この表では雑徭(及び徭)と徭役の復除例を編年的にあつめた。その理由は、課役には先述の如く雑徭の含まれる場合と含まれない場合とがあり、その重点が調庸にあることは明白だし、また「復」には雑徭が含まれるというのが古記の解釈であるが、六国史の復除記事がそのような厳密な意味で「復」という文字を用いているかどうかは不明確だからである。以上のような方針で史料をあつめたので、この表から読みとれる事実には、当然多くの限定が設けられねばならない。まず特定の個人または戸に対する復除(〇印)では、賦役令舎人史生条によって復除されたいわゆる色役人はほとんど含まれず、律令施行後の補足的な規定に関する史料が中心で、しかも「免課役」を除いているので、雑徭を免除された個人または戸のすべてを取りだしたとは言えない。また、たまたま畿内に居るために「免課役」が「免課徭」となり且つその内容も当面の課題と無関係なものは除外した(例えば、『類聚三代格』延暦十六年五月廿八日勅、『三代実録』元慶四年十月廿七日条)。ただこの表を通覧して明白なように――大勢としては――特定の個人または戸に対する復除例が奈良時代には数多くみられるのに対して、平安時代には非常に少なくなることは確かである。そしてこの事実は色役の雑徭化と表裏の関係にあると推定される(七節参照)。

次に一郡以上の行政地域に対する復除が、浄御原令施行期には存在するが、大宝令施行以後には姿を消し、弘仁十三年に復活し以後しばしば行われた、という事実について検討してみよう。先述したように、この表では「免課役」「復何年」という史料を除いてあるので、大宝令施行以後、弘仁十三年以前にあらわれる一郡以上の行政地域を対象とする「免課役」「復何年」という史料には、雑徭が免除された場合があるかも知れない、という疑いが当然残っている。すなわち次の十三例がそれである。(イ)慶雲元年十月丁巳(続日本紀)、(ロ)養老五年三月癸丑(続日本紀)、(ハ)宝亀六年三月丙辰(続日本紀)(以上(イ)〜(ハ)は「免課役」)、(ニ)大宝元年八月丁未(続日本紀)、(ホ)大宝二年四月乙巳(続日本紀)、(ヘ)大宝二年六月壬寅(続日本紀)、(ト)慶雲二年九月癸卯(続日本紀)、(チ)天平勝宝八歳五月丙子(続日本紀)、(リ)天平宝字元年八月甲午(続日本紀)、(ヌ)延暦元年五月甲午(続日本紀)、(ル)延暦二年六月丙午(続日本紀)、(ヲ)弘仁二年閏十二月己酉(日本後紀)、(ワ)弘仁十二年十月丁亥(類聚国史)(以上(ニ)〜(ワ)は「復何年」)。

さて以上の十三例の中、(イ)(ロ)は大宝令施行期における免課役であるから雑徭が含まれなかった可能性が強く、特に(ロ)「今減二課役一、用助二産業一、其左右両京及畿内五国、並免二今歳之調一、自余七道諸国、亦停二当年之役一」の課役に雑徭が含まれないのは明白である。次に(ハ)(ヌ)(ル)(ヲ)の四例は戦乱の陸奥出羽国における復除であるから、(ヲ)の如く「労二軍役一」するのが常であるとすれば、雑徭の復除の有無を問題にすること自体にあまり意味がなく、とくに(ル)の出羽国は「不レ堪レ備二進調庸一、望請、蒙二給優復一」と言上して復三年を給わっているのであるから、問題になっているのが調庸であることは明白である。次に(ニ)(ホ)(ト)(リ)の四例はいずれも祥瑞による復除であるが、祥瑞による復除の例を調べると、大宝令施行以後、嘉祥年間までは、問題の(ニ)(ホ)(ト)(リ)以外はすべて租調庸出挙の復除のみであるから、この四例も雑徭を含まないと解した方が自然であろう。嘉祥以後、祥瑞によって雑徭が免ぜられるのは、弘仁十三年以後に一郡以上の行政地域に対する雑徭復除がおこなわれる一環と考えればよい。残るところは(ヘ)(チ)(ワ)であるが、(ヘ)は極めて簡単な文章で復除の理由も全く附していないので如何とも解し難いが、その時期はまさに大宝令施行直後であり、律令を天下に頒ち下したのがこの四カ月後の大宝二年十月であったことを思えば、たとえ雑徭が復除されたとしても大宝令施行後と言えるかどうか微妙な段階にあるのであまり追求しないことにする。(チ)は聖武帝の佐保山陵に侍した法栄の名を称えて「宜下復二禅師所生一郡一、遠年勿上レ役」という特別な待遇を与えた勅であるが、『本朝高僧伝』(巻七十二)の法栄伝には「勅蠲二栄本貫郡租一」とあるので「復」は「免租」の意味かとも思われる。ところが、『本朝高僧伝』の著者師蛮が依った史料は彼自ら注している如く『続日本紀』であり、問題の「租」以外はすべて『続日本紀』の内容から書くことができる記事ばかりであるから、この租を根拠にすることはできないが、雑徭まで免除された可能性は少ないのではなかろうか。最後に残った(ワ)は、弘仁十二年河内国の水害による復除であるが、害を被った郡には復三年を与えながら、その中でも「尤貧下者」には特に租税を免除しているのであるから、「復」に租税が含まれていなかったことは明白であり、恐らくは調(庸は畿内だから負担せず)を免除されたと考えた方が自然であろう。このように六国史の「復何年」にはその内容が明確でないものが多く、六国史撰修の際に免除すべき税目を省略した可能性も強いと思われる。なお以上の十三例の他に弘仁二年閏十二月辛丑(『日本後紀』)も該当する可能性があるが、戦乱の陸奥出羽国であることは確かなので、(ハ)(ヌ)(ル)(ヲ)と同質の史料が一通増加するのみである。結局、大宝令施行以後、弘仁十三年以前に、一郡以上に対する雑徭復除が絶対なかったとは断言できないが、なかった可能性が濃厚であることは、以上の不手際な考証によっても、一応は納得していただけたと思う。なお狩野久「品部雑戸制の再検討」(『史林』四三巻六号、四五頁注9)にもほぼ同じ事実が簡明に指摘されている。

(42)　国史大系本の『類聚三代格』(二八〇頁)は頭注に記していないが、この「免天下百姓徭」の「徭」は、原本(尊経閣所蔵のいわゆる享禄本、巻六はこの前田家本一本しか残っていない)では、「傒」となっている。しかし官符の全体から判断すると「徭」の誤写と判断せざるをえない。

(43)　「雑徭」の語は奈良時代の中ごろからしだいに「徭」と省略される傾向にあり、また、律令では歳役(庸)と雑徭とを意味した「徭役」も、その内容を多様に変化させながら、平安時代には雑徭と同義語に転化していった。「雑徭」制の展開過程を追求する前提的作業として、繁雑ではあるが「徭」「徭役」の用語例について検討しておきたい。

(イ)「徭」

「徭」の史料上の初見は――「官員令別記」および熟語(例えば、徭役、賦徭など)のなかに用いられた場合を除外すれば――『続日本紀』の天平七年五月戊寅条である。この条の徭が雑徭と同義に用いられたことは容易に想像されるが、少なくとも『続日本紀』の撰修者が徭を雑徭と同義に用いていたことは、この史料で力婦について「准㆓仕丁例㆒、免㆓其房徭㆒」とする仕丁の例が「向京衛士仕丁、免㆓其房雑徭㆒」(養老二年四月廿八日格、『令集解』賦役令仕丁条)を指すことから確認される。またこのことは、雑徭と徭とを含む史料を編年的に整理することによっても傍証される。すなわち六国史、『三代格』、『令集解』所引格、

『交替式』、『政事要略』等に引かれた史料を編年的に列べると、天平宝字以前に徭が用いられているのは、先に引用した一例しかなく、他はみな雑徭であるが、神護景雲以後、大同まではほぼ半々になり、弘仁以後は圧倒的に徭が多くなる。『令集解』所引の明法家の地の文でも、古記はすべて雑徭を用いて徭は一カ所も用いていないのに、令釈は二カ所で徭を用い、跡記・穴記・義解に至っては数多くの徭を用いている。以上の考察はもちろん現存写本によるものであり、また、史料の多くは編纂の際に変形されているが、大体の傾向は推察できよう。なお、『延喜式』では徭の用例の方がはるかに多く、『政事要略』所引の「勘解由使勘判抄」はすべて徭を用いている。

(ロ)「徭役」

「徭役」の初見は『日本書紀』の朱鳥元年七月壬寅条であるが、徭役という言葉は、中国の正史では古くから徭役労働の意味で使用されていた。例えば、『漢書』巻二四上、食貨上の「薄賦斂、省繇役、以寛民力」(商務印書館、縮印百衲本二十四史、一四六二頁)というように、賦斂と対比されているし、その復除例を『後漢書』の光武帝紀に求めれば、建武五年十二月「詔、復済陽二年徭役」をはじめ、建武六年正月丙辰条・同二十年是歳条・同三十年七月丁酉条に、それぞれ徭役の復除の記載がある。したがって先の朱鳥元年の史料も、かならずしも養老令の通例である「歳役(庸)と雑徭」を意味したと考える必要はない。なお養老令では、賦役令舎人史生条に残疾の徭役が免除されていることや、戸令戸逃走条に逃走戸の租調の代輸規定はあるが徭役の代輸規定はないことなどによって、「徭役」が物納に対する実役をも意味したことがわかる。六国史や官符類にあらわれる徭役は、庸(歳役)と雑徭とを意味すると思われる場合(『続日本紀』養老元年十一月甲辰条、『令集解』賦役令舎人史生条、天平八年正月廿日格)がほとんどだが、百姓の解にはいわゆる徭役労働を意味する場合もあった(九条家本延喜式裏文書、宝亀四年二月十四日官符、『大日本古文書』二二巻二七四頁)。後者の用法も、すでに令の徭役にその萌芽を含んでいたのである。さらに平安時代になると、徭役を雑徭と同義に用いた史料がたくさんあらわれ、両者を同義に用いるのが一般的となった。すなわち『政事要略』に収める寛平三年十一月十九日官符によれば、同年十月八日の詔書に「半二減今年徭役一」とあるのについて、国司から「庸之与レ徭各可二半減一者」かどうかを問い合わせてきた。そこで太政官は「徭役両字雖下分為二庸徭一之由非上無二旧説一」と認めながらも、「而独考二雑徭之意一、已有二成文一、須下専拠二嘉祥元年恩詔之例一、只免中半徭上」と回答している。ここに嘉祥元年の例とは『続日本後紀』嘉祥元年六月庚子の改元詔の「復二徭役十日一」を指すのであろう。事実、嘉祥以後で雑徭のみを意味することが確認できる徭役の復除例としては、『文徳実録』天安元年二月己丑条、『三代実録』元慶元年四月丁亥条をあげることが出来、少なくとも嘉祥以後の徭役免除は、すべて雑徭免除を意味したと考えられる。このように徭役が雑徭のみを意味するようになったのは、徭役が本来実役を意味する言葉であったのにもかかわらず、徭役の一部を構成する歳役が実際には庸としてのみ徴収されたことと関係があるだろう。ただし『延喜式』には再び庸と雑徭との両者を含む意味で徭役が使用された例があり(民部上、諸国健児条)、雑徭のみを意味したことが確認される例は全くない。『延喜式』では養老令の徭役の意味を忠実に継承したと思われ、『延喜式』の理念的性格を示すものとして注目される。

(44)　前田家本の頭朱書に「貞臨」(貞観臨時格の略称)とあるによる。事実この官符は延喜二年十一月廿七日宣旨(『政事要略』)にも引用され、延喜までその内容にある種の機能が与えられていたことがわかる(六節参照)。

(45)　例えば、『日本書紀』斉明四年十一月壬午条。

(46)　薗田香融「律令財政成立史序説」(前掲注25)。

(47)　なお『続日本紀』の「免諸道健児儲士選士田租幷雑徭之半」のなかの「儲士選士」は、西海道のみに関係するので、山陰道を逓送された民部省符には儲士選士についての記述はなく、出雲国計会帳の記すように、健児についての記述だけがあったと推定される。

(48)　狩野久「品部雑戸制の再検討」(『史林』四三巻六号、注九)。

(49)　黛弘道「国司制の成立」(『律令国家の基礎構造』吉川弘文館、一九六〇年)。

(50)　岸俊男「律令体制下の豪族と農民」(前『岩波講座日本歴史』3　岩波書店、一九六二年)参照。

(51)　古記が雑徭日数のうちに入らないとするA類の一四条とは、

A_1　(田令2)　舂米運京。「其舂米運レ京」。

A_2　(賦役令3)　調庸運脚。「調庸運脚、均出二庸調之家一」。

A_3　(軍防令39)　兵士による軍団倉庫の修理。「軍団倉庫損壊、須二修理一者、十月以後、聴レ役二兵士一」。

A_4（軍防令53） 兵士または人夫による城隍の修理。「城隍崩頽者、役二兵士一修理。若兵士少及無者、聴レ役二人夫一。所レ役人夫、皆不レ得レ過二十日一」。

A_5（軍防令64） 兵士による蓄使出入及び囚徒・軍物伝送の防援。「蓄使出入、伝二送囚徒及軍物一、須二人防援一者、皆量差二所在兵士一逓送」。

A_6（軍防令65） 当処居戸による城堡の修理。「其城堡崩頽者、役二当処居戸一、随レ閑修理」。

A_7（営繕令8） 兵士・防人による器仗の修理。「貯レ庫器仗、有二生レ渋綻断一者、三年一度修理。在レ外者、役二当処兵士及防人一」。

A_8（営繕令9） 京内婦人による営造雑作。「営造雑作、応レ須二女功一者、皆令二本司造一。若作多及軍事所レ用、量謂不レ済者、申二太政官一、役二京内婦人一」。

A_9（営繕令11） 京内人夫による橋の修営。「京内大橋及当二宮門一橋者、並木工修営。自余役二京内人夫一」。

A_{10}（営繕令12） 当界の人夫による津橋道路の修理。「津橋道路、毎年起二九月半一、当界修理、十月使レ訖。其要路陥壊停レ水、交廃二行旅一者、不レ拘二時月一、量差二人夫一修理。非二当司能弁一者申請」。

A_{11}（営繕令16） 河・大水に近い堤防の人夫または兵士による修理。「近二河及大水一有二堤防一之処、国郡司以レ時検行。若須二修理一、毎二秋収訖一、量二功多少一、自レ近及レ遠、差二人夫一修理。其暴水汎溢、毀二壊堤防一、交為二人患一者、随即修営、不レ拘二時限一。応レ役二五百人以上一者、且役且申。若急者、軍団兵士亦得二通役一。所レ役不レ得レ過二五日一」。

A_{12}（捕亡令1） 坊里五保による逃亡者の訪捉。「囚流人・移郷人、及防人・衛士・仕丁、逃亡者、経二随近国司一、承レ告之処、下二其坊里五保一、令レ加二訪捉一」。

A_{13}（捕亡令2） 兵士及び人夫による盗賊の追捕。「有二盗賊一、率二随近兵士及夫一、登共追捕」。

A_{14}（雑令12） 用水の家による渠堰の修治。「取レ水漑レ田、皆従レ下始。即須レ修二治渠堰一者、先役二用水之処一」。

古記が雑徭を充てるとするB類の八条と格一条とは、

B_1（田令37） 屯田の耕作。「屯田依レ式料レ功、上役之日、国司仍准二役月閑要一、量レ事配遣」。

B_2（賦役令29） 畿内から京に供給する藁・藍など雑用品の採取・製作。「供二京藁藍雑用之属一、毎年民部預於二畿内一斟量科下」。

B_3（賦役令34）　公事のための車牛人力による伝送。「為二公事一須二車牛人力一伝送、而令条不レ載者、皆臨時聴レ勅」。

B_4（医疾令21）　毎年中央で必要とする薬の採取。「薬品施、典薬年別支料。依二薬所レ出、申二太政官一散下、令三随レ時収採二。

B_5（医疾令22）　諸国から輸す薬の随近の人功による採取。「国輸レ薬之処、置二採薬師一、令三以レ時採取一。其人功取二当処随近一下配支」。

B_6（営繕令15）　官船の造替のための人功。「官船行用、若有二壊損一者、随レ事修理。若不レ堪二修理一、須二造替一者、預料二人功調度一、申二太政官一」。

B_7（廐牧令12）　牧子または牧の随近者による牧馬の校印。「須レ校二印牧馬一者、先尽二牧子一。不レ足、国司量二須多少一、取二随近者一充」。

B_8（喪葬令11）　皇親・貴族のための送葬夫。「皇親及五位以上喪者、並臨時量給二送葬夫一」。

B_9（和銅五年五月十六日格）　国司・郡司の京国上下のための馬夫・水手。「国司、不レ乗二駅伝一而向下者、長官馬七疋、判官以下五疋、史生二疋。其遷代者、長官馬廿疋、夫卅人、以下節級給之。其郡司向レ京、関二公事一者、並給二馬夫一。其取二海路一者、水手准二陸夫数一」。

(52)　長山泰孝「雑徭制の成立」(『律令負担体系の研究』塙書房、一九七六年)。

(53)　岸俊男「古記と雑徭」(『日本古代籍帳の研究』塙書房、一九七三年)。

(54)　長山泰孝「雑徭制の成立」(前掲注52)。

(55)　東野治之「令集解に引かれた奈良時代の請事・起請について」(『史学雑誌』八三編三号)。

(56)　ただし斐陀国条の古記に引用された「請辞」の文がどこまでであるか、具体的には「但作新池堤……充雑徭」の部分が古記の地の文でなくて請辞の文であるという確証がない点に、一抹の不安が残る。しかし私も東野が解したように、その部分も請辞の文である可能性が強いと考える。

(57)　東野治之、前掲(注55)論文。

(58)　東野治之、前掲(注55)論文

(59)「此為長」(この方が優れているの意)の部分は、おそらく古記より後の追記であろう。

(60) 本稿の視角は、古記の分類の基準を共同体労働であるかどうかに求めた長山泰孝「雑徭制の成立」(前掲注52)の考え方を基本的には継承しているが、ただ長山説が古記の注釈は「大宝令制よりもむしろそれ以前の浄御原令制に影響されたものである」と推定した点には疑問がある。古記の注釈のなかに矛盾があり、また実態から乖離した部分があるとしても、古記の注釈は、古記の作者の時代——天平時代の雑徭の流動的な実態を何らかの形で反映していると考える。

(61) 石母田正『日本の古代国家』(岩波書店、一九七一年)四章一節2。

(62) 官人・僧侶等、通過する防人・俘囚等、及び中央に貢進した雇民・匠丁・奴婢等を除く。

(63) ただし、左右京では計帳歴名を利用して徭銭が徴収されていたので、その報告文書が作成された可能性はある。『延喜式』では左右京の徭分銭を記載した調帳と、調徭銭用帳が上申された。

(64) 北条秀樹「令集解「穴記」の成立」(彌永貞三先生還暦記念会編『日本古代の社会と経済』下巻、吉川弘文館、一九七八年)。

(65) 雑徭日数を半減した仲麻呂の改革が旧に復した時点を明示する史料は残存しないが、同じような変化を国司任期と出挙利率とがたどっていることが知られる。すなわち国司の任期は天平宝字二年に四年から六年に延長されたのが、何時の間にか旧に復して四年に戻り、宝亀十一年には大宰府管内に限って再び四年から五年に延長されており、また出挙利率は天平勝宝六年に五割から三割に減少されたのが、同じように何時の間にか旧に復し、延暦十四年には再び五割から三割に減少されている。ところで再び雑徭日数を半減した延暦十四年閏七月十五日勅(『類聚三代格』)や国司任期の大宝以後の変遷を縷述した承和二年七月三日官奏(『類聚三代格』)は、これらの制度がかつて天平宝字年間に改革された事実にも、またそれが旧に復した事実にも全く言及していない。これは単なる省略の結果とは思われない。そこにはある種の法的不連続性を想定させるが、仲麻呂の乱こそはそのような情況を想定するのに最もふさわしい事態ではなかったろうか。仲麻呂の没落と共に彼の出した多くの政策が旧に復したのは著名な事実であり、先述した国司任期も、長上官の選限が仲麻呂政権の没落直後に六年から四年に短縮されたのに応じて六年から四年に短縮されたと推定される。したがって、雑徭

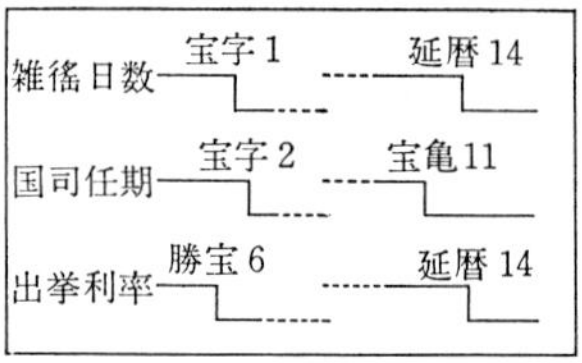

日数もこのような一連の政策転換の一環として仲麻呂政権の没落直後に旧に復したのではなかろうか。

(66)　天平五年の右京計帳手実には戸毎に徭銭徴収のメモがあるが、手実提出時またはその後間もない時期に、右京職の下役人による対勘が行われ、その際に徭銭を徴収したメモと推定される。延暦年間にも六月の「計帳之時」に正倉の修理に徴発しており(『類聚三代格』弘仁二年九月廿四日官符)、また「計帳之日」に穎を糙(稲穂から脱穀)させるための割り充てをおこなっており(『延暦交替式』延暦十八年五月官符)、さらに大同年間にも兵士の簡点は「計帳之日」に行われていた(『類聚三代格』大同四年六月官符)。承和五年八月の官符(『貞観交替式』)が「計帳対勘の日に、其の貧富強弱を察して、均平に差料し、偏頗有ること無れ」と指令したのも、このように力役の差点が――実際の徴発がすべてこの時に行われたとは限らないが――計帳の時に行われることを前提としていたと推定される。

(67)　新訂増補国史大系本『類聚三代格』と見解を異にする点のみを列挙すれば、

穎、大系本作類、今従原。

正倉官舎、原大書、今例意改。

修理官舎正倉溝池堰堤等事、大系本為衍、今従原。事、恐当作丁。

不進官国不在此限、原大書、今例意改。不、原作又、今意改。

の諸点である(なお、注42参照)。ここで特に問題となるのは、「修理官舎正倉溝池堰堤等事」であり、大系本がこれを衍としたのは、恐らく明治十七年刊の前田利嗣蔵版『享禄本類聚三代格』の校訂に従ったのであろうが、その頭注には「按本書如件以下紙縫闕逸不知所接続、今推考文理、調綾師云々十七行宜在此下、修理云々十二字恐衍」とある。しかし事は重大なので尊経閣所蔵のいわゆる享禄本(実際にはこの巻の書写は享禄よりはるかに下るらしい。この巻の残存するは前田家本のみ)について検討した結果を、結論だけ述べると、(1)写本の上からはこの十二字を衍とする証拠を見出せない。(2)内容的には前半部(甲類)の力役負担者の名称が比較的短く熟した言葉であるのに対して、後半部(乙類)には「採甘葛汁蜜及猪膏等丁」のごとく長々と「(他動詞)+(目的語)+(丁)」を並べた熟さない表現がある。「修理云々」をこれと比較すると、「丁」と「事」との違いを除けば全く同じ構成になるが、「丁」が「事」の草体に近似する(彌永貞三氏の御示唆による)ことを考慮すると、「事」は

「丁」の誤りである可能性が強い。⑶このころ官舎正倉溝池堰堤等の修理に雑徭を充てるのが原則であったことは、弘仁八年十二月廿五日官符（『類聚三代格』）、天長二年五月廿七日式（『貞観交替式』）によって明らかである。

(68) 平野邦雄「平安時代に於ける徭役労働」（『歴史教育』三巻六号）。

(69) 井上薫「長屋王の変と光明皇后」（『日本古代の政治と宗教』吉川弘文館、一九六一年）。

(70) 『延喜式』主水司には、徭丁七百九十六人半〈山城四百十四人半。大和百人半。河内七十五人。近江八十八人。丹波百十八人半〉。散百七十五人半。副丁在二之中一〈長六十七人半。執鑰五十四人。守野山五十四人〉。見役六百廿一人〈山城三百十六人半。大和八十一人。河内五十五人半。近江六十九人。丹波九十九人〉という規定がある。各国別の徭丁総数と見役数から、各国別の色役延人数が計算され、これを色役別延人数と比較すると、各国長の副丁が六人半、執鑰・守野山の副丁が各五人、と推定され、この推定に基づいて各国別の色役人数を表示すると上の表のようになり、この結果は氷室や氷池の分布傾向とも大体一致する。なお山城と近江の延徭丁数に半人の差が出るが（表の＊印）、これは副丁数が一率でなかったためか、あるいは誤写によるものと思われる。

	合計	見役	小計	守野山	執鑰	長
山城	四一四・五	三一六・五	九八*	三〇（五）	三〇（五）	三七・五（五）
大和	一〇〇・五	八一	一九・五	六（一）	六（一）	七・五（一）
河内	七五	五五・五	一九・五	六（一）	六（一）	七・五（一）
近江	八八	六九	一九*	六（一）	六（一）	七・五（一）
丹波	一一八・五	九九	一九・五	六（一）	六（一）	七・五（一）
計	七九六・五	六二一	一七五・五	五四（九）	五四（九）	六七・五（九）

数字は延徭丁数.（　）内は実人数.

(71) 亀田隆之『日本古代用水史の研究』（吉川弘文館、一九七三年）二編三章。

(72) 田名網宏「出挙制の消長に関する数的研究」（『歴史学研究』三巻五・六号）。

〔補記〕

本章は旧稿(イ)「律令における雑徭の規定とその解釈」（坂本太郎博士還暦記念会編『日本古代史論集』下巻、吉川弘文館、一九六二年九月)、(ロ)「日唐律令における雑徭の比較」(『歴史学研究』二六四号、一九六二年四月)、(ハ)「雑徭の変質過程」(『古代学』一一巻四号、一九六四年八月)、(ニ)「ミユキと雑徭」(『山梨大学教育学部研究報告』二〇号、一九七〇年二月)、(ホ)「日本における唐賦役令の継受——雑徭条を中心に——」(唐代史研究会編『中国律令制とその展開』一九七九年三月)の五つの論文を素材として再構成したものであるが、旧稿に対する批判によって、誤りを訂正した部分や破棄した部分も多い。とくに旧稿(イ)が『令集解』の賦役令雑徭条の古記は令条内の力役をその仕事の内容によって「不在雑徭之限」と「充雑徭」とに分類したと考えたのに対して、岸俊男氏は「古記と雑徭」(注53参照)において、古記の分類は令条に力役の主体が明示されているかどうかという機械的な基準による法家の机上の解釈にすぎない、という批判をされた。私は結論的には岸説に同意できないが、岸氏の批判によって古記の分類に深入りする誤りに気付き、旧稿の大部分を破棄した。ただ東野治之氏の「請辞」についての研究(注55参照)によって、古記の分類と「請辞」(太政官処分の一種)との関連が明らかにされたので、岸説にはやはり賛同できないという感を深めている。旧稿(イ)を別の視角から根底的に批判したのが長山泰孝「雑徭制の成立」(注52参照)であり、旧稿が、古記の分類の基準を主として国司の裁量権のあり方に求めた誤りを的確に批判している。私は長山氏の批判をほぼ全面的に承認したい。本稿の基本的な視角も長山説を継承した部分が多い(なお長山説に対する疑問点は注60参照)。

旧稿(ロ)については、濱口重国「唐の雑徭の義務日数について」(『秦漢隋唐史の研究』下巻、東京大学出版会、一九六六年)が、私説とは基本的に異なる考え方を提示したが、私はどうしても濱口説には納得できない点があった。幸い濱口先生の直接の教示を得る機会がしばしばあり、拙稿の誤りをいくつも懇切に教示下さったが、私の疑念は氷解しなかった。ところがたまたま山梨大学へ集中講義をお願いした池田温氏が、日唐賦役令の比較を主題とするゼミナールを開かれた際に、唐の雑徭制についての基本史料である「充夫式」の読み方について、貴重な示唆をあたえられた。その示唆を私なりに発展させた結果を、日頃多大な学恩をうけている唐代史研究会の報告書に掲載していただいたのが旧稿(ホ)であるが(本章の一・二・三節に収載)、東洋史の門外漢が、濱口重国・宮崎市定という日本の東洋史学を代表する二人の碩学に異をとなえるという、珍妙なことになってしまった。ぜひ厳しいご批判をお願いしたい。

〔補記　その二〕

直木孝次郎「雑徭の成立について」(『日本書紀研究』八冊、塙書房、一九七五年)は、雑徭の前身は屯倉の民に課された力役を中心とする、という魅力的な仮説を提出しているが、その問題は今後の課題としたい。

VIII　律令国家の諸段階

一　律令制の施行

いわゆる「大化改新」の実態と、『日本書紀』の描いた改新像とがどのような関係にあったかは、なお未解決の多くの問題が残されているが、「大化」(この年号が当時のものかどうかもここでは問わない)年間に重要な改革が企画され、それが後の律令制の出発点となったこと自体は否定できないと考える。問題は大化年間にどのような改革が企画され、それがどのように実現されたか(またはされなかったか)にある。「大化改新」は、評制を核とする軍事上・民政上の諸改革、具体的には地方豪族層の組織化、兵器の管理、交通体系の革新、戸口・田地の調査、税制の改革などがその中心となったが、同時に『日本書紀』大化二(六四六)年三月甲申詔が詳細に伝えるような、習俗の改革をともなっていたことも見落してはならない(1)。同詔はまず葬制の改革(いわゆる薄葬令)を命ずるが、そのなかで「亡人《しにたるひと》の為に、髪を断《き》り股《もも》を刺《さ》して誄《しのびこと》す。此の如き旧俗《ふるきしわざ》、一《もはら》に皆悉《ことごとく》に断《や》めよ」と命ずる。死者のために自らの髪を切り股を刺して死者の霊に語りかけるのは、未開社会に広くみられる習俗であるといわれるが、『旧約聖書』によれば、そのような習俗はイスラエル王権の確立とともに法令でしばしば禁止されたという(2)。日本の古代国家形成の重要な画期である大化改新の詔のなかに同じ禁令が見出されるのは、早熟的な日本の古代国家も、世界の諸民族の古代国家と共通する要素をもつものとして注目される。先の詔は続いて、奴婢が主を欺いて勢家に託《つ》くことなどを禁じたあと、婚姻関係をめぐる不正を五項にわたって具体的に指摘している。その記述は夫を中心とした中国的な表現をとっているために実態が明確にとらえ難いが、たとえば夫と別れた妻が再婚したとき、前夫が後夫に財物を要求するのを禁じていることなど、夫婦関係が流動しやすい対偶婚的な状況を前提として想定すると理解しやすい。前夫が後夫に財物を要求するのが、果して一般的な状態であったかどうかはよく解らないが、あるいは夫婦関係の固定化などを含む新しい家族秩序の形成と関連して生じてきた問題かもしれない。夫婦関係の次に問題とされたのは、京と国とを往還する役民が路上で炊事をすると祓除《はらへ》(の財物)を土地の人から要求されるというような、往還の人と土地の人との間のトラブルであり、さらには農繁期に美物《いを》と酒とをもてなして人を集めることを禁ずるなど、きわめて具体的な法令が出されている。そしてこの一連の法令が、新しい習俗の形成、ないしは習俗の混乱の是正をめざしていることは、古代国家の形成が、新しい習俗、さらにはそれが規範化された「礼」(広義)によって内面的に支えられることなしには行えなかったことを示している。

持統三(六八九)年六月、日本で編纂された最初の体系的法典と推定される浄御原令が諸司に頒布され、同年閏八月には戸籍を造る準備が始められ、さらに翌四年九月には浄御原令の戸令によって戸籍を作ることが諸国司に命ぜられる(『日本書紀』)。いわゆる庚寅年籍の作成であり、定期的な造籍はここから始まったが、この庚寅年籍作成と並行して、持統四年三月には京畿内の年八十以上の者に嶋宮(朝廷の離宮)の稲を賜い、翌月にも京畿内の耆老の男女に稲を賜わっている(『日本書紀』)。このような「尊長養老之道」は、儀制令の春時祭田の儀礼を通してもその普及が図られるが、戸籍の作成を命じた朝廷が同時に敬老の道を教導しなければならなかったのは、当時の社会の親子関係が、なお生々しく荒々しい未開な状態を残していたからであった(3)。『日本霊異記』の説話によれば、おそらく家長となっていた息子に無断で稲一〇束を他人に与えてしまった父は、死後息子の家に牛となって生れかわり、「偸《ぬす》」んだ稲を身を役して償《つぐな》わなければならなかった。逆に『日本書紀』天武五年五月条によれば、下野国では百姓が凶作のために子を売るのを禁じている。一方では父が子の物をわずか稲一〇束でも勝手に処分すれば「偸《ぬす》み」とみなされ、他方では親が子を売ることが日常化していたのである。戸令の施行はそのような未開な親子関係の教導をも目的としていた。すなわち、浄御原令の施行にともなう庚寅年籍作成の過程で、父母のために売られた子は「賤」としては認めず「良」として扱う(実質的に売買を認めない)こととし、さらに大宝二(七〇二)年に大宝律が施行されると、今度は売買を公認しないだけでなく、賊盗律によって子を売った親を処罰することとしたのである(『政事要略』『弘仁刑部式』)。まさに律令の施行は、未開な親子関係の開明化を企画したものでもあった。

七〇二年の大宝律令の施行は、建設すべき律令国家の青写真を提示したものであった。大宝律令は大化改新にはじまる諸施策の一つの到達点でもあったが、そこに提示された国制の大部分は、あるべき目標であって、その施行とともに直ちに実現したわけではなかった。また大宝律令には、まだ体系的な統治機構の基本法としては不備の点も多かった。たとえば統治機構の中心となる太政官と八省との関係も、まだはっきりした位置づけがなされていなかった。すなわち大宝律令施行初期には、行政事務の分掌機関である八省(中務・式部・治部・民部・兵部・刑部・宮内・大蔵)の自主性が強く、弁官を含む太政官の機能ないし権能がまだ十分に確立していなかった。そこには天皇を媒介とすることによってのみ一つの統一体を構成することができ、天皇以外には朝廷の諸機関を統一する機関をもたなかったヤマト王権の構造が、基本的にはなお存続していた。律令は施行されても、まだ体系的な国家機構は確立していなかったのである。そしてこのような太政官と八省との間の「管隷」関係の混乱を是正し、各官司の分掌と管隷のあり方を明確にしようとする法令が、和銅～養老のころ(八世紀前半)にあい次いで出され、太政官を中心とする行政機構

が確立していった。(4)

国家の本質の一つが「機構による支配」にあるとすれば、律令国家の機構が和銅〜養老のころに整備されていったことは、日本の古代国家の実質がこのころ形成されていったことを示している。繰返し言うように、大宝律令はあくまでもあるべき国制の設計図であって、直ちにその規定が実現したわけではない。「律令を張設して、年月已《すで》に久し、然れども纔《わず》かに一、二を行ひ、悉くに行ふこと能はず」とは、大宝律令施行後ほぼ一〇年を経た和銅四(七一一)年七月の詔の一部であるが(『続日本紀』)、そこに多分の誇張が含まれているにせよ、律令の規定がそのままの形で施行されていないことは事実であった。たとえば律令制の一つの特色である文書による行政の実態をみても、大宝律令の施行期には――とくにその初期には――文書行政の基本を定めた「公式令」の規定に則らない形式の法令がたくさん出されていた。(5)在京諸司から諸国に下す符(下達文書)のうち「大事」には天皇の内印を、「小事」には太政官の外印をおす制度も、和銅〜養老年間に整備されてきた。(6)そして、それと対応するように、地方から中央に上申する文書も、このころ整備されてきた。すなわち、養老元(七一七)年五月には「大計帳・四季帳・六年見丁帳・青苗簿・輸租帳等の式」を七道諸国に頒布し(『続日本紀』)、同時に青苗簿や輸租帳を正確に作成するように命じている(『類聚三代格』)。計帳歴名が中央に送られ始めるのもこのころのことと推測されている。(7)これらの文書は課役や租を徴収するための基本的な帳簿であり、中央官司はこれらの文書を通じて地方行政の実態を詳細に把握しようとしたのであろう。それは朝廷による地方支配の深化の一つのあらわれであった。

律令国家は、天皇を首長とする畿内豪族政権が地方豪族を支配する体制であったが、個々の畿内豪族は天皇を首長とする統一体を媒介とすることによってのみ、地方豪族を支配することができた。国司は天皇のミコトモチとして地方に赴任したのであり、国司が徴発する労役が「ミユキ」と観念されたのも、天皇のミユキに代る、天皇のミコトモチであったからであった(Ⅶ章参照)。中央官司から地方に下達される重要文書に天皇の内印が捺されたのも、律令政治は天皇の命によって行われたことを明示している。事実、班田収授は太政官が処置しえない天皇の専権事項であった。[8] しかし国司による地方豪族支配を可能としたのは、単なる天皇の権威や、それを支えた畿内政権の軍事的・政治的・文化的優位のみではなかった。支配される側の地方の首長層の支配体制もさまざまな矛盾をかかえていたので、かれらは自らの支配体制を維持し、補強するために、律令制に依存し、律令制を利用したと推測される。とくに郡司に登用された首長は、郡司に与えられた徭役徴発権をはじめとする様々な権限を通して、郡内の他の首長たちに対する優位を確保することができたと考えられる。たとえば班田制や条里制の施行は一般に耕地の割り換えをともなっていたので、その機会に郡司をはじめとする在地首長層が良田を占取した可能性が強かった(Ⅳ章参照)。したがって班田制や条里制の施行は、在地首長層の積極的な協力を得たと想定される。国司による律令制の施行は、郡司をはじめとする在地首長層に依存し、かれらの積極的な協力を得てはじめて可能となったのである。

律令制の施行を可能とし、またそのあり方を規制したもう一つの――より基本的な――条件は、在地首長制の構造であった。共同体の共同性が、家長によって構成される民会によってではなく、在地首長によって代表されるという共同体のあり方、農民の小家族が経営の単位として自立しておらず、首長に代表される共同体が水田所有の主体であったという所有のあり方、単系出自集団を欠き、小家族が双系的に親類《キンドレッド》の関係によって地縁的に結合しているという親族集団のあり方(Ⅲ章参照)、これらの諸条件が中国律令を手本としながらも、中国律令とは異質な編戸制・班田制を生み出す基盤であった(Ⅳ章参照)。当時の日本の社会に想定される地域的多様性と対比すると、律令制的諸施策の画一性がきわだってくるが、その画一性を支えたものは、前述のような在地首長制のあり方であり、軍団的な組織原理による編戸制も、屯田制的な性格の強い班田制も、そのような社会構造を前提としていた。しかしこのような在地首長制(その基礎にあった共同体)は、律令制が本格的に施行される八世紀にはすでに変質しつつあった。また八世紀前後の社会はきわめて流動的であり、水田も開墾と荒廃を繰り返す不安定な状態にあったが、このような状況のなかで、五〇戸(五〇戸主)＝一里の枠を固定した編戸制を施行し、熟田だけを捉えて収授する班田制を施行すれば、当然現実とのギャップが次第に拡大してくる。とくに和銅年間には平城遷都にともなう徭役の徴発が急増したので、それに抵抗する逃亡も激発し、このような歪みが急速に拡大したと推定される。平城京の建設は――古典古代や中国古代の都市とは歴史的性格が異なっていたとはいえ(9)――日本における古代国家成立の一つの重要な段階を画するものであった。しかしその造営の過程で、浄御原令から大宝令施行初期に成立した固定的な編戸制・班田制は大きく揺り動かされることになった。

このような状況のなかで、霊亀元(七一五)年には郷里制(郷戸・房戸制)が施行されて支配体制の深化が図られ、さらに養老五(七二一)年の造籍に際しては、新しい造籍式を制定して編戸制の全面的な再編成に乗り出した。それが単なる施政方針に終らなかったことは、近年発掘された木簡によっても裏付けることができる。すなわち、藤原宮木簡の貢進物荷札のなかには、まだ部集団に埋没している無姓の貢進者名がみられ、このような無姓の貢進者名は藤原宮木簡にしかみあたらないが、藤原宮木簡の荷札と類似した記載形式は、和銅年間の平城宮木簡にも共通して現れている。しかし、藤原宮の荷札と共通するような性格は養老年間以降ほぼ跡を絶ち、個人負担の貢進物荷札には貢進者ないし戸主・戸口の氏名が明記されるようになる(10)。このように和銅〜養老の間に個人別支配が浸透していることは、先にみた支配機構や文書行政の整備・進展の過程とも対応することが注目される。そして田地に対する支配が、養老七(七二三)年の三世一身法によって深化され、また和銅〜養老のころには大規模な条里制開発が進められていたと推定されることも、それらと一連の支配体制深化のあらわれであろう。和銅〜養老年間は、平城京の造営とともに、全国的な大開発の時代であった(Ⅳ章参照)。

三世一身法が施行された養老七年は、六年目ごとの班田の年にあたっていたが、次の班年にあたる天平元(七二九)年には、すべての田を一旦収公して班給し直すという、耕地の全面的な割り換えが企図された。この班田がはたしてどこまで実行されたかははっきりしないが、これまで班田がまったく行われていなかった大隅・薩摩両国においても班田を行おうとしたことは、この班田が全国的に強力に推進されたことを示している。あるいはこの天平元年の班田こそが、日本における最初の、本格的な――個々の民戸の受田を個別的に規制しようとした――班田であったのかもしれない。しかし先の大隅・薩摩両国における班田は、「其の有《たも》てる所の田、悉く是れ墾田、相ひ承けて佃《たづく》り、改め動かすことを願はず、もし班授に従はば、恐らく喧訴多からむ」(『続日本紀』天平二年三月条)という理由で、結局取り止めとなった。大隅・薩摩に班田制を施行できるところまでは、まだ律令国家の勢力が及んでいなかったのである。

大隅・薩摩に律令制が施行されてゆく状況は、律令制の施行が地方の社会にどのような影響を及ぼしたかを推測する貴重なデータを提供している。遡って大宝二(七〇二)年八月には、「薩摩・多褹、化を隔てて命に逆《さから》ふ。是に於て兵を発して征討す。遂に戸を校し、吏を置く」(『続日本紀』)ことになるが、この年は大宝律令の施行にともなう最初の造籍年にあたっており、また薩摩・多褹の両国は、大宝律令の施行にともない、この年に建国されたと推定されている。[11] したがってこの隼人の反逆は、「校戸」すなわち造籍に対する抵抗であり、校戸は建国(具体的には置吏――国司任命)の前提でもあった。『旧約聖書』にはイスラエル王ダビデが人口調査をおこなったとき、ヤハウェ神が異状な反感を抱き、その直後に大疫病が流行したと伝えているが、近代西欧人が未開社会に入って人口調査を行おうとした際にも、必ずといってよいほど原住民の強い抵抗を受けたという。人口調査を認めれば、神や悪霊が彼らを滅ぼすという呪術的観念によるものと推測されている。日本でも六七〇年に最初の全国的な戸籍(いわゆる庚午年籍)がつくられているが、その二年後の六七二年には壬申の乱がおこっている。壬申の乱の原因を単純に庚午年籍だけに帰することはもちろんできないが、義江彰夫が旧約聖書や未開社会の人口調査についてのフレーザーの研究に着目して、庚午年籍と壬申の乱との間にも同じような関係を想定し、地方豪族層がこの乱に積極的に参加して近江朝廷に敵対した一つの重要な要因を、庚午年籍に対する反感に求めたことを高く評価したい(12)。七〇二年に薩摩・多褹の隼人が「校戸」に反対して反乱をおこしたのも、おそらく本質的には同じ現象であろう。和銅六(七一三)年には日向国から分離して大隅国が建てられるが、この年にも隼人の大規模な反乱がおこっている。翌和銅七年の造籍年には、豊前国の民戸二〇〇戸を大隅国に移住させて柵戸とし、隼人支配の拠点とした。さらに編戸制の再編成が全国的に大規模に行われた養老五年の造籍の際に「薩摩国、人希《まれ》なる多し。便に随ひて併合す」(『続日本紀』養老五年十二月条)とあるのは、薩摩国にも一定戸数による編戸制を実施しようとしたのであろう(13)。おそらく薩摩国(とたぶん大隅国)でも、これ以前に戸籍はつくられていたが、一定戸数による編戸制は施行されておらず、既存の集団をそのまま把握していたのであろう。そしてこのような編戸制の浸透を前提として、天平元年には薩摩・大隅両国にも班田制を施行しようとしたが、まだこの段階では班田制は施行することができず、その実施は、さらに七〇年後の延暦十九年まで待たねばならなかった(三節参照)。

大宝律令の施行から天平元年の班田に至る期間は、日本の律令国家が、ほぼ律令に画かれた青写真に従って建設されていく過程であった。「平城京」という本格的な都城も建設され、「和同開珎」という本格的な貨幣も鋳造された。さらに律令国家の由来を語り、それを支えるイデオロギーを集大成した『日本書紀』も編纂された。天皇が天照大神の皇孫《すめみま》として大八州国を統治するという神話が、まだこの時代には貴族・豪族層のなかに生きていた。しかし間もなく、天皇が盧舎那仏の前に北面して、自らを「三宝の奴」と宣言する時代が訪れる。『万葉集』の世界も、共同体のための歌から、個の目覚めが歌われるようになる。日本の社会が未開から文明へ転換する長い過程のなかでも、一つの大きな画期となる時代――いわゆる天平時代が始まる。

二　天平時代

和銅～養老年間から天平初年まで続いた編戸制・班田制の推進策は、天平八(七三六)年のころから変化し始め、大規模な政策の転換が始まった。まず天平八年には、本貫に還らない浮浪人を当処の公民籍に編付するのを停め、直ちに名簿(おそらく「浮浪人帳」)に登録することに改めた(『類聚三代格』天平八年二月勅)。つづいて天平十一(七三九)年には、農民から兵士を徴発するという、編戸制の中核となる政策を一時停止し、同年末から翌十二年六月の間には、霊亀元(七一五)年に定められた郷里制が廃止された。そして天平十五(七四三)年には墾田永年私財法が出され、墾田は収公しないで、(広義の)公田とは別枠の永年私財田として、そのまま把握することになった。それは浮浪人を公民籍に付けるのを放棄して浮浪人のまま把握した天平八年の改革と、同じ性格のものであった。本来口分田の班給は「公民」という身分にともなうものであり、その淵源は共同体の構成員にのみ共同体の耕地の用益を認めるという共同体の原理にあった[14]。その意味では、律令国家は、一つの擬制的な共同体でもあった。したがって公民の身分を喪失した浮浪人には、口分田は当然班給されないことになる。公民―口分田を基軸とした(狭義の)律令制は、その外郭に浮浪人と墾田の枠を設けることによって、大きく軌道を修正した(Ⅳ章三節参照)。

本貫の地を離れた浮浪人を、浮浪人という身分としてそのまま所在地において捕捉して課役を徴収する制度は、太政官―国―郡という官僚制的な支配機構の成立を前提とし、国―郡を単位とする領域的支配を推進する機能を果した可能性が強い[15]。また墾田永年私財法は、天平十四年度の班田にともなう田図が作成されているなかで出されたが、このとき作られた班田図は後に四証図の第一として重視される。それは単に永年私財法施行の際の班田図であるということだけでなく、[16]このときはじめて条里呼称をともなった完備した班田図がほぼ全国的規模で完成したためと推測されている。[17]国郡内の耕地をすべて登載する班田図の作成は、口分田・墾田を問わずすべての田主に田主権を公認する永年私財法の施行を前提として、はじめて可能となったのであろう。墾田永年私財法によって、律令国家の耕地に対する支配は実質的に拡大していったと考えられる(V章参照)。

天平年間に出挙制が制度的に拡大され、賦役のなかで大きな比重を占めるようになるのも、編戸制や班田制の転換と同じ性質のものであった。編戸制・班田制と並ぶ律令制の重要な特質は「課役」制にあり、公民の丁男(成年男子)に対して課役(調庸および雑徭)を賦課する制度であった。丁男を対象とする課役制度はもちろん隋唐の課役制度を手本としたものであったが、それを可能とした条件は、中国と日本とで著しく異なっていた。丁男を賦課単位とする隋唐の課役制度は、夫婦を賦課単位とする南北朝時代の賦役制度の発展したものであるが、夫婦と子供からなる小家族が経営の基礎的単位をなしており、それをそのまま「戸」として捉える点では、南北朝〜隋唐の政策は一貫していた。丁男を賦課単位とする隋唐の課役制度も、そのような社会構造―行政組織を基礎としていたのである。これに対して八世紀前後の日本では、まだ夫婦と子供からなる小家族が自立した経営の単位とはなっておらず、在地首長の支配下にあった共同体が、基本的な経営の単位になっていたと想定される。日本で丁男を賦課単位とする課役制度がともかくも成立し得たのは、そのような共同体が実質的な貢納主体(単位)として機能していたからと考えられる。ところがそのような共同体は、すでに八世紀には変質しつつあったと想定されるので、それを基盤とした丁男対象の課役制度も動揺していた。出挙制はまさにこのような状況のなかで、課役制度の動揺を補うものとして拡大されてきたのであった。

天平時代の実例をみると、出挙の班給(実質的には賦課)の数量は多様であり、そこに一定の規準は存在しなかった。[18]むしろ課役と異なって一定の班給規準が存在しないところに、出挙制の重要な機能があったと考えられる。出挙の被班給者が男性と限らず、女性も多量の出挙を受けているのは、おそらく当時の経営の実態を反映したものであり、出挙制は在地における経営の実態に則して賦課する制度であったと考えられる。課役と出挙との関係には、公民―浮浪人、口分田―墾田のような密接な内的連関は存在していないが、公民―口分田―課役という体制だけでは捉え切れない部分を捕捉していこうとする点では、出挙制も浮浪人や墾田の制と同じ性格の政策とみることができる。浮浪人―墾田―出挙の制によって、律令国家はその基盤を実質的には拡大していった。

日本の律令制は中央から赴任した国司が地方の郡司を指揮・命令して運営する体制であったが、七世紀末から八世紀初にかけては、国司が政務を執る国庁がまだ郡家から完全には独立していなかったと推定されている。[19]もちろん条坊区画をともなった国府も存在しなかったであろう。国庁の最近の発掘例によると(伯耆・近江・出雲・周防・因幡など)、国庁の建物は八世紀後半ないしは九世紀になって拡大されており、大宰府や多賀城も同じ傾向をもっている。はっきりした年代を確定することは難しいが、条坊区画をもった国府のなかに立派な国庁が建設されるのは、天平時代前後の可能性が強い。そして国府・国庁とともに、国分寺・国分尼寺が建てられ、朝廷と国司の権威を高める上で、大きな機能を果した。国庁で行われる儀礼とともに、国分寺・国分尼寺で挙行された華やかな法会は、郡司の統率する在地社会に、新しい大陸の文明をもち込んだ。

天平六(七三四)年に郡稲をはじめとする雑色官稲を正税に混合したのは(『続日本紀』天平六年正月条)、国司が郡司の果してきた機能を吸収する過程でおこった重要な改革であった。郡稲の起源は明確でないが、旧国造領で徴収されていた稲が令制の国に移管される際、旧国造貢献物の制や中央から赴任してきたミコトモチへの奉仕を継続するために、その財源として別置された可能性が強い。郡稲は出挙してその利息を雑用に充てたが、その使途は——天平四年度の越前国郡稲帳によれば——朝廷への貢上品の生産費・交易費と、国府の運営費とが主体を占めている。したがって郡稲の機能は、国造時代からの土毛貢献の慣行を継続・発展させ、同時に朝廷の出先機関として設置された国府の運営を財政的に支えることにあったと推測される。とくに郡稲の使途のなかに、郡司が国庁に参集する元日朝拝の食稲が含まれていることが注目され、この朝拝の儀は四夷の服属儀礼の一つにほかならなかった[20]。郡稲は国造が朝廷へ服属するための経費を継承していたのであり、これが正税に吸収されたことは、大化前代の国造制の構造が律令国家の中に吸収・解消されていく一つのあらわれであった。郡稲の正税への混合によって、郡司の重要な機能の一つが国司の直接の管理下に吸収されたのである。

天平時代前後の雑徭制の変質も、郡稲の正税への混合と同じように、在地首長層の機能が国司に吸収されてゆく過程の一つのあらわれと考えられる。雑徭は、天皇またはそのミコトモチが地方に巡行(ミユキ)してきたときに、地方の首長層がその支配下の共同体員を使役して奉仕する労役(ミユキ)に起源をもち、その系譜を引くものと想定される(VII章参照)。したがって雑徭は、朝廷への貢納と朝廷から赴任してきたミコトモチへの奉仕とを主たる目的とした郡稲と——その制度化の方式は異なっているが——基本的には同じ性格のものであった。雑徭は朝廷ないしミコトモチのための労役であり、在地首長が自らの共同体のために独自に徴発する労役は、本来は雑徭に含まれていなかったと考えられる。したがって、国司の権限や機能がまだ小さかった浄御原令施行期には、雑徭の充てられる労役の範囲も、まだ狭かったと想定される。ところが大宝令施行を契機として国司の権限が拡大し、国司の関与する仕事が増加してくると、雑徭の充てられる労役の範囲もしだいに拡大していった。とくに天平時代に国司の機能が急速に拡大するのにともなって、かつては在地首長が雑徭とは別に独自に徴発していた労役も、雑徭のなかに組み込まれていったと想定される。ところが、国司と在地首長層との関係が地域によって多様であったために、雑徭を充てる労役の範囲も、多様に流動していた可能性が強い。雑徭を充てる労役の範囲について当時の明法家の意見が大きく分かれたのも、そのような雑徭の実態を反映したものであろう(Ⅶ章参照)。しかし大勢としては、「凡そ調庸の外、国中の諸事、大小を論ぜず、総べて雑徭となす」(『令義解』)という方向へ徐々に進展していった。

先の郡稲の正税混合が行われた翌年(天平七年)、郡司の選任の方式も大幅に変更された。まず同じ郡内で郡司の一族の連任を禁止する範囲を、一般官司と同じ「三等以上親」から、「同姓」者にまで拡大し、また国司が式部省へ推薦する郡司候補者を一名から複数名とした。この改革は、特定の一族による郡の単独支配を規制し、さらに郡司の実質的任命権を中央で掌握しようとするものであった。(21)遡って大宝令施行から和銅～養老に至る八世紀前葉においては、郡司に対して監督や統制は加えていっても、その地域における郡司の地位を積極的に保障し、郡司に依存して律令制を施行していくのが、律令政府の基本的な政策であった。和銅五(七一二)年に、大税を割いて郡稲を補充しているのも、そのような政策の一つのあらわれであろう。ところが天平六年の郡稲の正税への混合、翌七年の郡司選任制の改革以後は、郡司に対する律令政府の統制が急速に強まり、天平十一年には郡司に対してだけ特例的に認めていた終身職制も廃止してしまった。

天平二十一年には郡司の選任について、これまでの譜第氏族のなかでの傍系親相継を含んだ世襲方式を改め、譜第氏族から分立してきた「譜第重大之家」における嫡々相継の方式に改めた。(22)もっともこの譜第家による嫡々相継制は、そのままの形では実現しなかったが、(23)官人(広義)の地位の継承の単位を「氏」から「家」に切り換えていこうとしたのは、律令国家の方針であり、その場合に、「家」の継承の原理とされたのが嫡子制であった。したがって天平二十一年の郡司選任方式の改革は、中央貴族層の家を単位とする継承方式を、地方豪族層にまで及ぼそうとするものであった。このような家を単位とする地方首長層の再編成は、在地首長層のウヂ組織の動揺を前提としていたであろうが、同時にその弱体化を促進する機能も果したと想定される。

越中国利波郡の譜第氏族である利波臣については、越中国官倉納穀交替帳によって八世紀中葉から十世紀初にわたる利波郡の郡司名がたくさん知られ、また、石黒系図によって利波臣一族の系譜関係が知られるという、郡司制度の研究にとっては他に比類のない好条件がととのっている。(24)この系図によって知られる郡領職の継承方式は、古代氏族の族長位の一般的継承方式と同じく、傍系親の間を移動しており、官倉納穀交替帳にみえる利波氏出身の郡司はすべて石黒系図に記されている。しかしこの系図には、天平十九年に東大寺の大仏造営のために米三千石を献じて無位から一躍外従五位下に叙せられた利波臣志留志は載せられていない。『続日本紀』によれば、かれはこの時点ですでに利波臣の姓をもっていたと推定されるので、評造―郡領を出す利波臣氏の一族であったと考えられるが、系図にみえないのは郡領を出した譜第家(複数)ではない、傍系の一族であったためと考えられる。郡領譜第家からはずれていた志留志は、大仏造営を契機として中央と結びつき、越中員外介に任ぜられて東大寺の北陸庄園の経営に大きな力を発揮し、ついに従五位上という一般には畿内貴族に与えられる位階を得、伊賀守という畿内貴族の就く官職に就くことができた。朝廷は地方豪族のなかの特定の個人を――地方豪族層のウヂ組織や秩序を媒介とすることなく――直接に掌握し、それをテコとして、地方豪族層の支配体制のなかにクサビを打ちこんでいった。兵衛などとして朝廷に出仕することを郡領任用の前提条件とし、その選任権を中央政府が直接に掌握しようとしたのも(『続日本紀』天平宝字元年正月詔)その一つのあらわれである。朝廷と地方豪族との個別的・直接的な結びつきは、八世紀中頃から強くなり、その結果は、一方では中央勢力の地方社会への浸透となってあらわれるとともに(例、王臣家の庄家)、他方では地方豪族層の中央への進出としてあらわれた(例、吉備真備・和気清麻呂)。中央と地方との関係は、朝廷―国司が、郡司を媒介として郡司が代表する地域社会(かつてのクニ)を支配する体制から、地域社会のなかに直接踏み入って支配する体制へと転換し始めた。郡司に代表される在地首長制の動揺がその基本的要因であったと想定されるが、同時に律令制の浸透が在地首長制の解体を促進したとも考えられる。

天平時代には中央の権力組織にも質的な変化がおこった。律令国家の地方組織が、異質な性格をもった国司と郡司との二重構造からなっていたのと同じように、中央官司の組織も、官僚制的な四等官制と、部民制的な要素を濃厚に温存した伴部・品部雑戸制との二重構造からなっていたが、八世紀中頃から——とくに東大寺造営を契機として——品部・雑戸制が解体し始め、伴部も特定の負名氏に限られなくなってきた。律令官司制に含まれていた部民制的要素はしだいに消滅して、官僚制的な要素がしだいに強くなっていった。

律令官制の中核となった太政官制が、皇親勢力から独立した国家最高の公的機関として確立するのも、天平時代においてであった(25)。太政官制はすでに大宝令において天皇権力ないし皇親勢力から一応独立した機関として成立しており(確立するのは養老令)、持統朝までは親王が就任した太政大臣も、独自の職掌をもたない「即闕の官」とされた。また大宝令施行以後には親王の太政大臣への就任は一度もおこなわれていない。しかしこの時期における皇親は、天武・持統の専制的統治のあとをうけて、まだ強力な勢力であり、皇子を太政大臣に任命する伝統を容易に断ち切ることができない結果として、「知太政官事」という過渡的な制度がおかれたと推定されている。しかしこの知太政官事も天平十七(七四五)年までで、それ以後はなくなり、太政官は貴族層の利害をまもる機関として確立した。

太政官の議政官の構成も、畿内の有力氏族の代表一名ずつからなるという慣行が、天平時代に藤原不比等の四子がそろって参議以上に就くことによって破られる。藤原氏は律令官人選任の母体を「氏」よりも「家」に置こうとした律令国家の方針を、巧みに先取りしたのであった。支配者集団の構成の単位を「家」におこうとした律令国家にとっては、畿内有力氏族の代表によって太政官の議政官を構成するという大和朝廷以来の慣行は、必ずしも不可欠のものではなかったのである(のちの摂関政治は、そのような観点から見れば、律令制の原則の否定ではなく、律令制の展開として位置づけることも可能である)。

天皇の性格も、天平時代に大きく変貌する。本来律令国家の天皇は、㈠国家の統治権の総攬者としての国家内的権力と、㈡支配者階級全体の、あるいは「王民」全体の政治的首長としての国家外的権威とを、統一する人格として存在していたが、律令国家の成立時には、前者の国家内的権力の側面が強く前面に押し出されていた(26)。ところが律令国家がよびおこした諸矛盾の予想をこえた展開をまえにして、天平時代の支配層は天皇の国家外的権威への依存、それを媒介とする仏教との呪術的結合を強化する方向をとった。聖武天皇は自らを「三宝の奴」と宣言し、大仏造営への知識を広く人々によびかける(27)。聖武天皇は、かつての天武天皇時代の「大君は神にしませば……」と歌われた、神と即自的に一体化している天皇ではなく、「三宝の奴」であることを媒介として――すなわち絶対者との他者性を媒介として――天下の富と勢力とをたもった中国的な皇帝、絶対君主への傾斜を強めていく。天平時代は、記紀神話によってその正当性(および正統性)が裏づけられていた天皇から、仏法によって王法が裏づけられる天皇へと転換する、一つの大きな画期であった。

天皇の国家外的権威による統合の進展は、具体的には改姓を通じて行われた。狭義のカバネ(朝臣・宿禰など)の賜与による支配者集団の秩序づけは、律令位階制の確立によってその機能が薄れていったので、奈良時代後半には、狭義のカバネはかつてのような実質的な身分的特権をともなうものではなくなっていた。奈良時代後半に帰化系氏族などを対象にして狭義のカバネがさかんに賜与されるのは、そのような背景もあったからである。しかしそれはカバネの機能のまったくの喪失ではなく、それによってこれまで支配者身分から取り残されていた小氏族と天皇との結びつきを強めた、という側面も見失ってはならないだろう。また、狭義のカバネを含みつつ、それを再編成した律令制的「姓」(ウヂ名とカバネ、某部など)の制度が、明確な段階性をもって一般庶民層にまで確立してくるのは奈良時代後半であった(28)。すなわち天平宝字元(七五七)年四月には、蕃姓の日本的姓への改姓とともに、「族」姓(八色のカバネの秩序を拡大するためにつくられた準カバネ)を解消し、同時に無姓(律令的「姓」を有しないもの)に対する賜姓の徹底が図られている。ここに「(尊称としての)カバネ姓」「(尊称を含まない)某姓」「(積極的に卑賤性を示す)部姓」という三段階が、律令制下の基本的な姓秩序として確立したのである。いまや天皇は改賜姓を通じて全良民を姓の秩序のなかに階層的に組織することになり、狭義のカバネの賜与を通じて豪族層を組織したかつての大王に比べると、はるかに広い基盤の上に立つことになった。

平城京はいうまでもなく一つの政治都市であって、社会的分業の進展によって生み出された「都市」ではなかった。したがって平城京には都市としての独自の機能は稀薄で、律令国家機構を通じて地方から貢上されてくる調庸物などが、天皇および貴族官人層や諸官司に分配され、消費される過程が、その経済活動の中心となった。官司付属の工房や東西市も、この巨大な消費を支える機関として設置されたのである。しかし平城京への大量な物資と人口の集中は、平城京およびその経済活動を支えた畿内諸国に、大きな社会変動の萌芽を植えつけた。なかでも天平時代の東大寺の造営を契機として、品部・雑戸制や、仕丁のカシハデ制が解体しはじめるが、これらの制度は、本来独自の経済的機能が稀薄な平城京を支えるために、部民制を再編成したものであった。したがってこれらの制度の解体は、平城京にも都市的機能が生れつつあったことを間接的に示すものであろう(Ⅵ章「おわりに」参照)。

天平時代には中央と地方との交通量が急速に増大していた。平城京には郷土の共同体から切り離された人々が集中し、その周辺諸国でも共同体的秩序が激しく揺れ動いていたと推測される。行基の集団の中核となったのは、そのような既存の共同体的秩序から食み出しかけた人々であった。もちろん行基の宗教活動は畿内の首長層にも支えられていたが、勧農から布施屋にいたるいわゆる「社会事業」が、国―郡の秩序によってではなく、行基の私的事業として行われたのは、律令国家を支えた在地首長制的秩序が動揺しつつあったからと推測される。行基の集団は、既存の共同体を単位としない、日本の歴史上最初の信仰集団であった。行基の説いた「罪福」の教えは一種の輪廻説ではないかという推論もなされており、(29)もしそうだとすれば日本人は「個人」の行為が――共同体を媒介としないで――直接その「個人」に罪福をもたらすという個人道徳の教えにはじめて接したことになる。平城京という律令国家が生み出した特殊な空間に、日本ではじめて個人倫理の萌芽が生れてきたのである。

平城京はまた都市貴族を生み出した。もっとも彼らは「みやこ」とともに「いなか」にも生活の拠点をもっていたので、純粋な都市貴族ではない。また平城京の街並みも、中世の平安京とは異なって、農村と質的な差はなかった。しかし平城京につくられた貴族の邸宅は、堀や垣にかこまれた一画のなかに、建物とともに小川や小山をともなった庭園をつくり、自然をとりこんだ人為的な空間を生み出していた。『万葉集』の第四期に「いへ」にかわって「やど」という語が――それも「わがやど」という表記で――急速に増えてくるのは、このような都市貴族の生活を反映したものであろう。(30)「やど」は『古今集』以後「歌語」として定着し、『万葉集』に多くあらわれた「いへ」は、『古今集』以後は「ことば」としては用いられるが、「うた」には用いられなくなる。(31)「いへ」が家族という人間集団と強く結びついていたのに対して、「やど」は個人と自然(取り込まれた人為的自然)との交感する場として歌われている。「いへ」から「やど」への歌語の変化の背景には、共同体と個人との関係の変化を想定することができよう。

『万葉集』第四期の歌は、集団の歌から個人の歌へ、公的な歌から私的な歌へ、外向的な歌から内省的な歌へと進んでいくが、[32] それは日本の社会のなかに始まった未開から文明への転換の先端を示すものであった。「古代国家」を先取りした律令国家は、大伴家持のような孤高な「個」を早熟的に生み出したのである。

三　平安前期

天平中期に行われた公民支配方式の大規模な転換は、その後、半世紀ほどの紆余曲折を経て、宝亀から延暦年間にかけて定着してくる（Ⅳ章参照）。すなわち、天平八（七三六）年の浮浪人身分の設定は延暦四（七八五）年に定着し、天平十一年の諸国兵士の一時停止は延暦十一（七九二）年に辺境を除く廃止が定着し、天平十五年の墾田永年私財法は宝亀三（七七二）年に定着した。なお天平十五年の永年私財法は墾田地占定面積を官人身分に応じて制限していたが、この制限は宝亀三年または弘仁格編纂時（八二〇年）までに廃止され、官人身分にかかわりなく大規模な墾田地占定が可能な体制が出来上がった。そしてこのような天平中期の政策転換の定着の過程と並行して、広義の律令制的支配方式が辺境地域に浸透していった。

薩摩・大隅の二国（正確には二国のうち、肥後・豊前等から移住した柵戸を主体とする薩摩国出水・高城郡と大隅国桑原郡を除いたいわゆる隼人郡）には、一節で言及したように、天平元年の班田の際にも班田収授を行うことができなかった。本来律令制的な「租」は班田にともなうものであり、[33] また課役を負担する「公民」身分と班田とは密接な関連があったので（二節参照）、班田が行われなかった大隅・薩摩両国（の隼人郡）には、律令制的な「租」も「調庸」も課せられていなかったと推定され、六年目ごとにミツギ（御調・調物）をもって朝貢し、土風歌舞を奏して朝廷に仕える隼人朝貢が行われていた。[34] それは律令制以前の朝貢制の一類型とみなされるものであった。しかし延暦十九（八〇〇)年には「大隅・薩摩両国百姓の墾田を収めて、便に口分に授く」ることになり(『類聚国史』)、その翌年には「大宰府、隼人を進むるを停む」ることになり、隼人朝貢に終止符がうたれた。ここに隼人も一般公民と同じように口分田を班給され、課役を負担する民となった。大宝律令施行後、ちょうど一世紀にして、律令制的な班田制や課役制が大八州の西端にまで浸透したのである。

西辺に比べると、東辺には律令制の及ばない地域が広く深く残されていた。もちろん東辺においても大宝律令の施行後、律令制的支配の前提となる建郡(郡の設定)が進み、柵戸を拠点とする開拓と並行して、蝦夷を国郡里制のなかにしだいに編入していった。それは薩摩・大隅における、柵戸を主体とする出水・高城・桑原郡と、隼人郡との関係にほぼ対応するものであった。しかし陸奥・出羽国における蝦夷郡は、隼人郡に比してはるかに広大で、しかもその奥には郡に編入されない人々の住地が奥深くひろがっていた。中央の勢力が蝦夷の社会に浸透していくと、それに対する反撥と蝦夷社会自体の政治的成長とが複雑に絡み合って、八世紀後半から九世紀初にかけて大規模な反乱が起った。律令国家はその制圧に巨大な資財と兵力を投入しなければならなかったが、その困難な事業を遂行させた一つの要因は、蕃夷に対する支配を前提とする東海の小帝国＝律令国家の構造自体にあったと想定される(I章参照)。そしてその武力制圧がほぼ成功していく過程で、律令制的な支配方式が陸奥・出羽両国にも浸透していった。

延暦二十二(八〇三)年、出羽国の田地を占開することが禁じられたが(『類聚三代格』)、その理由とされたのは「家々人々」(おそらく官人・豪族層の勢家)が開墾予定地を広く占定してしまったために、百姓の生業を妨げたことであった。開墾予定地の占定を登録して申請者に排他的権利を認める制度は、一般的には大宝令施行後に始まったと推定され、事実、大宝令施行後間もない慶雲三(七〇六)年には、王公諸臣が広く山沢を占定して百姓を辛苦させるのを禁ずる詔が出されている(『続日本紀』)。一般の国々で大宝令施行後間もなく起ってきたことが、出羽国ではちょうど一世紀後に現実の問題となってきたのである。おそらくこのころ、出羽国でも開墾予定地を文書によって登録する制度が進められていたのであろう(もちろん柵戸に対する律令的田制の施行は八世紀前半に遡るであろう)。そしてこのような文書による占地の制度の進展のなかで、弘仁二(八一一)年には陸奥・出羽の百姓墾田の収公を禁ずる官符が出されたが(『類聚三代格』)、その理由とされたのは、国司が巡検して「公験」のない墾田を収公したために百姓の離反がおこったことであった。しかしここで注目しておきたいのは、国司は違法に百姓墾田を収公したのではなかった、と推定されることである。というのは、墾田永年私財法によれば開墾予定者は国司に申請して予定地を占定し、公験を得ることになっていたから、国司が公験のない墾田を収公したのは永年私財法を忠実に施行しただけであり、おそらく国司は収公した墾田を口分田として班給するつもりだったのであろう。ところがそのような文書による登録制度になじまない辺境の人々は、実際にはほとんど自らの墾田を登録していなかったらしい(35)。そこで混乱を回避するために、政府は墾田永年私財法を一部修正して、公験のない墾田も私財田とする処置をとったのである。律令制的な土地制度は、このように一部修正されながらも、長期的にみれば徐々に東辺にも浸透していった。

朝廷に服属した蝦夷は「夷俘」とか「俘囚」とか呼ばれ、編戸の民(公民)とは区別されていたが、彼らもしだいに公民のなかに編入されていった(例、『日本後紀』弘仁三年九月条)。それは蕃夷の姓から王民の姓への改姓をともない、朝貢する民から課役を負担する民への転換でもあった(36)。俘囚は一種の特殊な浮浪人であったが、公民と浮浪人との区別がしだいに失われていくなかで(後述)、俘囚を俘囚とする律令国家の原理も稀薄化していった。もっとも陸奥・出羽の豪族(安倍・清原・藤原氏など)には、俘囚の長としての意識が残るが、彼らと京畿の人々との間には、基本的には同じ言語を話し、同じ文化を共有するという意識がしだいに成長していった。そしてその北方に住む人々は、はっきり異種族として区別されるようになり、やがてエゾ(アイヌ人)とよばれた。大八州は――その北端の津軽地方を除き――一つの民族の生活する歴史の舞台となった。それはほぼ大八州の稲作地帯(その中には当然「海の民」「山の民」を含む)に相当している。その北方のエゾは――近代に至るまで――大八州に展開するその後の歴史とは深くかかわらず、ほとんど独自の歴史をゆるやかに展開していった。

一般の公民と隼人・蝦夷との区別が稀薄化していくのと並行して、一般の氏族と帰化系氏族との区別も消失していった。平安初期には神別の有力な氏族である大伴・中臣・紀・斎部などの諸氏がいずれも血縁的に結ばれ、国初の神である天御中主神に統一されるという系譜関係がつくられるが、こうした傾向は神別諸氏に限られず、帰化系氏族も天御中主神の後裔と主張するようになった。[37]すなわち大同四(八〇九)年の詔によれば、当時『倭漢惣歴帝譜図』という天御中主神を始祖とする系図が作られており、魯王・呉王・高麗王・漢高祖など帰化系氏族の祖先が、すべて天御中主神の後裔とされていた(『日本後紀』大同四年二月条)。こうして平安初期には、天御中主神を始祖とする単一民族が、大八州のなかで一つの国を構成するという観念が成立してきた。

大八州を版図とする国家の内実も、平安前期には一つの安定した体制が生み出されてきた。先述したように天平時代には、公民―口分田―課役の体制を補うために、浮浪人―墾田―出挙の制度が生み出され、それが平安初期までに定着したが、平安前期には二つの系列(要素)を総合する体制が生み出されてきた。その重要な推進力となったのは、弘仁十四(八二三)年に西海道諸国に試行された公営田制であった(『類聚三代格』弘仁十四年二月官奏)。

「公営田」の制は、大宰府管内九カ国の口分田・乗田のなかから水旱不損の良田一万二〇九五町を割き、これを「正長」に任じた「村里幹了者」に対してその力量に応じて一町以上の規模で営田させるもので、その労働力には一町につき五人の割合で徭丁をあてた(最初の計画では正長は公民のなかから選ぶことになっていたが、施行後間もなく浮浪人のなかからも任命し、公民と浮浪人との区別がなくなった)。また正税から、(イ)営料として佃功・食料・修理池溝官舎料、(ロ)租料、(ハ)調庸の買上げ費を支出し、その支出分は収穫稲のなかから返納させ、収穫稲の残余は「納官分」とする仕組みであった。公営田の規模はおそらく西海道の徭丁(ほぼ課丁に相当)の総数から算定されたと想定されるので、西海道九カ国の全体がこの公営田制に組み込まれたことになる。公営田制については厖大な研究の蓄積があり、まだ未決着の問題もあるが、ここではほぼ通説となっており、また本稿と直接に関係する次の三点だけを指摘しておきたい。第一に、公営田の耕営方式は「一に民間の如し」といわれたが、「村里幹了者」を正長に任じ、その力量に応じて一町以上を預作させる方式は、一〇世紀以降に一般化する田堵による負名制と類似しており、その萌芽ともいえる。第二に、営料等の正税支出分と納官分との関係が、出挙の本稲と利息とに実質的に対応するように、出挙制も公営田制に組み込まれており、また租料や調庸買上げ料も最終的に穫稲から支出されることは、租・調庸・出挙利息が土地生産物に一元化されたことを示し、後の公田官物制の萌芽形態ともいえる。第三に、調庸物の買上げ方式への転換は、調庸負担者(課丁)と具体的な調庸物品そのものの調達とを切り離したことになる。中央政府と国司(ないし大宰府)との間では律令の「調庸」制は形式的に守られているが、国司が管内で調庸を調達する方式は、律令制的な課丁賦課方式から解放される。いわゆる王朝国家体制の特質とされる、中央政府と国司との間の「律令制」と、国司と農民との間の「国例」との二重構造の萌芽が、ここに明瞭にあらわれてくる。[38]

公営田制の基礎となった「村里幹了者」は、後の田堵・名主につらなる階層であった。その意味では公営田制は、郡司より小さな在地の有力者を直接に掌握しようとする体制でもあり、それは同時に郡司制の解体の過程でもあった。延暦十一(七九二)年、辺要地を除く諸国の兵士を停廃し、諸国の兵庫・鈴蔵や国府には健児を差し充てて守衛せしめることにした。ここに、国造軍の系譜を引く軍団の制が解体するが、[39] 替りに充てられた健児は郡司の子弟であり、郡司の子弟が国府の守衛に仕えるのは、郡司層が国司の支配下に組み込まれていく一つのあらわれであった[40]。また弘仁三(八一二)年には、郡司の任命についての国司の権限を強化し、郡司の銓擬はもっぱら国司が行うことになった(『類聚三代格』)。これによって郡司を任命する際の中央の干渉が放棄され、国司の郡司に対する支配が一段と強化され、いわゆる譜代郡司層の没落を早めたと推測される[41]。また国司はこの改正によって在地の新興豪族を数多く擬任郡司に登用することができるようになり、彼らに郷の租税徴収を請負わせるなどして郡家に対する支配を強化していった[42]。

国司が地方の小豪族を直接に掌握しようとしたのと並行して、中央の王臣家も地方の小豪族との直接的な結びつきを深めていった。その萌芽はすでに天平時代にめばえていたが(二節参照)、平安前期にはその結びつきが急速に進展し、中央の王臣家の庄家が地方の社会に数多く設定されていった。また中央の貴族の一部が地方に留住し、地方豪族の一部が中央に留住するという都鄙間の密接な相互交流が生れてきた。その過程で中央の王臣家の家産制的な機構が成長してきたが、そのような王臣家の家産制の発展は、律令国家の帝都としての平安京が、荘園領主の都市＝京都へ転換する基本的な契機となった[43]。

しかし律令貴族層は、平安時代に入っても家産制的支配にだけ依存していたのではもちろんない。律令貴族は上級官人の地位を占めることによって、莫大な富を保証されていたのであり、彼ら独自の政治的・経済的基盤は意外に狭小であった(Ⅲ章参照)。したがって藤原氏の北家が律令国家機構の中枢を掌握すると、それに抵抗する力は非常に弱かった。摂関政治は、律令国家の支配者集団の構造が生み出した、ある意味では必然的な産物であったと考えられる。摂関政治は基本的には太政官—国の枠組を継承し、律令国家の機能の多くを継承した。国衙の政治的機能はむしろ奈良時代よりも強化された面もあり[44]、王臣家の家産制的支配を保証する役割を果した。摂関政治と王臣家の家産制的支配とが補充し合う形で、一つの安定的な国制が形成されたのである。

天皇のあり方も平安前期に大きく変貌した。七世紀末から八世紀前半には、天皇予定者が幼少であったり、その地位が不安定であったときには、中継ぎの女帝が立てられたが、それはそのころの天皇が幼帝では果し得ない機能を現実に果していたからと想定される。しかし天安二(八五八)年にわずか九歳の清和天皇が出現したとき、天皇の機能はもはや幼帝でも果しうるものに変質していた。またかつて畿内豪族層を統合する役割を担って共立された天皇は、独自の政治的・経済的基盤をほとんど持っていなかったが(Ⅲ章参照)、平安前期には天皇家も他の貴族と並立する家産制的支配組織を構成し始める。このように天皇は経済的には一個の貴族に転落し始め、政治的実権も藤原氏に奪われていくが、しかしなお日本国を統合する機能を果し続ける。天皇は、直接的な政治権力から離れた、文化的・美的な価値の中心として、日本の社会を統合する機能を果していくのである。そのもっとも端的なあらわれは、勅撰漢詩集や勅撰和歌集の編纂であり、天皇は日本の「美」の審判者とされた。自然を花鳥風月として人間の世界にとり込み、類型化し様式化した歌語でその世界を華麗に彩った『古今集』は、日本人の伝統的美意識や自然観の原型となったが、『古今集』を生みだしたのも平安前期の社会であった。

日本的な仏教の原型が形成されたのも平安前期であった。仏教が中国から朝鮮諸国へ、さらには日本へと伝わる過程には、一つの共通する特色があった。すなわち仏教は朝鮮諸国においても日本においてもまず民間に伝わったが、㈠しばしば公権による圧迫をこうむったことと、㈡やがて中央集権的な国家が形成される段階に入ると、国家の方が率先して仏教保護の政策をとったこととは、朝鮮諸国にも日本にも共通している。たとえば新羅において、はじめは仏教の伝道に対する迫害が続くが、律令(広義)を頒布したという法興王の時代から、仏教の保護政策に転じている。日本においても、仏教が朝廷によって保護されるのは、中央集権国家への歩みを始めた推古朝においてであった。はじめ朝廷が仏教を抑圧したのは、在来の民族宗教と相容れなかったためであり、後に積極的に保護政策に転じたのは、排他的になりがちな氏族や部族の信仰を越えて普遍的な法を説く世界宗教を受容することが、超越的な王権を確立し中央集権をめざす助けとなったからであろう。(45)

仏教は日本における国家形成を支えるイデオロギーとして大きな機能を果すが、日本の仏教を一つの国家論にまで深めたのは平安前期にあらわれた最澄であった。彼は仏教の役割を「国家を守護し」「黎元を済《すく》ふ」ことに求めたが(『守護国界章』第一章)、一切衆生の平等を主張した最澄の仏性論こそは、在地首長の下に並存していた「黎元」(人民)を一つの国の民として捉える思想的な前提となったのである。(46)最澄は奴婢にも仏性を認めたが、それは隼人・蝦夷を公民化し、奴婢と良民との区別を廃止した政策とも一脈相通ずるところがあった。最澄の仏性論は一種の観念論であったが、まさにそれ故に鎌倉仏教の源泉となった。

平安前期は世界宗教(仏教)と原始信仰との本格的な交渉が進んだ時期でもあった。すでに天平時代には——原始信仰の流れをくむ山岳信仰と仏教とが習合した——山岳仏教の萌芽があらわれるが、最澄が叡山に戒壇をおいたのは、仏たちが来臨する場としてであり、その背後には、山は神々が降臨する場であるとする神話時代の信仰が生きていた。つまり叡山の戒壇は、神話時代の神奈備《かむなび》や磐境《いはさか》の仏教的習合形態といえるものであった。(47)空海もまた山林修行から出発し、空海の思想には原始的な自然信仰の要素が深く浸み込んでいる。日本の「荒ぶる神々」は、仏教との交流のなかで、(神宮寺の伝承にみられる)「怨む神」「苦しむ神」を経て、次第に人間に対する加護者へと転化していくが、そのような神観念の変化の出発点となったのは、空海の護法神の観念であったといわれる。空海は女性的原理を象徴する胎蔵界(大日経)の思想を重くみて、彼の哲学的自然観の中心においたが、それは太古の地母神信仰のエートスを汲み上げ、仏教の哲学によって理論化したものであった。(48)胎蔵界マンダラは女性原理と男性原理の対応を中心構図としているが、それはイザナキ・イザナミ男女二神の性の結合によって国が生み出された神話的自然観の再構成ともみられる。日本神話には、きびしい道徳的命令を与える「父なる神」は存在しない。高天原の主は女神アマテラス大神であった。古代国家を自ら生み出した民族は、いずれも父系制の社会を構成したが、外的な契機によってカッコ付きの「古代国家」を早熟的に形成した日本では、父系制へと急速に傾斜しつつも、なお双系的な社会構成を基本的には残していたのである(Ⅲ章参照)。日本文化の基本的なパターンは仏教的表層と神道的底層の二重構造であったが、その思想様式を一つの哲学として構成したのが空海の密教であった。空海の密教哲学は、日本の文化が一つの民族的個性をもった文化として成立したことを示す記念碑であり、その後の日本思想の母胎となった。

おわりに――律令国家と古代国家

日本の「古代国家」は、律令国家という特異な形態を通して成立した。七世紀前後の国際的交通のなかで、日本の古代貴族は律令国家を形成することによって、「古代国家」を先取りしたのである。したがって日本の律令国家は、未開な原生的共同体をその基盤に残したまま、その上に中国の古代文明に倣った支配機構を構築するという二重の構造をもっていた(Ⅰ章参照)。日本の律令制の一つの重要な要素である日本的な編戸制・班田制も、原生的共同体を基盤とすることによって始めて成立し得たが、同時に原生的共同体を解体に導く機能を果したと想定される(もちろん、それは中世まで続く長い過程の始まりであったが)。たとえば五〇戸＝一里の編戸制を基礎とする国―郡―里の行政機構の成立は、既存の共同体の機能に大きな影響を与えたと想定され、また班田制も――土地の国有制という通説とは逆に――土地の私的所有への契機となった可能性が強い。律令的田制の建前では、個人の田主権は共同体によってではなく、文字によって(具体的には田図や田籍によって)保証されることになったからである(もちろん、そのような制度が庶民層にまで普及するにはなお多くの年月を要したが)。

古代文明としての律令制と、底層にあった未開な社会の交流が本格的に始まるのは、天平時代であった。そしてその過程で、原生的な共同体を基盤とすることによって成立し得た日本的な編戸制・班田制は、原生的共同体の動揺によって軌道を修正し、狭義の律令制は解体し始める。しかしその中で、先取りされた古代国家の内実が実質的には形成されていく。そして上層にあった古代文明としての律令制と、底層にあった未開な社会との交流のなかで――底層にあった未開な社会が十分には解体しないまま――一つの(相対的には)安定したレジームを生み出したのが、平安前期であった。誤解を恐れずに敢えて表現すれば、この時代に日本の(日本の歴史・文化にとっての)「古典文化」が形成されたのである。五畿七道諸国からなる大八州を版図とし、同じ言語を話す一つの民族が、朝廷(後には朝廷と幕府)を中心とする一つの国家を形成しているという、前近代の日本の歴史の基本的な枠組みが、この時代に成立する(もちろん、そのなかに含まれた社会にも――たとえば東日本と西日本とでは――大きな差異があるが、ここではその問題には深入りしない)。そして、その中心をなす天皇も、かつての「躬《みづか》ら甲冑を擐いて山川を跋渉した」スメラミコトから、諸身分を統合する機能を中心とする天皇へと変質し、前近代の日本の天皇の原型が成立した。限られた列島のなかに、同じ言語を話す日本人が、天皇を中心に一つの国家を形成しているという観念は、あるいは支配者層の単なる幻想にすぎなかったかもしれないが、少なくとも平安中期以後の日本の歴史は、基本的にはこの枠組みのなかで展開し、幻想は幻想として機能していた。日本の封建制にしても、五畿七道諸国の枠組のなかにおける同じ日本人のなかの内部的割拠にすぎず、天下統一も京に上って五畿七道諸国を統一することであった(もっとも戦国時代にはこの枠組みが一時的に崩れるが、その問題は後に言及したい)。

先述したように律令国家として先取りされた「古代国家」(ないし文明)の内実は、狭義の律令制の解体と並行して、長期間にわたって徐々に現実化していった。その過程にもまたいくつかの重要な画期があったが、ここでは本稿の視角からみて、特に注目される院政時代と戦国時代との二つの画期だけを取り上げたい(もちろん院政~戦国の時代は、別の側面から光をあてれば、「中世」的世界として捉えられるであろう)。律令国家は平城京や平安京という政治都市を造ったが、都市としての独自の機能を備えた「古代都市」が形成されるのは平安中期以降、おそらくは院政期のころであったと想定される。農村においても、院政期には集村化が進んだと推定されている。[49] 律令国家が先取りした「家」が支配者層の単位として確立してくるのも院政期であった(Ⅲ章参照)。その背景には、婿取婚から嫁取婚への日本の婚姻史上の大きな転換が進行しており、女性の社会的地位の急速な低下があった。[50] 古代国家は一般に父系制の社会の上に形成されるが、律令国家が先取りした父系制が実体化するのも院政期であった。天皇の脱呪術化が進行し、中国的な王土思想が国制を支えるイデオロギーとして機能し始めるのも院政期であった。[51] しかしこのような院政時代の「古代化」(ないし文明化)にもかかわらず、社会の底層にはなお未開な要素が存続しており、そのような要素が国制のなかで払拭されるのは戦国時代においてであった。

律令国家が先取りした古代文明が、社会の底層にまで浸透していったのは、室町時代――とくに応仁の乱以後のいわゆる戦国時代であったと考えられる。禁制・制札が庶民を対象としてカナ文字で書かれるようになったのはそのもっとも端的なあらわれであろう。それは文字が庶民にまで普及したことを示すと同時に、制定法が庶民の生活を直接的に規制しはじめたことを示している。[52] 戦国大名が制定した分国法は、一つの領域全体を一つの制定法によって社会の底層まで支配した、日本の歴史上最初の法典であった。[53] 戦国大名の分国支配は、領域内の大土木事業を可能とし、人間の自然に対する支配力を急速に拡大した。その結果もたらされた生産力の上昇は、やがて庶民の「家」を自立した経営の単位として生み出した。律令国家が先取りした「家」は、ここに社会を構成する単位として実現したのである。もちろん「家」は、一方では「村」共同体の構成単位として存在することによってはじめてその経営が可能となったのであり、また多くの地域では父系的な同族団のなかに組み込まれて存在していた。戦国時代はまた、さまざまな可能性をはらんだ時代であった。たとえば「公」(おほやけ)の観念には、共同体の共同性が民会によってではなく、首長によって代表されるという、日本の原始共同体の性格が色濃く残存するが(Ⅱ章参照)、戦国時代には民会型の所衆談合の「公」が芽生えてくる。[54] そこには日本の社会の新しい展開の可能性がふくまれていたが、戦国大名から近世大名への歩みは、その萌芽を踏みつぶして進行していった。また別の面では、平安前期に形成された「日本列島―日本人―日本国」の枠組みが、海外進出によって破られそうになったのも、戦国時代であった。しかしこの場合にもまた、海外にあふれ出ようとする勢いは、鎖国によって日本列島のなかに封じこめられてしまった。存廃の岐路にあった天皇制を存続させ、国制上一定の役割を分担させたのも、戦国大名と徳川幕府であった。このように平安前期に成立した日本の国制の基本的な外枠は、戦国時代に激しく動揺するが、近世初頭にほぼそのまま再確認され、近代国家成立の前提となった。近代国家の形成以前に、律令国家を媒介として成立したある種の(カッコ付きの)「民族国家」が存在していたことは、近代日本のナショナリズムや国家意識のあり方とも深くかかわっていたと考えられる。[55]

最後に、日本が朝鮮諸国とは異なる律令国家を形成する一つの重要な契機となった国際的交通のあり方が、朝鮮諸国と日本とのその後の歴史の展開の仕方とどのようにかかわっていたか、という問題に、簡単に言及しておきたい。

朝鮮諸国と同じように中国の古代帝国の辺境にあった日本は、七世紀の中頃までは朝鮮諸国を手本とした国家形成の道を歩むが、七世紀の後半からは独自の律令法典を編纂し、律令国家の形成へと進んだ(I章参照)。朝鮮の新羅が、中国律令法のなかから自らの国制に有用な部分だけを選択的に継受した(56)のに比べると、日本の律令国家の形成の仕方は、きわめて特異なものであった。しかし古代において中国律令法を体系的に継受して、中国的な国制を理想とする国家形成へと進んだ日本は、唐帝国の衰退にともなう国際的緊張関係の稀薄化のなかで、中国文明とは異質な国制や文化を独自に形成していった。もちろん中世を通じて中国文明の部分的な継受は絶えず行われていたが、律令国家形成期のような中国文明への全面的な傾倒はみられなかった。それに対して朝鮮では、新羅よりも高麗、高麗よりも李朝と、徐々に着実に中国文明への傾斜を強めてゆく。たとえば日本では継受しなかった中国の科挙制が、高麗・李朝では徐々に進展し、また日本では単なる思想の継受に止まった儒教が、李朝では儀礼をも含めて継受され、社会に浸透していった。本書の課題と関連が深い親族組織の問題にしても、日本にはついに継受されなかった同姓不婚制(族外婚制)が、朝鮮の社会には浸透していった。このような中世以降における朝鮮と日本との中国文明継受の仕方の相違の、もっとも大きな要因は、中国と朝鮮、中国と日本との間の国際的交通のあり方の違いに求められるだろう。とくに朝鮮が古代以来、幾度も中国の軍隊によって占領されているのに対して、日本は一度も中国の軍隊によって占領されていないことは、すなわち異民族による支配を――律令国家形成期から一九四五年まで――一度も経験しなかったことは、朝鮮と日本の歴史の展開の仕方が分岐する大きな要因となったと考えられる。

注

(1) 家永三郎「孝徳紀の史料学的研究」(坂本太郎博士還暦記念会編『日本古代史論集』上巻、吉川弘文館、一九六二年)。義江彰夫「「旧約聖書のフォークロア」と歴史学」(『UP』七七号、東京大学出版会、一九七九年)。

(2) 義江彰夫「「旧約聖書のフォークロア」と歴史学」(前掲)。
(3) 河音能平「日本令における戸主と家長」(『中世封建制成立史論』東京大学出版会、一九七一年)。
(4) 早川庄八「制について」(井上光貞博士還暦記念会編『古代史論叢』中巻、吉川弘文館、一九七八年)。
(5) 早川庄八「太政官処分について」(彌永貞三先生還暦記念会編『日本古代の社会と経済』上巻、吉川弘文館、一九七八年)。
早川庄八「制について」(前掲)。
(6) 早川庄八「制について」(前掲注4)。
(7) 鎌田元一「計帳制度試論」(『史林』五五巻五号)。
(8) 早川庄八「太政官処分について」(前掲注5)。
(9) 鬼頭清明『日本古代都市論序説』法政大学出版局、一九七七年。
(10) 東野治之「藤原宮木簡における無姓者」(『続日本紀研究』一九九号)。
(11) 井上辰雄「隼人と宮廷」(鏡山・田村編『古代の日本』3 九州、角川書店、一九七〇年)。
(12) 義江彰夫「「旧約聖書のフォークロア」と歴史学」(前掲注1)。なお、直木孝次郎「壬申の乱」(『日本と世界の歴史』4 学習研究社、一九七〇年)も、庚午年籍と壬申の乱との密接な関連を指摘している。
(13) ただし『延喜式』の段階になっても、薩摩・大隅両国には、一郷一郡という変則的な郡がたくさん残っていた。
(14) 吉村武彦「律令国家と土地所有」(『大系 日本国家史』1 古代、東京大学出版会、一九七五年)。
(15) 石母田正『日本古代国家論』第一部、岩波書店、一九七三年。
(16) 宮本救「律令制的土地制度」(『体系日本史叢書』6 土地制度史1 山川出版社、一九七三年)。
(17) 岸俊男「班田図と条里制」(『日本古代籍帳の研究』塙書房、一九七三年)。
(18) 舟尾好正「古代の稲倉をめぐる権力と農民」(『ヒストリア』六九・七四号)。
(19) 青木和夫『日本の歴史5 古代豪族』小学館、一九七四年。
(20) 竹内理三「「郡稲」考」(『史観』八八冊)。

(21)　吉田晶「日本古代の首長制に関する若干の問題」(『日本史研究』一八七号)。
(22)　今泉隆雄「八世紀郡領の任用と出自」(『史学雑誌』八一編一二号)。
(23)　磯貝正義『郡司及び采女制度の研究』(吉川弘文館、一九七八年)第三章。
(24)　佐伯有清『古代氏族の系図』(学生社、一九七五年)。磯貝正義『郡司及び采女制度の研究』(前掲注23)。
(25)　石母田正『日本の古代国家』(岩波書店、一九七一年)第三章。
(26)　石母田正『日本の古代国家』(前掲)第二章。
(27)　井上光貞『日本古代の国家と仏教』岩波書店、一九七一年。
(28)　加藤晃「我が国における姓の成立について」(坂本太郎博士古稀記念会編『続日本古代史論集』上巻、吉川弘文館、一九七二年)。義江明子「律令制下の公民の姓秩序」(『史学雑誌』八四編一二号)。
(29)　湯浅泰雄「平安京の新しき世界」(『季刊日本思想史』一号、ぺりかん社、一九七六年)。
(30)　木村徳国『古代建築のイメージ』日本放送出版協会、一九七九年。
(31)　野村精一氏の教示による。
(32)　直木孝次郎「文芸の創始と展開」(『岩波講座日本歴史』3　岩波書店、一九七六年)。
(33)　ここで問題としているのは律令制における「租」の性格であるから、「租」の起源が初穂儀礼にあったとする説とは抵触しない。
(34)　中村明蔵「律令制と隼人支配について」(『ヒストリア』六一号)。
(35)　時代も民族もまったく異なるが、ポリネシアのトンガで近代になって土地台帳が作られ、登録制度が施行されたとき、青柳真智子が調査した村では、一世紀近くの間に登録した人はわずか二名であった。青柳真智子「トンガにおける土地制度」(『民族学研究』二九巻二号)。
(36)　ただし公民(王民)となった蝦夷に対して、課役免除の恩典があたえられることが多かった。
(37)　阿部武彦『氏姓』(至文堂、一九六〇年)第五章。

(38) 坂本賞三『日本王朝国家体制論』東京大学出版会、一九七二年。
(39) ただし、一国単位で国司が徴発する諸国兵士の制については、戸田芳実「国衙軍制の形成過程」(日本史研究会史料研究部会編『中世の権力と民衆』創元社、一九七〇年)参照。
(40) 青木和夫他『シンポジウム日本歴史 律令国家論』(学生社、一九七二年)における石井進発言(二〇五頁)。
(41) 井上光貞「日本の律令体制」(『岩波講座世界歴史』6 岩波書店、一九七一年)。
(42) 米田雄介『郡司の研究』(法政大学出版局、一九七六年)四章一節。
(43) 戸田芳実「王朝都市と荘園体制」(『岩波講座日本歴史』4 岩波書店、一九七六年)。
(44) 義江彰夫「国衙支配の展開」(『岩波講座日本歴史』4 岩波書店、一九七六年)。
(45) 井上光貞『日本古代の国家と仏教』(岩波書店、一九七一年)第一章。
(46) 湯浅泰雄『古代人の精神世界』ミネルバ書房、一九八〇年。
(47) 湯浅泰雄「平安京の新しき世界」(前掲注29)。
(48) 湯浅泰雄『古代人の精神世界』(前掲注46)。
(49) 金田章裕「奈良・平安期の村落形態について」(『史林』五四巻三号)。
(50) 関口裕子「歴史学における女性史研究の意義――日本古代史を中心に――」(『人民の歴史学』五二号)。
(51) 石井進「院政時代」(『講座日本史』2 東京大学出版会、一九七〇年)。
(52) 佐藤進一『古文書学入門』法政大学出版局、一九七一年。
(53) 勝俣鎮夫『戦国法成立史論』東京大学出版会、一九七九年。
(54) 石母田正「中世政治社会思想 解説」(日本思想大系『中世政治社会思想』上、岩波書店、一九七二年)。水林彪「西欧における市民的公共性論とその批判の歴史覚書」(『季刊現代法』一〇号)。
(55) 丸山真男「東洋政治思想史」(東京大学法学部講義ノート)による。
(56) 北村秀人「朝鮮における「律令制」の変質」(『東アジアにおける日本古代史講座』第七巻、学生社、一九八二年)。

〔補記〕

本章は、「日本における律令国家の諸段階」(『東アジア世界における日本古代史講座』7　学生社、一九八二年)を、一部分修正したものである。修正したおもなところは、次の諸点である。㈠旧稿「おわりに」のなかの、近世において一般化した日本的な「家」と、律令国家との関係に言及した部分を——問題の重要性に比してその論述があまりにも浅薄であることを反省して——削除した。今後の課題としたい。㈡大石直正「外が浜・夷島考」(『関晃先生還暦記念日本古代史研究』吉川弘文館、一九八〇年)によって、三節のエゾについての記述を修正した。同論文によって、院政期に、日本国が本州北端(陸奥国の外が浜)までひろがり、その外がエゾの世界、他界とされるようになった経過が明白となったのである。㈢旧稿の「追記」にも記したが、網野善彦『日本中世の民衆像』(岩波書店、一九八〇年)に接し、拙稿があまりにも律令国家の外枠にこだわりすぎた点を反省したが、同書が中世の側だけから日本の歴史をみている点に、なお十分に納得できない点があった。とくに同書が、これまでの日本の歴史学界の二つの常識——「日本人がきわめて古くから一つの人種であり、一つの言語を用いる単一民族であるという見かた」と「弥生時代以来の日本人の生活は、水稲耕作を基礎として営まれ、それを中心として展開してきたという考え方」——を鋭く批判し、それらの見方は「葦原の千五百秋の瑞穂の国」を支配する人々の立場からみたときに「事実」であっても、この日本列島に住み、生活してきた庶民にとっては、けっして「事実」とはいいがたいのではないか、と主張するのに多大の共感を覚えた。しかし古代史の立場からみたとき、そのような支配者の観念自体が、本章三節で説明したように、平安前期に成立したこと、その観念が日本の歴史の展開の仕方に大きな影響を及ぼしたと考えられることをも重視したいと思う。水田が一貫して制度的・政治的地種となったのも、Ⅳ章・Ⅴ章で論証したような日本の律令田制と密接な関連をもち、本章三節で説明した平安前期の改革を前提として成立してきたものであった。

とはいえ同書が強調するように、「この時期(南北朝内乱期)までの日本の社会は、それ以後と比べて、まだ一箇の民族体として十分のまとまりをもっていない状況」であり、「東国と西国とは異なる「民族」として、異なる「国家」をもつ可能性を十分にもっ」ていたことを、私は軽視していた。平安前期に支配者がつくりあげた民族体の枠組みが、内実をともなった緊密な民族体として完成するのは、網野氏のいわれるように、南北朝内乱期以降(私は南北朝内乱期〜戦国時代をその転換期と考えたいが)であることに、私も当然言及すべきであった。しかしその問題を全面的に展開するだけの準備がいまの私にはないので、旧稿が日本の地理的環境を重視しすぎた点を若干修正するに止めた。網野氏が提起された問題を、古代史の側から十分に受け止め、古代史を日本史の全体像のなかで鍛え直す課題が残されている。

〔補記 その二〕

旧稿「日本における律令国家の諸段階」において私は、平安前期に〝日本の(日本の歴史・文化にとっての)「古典古代」が形成された〟と書いたが、それに対して、井上光貞先生から、「古典古代」という用語の乱用ではないか、というご注意を受けた。たしかに「古典古代」は、古代ギリシャ・ローマの国制や文化をさして一般に用いられているので、「日本の古典古代」という表現は、誤解を招きやすい、不適切な表現であった。そこで本章の校正の際に、「古典古代」を「古典文化」と書き変えることとした。本章でいう「古典文化」とは、(一)ある民族の国制や文化の原型として大きな影響を後世に及ぼし、(二)後の時代から何らかの規範意識をもってみられた、という意味で用いている。

あとがき

「大切な本だから無くさないように」と井上光貞先生から手渡された一冊が、最初に読んだ古代史の論文であった。それは戦後のまだ紙の不自由な時代に刊行された論文集で、そのなかの石母田正「古代貴族の英雄時代」を読んで報告するのが、私に課せられた宿題だった。井上先生の書き込みや傍線がいっぱい入っているその本を駒場寮の部屋に持ち帰り、毎晩遅くまで悪戦苦闘したことを思い出す。大学に入学して間もない私には、とても手に負える代物ではなかったが、若い学生の心を引きつける不思議な魅力にあふれていた。

教養学部での井上先生の講義では、なぜか先生の専門の古代史よりも、中世〜近世史の方が、私には解り易かった。学期末の試験問題は、大化改新、鎌倉仏教、幕藩体制と儒教、の三題中二題選択だったが、後の二題を選んだのを憶えている。

本郷の文学部に進学した私たちは、坂本太郎先生をはじめ、岩生成一・寶月圭吾・佐藤進一の諸先生から教えを受けることができた。史料の一字一句をおろそかにしないで読むという厳しい訓練の有難さが解ったのは、ずいぶん後のことである。その頃の国史研究室には、国民的歴史学の運動の波がおしよせ、学生の政治活動も活発だった。助手の青木和夫氏は、学生の心をなんとか学問に向けさせようと、ご自分の研究時間が無くなるのも顧りみず、学生の面倒をみられた。私はいつしか、青木さんのご好意に甘えて、手取り足取りのご指導を受けるようになり、青木さんに就いて古代史を勉強するようになった。菱刈隆永氏の初台のお宅で開かれていた『続日本紀』の輪読会に誘って下さったのも、青木さんだった。当時、関晃・貫達人・土田直鎮の諸氏は顧問格で、常連のメンバーは、家主の菱刈さんと、青木さんのほか橋本義彦・下川逸雄・仲野浩・亀田隆之・皆川完一・黛弘道・笹山晴生・益田宗・飯田瑞穂の諸先輩と、栗原治夫・早川庄八君たちだった。古代史の勉強を始めた私たちにとって、それはまことに恵まれた環境だった。菱刈さんのお宅にはかわいいセパードがいたが、その名前が「タロー」だったので、坂本先生をはるかに仰いでいた私たちは、正月の恒例のコンパのときなど「タロー」の名をさかんに呼んで楽しんだりした。

卒業論文に雑徭の問題を選んだ私は、青木さんの卒業論文「雇役制の成立」を熟読し、そのスタイルを真似ることから始めたが、結果は惨憺たるものだった。早川庄八君と私は、ともに青木さんのもとで勉強していたが、青木さんから繰返し注意されたのは、「早川君のように役に立つ論文を書かなくては」だった。役に立つとは、史料から確実に証明された史実を示し、その結論をそのまま利用できる論文をいう。私にとって早川君の論文やさりげない助言は、自分が古代史学の本筋からどれだけ外れているかを測る座標軸であったが、それは今も変らない。卒業論文の雑徭の研究の一部は、本書のⅦ章のなかに含まれているが、その原型はほとんど留めていない。

雑徭の次に取り組んだ問題は、本書のⅥ章に収めた、正倉院文書を素材とする交易の研究だった。そのころ中部工業大学に勤めていた私は、名古屋大学におられた彌永貞三先生から、正倉院文書の読み方を懇切にご指導いただくことができた。先生は一通の文書を前にして何十分も考えこまれるので、質問にお伺いした私の方が投げ出すわけにもゆかず、学問の厳しさを身をもって教わった。断片的な史料を組み合せた、積木のような雑徭の研究に比べ、正倉院文書の世界に沈潜して、安都雄足という中級官人の毎日の行動を追いかける作業は、具体的な事実に支えられているだけに、充実感があった。

話は若干前後するが、文学部から大学院の時代の研究室には、青木さんの学風の影響もあってか、学部の枠を超えた自由な空気が流れていた。私も他学部の講義をよく聴きに行ったが、とくに丸山真男先生の「東洋政治思想史」の講義からは強い感銘を受け、その影響は現在にまで及んでいる。岡倉天心の「アジアは一つなり」という言葉は誤っている、という話から始まり、中国やインドとは異質な日本の政治思想史を貫通する構造と、その変容を説いた丸山先生の講義は、私の古代史研究の基礎となっていった。

中部工業大学に勤めていたころ、『日本の歴史 平安京』(中央公論社)が刊行され、その月報で、著者の北山茂夫氏と対談された桑原武夫氏は『古今集』というものを生みだした社会をあなたはあまり肯定していらっしゃらない。ぼくもべつにその社会がいいとか、そういうことを主張しようとは思わない。……しかし、そこに生まれたもの……のなかに、日本の永遠に美的なものにつらなる何ものかがあるんじゃないか、それをもう少し評価してほしかった」と語っておられる。日本の美的伝統がなぜ『万葉集』ではなく『古今集』からつながるのか、という問いかけに、私は長い間こだわってきた。

土田直鎮さんが折にふれて話して下さったことも、私には大きな示唆となった。平安後期から中世にかけての貴族にとって、彼らの行事や規範のほとんどが広義の律令制に淵源しているにもかかわらず、彼らの意識する先例は、九世紀末の寛平、十世紀初の延喜のころまでしか遡らない。また、律令制が崩れたといわれる平安後期の貴族の方が、律令制の盛期とされる奈良時代の貴族よりも、はるかに豊かな生活をしているのではないか、という指摘であった。律令の制度の成立と解体を主軸とした通説的な古代国家の歴史像は、歴史の表面しか捉えていないのではないか、という疑問が私の心に深まっていった。

一九六六年に山梨大学に赴任した私は、青木さんのお勧めで、濱口重国先生の論文集『秦漢隋唐史の研究』(東大出版会)の校正の手伝いを始め、定年退官されたばかりの先生のお宅に毎週のようにお訪ねすることになった。ひと通り打合せが終ると、お酒をいただきながら先生のお話を伺うという楽しい貴重な時間が待っていた。先生は、秦漢や隋唐の国家が、日本の古代国家とは如何に異質なものかを繰返し話され、また中国の歴史の大きな流れにも、しばしば言及された。秦漢よりも隋唐、隋唐よりも明清へと、皇帝の権力の基盤は拡がっていった、王朝と庶民との間の緊張関係は、曲折はあったが、総体としては強くなっていった、というのが先生の大局的な見通しだった。

そのころ、井上先生は関さん、土田さん、青木さんといっしょに、岩波書店の日本思想大系の『律令』の仕事を始められ、私は律の本文校訂、訓読文の作成とともに、戸令・田令・賦役令の注解を分担することになった。その作業を進めるなかで、たまたま山梨大学の同僚であった東洋史の菊池英夫氏が、日唐律令の比較研究をテーマとするゼミを共同で開いて下さった。唐律令の背後にある中国の伝統や社会について、菊池さんから多くを教わり、また濱口先生をお訪ねして質問することもできるという、まことに恵まれた環境にあった。そのなかで明らかになってきたのは、日本の律令制は、ある種の軍国体制であり、隋唐の律令制のなかから特定の要素を抽出してつくられたものである、という見通しだった。通説では日本の律令制が解体する重要な画期とされてきた墾田永年私財法も、その実質的な内容は隋唐の律令には含まれており、律令国家は墾田永年私財法によって、その支配体制を地方の社会のなかに深めていったことが明らかとなってきた。私はその成果を「公地公民について」と題する論文にまとめて坂本先生の古稀記念論文集に載せていただいたが、この論文は、寳月先生の還暦記念論文集に載せていただいた「墾田永世私財法の変質」や、それらを基礎にして、のちに『岩波講座日本歴史』に執筆した「律令制と村落」とともに、本書のⅠ章五節およびⅣ章・Ⅴ章となっている。

墾田永年私財法の研究によって、私はやっと問題を解く端緒をつかんだように感じたが、そのころ青木さんの司会で、薗田香融・石井進・池田温・早川庄八の諸氏と行った『シンポジウム 律令国家論』(学生社)では、青木さんに納得していただけるような議論を展開することができなかった。青木さんは律令の体系性を高く評価されたが、私はその体系性の歴史的意義に異論を唱えようとしたのであった。私の議論に説得性がなかったのは、今からふり返ってみると、やはり律令制の展開にだけ眼を奪われていたからだった。

律令国家の研究に新しい展望を開いたのは、一九七一年に並行して発表された井上光貞・石母田正両先生の律令国家の二重構造論であった。律令国家を「律令制」と「氏族制ないし首長制」の二重構造として捉える両先生の仮説は、日本の律令国家の歴史を、未開から文明への人類史のなかに位置づける道を開き、中国の律令制との相違にだけこだわっていた私の眼を、人類史の方へ向けさせた。ちょうどそのころ、山梨大学に赴任されていた思想史の湯浅泰雄氏といっしょに『古事記』を読んでいたが、湯浅氏は、中国から継受した世界宗教としての仏教と、社会の底層にあった未開な神祇信仰との交流のなかから、最澄・空海の仏教が生れてくる過程を模索しておられた。私は湯浅氏の該博な知識と、日本の思想史を人類史の尺度に乗せて考えようとする広い視野から多くを学び、空海の密教の成立に日本思想史における「古代」の成立を見出すという湯浅氏の考え方に、強い共感を覚えた。中国から継受した古代文明としての律令制と、底層にあった未開な社会との交流のなかから、日本の歴史・文化にとっての「古典文化」「古典的国制」が成立してくるという本書の構想は、湯浅さんとの毎週の酒宴のなかから生れてきた。

井上・石母田両先生の律令国家論、とくに石母田先生の『日本の古代国家』(岩波書店)をどのようにして越えるかが、古代史を専攻する私たち後学の十数年来の課題だった。しかしその壁は厚く、両先生の強靱な構想力に圧倒されるばかりだった。僅かに見出したのは、石母田先生の首長制論を、社会人類学が明らかにしてきた氏族制の研究視角によってより具体化することができるのではないか、という問題と、『日本の古代国家』は律令国家の成立過程に中心が置かれていて、その展開過程が十分に捉えられていないのではないか、という問題であった。井上先生の律令国家論においても、氏族制の問題は具体化されていなかったので、私は「家」を基礎にしてその集合体として「ウヂ」を捉える通説的な考え方の検討から手をつけ、家についての史料を集めているなかで浮び上がってきた問題が「ヤケ」だった(本書Ⅱ章)。古代において継承の客体となったのは「イヘ」ではなくて「ヤケ」であったことが明らかになると、「ウヂ」も「イヘ」を基礎にしないで捉えていく方向が開かれてきた。「ウヂ」の原理は始祖との関係にあり、その点では社会人類学でいうクランと共通する。もちろんウヂは狭義の単系出自集団ではなかったが、非単系的な出自集団についての社会人類学の新しい研究は、日本の「ウヂ」の研究にも多くの示唆を与えているように思われる。私の試論は本書のⅢ章として一応まとめたが、今後に残した課題が多い。

『日本の古代国家』が残したもう一つの問題、すなわち、律令制と社会との交流の総体として律令国家の「展開過程」をとらえようとする試みは、唐代史研究会の箱根のシンポジウムで発表し、その討論のなかから多くの示唆を得た。その内容は本書のⅧ章となっている。唐代史研究会には中国史だけでなく朝鮮史やチベット史の研究者も参加されているので、隋唐の周辺諸国の国制の比較がしばしば話題となったが、そのなかで日本における中国律令の継受の特質も明らかとなってきた。その成果を私なりにまとめて唐代史研究会の報告書『隋唐帝国と東アジア世界』(汲古書院)に執筆した論文を、本書のⅠ章とした。

本書の各章を執筆した背景をここまで書いてきて読み返してみると、どうも整然としすぎていて、ジグザグであった自分の研究歴とはずいぶん違う、というのが実感だが、それは結果(本書をまとめたこと)から過去を見ているからだろうか。律令国家の歴史についても、同じ過ちを犯していないかどうか、校正刷が手許を離れた今となっては、皆さまのご批判を待つより仕方がない。

昨年の春、『続日本紀』注解の研究会が終ると、井上先生からお茶にお誘いいただいた。本郷三丁目の近江屋で、先生は私が『新編日本史研究入門』(東大出版会)に書いた「ウヂとイヘ」を読んだ感想を話され、「君は「おわりに」のなかで矛盾したことを書いている。それを君に話しておきたかった」といわれたが、批判というよりも、私には励ましの言葉とうけとれた。先生はまた私が『東アジア世界における日本古代史講座』(学生社)に書いた「日本における律令国家の諸段階」(本書のⅧ章)を読んでおられ、「平安前期を日本の歴史・文化にとっての古典古代とみる構想の大筋には賛成だが、「古典古代」という言葉を使うのは適切でないと思う」と批判され、また「書道史など君の考えを補強する材料はまだあるのではないか」と示唆して下さった。私は先生のご批判によって、本書では「古典古代」という言葉を使わないことにした。井上先生と二人で古代史の話をしたのは、それが最後となった。

本書ができるまでには、ほんとうに多くの方々のお世話になった。なかでも、続日本紀注解研究会、石母田先生の著作を読む会、唐代史研究会、女性史研究会の方々からは多大な学恩を受けてきた。山梨大学の同僚の方々は常に学問的な刺激を与えて下さったし、専門外の私の初歩的な質問にも快く答えて下さった。また図書館の方々は文献の蒐集に積極的に協力してくださった。小中学校の教壇に立つことをめざして勉強している学生諸君の質問は、専門的でないだけに却って本質をついていることが多く、私をつねに初心に帰らせてくれた。

本書をまとめる段階では、岩波書店の松嶋秀三・井上一夫両氏から数々の助言をいただき、吉川ツタヱ氏からは原稿の誤りや不適切な表現を数多く教示していただいた。厚く御礼申し上げたい。

（一九八三年十一月）

■岩波オンデマンドブックス■

律令国家と古代の社会

1983年12月22日　第1刷発行
2005年10月5日　第4刷発行
2016年12月13日　オンデマンド版発行

著　者　吉田《よしだ》 孝《たかし》

発行者　岡本 厚

発行所　株式会社 岩波書店
〒101-8002 東京都千代田区一ツ橋2-5-5
電話案内 03-5210-4000
http://www.iwanami.co.jp/

印刷／製本・法令印刷

ISBN 978-4-00-730537-5　Printed in Japan

索　　引

1　史料上の語句と固有名詞(地名・ウヂ名・個人名)を中心に，学術用語と若干の史料名を選択した．

2　ある章に関係が深く，幾度も出てくる項目は，Ⅰ，Ⅱ，……Ⅷ の章番号で示した．

3　配列は，原則として新仮名遣による五十音順としたが，旧仮名遣による場合や内容を考慮して配列した場合も混じっている．複数の読み方が想定されるものは，便宜上いずれかの読み方によった．

ア

イ

ウ

カ

キ

ク

サ

シ

セ

ソ

タ

チ

ツ

テ

ニ

ヌ

ネ

ノ

ハ

ヒ

フ

ヘ

ホ

ム

メ

モ

ヤ